행정법강의

이 호 용 저

청목출판사

주요 참고문헌

강의중 외, 행정법, 교학사, 2008
권영성, 헌법학원론, 법문사, 2004
김남진, 행정법I, 법문사, 2000
김남진 · 김연태, 행정법Ⅰ, 법문사, 2008
김도창, 일반행정법론(상), 청운사, 1988
김동희, 행정법Ⅰ, 박영사, 2008
김철수, 헌법학개론, 박영사, 2004
박균성, 행정법론(상), 박영사, 2004
박균성, 행정법강의, 박영사, 2008
박윤흔, 행정법강의(상), 박영사, 2007
변재옥, 행정법, 박영사, 1999
석종현, 일반행정법(상), 삼영사, 2006
신봉기, 판례이론 행정법강의, 대명출판사, 2007
이명구, 행정법원론, 대명출판사, 1997.
이병철, 행정법강의, 유스티니아누스, 2001
이상규, 신행정법론(상), 법문사, 1997
장태주, 행정법개론, 법문사, 2009
정하중, 행정법개론, 법문사, 2007
천병태 · 김명길, 행정법총론, 삼영사, 2007
천병태 · 김명길, 행정구제법, 삼영사, 2007
한견우, 현대행정법강의, 신영사, 2006
허　영, 한국헌법론, 박영사, 2006
홍정선, 행정법원론(상), 박영사, 2008
홍준형, 행정법총론, 한울아카데미, 2001
홍준형, 행정구제법, 한울아카데미, 2001
鹽野 宏, 行政法I, 有斐閣, 1994
原田尙彦, 行政法要論, 學陽書房, 1994
藤田宙靖, 行政法I, 靑林書院, 1994
Maurer, Hartmut, *Allgemeines Verwaltungsrecht*, 2000
Wolff, hans J./Bachof, Otto/Stober, Rolf, *Verrwaltungsrecht*, 1999

서 문

행정법은 법 중에서도 별로 학생들의 흥미를 끌지 못하는 법입니다. 필자는 행정법 수업 첫 시간에 어떤 법 공부가 재미있느냐고 학생들에게 물어보곤 합니다. 그러면 학생들은 형법이나 민법, 헌법 등의 법률과목이 관심이 가고 흥미롭다고 이야기합니다. 그 이유는 아마도 이 법률과목들이 일상에서 많이 접해 볼 수 있고, 또 학교에서 배운 법을 생활에 바로 적용해 볼 수 있기 때문이라고 생각됩니다. 그런데 행정법이라는 과목은 이런 법률과목들에 비해서는 생소하기도 하고 왠지 나와는 거리가 먼 법 같아서 아주 재미없게 느껴지기도 합니다. 그것은 행정법이 이 법들보다 일상생활과 그리 밀접하지 않기 때문입니다. 아마 일생을 살면서 행정법이 무엇인지 한 번도 생각해 보지 않은 사람도 많을 것입니다. 그렇지만 실상은 그 사람도 많은 행정법의 법률관계 속에서 살고 있는 것이 사실입니다. 태어나서 출생신고를 하고, 일정한 나이가 되어 선거권을 갖게 되고, 군에 입대하여 병역의 의무를 수행하고, 또 돈을 벌면 세금을 내고 하는 것들이 모두 행정법의 법률관계 속에서 이루어지는 것이기 때문입니다. 그럼에도 불구하고 행정법이 생소한 이유는 위와 같은 일들이 국가에 의해서 이루어지고, 국민된 도리로서 당연히 따라야 한다고 생각하고, 따르게 되므로 법적인 갈등이 생기지 않고 따라서 그런 법이 있는 줄도, 알지 못하는 것입니다.

그런데 행정법은 어떤 법인가요? 행정법이라는 과목은 사법시험이나 공무원시험에 필수과목으로 되어 있기 때문에 법학과 학생이 아닌 이상 대개 공무원시험에 입문하면서 행정법을 접하게 됩니다. 그런데 이 놈의 행정법은 얼마나 지루하고 재미가 없는지, 또 무슨 말이 그렇게 어려운지 모르겠다고 하소연합니다. 정말이지 행정법은 재미없고 지루한 과목임에는 틀림이 없는 것 같습니다. 또 행정법은 너무 광범위합니다. 주민등록부터 시작해서 도로를 건설한다거나, 학교를 설치한다거나, 지하철을 운행하는 것, 쓰레기를 처리하는 것 이런 모두가 행정법에 해당하는 사항이기 때문입니다.

행정법이 이렇게 광범위하고 지루한 법이라고 엄포만하면 지레 겁먹고 행정법을 포기할지도 모릅니다. 그러나 아주 다행스럽게도 이렇게 광범위한데 비해 적어도 수험과목으로서는 민법이나 형법 등에 비해 학문적 깊이는 덜하다고 보여집니다. 다른 법에 비해 상대적입니다만, 아주 깊이 있는 이론적 분석이 필요한 문제는 출제되지 않기 때문입니다. 특히 익숙하지 않았던 행정법의 용어를 정확히 이해하려고 노력하고, 법학을 전개하는 이론적 줄기만 파악한다면 다른 법학 분야에 비해 훨씬 빨리 목적지에 도달할 수도 있습니다. 따라서 차근차근 진도에 맞추어 따라온다면 적어도 공무원 시험에 대비하는 행정법의 정복은 아주 쉬울 수도 있습니다.

이 책은 행정법이 어렵다는 학생들의 불평을 수없이 들어오면서 이들의 수험부담을 조금이라도 들어주어야겠다는 생각으로 현행의 여러 국가고시의 출제 경향과 출제된 내용을 바탕으로 방대한 행정법의 이론을 수험에 적합하도록 정리한 것입니다. 따라서 이 책은 행정법을 필요로 하는 공직 시험에 대비하는 것을 1차적 목표로 합니다. 공직시험에서 출제된 기출 문제들을 최대한 활용하여 본문의 문장을 구성하였습니다. 또 OCU, SDU 등 필자가 사이버대학에서 개설한 행정법 강좌 중에서 학생들이 한 질문의 내용과 답을 그대로 게재하여 학생들의 궁금증을 바로 해소할 수 있도록 노력하였습니다. 행정법을 공부하는 수험생의 입장에서 궁금한 점은 누구에게나 비슷합니다.

이 책은 7급, 9급 공무원 시험이나 경찰공무원 시험을 준비하는 학생들에게 적절한 교재가 되기를 기대합니다. 또 사법시험이나 행정고시의 2차 시험 과목인 행정법을 처음 공부하는 학생에게도 행정법을 전반을 한 번에 정리하는 데도 유익한 책이 될 것입니다.

2009년 2월

죽전 연구실에서

저자 씀

차 례

주요 참고문헌/3
서문/5

제1편 행정법 일반론

제1장 행 정 ---- 21

제1절 행정법의 구조 ······ 21
1. 행정법의 구조/21
2. 생활과 행정법의 적용/22

제2절 행정관념의 성립 ······ 23

제3절 권력분립과 행정 ······ 25

제1항 권력분립제도 ······ 25
1. 의의/25
2. 권력분립의 이론/25
3. 수정론/26
4. 권력분립개념의 현대적 수정/26

제2항 행정의 의의와 분류 ······ 27
1. 행정의 의의에 관한 학설/27
2. 형식적 의미의 행정과 실질적 의미의 행정/28
3. 행정의 분류/29

제4절 통치행위 ······ 32
1. 의의/32
2. 연혁/33
3. 학설/35
4. 인정 범위/37
5. 관련 문제/38

제2장 행 정 법 ---- 41

제1절 행정법의 성립 ······ 41

제1항 대륙법계 행정법의 성립 ······ 41
1. 대륙법계에서 행정법 성립의 전제/41
2 대륙법계국가의 행정법의 성립/42

제2항 영미법계 행정법의 성립 ······ 44

제3항 우리나라의 행정법 ······ 44

제 2 절 행정법의 개념과 특성 ……44
1. 행정법의 개념/44 2. 행정법의 특성/45
제 3 절 법치행정의 원리 ……48
1. 의의/48
2. 형식적 법치주의와 실질적 법치주의/48
3. 법치주의의 내용/49
4. 형식적 법치주의의 실질화/52
5. 법치주의의 한계/53
제 4 절 행정법의 법원(法源) ……54
1. 개설/54 2. 행정법의 성문법원/55
3. 불문법원/55
제 5 절 행정법의 일반원리 ……58
제 1 항 평등원칙과 행정의 자기구속의 법리 ……59
1. 평등원칙/59 2. 행정의 자기구속법리/59
제 2 항 신뢰보호 원칙 ……60
1. 의의/60 2. 법적 근거/61
3. 요건/62 4. 한계/63
5. 적용영역/63
제 3 항 비례원칙 ……65
1. 의의 및 연혁/65 2. 내용/66
제 4 항 부당결부금지의 원칙 ……67
제 6 절 행정법의 효력 ……69
1. 시간적 효력/69 2. 지역적 효력/70
3. 대인적 효력/71

제 3 장 행정법관계 —— 73
제 1 절 법률관계의 개념 ……73
제 2 절 공·사법의 구별 ……74
1. 공·사법의 구별근거/74 2. 구별의 상대성/74
3. 구별에 관한 학설/74
제 3 절 행정법관계의 의의 ……76
1. 공법관계(행정법관계)/76 2. 사법관계(국고관계)/77
3. 공법관계로 사법관계를 구별하는 이유/79
제 4 절 행정법관계의 당사자 ……80
제 1 항 행정주체 ……80

1. 의의/80 2. 종류/80

제 2 항 행정객체 ……83

제 5 절 행정법관계의 특질 ……83

제 6 절 행정법관계의 내용 ……84

제 1 항 개 설 ……84

제 2 항 국가적 공권 ……85

1. 개념/85 2. 국가적 공권의 특성/85

제 3 항 개인적 공권 ……86

1. 개념/86
2. 공권과 반사적 이익의 구별/87
3. Bühler의 개인적 공권 성립의 3요소/89
4. 특수한 개인적 공권/90
5. 개인적 공권의 특성/92

제 4 항 공의무 ……93

제 7 절 행정법관계에 대한 사법규정의 적용 ……94

1. 의의/94 2. 학설/95
3. 적용한계/95 4. 공법규정의 적용/95

제 8 절 특별행정법관계 ……97

제 1 항 개설 ……97

1. 의의/97 2. 원래 특별권력관계의 내용/98
3. 연혁/99

제 2 항 특별권력관계의 성질(일반권력관계와 구별) ……100

1. 긍정설/100 2. 부정설/101

제 3 항 특별행정법관계의 성립과 소멸 ……102

1. 법률규정에 의한 성립/102 2. 본인의 동의에 의한 성립/102
3. 소멸/102 4. 종류/102

제 4 항 특별행정법관계의 내용과 한계 ……103

1. 특별권력/103 2. 특별행정법관계의 한계/103

제 4 장 법률요건과 법률사실 —— 105

제 1 절 의의와 종류 ……105

1. 의의/105 2. 종류/106

제 2 절 공법상의 사건 ……107

1. 기간/107 2. 시효/108
3. 주소/108

제 3 절 공법상의 부당이득과 사무관리 ……109

1. 공법상의 부당이득/109　　2. 공법상의 사무관리/109
제 4 절 사인의 공법행위 ……110
1. 의의/110　　2. 종류/110
3. 적용법원리/110　　4. 사인의 공법행위의 하자/111

제 2 편 행정작용법

제 1 장 행정상 입법 —— 115
제 1 절 개 설 ……115
제 2 절 법규명령 ……116
제 1 항 법규명령의 의의와 종류 ……116
1. 의의/116　　2. 법규명령의 종류/116
제 2 항 우리 헌법하에서의 법규명령 ……120
1. 긴급명령, 긴급재정경제명령/120　　2. 위임명령, 집행명령/120
3. 국제조약/120　　4. 자치법규/120
5. 중앙선거관리위원회규칙 등/121
제 3 항 법규명령의 근거와 한계 ……122
1. 위임명령의 근거와 한계/122　　2. 집행명령의 근거와 한계/123
제 4 항 법규명령의 성립, 효력, 소멸 ……123
1. 법규명령의 성립요건/123　　2. 법규명령의 효력/124
3. 법규명령의 소멸/125
제 5 항 법규명령의 통제 ……125
1. 의회에 의한 통제/125　　2. 법원에 의한 통제/126
3. 행정기관에 의한 통제/126
제 3 절 행정규칙 ……127
제 1 항 법(法), 법규(法規)란 무엇인가? ……127
제 2 항 행정규칙의 의의 ……128
1. 행정규칙의 개념/128　　2. 행정규칙의 예/130
제 3 항 행정규칙의 법적 성질 ……130
1. 비법규설(종래 통설)/130　　2. 법규설/132
3. 준법규설/136
제 4 항 법규명령형식의 행정규칙의 법적 성질 ……136
제 5 항 행정규칙의 종류 ……137
1. 내용에 따른 구분/137　　2. 형식에 따른 구분/138
제 6 항 기 타 ……139

1. 행정규칙의 근거와 한계/139　　2. 행정규칙과 사법심사/140

제 2 장 행정행위 — 142

제 1 절 행정행위의 개념과 특질 ……142

1. 개념의 성립/142　　2. 개념성립의 실익/143
3. 행정행위의 개념/143　　4. 행정행위의 분류/145

제 2 절 행정행위의 효력(특질) ……146

제 1 항 서 설 ……146

제 2 항 공정력(公定力) ……147

1. 의의/147　　2. 근거/150
3. 한계/151　　4. 공정력과 입증책임/151
5. 선결문제/152

제 3 항 확정력(존속력) ……153

1. 불가쟁력(不可爭力; 형식적 확정력)/153
2. 불가변력(不可變力; 실질적 확정력)/154

제 4 항 강제력 ……155

제 5 항 권리의무의 특수성 ……155

제 6 항 권리구제수단의 특수성 ……155

제 3 절 기속행위와 재량행위 ……155

1. 개념/155　　2. 구별의 상대성/156
3. 재량의 종류/156　　4. 재량행위와 기속행위 구별의 필요성/156
5. 구별기준/158　　6. 판단여지/160
7. 재량한계/162　　8. 재량권의 0으로의 수축/163

제 4 절 행정행위의 내용 ……165

제 1 항 개 설 ……165

제 2 항 명령적 행위 ……165

1. 하명/165　　2. 허가/168
3. 면제/172

제 3 항 형성적 행위 ……173

1. 특허/173　　2. 인가/176
3. 변경/180　　4. 권리박탈/180
5. 공법상 대리/180

제 4 항 준법률행위적 행정행위 ……181

1. 확인/181　　2. 공증/181
3. 통지/182　　4. 수리/182
5. 준법률행위의 처분성/183

제 5 절 행정행위의 부관 ……………………………………………………………185

1. 의의/185
2. 종류/186
3. 한계/188
4. 하자있는 부관과 행정행위의 효력/189

제 6 절 행정행위의 성립과 효력 ……………………………………………191

1. 행정행위의 성립요건/191
2. 행정행위의 효력발생/191
3. 행정행위의 효력/192

제 7 절 행정행위의 하자 ……………………………………………………………192

제 1 항 행정행위 하자의 의의와 구분 ……………………………………………192

1. 행정행위의 하자/192
2. 무효인 행정행위와 취소할 수 있는 행정행위의 구별/193

제 2 항 행정행위하자의 치유 및 전환 ……………………………………………198

1. 의의/198
2. 취소원인인 하자의 치유/198
3. 무효행위의 전환/199

제 3 항 행정행위하자의 승계 ……………………………………………………199

1. 의의/199
2. 하자가 승계되는 경우/200
3. 하자가 승계 되지 않는 경우/201
4. 새로운 유력설/202

제 4 항 행정행위의 무효 ……………………………………………………………202

1. 의의/202
2. 무효의 원인/202

제 5 항 행정행위의 취소 ……………………………………………………………204

1. 의의/204
2. 취소권자/204
3. 취소의 원인/204
4. 쟁송취소와 직권취소/205
5. 취소권의 제한/205
6. 취소의 효과/206

제 6 항 행정행위의 철회 ……………………………………………………………206

1. 의의/206
2. 철회권자/206
3. 철회원인/207
4. 철회권의 제한/207

제 7 항 행정행위의 실효 ……………………………………………………………208

1. 의의/208
2. 실효사유/208
3. 실효효과/208

제 3 장 행정계획 —————————————————— 210

제 1 절 개 설 ………………………………………………………………………210

1. 의의와 성질/210
2. 기능/211

제 2 절 행정계획의 종류 ……………………………………………………………211

1. 구속력에 의한 분류/211
2. 대상에 따른 분류/214
3. 형식에 따른 분류/215
4. 지역대상에 의한 분류/215
5. 기간에 따른 분류/215

제 3 절 행정계획의 수립과 법적 효과 ······215
1. 법적 근거/215
2. 계획재량과 형량명령/215
3. 수립절차/217
4. 행정계획 법적 효과/218
제 4 절 행정계획에 대한 권리보호 ······218
1. 계획의 절차적 보호/218
2. 신뢰보호/219
3. 행정쟁송/219
4. 손실보상/219

제 4 장 행정절차와 정보공개 ―― 221

제 1 절 행정절차의 의의와 필요성 ······221
1. 의의/221
2. 연혁/222
3. 필요성/222
제 2 절 행정절차의 발달 ······223
1. 미국/223
2. 영국/223
3. 대륙/223
4. 우리나라/223
제 3 절 행정절차의 일반적 내용 ······224
1. 사전통지/224
2. 청문/224
3. 결정이유의 명시/224
제 4 절 우리나라 행정절차법의 내용 ······225
1. 개요/225
2. 주요내용/225
제 5 절 행정절차의 하자 ······230
1. 절차상의 하자 있는 행정행위의 효력/230
2. 절차상 하자의 치유/231
3. 절차상의 하자에 대한 효과/231
제 6 절 행정정보공개제도 ······231
1. 의의/231
2. 필요성/232
3. 법적 근거/232
4. 각국의 입법례/233
5. 공공기관의정보공개에관한법률의 주요내용/33
제 7 절 개인정보보호제도 ······238
1. 의의/238
2. 법적근거/238
3. 공공기관의 개인정보보호에 관한 법률의 내용/239

제 5 장 그 밖의 주요한 행위형식 ―― 241

제 1 절 행정법상의 확약 ······241
1. 의의/241
2. 확약의 허용성/243
3. 확약의 요건·효력/244

제 2 절 공법상 계약 ……245
제 1 항 비권력적 행정작용 ……245
1. 법률행위/245 2. 사실행위/245
제 2 항 공법상 계약 ……246
1. 의의/246 2. 공법상계약의 종류/247
3. 공법상 계약의 가능성과 자유성/247 4. 공법상 계약과 행정계약/248
제 3 절 행정지도 ……248
1. 의의/248 2. 행정지도의 필요성/249
3. 행정지도의 결함/249 4. 행정지도의 법적 한계/250
5. 행정지도에 대한 행정구제/250
제 4 절 공법상 합동행위 ……250
제 5 절 행정사법 ……251
1. 의의/251 2. 행정사법의 종류/251
3. 공법적 구속/252
제 6 절 비공식적 행정작용 ……253
1. 의의/253
2. 비공식적 행정작용의 종류/254
3. 비공식적 행정작용의 유용성과 문제점/255
4. 비공식적 행정작용의 효과 및 한계/256
제 7 절 행정의 자동화 작용 ……257
1. 서/257
2. 법적 성질/257
3. 행정의 자동결정에 대한 법적 규율의 특수성/258
4. 행정의 자동결정과 재량행위/258
5. 행정의 자동결정의 하자/258
6. 권리구제/259

제 6 장 행정상 실효성 확보수단 —— 260
제 1 절 서 설 ……260
1. 의의/260
2. 전통적 의무이행확보수단과 새로운 의무이행확보수단/260
제 2 절 행정강제 ……262
제 1 항 행정강제의 의의 종류 ……262
1. 의의/262 2. 종류/263
제 2 항 행정강제의 근거 ……263
1. 강제집행의 근거/264 2. 즉시강제 근거/265

제 3 항 행정상의 강제집행 ……265
1. 의의/265
2. 대집행/266
3. 이행강제금/269
4. 직접강제/270
5. 행정상 강제징수/272
제 4 항 행정상의 즉시강제 ……274
1. 의의/274
2. 한계/275
3. 수단/276
4. 구제/277
제 5 항 행정조사 ……278
1. 의의/278
2. 근거/278
3. 구분/279
4. 근거와 한계/279
제 3 절 행정벌 ……280
1. 행정벌의 의의와 성질/280
2. 행정벌의 근거/281
3. 행정벌의 종류/282
4. 형사벌에 대한 행정형벌의 특수성/284
5. 행정벌의 과형절차/285
제 4 절 새로운 의무이행확보수단 ……288
1. 금전적 제재/288
2. 공급거부/289
3. 공표/290
4. 관허사업의 제한(인 · 허가의 철회, 정지)/292
5. 기타/293

제 3 편 행정구제법

제 1 장 총 설 —— 297
제 1 절 행정구제의 의의 ……297
제 2 절 행정구제제도의 발전 ……298
1. 개괄주의의 채택과 국가배상책임의 확립/298
2. 행정절차제도의 발전/298
3. 우리나라의 행정구제제도/298
제 3 절 행정구제의 유형 ……298
1. 행정상 쟁송/299
2. 손해전보/299

제 2 장 행정상 손해전보 —— 300
제 1 절 행정상의 손해배상 ……300
제 1 항 행정상 손해배상의 개요 ……300
1. 의의/300
2. 행정상 손해배상과 손실보상과의 구별/301

3. 행정상 손해배상제도의 발전/302
4. 우리나라의 국가배상제도/303
제 2 항 공무원의 위법한 직무행위로 인한 손해배상 ······305
1. 배상책임의 요건/305 2. 배상책임의 효과/315
3. 손해배상책임의 성질/316 4. 구상권/319
5. 손배배상의 청구절차/320
제 3 항 영조물의 설치 · 관리의 하자로 인한 손해배상 ······323
1. 배상책임의 성질/323 2. 배상책임의 요건/324
3. 배상의 범위/329 4. 배상책임자/330
제 4 항 행정상의 결과제거청구권 ······331
1. 결과제거청구권의 의의와 성질/331 2. 결과제거청구권의 요건/333
3. 결과제거청구권의 행사방법/333 4. 사회보장법상의 회복청구권/334
제 2 절 행정상 손실보상 ······334
제 1 항 총 설 ······334
1. 의의/335 2. 근거/336
3. 보상규정 없는 공용침해/337 4. 손실보상청구권의 성질/341
제 2 항 행정상의 손실보상의 요건 ······342
1. 공공의 필요에 의한 재산권에 대한 공권적 침해/342
2. 법률의 근거와 보상규정/342
3. 특별한 희생/343
제 3 항 손실보상의 대상 ······346
1. 대인적 보상/346 2. 대물적 보상/346
3. 생활보상/346
제 4 항 손실보상의 기준과 내용 ······348
1. 손실보상의 기준/348 2. 실정법상의 보상기준/349
3. 손실보상의 수단/350 4. 보상액지급방법/351
제 5 항 토지수용의 절차와 효과 ······351
1. 절차/351 2. 효과/354
제 6 항 손실보상액의 결정 및 그 불복 ······355
1. 손실보상액 결정/355 2. 손실보상액결정에 대한 불복절차/356
제 7 항 손실보상제도의 흠결과 보완 ······361
1. 수용유사적 침해이론/361 2. 수용적 침해이론/364
3. 비재산적 법익 침해에 대한 손실보상/365

제 3 장 행정쟁송 —— 369
제 1 절 총 설 ······369
제 1 항 서 설 ······369

제 2 항 행정쟁송 개관 ……370
1. 행정쟁송의 의의와 유형/370 2. 행정상 쟁송의 종류/370

제 2 절 행정소송 ……373

제 1 항 개 관 ……373
1. 의의/373 2. 기능/374
3. 특수성/374 4. 행정소송의 유형/377
5. 행정소송의 한계/377 6. 행정심판전치주의/380

제 2 항 행정소송의 종류 ……381
1. 개설/381 2. 항고소송/383
3. 당사자소송/386 4. 객관적 소송/388

제 3 항 행정소송의 대상(개괄주의) ……390
1. 항고소송의 대상/390 2. 당사자소송의 대상/397
3. 민중소송과 기관소송의 대상/397

제 4 항 행정소송의 재판관할 ……397
1. 재판관할/397 2. 관련청구의 병합과 이송/398

제 5 항 행정소송의 당사자 및 참가인 ……400
1. 원고적격/400 2. 피고적격/406
3. 행정소송의 참가/408

제 6 항 행정소송의 제기 ……410
1. 행정소송의 제기요건/410 2. 소의 병합/412
3. 소의 변경(청구의 변경)/412 4. 소송제기의 효과/414

제 7 항 가구제(假救濟) ……414
1. 개설/414 2. 집행정지제도/416
3. 가처분의 문제/419

제 8 항 행정소송의 심리 ……420
1. 심리의 내용/420 2. 심리의 범위/420
3. 심리의 절차/421 4. 주장책임과 입증책임/422
5. 위법판단의 기준시점/423

제 9 항 행정소송의 판결 ……424
1. 의의와 종류/424 2. 판결의 효력/427

제10항 제3자의 재심청구 ……432
1. 의의/432 2. 재심 청구의 절차 등/432

제 3 절 행정심판 ……434

제 1 항 행정심판 개관 ……434
1. 의의/434 2. 성질/436
3. 행정심판의 필요성/436 4. 행정심판제도의 특색/437

제 2 항 행정심판의 종류 ……438
1. 취소심판 /439 2. 무효등확인심판/439

3. 의무이행심판/440
제 3 항 행정심판의 대상 ······442
1. 심판사항/442 2. 제외사항/442
제 4 항 행정심판의 당사자와 참가인 ······443
1. 행정심판의 당사자/443 2. 행정심판의 참가인과 대리인/445
제 5 항 행정심판기관 ······446
1. 행정심판위원회의 설치/446 2. 행정심판위원회의 권한/447
3. 행정심판위원회의 구성/447
제 6 항 행정심판의 청구 ······448
1. 심판청구의 요건/448 2. 심판청구의 변경과 취하/451
3. 심판청구의 효과/452
제 7 항 행정심판의 심리 ······452
1. 심리의 종류/453 2. 심리의 절차/453
제 8 항 행정심판의 재결 ······455
1. 재결(裁決)의 의의/455 2. 재결의 성질/455
3. 재결의 종류/455 4. 재결의 범위/457
5. 재결기간/457 6. 재결의 절차/457
7. 재결의 효력/457 8. 재결에 대한 불복/459
제 9 항 행정심판의 불복고지제도 ······460
1. 개설/460 2. 종류/460
3. 불고지 또는 오고지의 효과/461
제 4 절 행정상 민원처리제도 ······462
제 1 항 청 원 ······462
1. 의의와 성질/462 2. 청원법의 내용/463
제 2 항 옴부즈만(Ombusman) 제도 ······464
제 3 항 국민고충처리제도와 감사원 ······465
1. 고충민원처리제도의 의의/465
2. 권익위원회(국민권익위원회와 시민고충처리위원회)/466
3. 감사원/467
4. 기타/467

◆찾아보기 ······471

제 1 편

행정법 일반론

제 1 장　행정
제 2 장　행정법
제 3 장　행정법관계
제 4 장　법률요건과 법률사실

제 1 장

행 정

제 1 절 행정법의 구조

1. 행정법의 구조

행정법은 행정에 관한 국내 공법을 말하는 것으로, 무수한 행정작용에 관한 법을 말하며 통일된 법전이 없고, 행정의 조직에 관한 법과 작용에 관한 법 전부를 말한다. 행정작용법은 다시 모든 행정작용에 공통으로 적용되는 법인 '일반행정작용법'과 개별형정영역에 특유하게 적용되는 법인 '특별행정작용법'으로 구분된다.

1) 일반행정작용

일반행정작용에는 조세처분, 허가처분, 징집처분, 통행금지처분 등과 같이 소위 '처분'이라고 불려지는 '행정행위'를 중심으로 행정상 입법작용, 행정상 사법작용(행정심판)이 포함되며, 이외에도 행정작용을 수행하기 위한 계획과 절차(행정계획, 행정절차), 행정상 의무 불이행에 대한 이행확보수단으로서의 행정벌과 행정강제, 행정작용으로 인한 피해구제수단으로서의 행정구제(손해전보와 행정쟁송) 등이 모두 포함된다.

2) 특별행정작용

특별행정작용에는 근대의 행정의 중심을 이루는 ① 질서행정(경찰행정)을 비롯하여 현대행정의 중심이 되는 ② 급부행정(공급행정, 사회보장행정, 조성행정) ③ 규제행정(경제규제, 환경규제 등) ④ 공용부담(인적-부역, 노역, 물품)(물적-공용사용, 수용, 제한) ⑤ 재무행정(조세법) ⑥ 군사행정 등이 포함된다.

3) 행정조직

행정조직법에서는 국가행정조직과 지방행정조직, 행정조직을 이루는 개개 구성원인 공무원 및 행정기관을 다루고 행정조직상호간의 관계로서 권한문제(권한의 위임, 대리) 등을 다룬다.

2. 생활과 행정법의 적용

생활 속에서 행정법은 어떻게 적용되고 있는지 살펴보자. 예를 들어 철수가 자기 집을 짓고자 할 때, 철수의 건축행위와 관련하여 어떤 행정법의 법률관계를 발생하는지 살펴보자.

철수가 집을 짓기 위해서는

① 건축허가 또는 신고를 하여야 한다(건축법 제8조, 제9조).

② 위 허가를 받은 다음 공사에 착공하는 경우 착공신고를 하여야 한다(제16조).

③ 건축공사를 완성한 후에는 건축물의 사용승인을 받아야 한다(제18조).

④ 건축에 관한 건축법규에 위반한 경우 시정명령, 공사중지, 이행강제금, 철거, 전기·전화·수도공급중지(요청), 허가취소 등의 제한을 가할 수 있다(제69조, 제83조).

⑤ 허가권자는 허가를 취소할 때에는 청문의 절차를 거친다(제75조).

⑥ 무허가(무신고) 등 건축법규 위반행위는 징역 또는 벌금, 과태료 등의 벌칙을 받는다(제83조 등).

⑦ 국토해양부장관은 시·도지사나 시장·군수·구청장이 행한 명령 등이 건축법규나 관련 조례에 위반되거나 부당한 경우 당해 명령 등을 취소·변경할

수 있다(제68조).

⑧ 국토해양부장관은 건축법규에 의한 권한의 일부를 시·도지사에게 시·도지사는 시장·군수·구청장에게 시장·군수·구청장은 읍·면·동장에게 위임할 수 있다(제17조).

위에서 ① 허가, 신고 ② 착공신고 ③ 사용승인과 같은 것을 **행정행위**라 한다. 허가 등의 처분을 함에는 실정법뿐만 아니라 법 일반원칙(평등원칙, 신뢰보호원칙 등)에 따라야 한다.

④는 행정행위에 대한 **의무이행확보수단**이며

⑤는 행정행위를 위한 **행정절차**이고,

⑥은 의무불이행에 대한 법적 제재로서의 **행정벌**이다.

이와 같은 것은 모두 행정의 중요한 작용이며 이것과 관련된 법규정을 **「행정의 작용에 관한 법」**이라고 한다.

이에 비해 ⑦은 상급기관에 의한 감독, ⑧은 권한의 위임에 관한 것으로 이것은 행정을 담당하는 조직에서 이루어지는 것이므로 이것과 관련된 법규정을 **「행정의 조직에 관한 법」**이라고 한다.

이상과 같이 행정법은 행정에 관한 법으로서 주로 행정의 조직과 작용에 관한 법을 말한다.

제2절 행정관념의 성립

17·8세기까지의 전제군주(혹은 절대군주)시대[1]에서는 군주 1인에 의한 통치가 모든 국가작용을 의미하였으므로, 행정의 관념을 인정할 수 없었다. 물론 행정이라고 말할 수 있는 국가 작용(군대의 운영, 치안의 유지, 토목공사, 조세부과 등)은 있었으나 군주통치에 의한 일원적 작용일 뿐이었으므로 진정한 의미의 행정이라고

1) 전제군주시대는 계몽적 전제군주시대로 발전하고 시민혁명을 거치면서 근대시대로 돌입한다.

할 수 없었다.

전제군주에 의한 권력의 전횡에 시달리던 시민들이 그들의 자유를 되찾기 위해 시민혁명을 일으키게 된다. 이것이 바로 프랑스대혁명과 같은 근대시민혁명이다. 이 혁명을 통하여 시민들은 자신의 자유를 되찾게 되었고 비로소 절대군주가 지배하던 중세시대는 막을 내리고 근대국가가 열리게 된다. 근대국가에서의 국왕은 시민의 자유를 침해하는 등의 국법행위를 수행하기 위해서는 법에 의해야 한다고 하는 의회의 통제를 받게 되었고, 이를 입헌군주주의라 한다. 이러한 근대법치국가의 성립은 법치주의와 국가 권력을 분할시키는 권력분립제도를 이론적 배경으로 한다.

권력분립제도에 의해 국가의 권력을 그 작용에 따라 입법, 사법, 행정으로 분리하는 행정의 관념이 성립하게 되었다. 따라서 근대국가의 성립과 행정의 성립은 탄생의 시기를 같이 한다고 할 수 있다.

□ 이렇게 생각해 봅시다.

권력분립과 행정의 성립

- 국가작용에서 ① 입법작용과 → ② 사법작용이 분리되어 나온 것을 말하며 이들 세 작용이 견제와 균형을 이룸으로써 진정한 행정이 성립하게 되었다.

- 근세는 전제군주에 의해 통치되는 군권정치시대였다. 따라서 국가의 작용은 국왕 1인에 의해 이루어지는 권력집중의 형태가 된다. 이러한 권력집중은 그 권한의 자의적인 행사를 가져오게 되었으며, 권한의 자의적인 행사는 인신에 대한 침해뿐만 아니라 특히 과세나 군역의 문제 등에서 원칙도 근거도 없이 이루어짐으로써 시민에 대한 자유와 재산의 침해를 가져오게 된다. 근세이후 계몽주의자들의 노력 등으로 눈을 뜨기 시작한 시민들은 그들만의 혁명[2]을 통하여 자유를 되찾게 되고(이것이 근대의 시작이다). 국왕의 국법행위에 대해서는 법적 통제를 가할 필요를 인식하게 된다. 국왕의 행위에 대한 법적 통제는 국왕의 행위에 법에 의한 견제와 제한을 받도록 하는 것이었으며, 그 통제를 위한 이론적 도구가 바로 법치주의와 권력분립이다. 모든 국가의 권력을 쥐고 있던 국왕의 국법행위를 법에 의해 견제하게 되었는데, 그 법 중 국가의 작용에서 먼저 분리되어 나온 것이 바로 입법작용이며, 후에 분리되어 나온 것이 사법작용이다.

---

2) 이것을 근대혁명이라 하며, 프랑스 대혁명, 미국 독립전쟁, 영국 청교도 혁명과 명예혁명 등과 같은 것을 말한다.

제 3 절 권력분립과 행정

제 1 항 권력분립제도

1. 의의

권력분립제도란 국가의 통치작용을 입법·행정·사법으로 나누어 이들 작용을 각각 독립한 기관에 귀속시키고, 기관 상호간 견제와 균형(Check & Balance)의 관계를 유지하게 하여 국가권력의 전부를 하나의 기관이 지배할 수 없도록 함으로써 국민의 자유와 권리를 보장하고자 하는 원리를 말한다. 이것은 권력의 불신에서 출발하여 국가권력을 약화시키려는 소극적(negative) 원리이다.

2. 권력분립의 이론

1) 존 로크의 2권분립론

영국의 존 로크(J. Locke)는 시민정부이론(市民政府二論)에서 국가권력을 집행권과 입법권(정립권)으로 분리해야 한다고 하면서, 입법권의 우위를 주장하였다(후에 영국이 국가권력 중 의회우위원칙을 확립하게 되는 주요한 이론적 연원이 된다). 그의 이론은 본격적인 권력분립이론이라기보다는 단순히 권력분리이론에 지나지 아니하였다.

2) 몽테스키외의 3권분립론

프랑스의 몽테스키외(Montesquieu)는 이러한 로크의 사상에 영향을 받아 「법의 정신」에서 국가권력을 입법·사법·행정으로 엄격히 분리하고 삼권의 동등한 지위를 강조하였다.

3. 수정론

칼 뢰벤쉬타인(K. Löwenstein)은 국가권력의 분립은 국가기능의 분배에 불과한 것으로, 국가권력의 분립이라는 개념 대신에 국가기능의 분리라는 개념을 사용해야 한다고 한다. 따라서 고전적 권력분립론은 동태적 권력분립론으로 대체되어야 한다고 하고, 특히 오늘날 일반적 정치형태인 의원내각제는 의회와 정부가 기능적으로 분립되어 있지 않다는 이유로 정책의 결정, 집행, 통제의 기능으로 삼분하고 있다.

※ 대만의 5권분립- 입법, 사법, 행정, 고시, 감찰

4. 권력분립개념의 현대적 수정

권력분립론은 시대적 상황에 따라 각국의 현실적 필요에 따라 변형되어 왔다. 그 주요한 요인으로는 다음과 같은 것이 있다.

1) 정당정치의 강화

현대에는 정당국가화 경향으로 정당의 영향력이 국가활동의 모든 영역에 확대되어 정당이 국가의 모든 권력(3권)을 통합조정하는 기능을 한다. 따라서 삼권의 대립·견제보다는 여당과 야당의 대립견제가 권력억제에 효과적 역할을 한다.

2) 복지국가이념에 따른 적극행정의 수행

인간다운 생활의 배려를 국가의 이념으로 하는 현대 복지국가에서는 행정부의 기능이 확대되어 실질적 의미에서는 입법과 사법이 행정작용을 통해 이루어지는 경우가 많아졌다. 또 각 국가기관은 서로 다른 영역의 역할도 기능하게 되었다(예컨대 법원의 법원행정처, 국회의 국회사무처 등).

3) 권력적 분립에서 기능적 분리로

위의 뢰벤쉬타인이 주장한 바와 같이 현대의 권력분립론은 고전적 개념인 힘의 분립이 아니라 단지 국가 기능의 분배 내지 분리라고 할 수 있다.

제2항 행정의 의의와 분류

1. 행정의 의의에 관한 학설

1) 부정설

국가작용의 성질상 차이를 부인하고 행정의 실질적 개념 규정이 불가능하다고 한다. 여기에 대표적인 것은 순수법학적 견해로 모든 국가작용이 법정립, 선언, 집행작용을 한다고 하며 다만 실정법상의 단계적 구조가 다르거나(법단계설), 담당하는 기관이 다를 뿐(기관태양설)이라고 한다.

2) 긍정설

(1) 소극설(공제설; W. Jellinek)

국가작용 중 입법과 사법이 분화된 후 남은 것이 행정이라 한다(소극설에 대한 비판-입법과 사법의 정의도 명확하지 아니하므로 공제는 불가능하며, 오히려 입법, 사법의 범위가 정해지기를 기다리지 말고 적극적으로 정의를 내려야 한다고 비판하였다)

(2) 적극설

행정은 이러한 성질을 가진 것이라고 적극적으로 규정한다.

① 목적실현설(Otto Mayer) : 행정은 법 아래에서 국가목적을 실현하는 작용(비판-입법과 사법도 국가목적을 실현하는 작용).

② 결과실현설(양태설: 다수설 Forsthoff, Fleiner, 田中二郎) : 국가작용으로서 입법·사법이 소극적 작용인데 비해 행정은 적극적으로 국가목적(공익)을 실현하는 작용을 한다. 즉 행정은 법의 규제를 받으면서 현실적·구체적·적극적으로 국가목적을 실현하는 작용을 한다. 물론 이 구분도 완전한 것이 아니라는 비판을 받는다. 왜냐하면 입법도 언제나 소극적인 것이 아니라 예컨대 5·18 특별조치법과 같이 적극적인 개혁입법을 통하여 직접 결과를 실현하기도 하며, 행정도 문화재보존행정과

같이 소극적인 행정이 있기 때문이다.

3) 행정의 정의의 어려움

"행정은 정의될 수 없고, 단지 기술될 뿐이다"(E. Forsthoff)라고 한 바와 같이 행정은 너무 다양하고, 광범위하기 때문에, 실질적 의미의 행정개념을 파악하기는 상당히 어렵다. 현재 행정의 개념은 결과실현설이 학계의 다수설이긴 하나, 대개는 행정의 징표를 통하여 귀납적 방법으로 행정의 태양을 파악한다.

2. 형식적 의미의 행정과 실질적 의미의 행정

1) 형식적 의미의 행정(권한의 소재, 권한의 주체로 파악)

실정법에 의해 행정부에 권한이 부여된 작용, 즉 행정부가 하는 모든 작용을 형식적 의미의 행정이라 한다.

2) 실질적 의미의 행정(성질로 파악)

실정법에 의해 행정부의 권한으로 되어 있는 것은 아니나, 성질상 행정으로 파악되는 작용을 말한다. 즉 법집행작용은 그 주체가 어디인가에 관계없이 실질상 행정에 속한다. 따라서 대통령령의 제정(실질적 입법), 행정심판의 재결(실질적 사법), 통고처분(실질적 사법)은 법집행작용이 아니므로, 형식적으로는 행정작용이나 실질적으로는 행정이 아니다.

국가작용은 그 작용의 주체와 상관없이 성질에 따라 ① 법정립작용은 실질적 입법, ② 법집행작용은 실질적 행정, ③ 법선언작용은 실질적사법작용으로 구분한다.

3) 형식적 의미와 실질적 의미의 국가작용의 구분

어떤 국가작용을 형식적 의미와 실질적 의미로 구분하는 기준은 형식적 의미의 그것은 당해 국가작용의 담당기관으로 즉 당해 국가작용의 주체가 어디인가를 기준으로 판단하며, 실질적 의미의 그것은 당해 국가작용의 기능 즉 당해 국가작용의 성질이 어떤 것인가로 파악한다.

예) 부령의 제정(형식적-행정, 실질적-입법), 국회사무총장의 국회직원 임명(형식적-입법, 실질적-행정), 대법행정처장의 예산집행(형식적-사법, 실질적-행정)

3. 행정의 분류

1) 목적

행정은 그것이 국가의 존립과 활동을 직접 목적으로 하는가 혹은 사회의 질서유지와 복리증진을 목적으로 하는가에 따라 국가목적적 작용과 사회목적적 작용으로 구분한다. 따라서 그 구분의 기준은 결국 국가와 사회를 개념상 구별하는데 있겠지만, 한마디로 말하면 그 행정작용이 국가라는 조직을 전제로 성립하는 것이냐에 있다. '국가목적적 작용'으로는 재무행정, 군사행정, 외교행정, 사법행정 등이 있고, '사회목적적 작용'으로는 질서행정, 복지행정 등이 있다.

2) 수단

권력행정과 비권력행정으로 나누고, 비권력행정은 다시 관리행정[3]과 국고행정으로 나눈다. 이중 권력행정과 관리행정은 공법의 적용영역이고, 국고행정은 사법의 적용이다. 다만 관리 행정이 공법의 적용영역이라 하여, 공법이 전적으로 적용되는 것은 아니고, 개괄적으로는 오히려 사법이 적용되나 공법에 의한 제한이 가해져, 공법이 적용될 수 있는 영역을 의미한다. 따라서 관리행정의 경우 쟁송의 대상이 되었을 때 실무상으로는 민사소송에 의하게 된다.

① 권력적행정: 과세, 징집, 허가취소, 영업정지 등
② 관리행정(단순고권행정): 공기업경영, 공물관리, 재정상 관리, 군정상 관리 등
③ 국고행정: 국고지원업무(조달행정), 수익경제활동(우편, 철도)
  * 형식적 의미의 국고행정(행정사법): 아래 설명 참조.

* 과거에는 권력적 행정을 본래적 행정(本來的), 관리 행정을 전래적(傳來的) 행정이라고도 하였으나, 현대 행정에 있어서는 관리행정이 확대되고 급속히 발전함에 따라 주된 연구대상이 되고 있다.[4]

---

3) 이를 달리 '단순고권(單純高權)행정'(schlichte Hohheitsverwaltung)이라고 하나, 그 고권(高權)(Hohheit)이라는 표현이 정확한 것이 아니라는 이유로 최근에는 그냥 '단순공행정' 또는 '단순행정'(schlichte Verwaltung)으로 부르기도 한다.

4) 근대와 현대의 국가작용 비교

** 행정사법에는 사법형식을 통한 전기 · 수도 · 가스 등의 공급, 우편 · 전신전화 · 하수처리 및 주택건설에 필요한 융자제공, 기업에 대한 자금지원 등이 여기에 해당한다. 이와 같이 행정사법은 행정이 공행정작용을 수행함에 있어 그 법적 형식의 선택가능성이 인정되어 사법의 형식으로 수행하는 경우 이에 대한 공법원리에 의한 제한을 의미하는 것이므로 행정권의 사법으로의 도피현상을 억제하는 것을 의미한다).

행정사법과 관리관계의 구별에 관해서는 견해가 나뉘는데, ① 관리관계는 공법관계이고, 행정사법은 사법관계이므로 이것을 구별해야 한다는 견해(김남진)와 ② 그 실질적 내용을 명확히 구분할 수 없으므로 양자를 유사한 것으로 보아야 한다는 견해(홍정선 · 유지태)가 있다. 이와 관련하여 옐리네크(Jellinek)는 "군인은 민간인의 복장을 하여도 군인이다"라고 하여 공법관계임을 강조한 바 있다.

□ 이렇게 생각해 봅시다.

형식적 의미의 국고행정(행정사법)

형식적 의미의 국고행정이란 국고작용의 형식 즉 계약의 형식(사법)취하고 있긴 하지만 실제로는 공적인 내용의 것이라는 것이다.

예를 들어 국가가 전기를 공급할 때 국가와 국민은 개별적으로 전기 사용계약을 맺는다. 우리가 전기 요금 고지서를 보면 계약 전력 3kw라고 쓰여 있는 것을 볼 수 있다. 이것은 국가를 대신하는 한전과 국민이 개별적으로 계약을 맺은 것이다. 그러나 전기의 공급이라는 것은 물건의 매매와는 달라서 일반 사인이 자유롭게 하기는 어려운 것이고, 국가가 공공서비스의 하나로 하는 것이다. 따라서 계약이라는 형식을 취하고 있긴 하지만(형식적의미의 국고작용) 실제로는 공공서비스의 제공 공공역무이기 때문에 여기에는 행정법의 원리에 의한 제한이 가능하다는 것이다.

이런 예도 생각해 보자.

우리가 상수도를 이용하기 위해서는 일정한 수도 사용료를 내야 한다. 즉 지방자치단체와 개인이 사용료에 대한 계약을 맺고 있다고 볼 수 있다. 그러나 이 경우 일반 물건의 매매계약과는 달리, 공공서비스의 제공이라는 공적 역무(여기서 역무(役務)란 업무라고 생각해도 된

	근 대	현 대
① 행정수단	권력적	관리적
② 행정내용	질서유지	급부작용
③ 기본권	자유권	생존권
④ 국가의 개입	소극적(freedom from the nation)	적극적(freedom to the nation)

다)를 수행하는 것이기 때문에 사용료를 개인과 지방자치단체가 흥정할 수 있는 것이 아니라 지방자치단체에서 정해 주는 일정한 요금을 납부하게 된다. 이것이 행정법에 의한 제한이다.

- 정리해 보면,

형식적 국고작용이란 그 형식으로는 국고작용의 형식(계약)취하지만(그래서 원칙적으로 사법의 적용만을 받아야 하지만) 실질은 공법적 제한을 받게 되는 것을 말한다. 이것을 다른 말로는 행정사법이라고 하기도 한다. 가스, 전기, 수도, 도로 등과 같이 복리적 행정에 주로 사용되는 행위형식이다.

그리고 이 문제 해결을 위해서는 국고작용의 개념을 정확히 이해하고 있어야 한다. 국고작용은 행정주체가 우리가 알고 있는 권력적인 작용만을 하는 것이 아니라 물건을 매매하거나 임대하는 것과 같이 사법의 주체가 되어 하는 작용을 의미하는 것이다. 그래서 원래 국고작용에는 사법만이 적용되며, 공법적 제한이 있어서는 안 된다.

돌발퀴즈 Q. 수도사용계약은 사법의 형식으로 이루어지는 계약이지만 행정법에 의한 강한 제한을 받는 공법상 계약이다?(○, ×)

A. ×, 수도사용계약 등 행정사법은 말 그대로 사법계약이며, 민법이 적용되며, 쟁송적 처리도 민사소송에 따른다)

3) 주체

행정은 그 작용의 주체에 따라 '국가행정'과 '지방자치행정'으로 나뉜다.

4) 법적 효과

행정은 법적 효과에 따라 권리를 제한하거나 새로운 의무를 부과하는 부담적 행정(침해적 행정, 침익적 행정이라고도 한다. 예컨대 과세처분, 징집처분, 허가취소처분, 영업정지처분 등)과 이에 반대 개념으로서 수익적 행정(면세처분, 영업허가처분, 특허처분, 인가처분 등)이 있고, 이 두 가지 성질을 동시에 지니는 복효적 처분이 있다. 복효적 처분에는 행정행위의 상대방에게 두 가지 이상의 효과가 발생하는 경우(예컨대 허가를 내주면서 일정한 의무를 부과하는 경우)는 '이중효과적 행정'이라고 하고, 행정의 상대방에게는 이익이 되는 처분이나 제3자에게는 불이익이 되는 처분인 경우(예컨대 연탄공장설립허가의 경우)에는 '제3자효 행정'이라고 한다.

제4절 통치행위

1. 의의

1) 개념

통치행위란 대통령의 비상조치, 조약체결, 계엄선포 등과 같이 고도의 정치적 문제로 법적 구속을 받지 아니하는 행위를 말한다. 또 통치행위는 제4종의 국가작용라고도 하며, 협의의 행정개념에서는 제외된다.

통치행위의 존재이유는 기본적으로 권력분립의 실천에 있다. 즉 고도의 정치행위가 사법적 심사를 받게 되면 입법, 집행의 기능수행이 저해될 수도 있기 때문이다. 예컨대 국회에서 국회의원을 제명하거나, 대통령이 국무위원을 임명하는 것은 일반공무원이 임명되거나 면직되는 것과는 달리 일반 행정작용이 아닌 통치행위이다. 국회의원을 제명하는 행위가 법원의 심판을 받게 된다면 국회의 정치작용이 약화되고, 사법부가 입법부에 대해 우위에 서게 되어 권력분립원칙에 어긋나게 되고, 대통령이 국무위원을 임명하는 행위에 법원의 판단을 받게 된다면 이 또한 대통령의 정치력을 약화시켜 권력분립의 대원칙이 무너지고 사법부가 행정부 위에 군림하는 결과를 낳게 될 수 있기 때문이다.

2) 제도적 전제

통치행위는 법치주의가 확립되고, 행정소송의 대상에 관하여 개괄주의를 채택하고 있을 것을 전제로 한다. 즉 법치주의가 정립되어 있지 아니하고 행정소송의 대상이 한정적인 열기주의에 머물러 있는 경우에는 일반행정작용도 사법심사가 제한될 수 있기 때문이다.

▶ **개괄주의(槪括主義) · 열기주의(列記主義)**

이것은 행정소송사항을 규정하는 방식으로, 개괄주의(예시주의)란 행정작용이면 개괄적으로 행정소송의 대상이 된다는 것이고, 열기주의란 행정소송사항으로 열기된 행정작용만 행정소송(사법심사)의 대상이 된다는 것이다. 따라서 열기주의를 채택하고, 여기서 통치행위를 제외하면, 애초에 사법심사의 대상에서 제외되는 것이므로, 통치행위론은 무의미한 것이 되고 만다.

2. 연혁

1) 프랑스

프랑스는 통치행위의 개념이 가장 먼저 발달한 나라이다. Conseild Etat(국참사원; 프랑스의 최고행정법원)의 판례를 통하여 통치행위의 개념이 성립되었다. 특히 콩세유데타에서는 정치적 합목적성의 이유에서 통치행위를 재판 대상에서 제외하였다.

2) 독일

독일에서는 제2차대전 이전에는 행정소송사항에 열기주의를 택함으로써 통치행위의 관념이 성립할 여지가 없었으며, 주로 이론적 입장에서 통치행위의 관념을 구성하였다. 그러나 오늘날에는 개괄주의를 채택함으로써 통치행위의 존재가 인정되고 있다.

3) 영 · 미

영국은 전통적으로 국왕의 대권행사에 법원이 관여하지 아니하는 관념이 지배하였으며, 미국에서는 권력분립의 원칙에 따라 행정부와 입법부의 전권에 속하는 정치적 문제는 사법심사의 대상에서 제외하였다.(*미국의 통치행위 관련 최초의 판례: 루터 對 보덴 사건: Luther v. Boden's case)

4) 일본

일본도 제2차대전 후 개괄주의를 채택하여 통치행위의 개념을 인정하고 있으며, 특히 미일안보조약의 해석이나, 중의원의 해산행위 등을 통치행위라고 해석한 판례가 있다.

5) 우리나라

1964년 한·일국교정상화 6·3사태(대판 1964.7.21. 64초3), 1979년 10·26사태 등의 비상계엄선포(대판 1979.12.7. 선고 79초70) 등의 비상계엄선포에 관하여 대법원은 고도의 정치적 행위라는 이유로 사법심사를 거부한 바 있다.

그러나 1996년 헌법재판소(93헌마186)는 금융실명제와 관련한 긴급재정경제명령에 대하여 기본권 침해와 직접 관련되는 경우 헌법심판의 대상이 될 수 있다고 판결한 바 있다(.... 대통령의 긴급재정경제명령은 국가긴급권의 일종으로서 고도의 정치적 결단에 의하여 발동되는 행위이고, 그 결단을 존중하여야 할 필요성이 있는 행위라는 의미에서 이른바 통치행위라고 할 수 있으나, ...고도의 정치적 결단에 의해서 행해지는 국가작용이라 할지라도 그것이 국민의 기본권 침해와 직접 관련되는 경우에는 당연히 헌법재판소의 심판대상이 될 뿐만 아니라, 긴급재정경제명령은 법률의 효력을 갖게 되는 것이므로, 마땅히 헌법에 기속되어야 할 것이다.....).

▸ 93 헌마 186 결정의 의미

이 결정에 대해서는 다음 두 가지의 해석이 있다.

제1설: 이 결정에서는 긴급재정경제명령의 통치행위성을 긍정하였다. 다만 통치행위에 대해 심사가 제한되는 사법권의 범위는 대법원을 정점으로 하는 일반법원이며, 헌법법원은 여기에 포함되지 않는다. 즉 통치행위에서 제한되는 사법심사의 범위에는 헌법재판소에 의한 헌법 재판은 포함되지 않는다.

제2설: 이 결정의 표현에도 불구하고 통치행위성을 부정하였다고 본다.[5] 이것은 통치행위의 성질을 띠는 것이라도 기본권 침해가 있는 경우 사법심사가 적용된다고 한 것으로 획기적인 결정으로 볼 수 있다. 통치행위에서 사법심사라 함은 모든 사법적 심사를 의미하는 것이므로, 기본권에 대한 직접침해와 관련되는 국가행위의 경우에 헌법심판이 가능하다면 이것은 통치행위성을 부정한 것이다(다수견해).

이와 같이 기본권 침해 행위에 통치행위성의 부인이 문제되자 앞으로 기본권침해 행위에 대해 대법원과 헌법재판소가 어떤 판단을 내릴지 관심이 집중되는 바, 통치행위와 기본권의 관계에 대해 여러 견해가 등장하였는데, 기본권보장에 관한 한 통

5) 김동희, 행정법 I, p. 14.

치행위 이론이 부인된다는 견해[6](김철수)와 사법심사가 배제되는 절대적 통치행위와 기본권 보장에 중대한 영향을 미치는 경우 사법심사가 가능한 상대적 통치행위로 구분하자는 견해[7]가 등장하였다.

돌발퀴즈 Q. 93헌마186결정은 대통령의 긴급재정경제명령에 대해 통치행위성을 긍정하였다(○,×)

A. (×). 이 결정에 대해서는 통치행위성을 긍정하였다는 견해와 부정하였다는 견해가 있으나, 현재 학계의 다수입장은 헌법심판도 널리 사법심사의 범위에 속한다고 보아 통치행위성을 부정하였다고 본다.

3. 학설

1) 부정설

법치주의원리 하에서 행정소송은 개괄주의를 인정하는 이상, 모든 행정작용은 사법심사의 대상이 되므로, 통치행위의 개념을 성립할 수 없다.

2) 긍정설

(1) 재량행위설

통치행위는 국가최고기관의 정치적 자유재량에 의한 행위로, 사법심사의 대상에서 제외된다고 한다. 이 견해는 재량행위는 사법심사의 제한을 받지 않는다는 전통적 행정법이론에 기초한 것이다. 그러나 오늘날 행정소송법 제27조에 의하여 재량행위도 그 일탈・남용이 있는 경우에 법원의 사법심사의 대상이 될 수 있기 때문에 이 학설은 타당성이 없다.

(2) 권력분립설

법원의 사법심사권에는 권력분립상 일정한 한계가 있는데, 통치행위도 그러한 거기에 해당한다(미국과 일본의 통설과 판례). 유사한 견해로 내재적 한계설이 있다. 내재적 한계설이란 '정치문제는 정치적으로 책임을 지는 것이 낫고 법원이 이것을

6) 김철수, 헌법학개론, p. 1,079.
7) 권영성, 헌법학원론, p. 844.

심사하기에는 적당하지 않다고 하면서, 정치적 문제에는 법원이 개입하지 못하는 내재적한계가 있다고 하는 견해'이다. 이것은 권력분립설과 큰 차이가 없다.

(3) 대권행위설

국가원수가 하는 대권행위는 법률적 통제를 받지 아니하고 단지 의회나 국민의 정치적 통제만을 받는다고 한다. 영국에서는 일찍부터 "왕은 소추할 수 없다(The King is immune from suit)"라는 의식이 존재하였다. 구체적 사안과 관련하여 국왕의 대권이 인정될 수 있는 것인지의 여부와 그 대권이 적정한 범위내의 것인지의 여부는 선결문제로서 심리하는 것이 일반적이다.

(4) 사법부자제설

원칙적으로 법원의 심판이 인정되나, 법원이 정치적 문제에 개입하기를 꺼려하기 때문에 스스로 그에 관한 판단을 거부한다는 견해이다(현재 우리나라 헌재의 입장, 우리나라 다수설/미대법원).

※ 우리나라 판례는 내재적 한계설(1979.12.7. 79초70: 10·26계엄선포에 대한 위헌심판)을 취한 것도 있고, 대법원이라 헌재의 판례는 아니지만 권력분립설(서울고법재정 1964.7.16)을 취한 것도 있으나, 현재 헌법재판소의 판례는 사법부자제설을 취한다. 또 우리나라 통설이 무엇이냐에 대해서는 권력분립설(내재적한계설을 포함한)이 통설이라고 하기도 하나, 권력분립설과 결합한 사법부자제설이 다수설이라고 생각된다. 교과서마다 통설에 관한 견해가 다르다.

☆ 궁금합니다. (2004.3.14. OCU) 학생질문

안녕하세요~교수님~^^*
의문나는 점이 있어서 이렇게 교수님께 질문을 하게 되었습니다.

1주차 강의 16p 통치행위에 관한 질문입니다.
교수님은 사법부 자제설을 통설이라고 하시고, 권력분립설을 미국의 통설이라고 하셨습니다. 하지만, 제가 보는 행정법관련 교재에서는 사법부자제설은 헌법학계의 통설, 판례라고 나와 있구요. 권력분립설,즉 내재적 한계설을 행정법학계의 다수설, 판례, 미국의 통설이라고 나와 있습니다. 또 그렇게 배웠구요. 교수님과 견해가 약간 다른 것 같은데...무엇이 옳은지... 궁금하네요...

답변 부탁드립니다~^^*

A. 질문에 대한 답입니다.

일단 통치행위에 관한 학설은 그리 중요하지 않습니다. 제가 알고 있는 바를 말씀드리겠습니다.

우리나라의 통설과 판례(현재 헌재의 판례)는 사법부자제설이라고 생각됩니다. 다만 사법부자제설만 택하는 것이 아니라 일부 권력분립설과 결합된 사법부 자제설입니다. 미국, 일본의 판례와 통설은 권력분립설이라고 하는 것이 좋겠습니다. 이상입니다.

ps. 통치행위에 대해서는 무엇이 통설이냐 하는 문제보다는 판결의 태도를 설명하고 이것이 어느 설에 입각한 것이냐, 하는 것과 미국은 워낙 권력분립이 강조되는 나라라 미국에서의 이것에 관한 통설, 판례는 무엇이냐 하는 것 정도가 시험에 나옵니다.

4. 인정 범위

1) 헌법에 명문으로 사법심사를 배제하고 있는 경우

헌법 제64조제4항에 따라 국회의원의 자격심사, 징계, 제명처분에 대해서는 법원에 제소할 수 없다고 규정하고 있다.

2) 학설상 인정되는 경우

주로 대통령의 국가원수 또는 행정부수반으로서의 행위와 국회의 일정한 행정에 대해 통치행위성을 인정하고 있다. 통치행위로 보는 행위로는 긴급명령, 계엄, 비상조치, 영전수여, 조약체결(외교행위), 사면권행사, 법률거부, 국무위원임면 등이 있다. 실질적 법치주의 하에서 통치행위를 인정하는 범위는 점차 축소되고 있다.

돌발퀴즈 Q1. 통치행위는 법치주의를 전제로 하는 개념이다. (○)

A. 통치행위는 법치주의의 한계이므로 법치주의가 이론적 전제가 되고 그 다음 한계로서 설명된다. 따라서 통치행위는 법치주의의 범주안에 있다. 예컨대 '통치행위는 반법치주의적이다'라고 한다면 잘못된 설명이 될 것이다.

Q2. 다음 중 통치행위에 관한 판례의 태도가 잘못 설명된 것은?

① 국군 자이툰 부대의 이라크 파병에 대한 대통령과 국회의 결정은 통치행위에 해당한다.

② 군사시설보호법에 의한 군사시설보호구역의 설정, 변경 또는 해제와 같은 행위는 협의의 행정행위와는 구별되는 통치행위이다.

③ 계엄선포의 당·부당에 대해 심사하지 못할 뿐 그 요건 구비 여부에 대해 법원의 심사는 가능하다.

④ 비상계엄의 선포나 확대가 국헌문란의 목적을 달성하기 위하여 행하여진 경우에는 법원은 그 자체가 범죄행위에 해당하는지의 여부에 관하여 심사할 수 있다.

⑤ 남북정상회담은 고도의 정치적 성격을 띤 통치행위로 사법심사의 대상이 된다고 보기 어렵지만 개최과정에서 빚어진 송금행위자체는 통치행위라고 보기 어렵다고 하면서 대북송금과정에서의 행위는 사법심사의 대상이 된다.

A. ① 국군 자이툰부대의 이라크 파병에 대한 대통령과 국회의 결정은 통치행위에 해당한다(헌재결 2004.4.29. 2003헌마814). ② 군사시설보호법에 의한 군사시설보호구역의 설정, 변경 또는 해제와 같은 행위는 협의의 행정행위와는 구별되는 통치행위이다(대판 1983.6.14. 83누43). ③ 계엄의 선포는 그 선포가 당연무효의 경우라면 모르되, 사법기관인 법원이 계엄선포의 요건 구비 여부나, 선포의 당·부당을 심사하는 것은 사법권의 내재적인 본질적 한계를 넘어서는 것이 되어 적절하지 못하다(대법원 1979.12.7. 선고 79초70재정). ④ 대판 1997.4.17. 96도3376 ⑤ 대판 2004.03.26 2003도7878

Q3. 통치행위라도 헌법이나 법률에 명백히 위반하는 경우에는 사법심사의 대상이 된다? (○,×)

A. ○, 통치행위라도 헌법이나 법률에 명백히 위반하는 경우에는 사법심사의 대상이 된다.

5. 관련 문제

1) 국가배상의 문제

위법한 통치행위로 사인이 손해를 입은 경우 국가배상책임이 발생할 것인가? 여기에는 부정설과 긍정설이 있다. 부정설에 따르면 그 위법성 여부가 사법심사에서 제외되므로 국가배상책임을 인정할 수 없다고 하고,[8] 또 명백히 헌법이나 법률에 위반된다고 판단되거나 기본권 침해와 직접 관련이 있는 경우가 아닌 한 법원의 심

8) 박균성, 행정법론(상), p. 35.

리에서 배제되기 어렵기 때문에, 현실적으로 통치행위의 위법성을 주장하기 어렵고 따라서 국가배상책임을 인정하기 어렵다고 한다.[9] 긍정설에 따르면 국가배상에서의 위법성과 통치행위의 위법성 개념은 서로 다른 것이므로 국가배상책임의 요건을 충족하면 배상책임을 부인할 이유가 없다[10]고 한다. 생각건대 통치행위는 고도의 정치적 문제에 대해 사법심사를 배제하는 법원리로 그것이 위법한지의 판단이전에 적용되는 법원리이다. 따라서 통치행위는 위법하다고 인정되는 경우에만 등장하는 개념이라는 부정설의 견해에 동의하기 어려우며, 사법심사이전에 통치행위 원리가 성립하여 그에 대해서 사법적 책임을 묻지는 않지만 그 후에 당해 행위에 대한 배상책임의 문제를 부인해서는 아니될 것으로 생각된다.

2) 손실보상의 문제

통치행위를 공공의 필요에 의한 적법한 공권력의 행사로 보아 손실보상을 청구할 수 있을 것인가? 여기에도 긍정설과 부정설이 대립한다. 긍정설에 따르면 통치행위로 인해 국민에게 특별한 희생이 가해진 경우에는 평등원칙에 따라 손실보상이 가능하다고 한다.[11] 부정설에 따르면 통치행위론은 위법한 통치행위에 대해 사법심사를 배제하는 것이므로 개념적으로 적법한 행위로 보기 어렵기 때문에 손실보상은 성립하기 어렵다고 한다.[12] 생각건대 국가배상의 문제에서와 마찬가지로 통치행위는 고도의 정치적 문제에 대해 사법심사이전에 성립하는 개념 즉 사법심사를 하지 않고 있으므로 이것과 위법성, 적법성을 논하는 것은 적절하지 않다. 또 통치행위의 개념이 그것에 모든 법적 책임을 제외시켜 주는 개념이 아니라 정치적 행위를 무리없이 할 수 있도록 사법이 개입하지 않는다는 뜻이므로 그 행위 자체에 대한 법적 책임은 묻지 않더라도 국가배상이나 손실보상의 문제는 별개로 성립한다고 봄이 타당하다.

또 위의 견해들을 살펴보면 국가배상의 문제에서 부정설을 취하는 견해는 손실보상의 문제에서는 긍정설을 취하고, 국가배상의 문제에서 긍정설을 취하는 견해는 손실보상의 문제에서는 부정설을 취하고 있음을 알 수 있는데, 이것도 논리적으로

9) 홍정선, 행정법원론(상), p. 16.
10) 김남진, 행정법Ⅱ, p. 15.
11) 박균성, 행정법론(상), p. 35.
12) 홍정선, 행정법원론(상), p. 32.

그렇게 연결되는 것은 아니다. 생각건대 국가배상의 문제와 손실보상의 문제 모두에서 부정설을 취할 수는 없을 것이다. 왜냐하면 그렇지 않다면 통치행위로 인한 피해를 보전할 방법이 없어지기 때문이다. 그러나 국가배상의 문제나 손실보상의 문제 중 어느 하나에서 긍정설을 취하는 경우에는 나머지의 문제에서 어느 설을 취해도 좋을 것이다.

3) 통치행위의 한계

통치행위라고 하여 모든 법적인 책임에서 완전히 면제된다거나 무제한의 자유가 인정되는 것은 아니다. 통치행위라도 헌법이나 법률에 명백히 위반하는 경우에는 사법심사의 대상이 됨은 물론이요, 통치행위도 헌법상의 민주질서에 따라야 하므로 평등원칙, 비례원칙 등의 제한을 받는다.

Check

- 진정한 의미의 행정의 개념 및 이것과 권력분립의 관계
- 권력분립의 고전적 의미
- 권력분립의 현대적 수정
- 복효적 행정행위의 개념
- 행정의 개념에 관한 공제설과 결과실현설
- 행정의 효과에 따른 구분(침해적, 수익적, 복효적 행정)의 예에 관한 문제
- 칼 뢰벤슈타인의 권력분립론의 의미
- 실질적 의미의 행정과 형식적 의미의 행정
- 통치행위의 연혁과 인정범위에 관한 문제
- 통치행위와 개괄주의의 관계
- 각국의 통치행위 인정여부와 관련된 학설에 관한 문제
- 통치행위에 관한 우리나라의 판례의 견해의 문제

제 2 장

행 정 법

제 1 절 행정법의 성립

제 1 항 대륙법계 행정법의 성립

대륙법계는 법치국가 사상과 행정제도의 발달로 행정법이 일찍부터 성립되어 왔다.

1. 대륙법계에서 행정법 성립의 전제

1) 법치국가원리

법치국가원리: 국가작용 → 법에 종속
(행정) → 법에 종속/행정이 법에 종속하는 기준체계: 행정법
∴ 법치국가원리는 행정법 성립의 전제

법치국가원리란 모든 국가작용은 국민의 대표기관인 의회에 의해 제정된 법률에 기속되어야 한다는 원리이다. 따라서 행정도 법의 종속하게 되었는데, 이러한 행정의 작용에 관한 기준을 마련한 법체계가 바로 행정법이다. 따라서 법치국가원리는 행정법성립의 주요한 전제가 된다.

그런데 대륙법계에서 법치국가사상에서는 행정의 법에 대한 종속성은 인정하되, 행정의 법체계는 일반사인들 간의 관계인 민사법체계와는 달라야 한다고 생각하였다. 즉 국가작용으로서의 행정작용은 특히 행정이 공익의 실현자라는 점에서 행위 당사자간 대등한 법적 지위를 인정하는 일반 민사작용과는 그 성질을 달리하므로, 행정의 우월한 지위를 보호하기 위하여 행정법은 민법과 같은 일반 사법과는 다른 특수한 법 영역으로 인식되었다.

※ 대륙법계에서의 법치주의사상은 행정권의 우월성을 인정하나, 영미법계에서의 법의 지배는 행정권과 일반 사인이 법 앞에서 평등하다. 이러한 사상적 차이는 행정법의 성립에 중대한 영향을 미치게 된다.

2) 행정제도의 발달

대륙법계의 법치국가사상에 의한 행정법체계에 어울리는 특수한 행정적 제도의 기반이 필요함에 따라 행정법원 제도를 핵심으로 하는 행정제도가 발달하게 되었다. 따라서 행정작용에는 사인간에 작용되는 일반사법과는 다른 법 원리가 적용되어야 하며, 민사법원과는 다른 법원에서 다른 소송원리에 따라 재판을 받게 되었다. 즉 행정사건에 대한 일반사법관할권을 부정하였다.

2 대륙법계국가의 행정법의 성립

1) 프랑스

(1) 판례법을 통해 발전

국왕의 국법행위에 대한 사법부의 관여를 배제하기 위하여 국왕의 행위에 대한 심판을 국왕의 고문에게 맡긴 것에 유래한다. 국왕의 고문단이 발전하여 국참사원(Conseil d'Etat)이 되었다.

(2) 공공역무이론(public service)

공역무 내지 공공역무란 국민의 일반 민사작용과는 다른 행위영역을 상정한 개념이다. 프랑스에서는 이 개념을 중심으로 행정법이 발달하게 되는데, 공공역무개념은 독일식으로 표현한다면 공권력작용과 관리작용을 포함한 개념정도로 이해할 수 있다.

※ 라페리에르(Laferriere)는 국가행정을 권력행정과 관리행정으로 구분하고, 권력행정에만

공법이 작용하며, 관리행정에는 사법이 작용한다고 하였다.

※ Blanco 사건의 판결을 계기로 관리작용도 공법의 적용을 받게 되는데, 이 사건을 계기로 행정작용은 공공역무라는 단일개념으로 포괄할 수 있게 되었다. 즉 원래 공법의 적용을 받는 행정작용은 권력작용에 국한하였으나, 관리작용을 포괄하면서 보다 넓은 개념인 공공역무개념을 채용하게 된 것이다.

2) 독일

(1) 제정법을 통해서 발전

프랑스가 판례를 통해 발전한데 대하여 독일은 학설과 이론을 통해 발전하였다.

(2) 내용

종래 독일에서는 국가를 공권력주체와 재산권주체로 나누어, 전자에 대해서는 법의 통제를 받지 아니하고 후자에 대해서만 '사법'의 적용을 받았으나(국고학설 or 국고이론), 법치국가사상의 발전으로 공권력의 주체로서의 국가에도 법적 구속을 하게 되었는데, 행정이 종래와 같은 우월적 지위를 유지하고자, 사법이 아닌 행정에 고유한 법을 제정하고 그 적용에 관하여 법원을 마련함으로써 본격적으로 행정법이 성립하게 되었다. 따라서 독일의 행정법은 권력작용을 중심으로 하여 발달하였으며, 권력행정이외에 비권력행정인 단순공행정도 행정법의 대상에 포함되어 있는데, 오늘날에는 이러한 작용으로서의 급부행정이 중요하게 부각되고 있으며, 그에 대한 체계화가 중요한 과제로 등장하고 있다. 하지만 독일행정법에서는 권력작용이 여전히 중요한 중심관념으로 자리잡고 있으며, 그런 점에서 독일행정법의 범위는 프랑스의 그것보다 좁다고 할 수 있다.[1]

〈독일과 프랑스의 행정에 관한 용어 비교〉

독일		프랑스	
공행정작용	공권력작용 단순공행정작용(단순고권작용)	공역무	권력작용 관리작용

1) 김동희, 행정법I, p. 26.

제 2 항 영미법계 행정법의 성립

영국에서는 보통법(common law), 법의 지배원리(rule of law)의 영향으로 애초에는 국가와 사인간에도 원칙적으로 사인 상호간과 같이 일반사법이 적용되었다. 즉 국가행정작용에만 적용되는 특유한 법이 성립되어 있지 않았다. 19세기말, 20세기 초부터 자본주의가 발달하고 사회경제가 급변하자 행정기능을 법적으로 통제하지 못하는 경우가 많아졌다. 따라서 일반법원과 행정기관의 활동만으로는 개인의 권익을 도모하면서 국가의 복리기능을 수행하기가 곤란해졌으므로, 행정의 전문적 기능을 수행하면서 준입법적, 준사법적 권한이 부여된 행정위원회를 설치하게 되었고, 이 기관을 규율하는 새로운 법체계로서 행정법이 발달하게 되었다.

제 3 항 우리나라의 행정법

사법국가주의를 원칙으로 하면서 행정국가적 요소를 상당히 가미하였다. 1994년 7월 행정소송법 개정(시행은 1998년 3월)으로 지방법원급 행정법원을 두고 있다.

제 2 절 행정법의 개념과 특성

1. 행정법의 개념

행정법은 말 그대로 행정에 관한 법이다. 행정법은 민법, 형법, 상법 등과 같이 단일한 법전이나 통칙적인 규정을 두지 않고 있는 것이 중요한 특색이다. 다만 행정의 조직과 작용에 관한 수많은 법이 존재하는데, 이들은 모두 행정법의 하나라고 할 수 있다. 이러한 법들은 공통의 원리에 따라 통일적인 법체계를 이루고 있어야 하는데, 이러한 공통의 원리에 대한 연구를 하는 것이 바로 행정법의 과제인 것이다.

행정법의 개념은 "행정에 관한 특유한 국내공법"이라고 말하는 것이 일반적이다.

이것을 나누어 설명하면 다음과 같다.

1) 행정법은 행정에 관한 법이다.

행정법은 행정의 조직과 작용에 관한 법이므로, 국가의 조직과 작용에 관한 헌법과 다르고, 입법권이나 사법권을 대상으로 그 조직과 작용에 관한 입법법, 사법법과는 다르다. 다만 행정소송법은 사법법에 속하나 행정소송의 절차를 규정하고 있는 점에서 행정법학의 연구대상이 된다. 행정법은 행정조직법, 행정작용법, 행정구제법으로 구성되며, 이에 관한 무수한 법이 행정법의 영역이다.

2) 행정법은 행정에 관한 특유한 공법이다.

행정작용은 넓게 권력작용, 관리작용, 국고작용으로 구분된다. 이중 공행정작용이라 하면 권력작용, 관리작용만을 의미한다. 따라서 행정법은 행정작용에 적용되는 법 중에서 사법이 적용되는 국고작용을 제외한 행정에 관한 특유한 공법만을 의미한다. 이것은 오토 마이어(O. Mayer)에 의한 공·사법의 절대적 구별론에 기초를 두고 있는 것이다. 그러나 2차 대전이후 공·사법의 구별론은 상대화이론이 주류를 이루고 있으므로, 오늘날에는 행정에 관한 사법(행정사법)과 종래 법외적인 현상으로 보여졌던 행정계획이나, 행정지도 등도 행정법의 영역으로 보고 있다.

3) 행정법은 행정에 관한 국내공법이다.

행정법은 행정에 관한 모든 공법이 아니고, 국내행정에 관한 공법만을 의미한다. 따라서 국내법과 동일한 효력을 갖는 것이더라도 국제조약이나 일반적으로 승인된 국제법규 등은 국제법의 대상이 되며, 국제적인 규율 가운데 국내 행정에 관한 것만 행정법의 일부를 구성한다.

2. 행정법의 특성

1) 형식상 특성

(1) 성문성

의사자유의 원칙을 본질로 하는 사법과는 달리 행정법은 일방적이고 획일평등하게 적용된다. 따라서 법적 안정성과 예측가능성의 견지에서 성문법주의가 강하게 요구된다. 또 강행법적인 성격이 강하여 권리침해의 가능성이 많으므로 보상규정을 명문으로 명확히 해둘 필요가 있다.

(2) 형식의 다양성– 법률, 명령, 조례, 공고, 고시

법치행정의 원리에 따라 행정은 법률에 의하여 작용하여야 하므로 행정법을 구성하는 법은 법률인 것이 원칙이지만 법률의 수권에 의하여 명령, 규칙, 조례 등의 다양한 형식으로 존재한다. 민법, 상법, 형법과 같은 법 들은 이와 같이 다양한 형식을 취하고 있지 못하다.

돌발퀴즈 Q. 명령은 법규명령과 행정규칙을 모두 포괄하는 말인가?

A. 여기서 명령은 행정입법을 의미한다. 즉 행정에 의해 이루어지는 모든 입법작용을 원래는 명령이라고 했다. 법률에 의한 입법기능이 한계에 다다르자, 법률에 의해 위임되는 형식을 통해 명령 중 법적 효력을 지니는 명령의 존재가 필요하였으므로, 이를 구별하여 법규명령이라고 부르게 된 것이다. 따라서 아직도 법규명령과 구별되는 법적 효력 없는 명령(일반적으로는 행정규칙이라 함)을 행정명령(행정규칙)이라고 부르기도 한다.

2) 성질상 특성

(1) 자유재량성

사법법에 비해 재량성이 강하다. 이러한 재량의 통제를 위해서는 행정과정의 법적기속화, 행정절차의 사법화 등이 요구된다.

(2) 획일 · 강행성

객관주의, 형식주의, 외관주의

(3) 기술성

“헌법은 변해도 행정법은 변하지 않는다(Verfassungsrecht vergeht, Verwaltungsrecht versteht)(O. Mayer)).”라고 한 것과 같이, 행정법은 헌법이 이념적, 정치적 성격이 강한 것과는 달리 헌법이 정한 행정적 목적을 달성하기 위한 기술적 수단으로서의 성격이 강한 법이다. 그러나 행정이 단순한 기술적인 법이라는 견해는 비판을 받고 있으며, 헌법이 정한 구체적 목적을 실현한다는 점을 강조하는 "행정법은 헌법의 구체화법이다(F. Werner)"라고 말한 바와 같이 행정법은 헌법을 집행하기 위한 법으로서의 성격도 강조되고 있다. 베르너(Werner)의 견해는 행정법의 기술성측면보다는 헌법의 이념성을 실현한다는 측면에서 행정법도 이념성이 있음을 표현한 것이다.

(4) 명령성

사법은 주로 효력규정으로 구성되어 있어 그 법에 위반되면 효력이 없게 되는 것이 보통이나, 행정법은 주로 단속규정으로 구성되어 있어 이에 위반하면 위법하게 되므로 처벌을 받게 된다.

3) 내용상 특성

(1) 행정주체의 우월성

지배복종관계를 전제로 행정권의 발동을 법에 기속하도록 하면서, 행정권의 우월적 지위를 인정하고 있다.

(2) 공익 우선성

사법은 개인간의 의사자치 즉 동등한 지위의 개인간의 의사조절이 중심이 되므로 어느 일방의 이익을 우선시할 수 없지만, 행정법은 공익의 우선성을 특성으로 한다.

(3) 집단성, 평등성

행정의 작용은 일방적으로 획일평등하게 적용되며, 사법상의 계약과 같이 개인들 간에만 적용되는 것이 아니라, 불특정다수인에게 적용되며, 적용대상의 특성에 따라 적용의 내용을 달리하지 아니하고, 평등하게 적용된다. 예컨대 국민기초생활보장급여의 평등, 조세부담의 평등 등이 그것이다.

제 3 절 법치행정의 원리

1. 의의

법치행정의 원리란 행정작용은 법의 기속을 받으며, 위법한 행정작용으로 인하여 발생한 피해에 대해서는 구제제도가 마련되어 있어야 한다는 원칙을 말한다. 법치행정이란 법치국가원리의 행정의 측면에서의 적용을 의미하는 것이므로, 법률로 행정을 규제하여 자의적 권력행사를 방지함으로써 궁극적으로는 개인의 기본권을 보장하고자 하는데 목적이 있다.

※ 법치행정에서의 '법'이란 엄밀히는 헌법과 법률을 의미한다. 따라서 현대 행정에서는 급부행정(생존배려를 위한 적극 행정작용)이 증대하여 국회에 의한 입법에서는 골격만을 마련하고, 그 구체적인 내용에 관해서는 행정입법에 위임하는 경향이 많아져서 법치주의 초기와 같은 완전한 의미의 법치주의는 무너져가고 있다.

2. 형식적 법치주의와 실질적 법치주의

1) 형식적 법치주의

형식적 법치주의라 행정의 집행이 그대로 의회에서 제정된 법률에 근거를 둠으로써 그 내용적 타당성이 확보되는 것으로 인정되는 것을 말한다. 따라서 '형식적' 법치주의라 하여 개인의 자유와 권리를 훼손하는 것은 아니다. 그러나 형식적 법치주의는 행정부에 대한 입법부의 우위를 인정하고, 법률과 행정의 관계를 형식적으로 규율하는데, 법률의 내용이 개인의 기본권보장을 위해 타당한지의 여부는 묻지 아니하는 것으로 발전하였고 이것은 법률에 의한 독재라는 중대한 폐해를 낳게 되었다. 이에 대한 반성으로 2차 대전 이후에는 의회에서 제정된 법률이더라도 그 내용이 타당한 합헌적 법률이어야 한다는 실질적 법치주의이념이 대두되게 되었다.

※ 법치주의의 발달

시민적 법치주의 → 관료적(형식적) 법치주의 → 민족적 법치주의(NAZI) → 법치주의의 실질화

2) 실질적 법치주의

실질적 법치주의는 형식적 법치주의에 그치는 것이 아니라 실질적으로 개인의 자유와 권리보장을 내용으로 한다. 영미의 전통법사상인 법의 지배(Rule of Law)에서 Law는 보통법(Common Law)을 의미하는데 이것은 판례법이면서 자연법으로서의 **자연적 정의**를 의미했으므로 일찍부터 영미에서는 실질적 법치주의 이념이 확립되어 있었다고 할 수 있다.

※ 영국에서 법의 지배 원리는 국가에 대해서나 일반시민에 대해서나 오직 보통법의 지배가 있을 뿐이라는 개념이다. 즉 법 앞에서는 국가나 일반 시민이나 모든 개체를 동등시하는 개념이었다고 할 수 있다.

> **▶ 자연적 정의(natural justice)**
>
> 보통법(Common Law)에서 자연적 정의는 원래 19세기 보통법원(common law court)이 간이법원을 감독하는데 널리 쓰여진 말로 ① "누구라도 자기 자신의 재판관이 될 수 없다" ② "양쪽으로부터 들어라"라는 두 가지 원칙을 포함한 개념이다.

3) 실질적 법치주의의 보편화

오늘날에는 위헌법률심사제가 제도적 전제로서 법계를 막론하고 실질적 법치주의가 법치주의의 보편적인 사상이 되고 있다.

3. 법치주의의 내용

이하의 법치주의의 내용은 오토 마이어(O. Mayer)가 처음으로 정리한 것이다.

1) 법률의 법규창조력

법규창조력이란 법률만이 법규를 창조하는 힘이 있다는 의미이다. 법규(法規)란 국민의 권리·의무에 관한 사항을 말하는 것이므로, 국민의 권리와 의무에 관한 사항은 의회가 제정하는 법률에 의해서만 창조될 수 있음을 의미한다.

2) 법률우위의 원칙

행정작용은 법률에 위배되어서는 아니된다(행정작용의 법률종속성). 이것은 의회의 의사는 다른 국가기관의 의사보다 우월함을 의미한다. 이 원칙은 행정의 모든 영역에서 예외 없이 적용되는 원칙이다(행정의 소극적 측면).

3) 법률유보의 원칙

행정작용은 법률의 수권에 의해 이루어진다. 즉 행정은 법률에 근거하여 이루어져야 함을 의미한다.(행정의 적극적 측면)

※ 법률우위의 원칙이 모든 행정작용에 적용되는 것인데 비해서 법률유보 즉 행정이 법에 근거하여 작용해야 한다는 원칙은 모든 행정영역에서 언제나 타당한 것은 아니다. 즉 행정활동 중에는 반드시 법적 근거를 요하는 행위도 있으나, 그렇지 아니하고 행정의 재량에 맡겨두고 있는 영역도 있다. 따라서 행정작용이 법에 근거해야 한다는 원칙은 어떤 범위까지 적용되는 것일까. 다시 말하면 반드시 법에 근거해야 하는 행정작용의 범위는 어디까지인가에 관해서는 학설상 논의가 있다.

(1) 침해유보설

이것은 법률유보원칙에 관한 가장 전통적인 견해이다. 행정작용이 자유, 재산의 권리 침해시에는 반드시 법률의 수권을 필요로 하지만 그 밖의 영역 예컨대 수익적 행정, 특별권력관계를 포함한 국가내부의 영역 등에는 법률유보원칙이 적용되지 않는다는 견해이다.

(2) 급부유보설(사회유보설)

침해행정뿐만 아니라 급부행정 분야에도 법률유보원칙이 적용되어야 한다는 견해이다. 현대에서는 개인의 생활이 국가의 급부에 의존하는 바가 상당히 크므로, 국가로부터의 공정한 급부의 확보는 중요한 의미를 가진다는 점을 전제로 하고 있다.

(3) 전부유보설

이것은 모든 행정의 영역에 법률유보의 원칙이 적용되어야 한다는 견해로서 침해유보설에 대한 반대 견해이다. 이것은 국가의 주권은 국민에게 있고, 국민은 그 대표권을 의회에 위임하고 있으므로, 의회외의 다른 국가기관은 모두 의회가 제정한 법률에 종속하여야 한다는 점을 근거로 하나, 국민주권주의만을 강조하고 권력분립주의를 망각하고 있다는 비판을 받고 있다.

(4) 중요사항유보설(본질성설)

행정작용 중 중요한 사항만 법률에 유보(독일 연방헌법재판소판례의 입장, 독일의 통설)한다는 입장으로 의회유보설(본질적이고 중요한 사항은 다른 기관에 위임해서는 안 되며, 의회에서 직접 심의 결정해야 한다는 견해)로 발전하였다. 우리나라 헌법재판소 판례도 이 설에 따른 예가 있다(헌재 1994.7.29. 92 헌마 49병합; 1999.5.27. 98헌마70). 그러나 본질적인 것이 과연 무엇인가에 대한 기준이 제시되어 있지 않아 "내용이 비어 있는 공식"이라는 비판을 받는다.

▸본질사항유보설이 적용된 헌법재판소 결정례(1999.5.27. 98헌마70)

헌법재판소는 98헌마70결정에서 텔레비전방송수신료를 한국방송공사에서 정하여 문화관광부장관의 승인을 받도록 한 한국방송공사법 제36조 제1항은 법률유보원칙에 위배된다고 하면서 그 이유로서 "텔레비전방송수신료는 대다수 국민의 재산권 보장의 측면이나 한국방송공사에게 보장된 방송자유의 측면에서 국민의 기본권 실현에 관련된 영역에 속하고, 수신료 금액의 결정은 납부의무자의 범위 등과 함께 수신료에 관한 본질적인 중요한 사항이므로 국회가 스스로 행하여야 하는 사항에 속한다"라고 제시한 바 있다.

□ 이렇게 생각해 봅시다.

본질성설과 의회유보

원래 유보란 미루는 것을 말한다. 따라서 법률유보란 행정작용의 발동여부가 법률에 미루어져 있다는 말이다. 즉 행정권의 발동 여부가 법률에 근거하여 결정된다는 것이다. 그래서 침해유보설이란 침해행정작용이 발동되기 위해서는 법률의 근거를 요한다는 것이고, 전부유보설이란 모든 행정작용이 발동되기 위해서는 법률의 근거를 요한다는 뜻이다.

그런데 본질성설과 이를 토대로 발전한 의회유보설은 모두 독일에서 유래된 학설이다. 본질성설이란 말 그대로 국민의 권리의무 측면에서 행정사항중 본질적인 사항은 법률에 근거해야 한다는 말이다. 의회유보설은 본질성설보다 축소된 범위이다. 즉 그와 같이 중요한 사항은 법률에 근거해서 해야 하나, 위의 본질성설에서 법률이란 의회에서 제정한 법률이외에 법률을 근거로 하여 행정부에서 만드는 법규명령도 포함하는 개념이다. 그런데 의회유보설에서는 법규명령으로는 안 되고 의회에서 제정하는 법률에만 근거해야 한다고 해서 서로 다른 학설이 되는 것이다.

(5) 결어

오늘날 사회유보설이 다수설인데, 종래의 침해유보설이 비판받는 이유는 비록 국민에게 침해를 주는 것이 아닌 급부행정의 영역에서도, 자의적인 수익행위가 행정부에 용납될 경우 국민의 평등권침해가 되고 또한 국가의 자원배분이라는 점에서 국회가 행정부에 대해 통제할 필요성을 느끼고 있기 때문이다.

(6) 법률유보의 한계

법률유보의 한계에 해당하는 것으로는 행정유보, 법으로부터 자유로운 영역 등이 있다.

① 행정유보는 말 그대로 행정권의 발동이 행정에 맡겨져 있는 것을 의미한다. 즉 행정권이 입법에 의한 제한을 받지 아니하고 스스로 규율할 수 있는 행정의 고유영역을 의미한다. 이것은 오늘날 의회의 입법부담의 과중과 이에 따른 법률의 흠결의 존재 및 행정의 민주적 정당성의 증대를 배경으로 주장되는 것이며, 일정한 행정의 영역에서 법률이 존재하지 아니하는 경우에 보충적으로 행정입법권을 인정해야 한다는 견해이다.[2)]

② 법이 행정기관의 모든 행위를 규율할 수 없기 때문에, 법치주의 하에서도 일정 부분의 행정에 대해서는 자율권과 재량권이 부여되고 있다. 이러한 영역을 [법으로부터 자유로운 영역]이라고 한다. 입헌군주정시대부터 인정되었던 '재량행위' '통치행위' '특별권력관계' 등의 영역은 전통적으로 '법으로부터 자유로운 영역'으로 여겨졌으나, 실질적 법치주의 하에서는 이에 대한 법적 통제는 계속 강화되고 있는 추세이다. 한편 오늘날에는 '행정계획', '행정지도', '재량행위' 등에서 '법으로부터 자유로운 영역'이 확대되고 있다.[3)]

4. 형식적 법치주의의 실질화

(1) 법률의 법규창조력

법률만이 법규를 창조할 수 있으므로, 법률이 아닌 행정입법에 의한 법규 창조는 가능한 한 제한되어야 한다. 따라서 독립명령의 제한, 포괄적 위임 입법의 금지 등

2) 박윤흔, 행정법강의(상), p. 48.
3) 박윤흔, 행정법강의(상), p. 49.

은 법률에 의한 법규창조력을 실질적으로 확보하기 위한 수단이 된다.

⑵ 법률우위의 원칙

법률우위의 원칙은 행정이 법률에 종속되어야 함을 의미하는데, 행정의 법률에 대한 종속성이 정당성을 갖기 위해서는 법률이 형식적으로 법률이기만 해서는 아니 되며, 헌법에 적합한 법률이어야 한다. 따라서 '위헌법률심사제'는 합헌적 법률만이 행정의 우위에 설 수 있도록 하는 수단이 된다.

⑶ 법률유보의 원칙

행정작용에서 법률적 수권의 증대 즉, 법률의 근거를 요하는 행정작용이 확대되고 있으며, 권리보호이념이 확대・강화됨으로써 실질적 법치주의화하고 있다.

⑷ 행정구제의 강화

법치행정의 원리란 행정작용은 법의 기속을 받으며, 위법한 행정작용으로 인하여 발생한 피해에 대해서는 구제제도가 마련되어 있어야 한다는 원칙이라고 하는 것처럼, 행정구제제도의 완비는 법치행정의 가장 중요한 요소 중의 하나를 이룬다. 따라서 행정쟁송의 대상을 정함에 있어 개괄주의의 채용, 국가배상범위의 확대 등 행정구제가 강화되는 것은 실질적 법치주의화하고 있음을 의미한다.

5. 법치주의의 한계

행정입법의 확대, 행정재량・행정계획・행정지도・의 증대

법치주의가 실질화된다고 해도 현대 사회에서 의회입법의 한계는 행정입법의 증대를 가져오지 않을 수 없으며(행정입법의 확대), 행정의 자율권, 재량권을 인정하지 않을 수 없는 부분이 있다(행정재량의 확대). 또 행정의 상대방의 협력을 전제로 하는 '행정지도'는 반드시 법적 근거를 요하지 않는다.

따라서 현대적 의미에서 '법으로부터 자유로운 영역'으로 여겨지는 '행정재량' '행정계획' '행정지도' 등을 수단으로 하는 행정작용의 확대는 법치주의를 한계를 나타낸다.

제 4 절 행정법의 법원(法源)

1. 개설

1) 법원의 의의

법원이란 법의 존재형식 또는 법의 인식근거를 말한다. 법의 존재형식이라 함은 법이 어떤 형식으로 존재하는가, 즉 눈에 보이는 성문(成文)의 형태로 존재하는가, 아니면 눈에 보이지 않는 불문(不文)의 형태로 존재하는가 또, 성문의 형태로 존재하는 경우에는 법률, 명령, 규칙, 조례 등 어떤 형태로 존재하는가에 관한 것이며, 법의 인식근거라 함은 볼프(H. J. Wolff)가 말한 바와 같이 그 어떤 것을 (실정)법이라고 인식할 수 있는 근거라고 한다. 쉽게 말해서 법의 존재근거라고 하는 견해에 따르면 법이라고 할 수 있으려면 객관적으로 확인할 수 있는 실체로서의 존재가 필요하다고 하고, 법의 인식근거라고 하는 견해에 따르면 무엇에 의거하여 법으로 인정받을 수 있는 근거가 있으면 법이라고 할 수 있다는 것이다. 주지하는 바와 같이 법의 존재근거라는 것은 법실증주의적 사고에서 기인하는 것이다.

2) 성문법주의

행정법의 법원은 다른 법과 마찬가지로 성문법중심이며, 불문법원으로 이를 보충하고 있다. 하지만 사법의 영역에 비해서 성문법의 형식이 보다 중요시된다. 이것은 대륙법계에서뿐만 아니라 영미법계에서도 적용된다. 불문법주의인 영미법계에서도 행정법에 관해서만은 성문법주의로 일관하고 있다.

3) 행정법의 법전화(法典化)

행정법은 이와 같이 성문화가 강하게 요구되는 반면 통일적인 법전화는 어려운 것이 특색인데, 그 이유는 행정법의 학문적 역사가 일천할 뿐만 아니라 행정법의 전문성, 기술성, 다양성, 유동성이 강하게 작용하기 때문이다. 따라서 행정법은 수많은 행정법규의 단순한 집합체로서 존재하고 있다. 최근에 와서 행정법의 법전화 노력이 각국에서 행해지고 있는데, 독일연방행정절차법은 행정절차뿐만 아니라 통칙적 규정을 많이 두어 통일적 법전의 역할을 기대하며 제정되었다. 우리 행정절차법에서도 수 개의 통칙적 규정을 두고 있다.

2. 행정법의 성문법원

헌법, 법률, 명령, 자치법규(조례, 규칙, 교육조례, 교육규칙), 국제법규 중에서 국내적인 행정에 관하여 효력이 있는 부분이 행정법의 성문법원이 된다. 그러나 이 중 행정권이 제정하는 입법인 명령에는 법규명령과 행정규칙이 있는 바, 법규성이 없는 행정규칙의 법원성을 둘러싸고 법원개념에 대해 협의설(법규설)과 광의설(*행정기준설)이 있다. 다수설인 행정기준설에 따르면 행정규칙도 법의 인식근거가 되는 점에서 법원으로 보고 있다. 그러나 법원을 법규로 한정하는 협의설에 따르면 훈령등과 같은 행정규칙은 법원이 될 수 없다.

돌발퀴즈 Q. 다음 중 행정법의 법원이 아닌 것은(법규설에 의함)?

① 공무원복무규칙 ② 한미행정협정
③ 부천시교육조례 ④ 의료법시행규칙

3. 불문법원

1) 관습법

관습법은 대체로 사실적 관행(사실인 관습)과 그에 대한 법적 확신이 있을 것을 요건으로 한다. 일부의 견해는 여기에 국가의 승인이 필요하다고도 한다(소수설). 관습법에는 민중적 관습법과 행정선례법 등이 있다.

(1) 민중관습법

공법관계에 관한 관행이 민중 사이에서 지속적으로 계속됨으로써 다수의 국민에 의해 법적인 것으로 인식되었을 때 성립한다. 예컨대 입어권, 하천용수권, 관계용수권, 음용용수권, 온천사용권 등이 있다.

▶ **입어권(入漁權)이란?**

수산업법시행 전의 慣行에 의하여 공동어업권자의 어장에서 공동어업을 할 수 있는 권리를 말한다. 수산업법은 어업권(수산업법 제24조)과 같이 입어권의 성질을 물권이라고 명문으로 규정하고 있지는 않지만, 입어권은 어업권과는 별개의 관습상의 물권으로 보아야 할 것이다.

▶ **관련 판례**

예- 하천은 공물이므로 하천을 사용하기 위해서는 지방자치단체로부터 허가를 얻어야 하나, 하천용수에 관하여 서로 협의를 맺고 국가의 제지함이 없이 다년간 사용해 옴으로써 마치 사용권이 있는 것처럼 여겨지고 있는 것이라면(법적 확신) 관습법이 성립된 것으로 볼 수 있다(대판 1972.3.31. 선고 72다78).

(2) 행정선례법

행정청의 선례가 장기간 반복되어 행해짐으로써 국민의 법적인 확신을 얻게 된 것, 즉 행정규칙에 따른 행정사무처리관행 등이 여기에 속한다.

예컨대, 행정청이 처리하는 어떤 사무에 대한 성문법규가 없는 경우에 행정청이 내부적인 행정규칙을 독자적으로 마련하여 그 사무를 처리하여 왔다면 이 사무는 법적 근거없는 사무이긴 하나, 오랜 세월동안 행정청이 그 행정규칙에 의해 사무를 처리해 왔고, 국민들은 행정청이 해 오던 일이라 당연히 법적 효력이 있는 것이라고 신뢰하였다면 이것은 관습법적 근거를 갖게 된 것이라고 할 수 있다.

돌발퀴즈 Q. 다음 중 행정법의 법원이 아닌 것은?

① 헌법　　② 판례법
③ 사실인 관습　　④ 서울시 교육조례

2) 판례법

행정사건에 관한 판결이 축적되어 그 합리성이 동종의 다른 사건에도 적용될 수 있다면 그 판례는 법원성을 갖는다고 할 수 있다. 이를 선판례구속주의라고 하는데, 이것은 판례법이 발달한 영미법계에서 확립된 이론이다. 우리나라와 같은 대륙법계 국가에서는 판례법의 법원성을 부인하는 견해도 있다, 왜냐하면 상급법원의 판결은 '당해 사건에 한하여' 하급심을 구속하기 때문이다. 그러나 판례의 법원성여부에 관해서는 긍정설이 다수인데, 그 이유는 부정설의 논거가 그렇다 할지라도 판결에 의해 표시된 법리의 합리성은 유사한 동종의 다른 사건에도 적용될 수 있기 때문이라고 한다. 실제로 대법원의 판결은 사실상의 구속력을 가지며, 판례변경은 대법관 전원의 3분의 2 이상이 참석하는 합의체에서 과반수로서 결정해야 하며, 판례위반이 상고이유가 되는 점 등으로 볼 때 오늘날 판례의 법원성은 긍정되고 있다고 보아야 한다. 그래서 대륙법계국가에서 판례는 '법적 구속력'은 없고, '사실적 구속력'만 있다고 설명하기도 한다.

▸판례의 사실적 구속력이란?

사실적 구속력만 있고 법적 구속력은 없다는 것은 1차적 구속력은 없고, 2차적 구속력은 있다는 말로 표현하기도 합니다.

말하자면 이런 것입니다. 우리나라 법정에서 판사가 어떤 사건에 대한 판결을 내릴 때 'OO법 OO조에 의해 OO라고 판결한다'라고 할 것입니다. 이것은 성문법이 법원이기 때문입니다.

이와 같이 어떤 법적 판단을 할 때 그 판단의 근거가 되는 것이 *法源*이라 합니다. 위와 같이 우리나라에서는 성문법계국가이기 때문에 성문법이 법원으로 작용하는 것이지요.

그러나 세상일이라는 것이 몇 개의 조문으로 설명할 수 있을 만큼 간단하지 않습니다. 그래서 구체적인 판단에 있어서는 과거의 법관들은 어떻게 판단했는지 살펴보지 않을 수 없습니다. 그래서 우리가 판례를 공부하는 것입니다. 그런데 이 판례에 대한 태도가 나라마다 좀 다르다는 것입니다.

영국과 같은 판례법계국가의 경우 과거의 판례는 현재 법적인 판단을 할 때 100%의 구속력이 있습니다. 예를 들어 우리와 같이 'OO법 OO조에 의해서 OO라고 판결한다'가 아니라 '과거의 OO사건 판례에 따라 OOOO라고 판결한다'는 것입니다.

그러나 우리나라와 같이 성문법계 나라의 경우 법관이 판단을 할 때 과거의 판례가 100%구속력을 가지지는 못합니다. 즉 판사가 과거의 판례와 다른 판결을 내려도 상관이 없다는 말입니다. 다만 과거에 그런 판결을 내리기까지 상당한 법리적 고민이 있었을 것이고, 지금까지 그 판례가 변경되지 않고 이어져 내려오는 것을 보면 상당히 타당한 것이라고 여겨지기 때문에 참고하고 그에 따르는 것입니다. 따라서 대부분 재판의 경우 과거의 판례를 찾아 그에 따르게 되고, 판례에 어긋난 판결은 상고이유가 되기도 합니다.

예를 들어, 국가배상법상 공무원의 범위에 대해 지금까지 대법원의 판례는 "의용소방대원은 공무원이 아니다"라는 겁니다. 일선의 판사가 이와 유사한 사건을 판결하면서 "의용소방대원도 공무원이다"라고 하여도 잘못이 없다는 겁니다. 판례의 법적 구속력이 없기 때문이지요. 또 여기서 설정한 의용소방대원이 공무원이라는 논리가 심급을 통하여 대법원에서 받아들여진다면 "의용소방대원은 공무원"이라는 새로운 판례가 형성되겠지요. 이것은 전술한 바와 같이 "의용소방대원이 공무원인가에 대한 성문법의 규정이 있으면" 발생할 수 없는 일입니다.

> 성문법계국가인 우리나라의 경우 이와 같이 판례가 1차적으로 법적 구속력이 없음에도 불구하고, 판례의 변경은 상당히 어렵습니다. 즉 대법원 전원합의체의 결정을 거쳐야 합니다. 참고로 영국의 경우에는 판례를 변경하기 위해서는 법률을 제정해야 할 정도로 어렵다고 합니다.
> ** 여기서 우리나라에 관한 설명 중 판례란 대법원판례를 말하는 것입니다.

3) 조리(條理; reason)

일반적으로 조리라 함은 사물의 본질적 법칙이라고 표현하는데, 이것은 일반사회의 정의감에 비추어, 그럴 것이라고 생각되는 바, 쉽게 말하면 이치에 맞는 판단을 말한다. 조리는 헌법이나 실정법에서 유래하는 것도 있고, 판례법이나 관습법에서 유래하는 것도 있다. 예컨대 평등원칙, 신의성실원칙, 기득권존중, 과잉금지(비례)원칙, 부당결부금지의 원칙, 보충성의 원칙 등이 이에 해당한다.

※ 조리는 최후의 보충적 법원, 행정법해석의 기본원리로서 역할을 한다.

돌발퀴즈 Q. 행정법의 법원으로서 성문법의 불비점 뿐만 아니라 성문의 법령해석의 기능을 하는 법원은?

① 법률 ② 조리
③ 관습법 ④ 판례

제 5 절 행정법의 일반원리

행정법의 일반원칙이란 조리법상의 일반원칙으로 행정법에도 적용될 수 있는 원칙을 말한다.

- 평등원칙: 행정의 재량권에 대한 한계결정기능(선처분과 동일한 적용) → 자기구속의 법리 성립
- 신뢰보호원칙
- 비례원칙: 과잉조치금지의 원칙

제 1 항 평등원칙과 행정의 자기구속의 법리

1. 평등원칙

특별히 합리적인 사유가 존재하지 않는 이상, 행정작용을 함에 있어서 행정기관은 상대방인 국민을 공평하게 대우해야 한다는 원칙을 말한다(법적 근거-헌법 제11조).

2. 행정의 자기구속법리

1) 개념

재량권의 행사에 있어 행정청은 상대방에 대하여 동종사안에 있어서 제3자에게 행한 결정에 구속된다는 것을 말한다. 예컨대 행정청이 재량권행사에 관해 처분기준을 행정규칙으로 마련하여 일률적으로 시행하여 왔는데, 유독 갑에게 대하여 동종사안에서 다른 이들에게 대한 것과 달리 불리한 처분을 하였다면 비록 그것이 재량사항이기는 하나, 행정권의 대상인 국민을 자의적으로 취급한 것이 되어 평등의 원칙 위반이 된다.

돌발퀴즈 Q. 행정상 자기구속의 법리의 전제가 되는 일반원칙은?

A. 평등원칙

2) 행정규칙의 법규성과의 관계

자기구속의 법리는 **행정규칙이 법규적 성질**을 갖게 하는 계기가 된다. 행정규칙은 원칙적으로 법규성이 없어 행정규칙에 위반해도 위법의 문제가 발생하지 아니하나(즉 행정기관이 행정규칙에 위반해서 처분을 하여도 사법심사의 대상이 되지 아니한다), 행정처분의 기준으로 설정한 행정규칙에 위반하여 처분의 대상자들에게 불평등한 처분을 하였다면, 여기서는 불평등처분이라는 위법성이 발생하게 되고, 따라서 사법적 심사의 대상이 될 수 있으므로, 이러한 경우 행정규칙은 자기구속의 법리(평등원칙)를 매개로 법규로서의 역할을 하게 된다.

3) 구별개념

행정의 자기구속(自己拘束)의 상대어로서 행정의 타자구속(他者拘束)은 행정작용이 '법률(他者)에 구속'됨을 의미한다. 자기구속의 법리가 행정청이 자기가 정한 규율인 행정규칙에 **자기 스스로가 구속**된다는 점에서 구별된다.

4) 구성요건

① 비교의 대상이 되는 1회 이상의 행정선례가 있을 것 ② **재량준칙**에만 인정된다.

※ 법령해석규칙과 같은 경우에는 적용되지 아니한다. 왜냐하면 법령해석규칙에는 행정청보다 법원의 해석권한이 우선적으로 작용하기 때문이다(재량을 행사할 수 있는 영역이 아니다. 즉 자기구속이 아닌 他者(법원)拘束이 적용되기 때문이다)

5) 효과

재량준칙이 갖는 외부적 효력을 사실적·간접적인 것으로부터 법적·직접적인 것으로 전환시키는 역할을 한다.

돌발퀴즈 Q. 자기구속의 법리는 법일반원칙이므로 기속행위에도 적용된다? (○,×)

A. 자기구속의 법리는 재량행위에만 적용된다.

제 2 항 신뢰보호 원칙

> 사례) 갑은 택시운전사로 경찰의 음주 단속에 적발되어 형사처벌(벌금)을 받았으나 운전면허에 관한 행정처분에 대해서는 아무런 조치가 없어 안심하고 계속 운전업무에 종사하여 왔다. 그런데 3년이 지난 어느 날 과거의 음주운전을 이유로 운전면허를 취소한다는 행정처분을 받았다. 이 처분은 정당한가?

1. 의의

행정기관의 국민에 대한 언동의 정당성 내지 존속성에 관한 개인의 신뢰를 보호하는 법리를 말한다. 행정청의 결정이 있게 되면 국민은 행정청의 권위를 확신하여 그 유효성을 믿고 자신의 법률생활을 영위하는 바, 후일 행정청이 그 결정에 하자가 있다는 이유로 취소권을 행사하게 되면 국민의 신뢰는 파괴되고, 특히 수익적 행정행위인 경우에는 막대한 타격을 입게 된다. 따라서 신뢰보호원칙은 법치주의의 관철이 국민의 신뢰를 지나치게 파괴하는 것일 경우에는 국민의 신뢰를 보호하고 법치주의를 일시 후퇴시키는 것을 말한다. 행정법상 신뢰보호의 원칙은 민법상의 신의성실원칙과 유사한 것으로 에스토펠(Estoppel)의 법리에서 유래한다.

2. 법적 근거

1) 이론적 근거

(1) 신의칙설

신뢰보호원칙은 사법상의 신의칙에서 유래하였다는 견해로 독일 연방행정법원의 입장이다.

(2) 법적 안정성설(통설)

행정의 작용은 국민이 예측 가능하여야 한다는 견해이다. 따라서 행정의 작용을 국민이 신뢰하고 있는데, 국민이 예측할 수 없는 행위를 해서는 안 된다는 의미이다.

(3) 독자성설

신뢰보호원칙은 헌법에서 유래하지 않는 비헌법적, 독자적 법원리라는 견해이다.

(4) 사회국가원리설

신뢰보호원칙은 사회국가원리에서 유래하였다는 견해이다.

2) 실정법적 근거

① 행정절차법 제4조 제2항 "법령의 해석 또는 행정청의 관행이 일반적으로 국민에게 받아들여진 후에는 그 해석 또는 관행에 의한 행위는 정당한 것으로 보며, 새로운 해석 또는 관행에 의하여 소급하여 불리하게 처리되지 아니한다."

② 국세기본법 제18조 제3항도 같은 내용의 규정이다.

3. 요건

(1) 선행조치와 선행조치에 반하는 행정행위

우선 행정기관의 선행처분(법령, 계약, 처분 등 모든 행정작용이 여기에 포함된다)이 있어야 하는데, 이것은 행정기관의 공식적 견해표명이어야 하고, 전화 상담에 의한 것 등과 같이 비공식적 의견의 표명은 이에 해당되지 않는다. 또 선행조치 후에 그에 반하는 행정행위를 하여야 한다.

(2) 선행조치에 대한 보호가치 있는 신뢰

선행조치의 존속에 대한 신뢰가 있고, 그것이 보호가치 있을 것(판단; 법치주의 실현에 대한 공익과 당해 선행조치의 존속에 대한 관계자의 사익을 비교형량). 예컨대 수익자가 제시한 잘못된 또는 불완전한 신고에 의해 행정행위가 이루어진 경우나, 수익자가 사기, 강박 등의 부정한 행위를 통하여 수익적 행정행위를 발생시킨 경우 등은 보호가치가 없다고 본다(*여기서 수익자의 범위는 수익자뿐만 아니라 수익자로부터 신청행위 등을 위임받은 수임자 등 관계자 모두를 기준으로 판단하여야 한다. 대판 2001두1512).

(3) 처리보호

상대방의 투자 등 보호해야 할 상대방의 처분이 있을 것. 예컨대 하자 있는 건축허가를 믿고 이미 공사를 착수한 경우 또는 행정청으로부터 수령한 금전을 이미 소비한 경우 등이 이에 해당한다.

※ 판례에서는 처리보호보다는 본인에게 신뢰한데 대한 귀책사유가 없을 것을 요건으로 든다. 즉 신뢰함에 있어 오해나 착각이 없을 것을 요한다.

(4) 인과관계

신뢰와 처리사이에 인과관계가 존재하여야 한다.

(5) 보충성

신뢰보호원칙을 적용하는 것 이외에는 다른 구제수단이 없어야 한다.

4. 한계

(1) 법률적합성과 법적 안정성

이익형량설이 우위(적법상태실현이라는 공익과 신뢰이익이라는 사익사이의 이익형량에 따라 결정)이다.

(2) 사정변경

행정조치와 관련하여 신뢰형성 사실이 사후에 변경되고, 관계자가 이를 인식할 수 있으면 신뢰보호의 구속력을 배제할 수 있다.

(3) 존속보호(현상보호)와 보상보호

존속보호를 원칙으로 하되, 보상보호로 절충한다. 독일행정절차법에서는 수익적 행정행위의 경우 일정한 금전급부나 가분적인 현물급부가 행해진 경우에는 선행처분의 취소를 원칙적으로 인정하지 않고 있으며, 그 외 수익적 행정행위의 경우에는 취소를 인정하되, 그로 인한 손해를 금전으로 보상하도록 하고 있다. 취소가 인정되더라고 신뢰보호의 견지에서 소급효는 인정되지 않음은 물론이다.

5. 적용영역

1) 수익적 행정행위의 취소 · 철회의 제한

수익적 행정행위는 신뢰보호원칙이 적용되는 대표적인 예이다. * (당연한 이야기지만) 침해적 행정행위에는 신뢰보호가 인정될 여지가 없다. 자신의 침해적인 내용에 대해 신뢰의 이익을 주장하는 사람은 없을 것이기 때문이다.

2) 행정상의 확약

행정청의 작위 · 부작위의 약속을 말한다(예 ; 서울시가 무허가 건축물 자진 철거자에게 아파트 입주권을 부여하겠다고 확인하는 것). 독일에서는 종래 판례로 인정하던 것을 행정절차법에서 명문화하였다.

▸ 과부사건(Witwen-Urteil)

동베를린에 거주하고 있던 공무원의 과부가 서베를린의 관계행정기관에 대해 자기가 서베를린에 이주하게 되면 과부연금을 탈수 있는가를 문의하였다. 그에 대해 관계공무원은 가능하다고 대답하였다. 그 말을 믿고 그 동베를린 여인은 서베를린에 이주하였는데, 너무 늦게 이주한 탓으로 이미 연금청구권은 실권상태에 있었다. 그럼에도 불구하고 연방행정법원은 이 사건에서 신뢰보호사상을 원용하여 원고의 청구를 인용하였다.

3) 실권

행정청이 행정행위의 위법한 상태를 장기간 묵인·방치하여 상대방에게 신뢰를 형성하게 하였다면 이후 그 위법성을 이유로 당해 행위를 취소할 수 없게 된다는 법리이다. 독일의 연방행정절차법은 취소기간을 1년으로 한정하고 있다.

▸ 실권에 관한 판례

(1) 음주운전으로 적발되어 운전면허가 취소된 줄 알고 운전을 하지 않고 있었는데 적발일로부터 1년 4개월이 지난 뒤에야 새삼스럽게 운전면허를 취소하는 것은 부당하다고 운전면허취소처분을 취소하였다(국무총리행정심판위원회 재결 2000.2.11. 00-7284).

(2) 행정서사(지금의 행정사)업무허가를 행한 뒤 20년이 다되어 허가를 취소하였더라도 그 취소사유를 행정청이 모르는 상태에 있다가 취소처분이 있기 직전에 알았다면, 실권의 법리가 적용되지 않고 그 취소는 정당하다(대판 1988.4.27. 87누915).

(3) 택시운전면허취소사건에서 원고는 1983.4.5 판시와 같은 위반행위(운전면허정지기간중의 운전행위)를 하다가 적발되어 당시 형사처벌(벌금)을 받았으나 피고로부터는 아무런 행정조치가 없어 안심하고 계속 운전업무(영업용택시)에 종사하여 왔음을 엿볼 수 있는바, 피고가 원고에 판시한 위반행위가 있은 이후 장기간에 걸쳐 아무런 행정조치를 취하지 않은 채 방치하고 있다가 3년이 지난 1986.7.7 에 와서 이를 이유로 행정제재를 하면서 가장 무거운 운전면허를 취소하는 행정처분을 한 바, 이는 원고가 그간 별다른 행정조치가 없을 것이라고 믿는 신뢰의 이익과 그 법적 안정성을 빼앗는 것이 되어 원고에게 매우 가혹하다 할 것이고...(대판 1987.9.8. 87누373)

(4) 실권 또는 실효의 법리는 법의 일반원리인 신의성실의 원칙에 바탕을 둔 파생원칙인 것이므로 공법관계 가운데 관리관계는 물론이고 권력관계에도 적용되어야 한다(대판 1988.4.27. 87누915).

4) 공법상 계약

국가가 사후 법률 개정을 이유로 계약상의 의무를 면할 수 있겠는가가 이 문제에 속한다(견해대립).

5) 계획보장

행정계획을 신뢰하여 행위한 자가 계획의 폐지·변경에 대해 계획보장 청구권을 갖는가의 문제이다. 독일 건축법에서는 계획집행을 청구할 수는 없으나, 계획보상(손실보장)은 인정하는 규정을 두고 있다.

6) 불법에서의 동등처우

위법한 행정규칙이나 행정관계를 신뢰한 자가 그 신뢰보호를 이유로 장래에 있어서도 그 관례에 따라 처리해 줄 것을 주장할 수 있겠는가? 독일 헌법재판소의 판결에 따르면 위법한 행정작용을 청구할 수는 없고, 손해배상의 청구는 가능하다고 한다.

돌발퀴즈 Q. 신뢰보호원칙은 법치주의에 모순된 법원칙이라 할 수 있다.(○, ×)

A. 법치주의원칙은 법적합성의 원칙과 법적 안정성의 원칙으로 구분할 수 있다. 법적 안정성의 원칙을 실현하는 것이 바로 신뢰보호원칙이다.

제 3 항 비례원칙

1. 의의 및 연혁

행정주체가 구체적인 행정목적을 실현함에 있어서 그 목적과 수단 간에는 합리적인 비례관계가 유지되어야 한다는 원칙이다. 행정목적에 비하여 과도한 수단을 행사하지 말라는 의미이므로, 과잉금지 내지 과잉조치금지 원칙이라고도 불린다. 이것은 경찰행정영역에서 경찰권발동에 대한 조리상 한계의 하나로 등장하였으나, 오늘날 모든 행정영역으로 확대되었다.

비례원칙의 헌법적 근거는 헌법 제37조 2항 "국가의 안전보장, 질서유지, 공공복리를 위해 국민의 자유와 권리를 침해할 수 있으나, 그 본질적인 내용은 침해할 수 없다"이다.

2. 내용

1) 적합성의 원칙

수단으로서의 행정작용은 그 목적에 적합하게 수행되어야 한다. 예컨대 사고빈발 지역이라고 하여 교통을 전면통제 한다거나, 전쟁에서의 승리라는 국방의 목적을 위하여 정신대를 파견하는 행위 등은 적합성을 결여한 행정조치라 할 수 있다).

※ 대체수단의 제공 - 독일의 많은 주 경찰법에서는 행정청이 의무자에게 어떤 의무를 명한 경우 상대방이 대안을 제안하면 그 대안이 적합성의 원칙을 충족하는 한 이를 받아들일 수 있도록 하고 있다. 예컨대 행정청이 건물주에게 어떤 건물의 수리를 명하였던 바, 건물주가 그 건물의 철거를 대안으로 제시한 경우 이를 받아들일 수 있다.

2) 필요성의 원칙(최소침해성의 원칙)

행정작용의 행사는 행정목적의 달성을 위하여 필요한 정도에 그친다. 즉 행정목적을 달성하기 위해 행사할 수 있는 수단이 여러 가지가 있는 경우 국민에게 가장 부담이 적은 수단을 선택하여야 한다(예 ; 1회 교통법규를 위반한 자에게 면허취소를 부과한 경우나 훈계로 족한 부정행위에 파면을 하는 처분 등이 여기에 속함).

3) 상당성의 원칙(협의의 비례원칙)

공익상 필요와 침해 사이에 비례관계 유지해야 한다. 즉 행정조치를 행사하기 위해서는 이로 인해 발생하는 손해(사익의 손실)보다 행정조치로서 발생하는 이익(공익)이 커야 한다.

(예 ; 학교주변에서 학생들의 흡연방지를 위해 학교 주변의 일정거리 범위내에서는 담배자판기를 설치할 수 없게 한 부천시 담배자판기조례의 경우가 여기에 해당한다. 이 조치의 시행으로 발생하는 이익(公益)은 학생들의 건강한 문화생활이지만, 그로 말미암아 발생하는 손해(私益)는 담배자판기업자들의 재산권의 침해이다. 이 중 어느 것을 중시하느냐가 상당성 원칙의 이익형량의 핵심이 된다. 이 사례에서 헌법재판소는 학생들의 공익을 더 높이 평가하여 이 조례의 합헌성을 선언하였다).

제4항 부당결부금지의 원칙

행정작용을 함에 있어 그와 실체적인 관련이 없는 상대방의 반대급부를 조건으로 하여서는 아니된다는 법리이다. 예컨대 인근공원에 미화작업을 할 것을 조건으로 하여 호텔건축을 허가하는 경우가 여기에 해당한다. 이것은 행정의 실효성을 확보하기 위한 새로운 제재수단과 관련시켜 논의된 바 있다. 예컨대 건축법상의 의무를 강제하기 위하여 불법 건축물에 대해 수도나 전기의 공급을 중단할 수 있는가? 아니면 부당결부금지원칙에 해당되어 허용될 수 없는 것인가? 종래 건축법에서는 위법 건축물에 대하여 수도·전기 등의 공급거부를 요청할 수 있다는 규정(건축법 제69조 제2항)이 있었으나, 삭제되었으며(건축법 개정 2005.11.8 법률 제7696호), 또 수질환경보전법과 대기환경보전법에서도 유해 물질 배출시설의 사용금지 또는 폐쇄명령을 불이행한 사업장에 대하여 전기·수도의 설치나 공급을 중단하도록 관계기관의 장에게 요청할 수 있도록 하였으나, 법치국가원칙으로부터 도출되는 비례의 원칙, 부당결부금지의 원칙 등과 관련하여 허용여부가 다투어짐에 따라 최근 삭제되었다.

돌발퀴즈 Q1. 甲은 승합차를 음주운전하다가 적발되어 제1종대형면허까지도 취소당하였다. 제1종 보통면허로 운전할 수 있는 차량을 음주운전한 경우에 이와 관련된 면허인 제1종 대형면허와 원동기장치자전거면허까지 취소한 행정청의 처분에 대하여 대법원의 내린 판결의 입장은?(1994.11.25. 선고 94누9672)

① 정당한 처분 ② 과잉금지원칙 위반

③ 신뢰보호원칙 위반 ④ 부당결부금지원칙위반

⑤ 실권의 법리 위반

A. ①

> **▶관련판례(1994.11.25. 선고 94누9672)**
>
> ... 한 사람이 여러 종류의 자동차운전면허를 취득하는 경우뿐 아니라 이를 취소 또는 정지하는 경우에 있어서도 서로 별개의 것으로 취급하는 것이 원칙이기는 하나, 자동차운전면허는 그 성질이 대인적 면허일 뿐만 아니라 도로교통법시행규칙 제26조 별표 14에 의하면, 제1종 대형면허 소지자는 제1종 보통면허로 운전할 수 있는 자동차와 원동기장치자전거를, 제1종 보통면허 소지자는 원동기장치자전거까지 운전할 수 있도록 규정하고 있어서 제1종 보통면허로 운전할 수 있는 차량의 음주운전은 당해 운전면허뿐만 아니라 제1종 대형면허로도 가능하고, 또한 제1종 대형면허나 제1종 보통면허의 취소에는 당연히 원동기장치자전거의 운전까지 금지하는 취지가 포함된 것이어서 이들 세 종류의 운전면허는 서로 관련된 것이라고 할 것이므로 제1종 보통면허로 운전할 수 있는 차량을 음주운전한 경우에 이와 관련된 면허인 제1종 대형면허와 원동기장치자전거면허까지 취소할 수 있는 것으로 보아야 한다. ...

Q2. 철민이는 1종대형운전면허소지자로 250cc 오토바이를 타고 가다가 음주운전으로 적발되었는데, 1종대형운전면허가 취소되었다. 이 처분에 관한 가장 적절한 설명은(판례의 입장)?

① 부당결부금지원칙에 반하므로 위법하다.
② 비례원칙에 반하므로 위법하다.
③ 신뢰보호원칙에 반하므로 위법하다.
④ 자기구속의 법리에 반하므로 위법하다.
⑤ 적법한 처분으로 문제없다.

A. 1

> **▶관련판례(1994.11.25. 선고 94누9672)(1992.9.22. 선고 91누8289 판결 【자동차운전면허취소처분취소】**
>
> 한 사람이 여러 종류의 자동차운전면허를 취득하는 경우뿐 아니라 이를 취소 또는 정지함에 있어서도 서로 별개의 것으로 취급하는 것이 원칙이라 할 것이고 그 취소나 정지의 사유가 특정의 면허에 관한 것이 아니고 다른 면허와 공통된 것이거나 운전면허를 받은 사람에 관한 경우에는 여러 운전면허 전부를 취소 또는 정지할 수도 있다고 보는 것이 상당할 것이지만, 이륜자동차로서 제2종 소형면허를 가진 사람만이 운전할 수 있는 오토바이는 제1종 대형면허나 보통면허를 가지고서도 이를 운전할 수 없는 것이어서 이와 같은 이륜자동차의 운전은 제1종 대형면허나 보통면허와는 아무런 관련이 없는 것이므로 이륜자동차를 음주운전한 사유만 가지고서는 제1종 대형면허나 보통면허의 취소나 정지를 할 수 없다.

** 위 Q1 사례와의 차이 : 오토바이에는 125cc를 기준으로 2종 소형차량으로 분류되는 것과 원동기장치자전거로 분류되는 것이 있다. 126cc이상인 2종소형차는 대형면허나 보통면허로는 운전할 수 없고, 2종 소형면허만으로 운전할 수 있다. 반면 125cc이하인 원동기장치자전거는 대형면허나 보통면허로도 운전이 가능하다. 서로 관련 있는 면허인 대형면허 보통면허 원동기장치자전거면허는 그 하나에 대한 금지나 정지 처분이 다른 것에 영향을 주게 되지만 그렇지 아니한 2종소형차 면허는 그에 대한 처분이 다른 면허에 영향을 주지 않는다.

제 6 절 행정법의 효력

1. 시간적 효력

1) 효력발생시기

(1) 원칙

법령등공포에관한법률 제13조 ②항에 따라 법령과 조례, 규칙은 그 시행일에 관하여 특별한 규정이 없는 한, 공포한 날로부터 20일을 경과함으로써 효력이 발생한다. 다만 국민의 권리제한 또는 의무부과와 직접 관련되는 법률·대통령령·총리령 및 부령은 긴급히 시행하여야 할 특별한 사유가 있는 경우를 제외하고는 공포일로부터 적어도 30일이 경과한 날로부터 효력이 발생한다(법 제13조의2).

(2) '공포한 날'의 의미

① 법령등공포에관한법률 제12조: 그 법령등을 게재한 "관보, 신문이 발행된 날"

② "관보, 신문이 발행된 날"의 의미에 관하여

- 종래 관례: 법령을 게재한 관보의 일부일 오전 영시
- 학설과 판례: 발신주의입장에서 관보발송절차가 완료된 때라는 설(발송절차완료시설)과 도달주의입장에서 관보가 서울의 중앙보급소에 도달하여 국민이 구독가능한 상태에 놓인 때라는 설(최초구독가능시설 또는 중앙보급소도달시설)이 있는데, 후자가 통설·판례의 입장이다.

2) 효력소멸시기

(1) 한시법

한시법은 그 유효기간의 도래로 소멸한다.

(2) 비한시법

법령에 의한 명시적 폐지나 내용상 모순되는 법령이 사후에 제정된 경우에도 소멸한다.

☆ 궁금합니다(ocu 2004.4).

Q. 교수님 수고많으십니다. 2주차 강의두 잘 설명해주셔서 감사합니다. 근데 강의를 듣다가 궁금한 것이 있어서 여쭙습니다. 제가 편입생이라 잘 몰라서 우매한 질문일 수도 있는데요.

1. 행정법의 효력분야에서 법령등은 공포한 날로부터 20일을 경과했을 때 효력이 발생한다는데 그럼 그 20일 기간 중에는 그 이전의 법령이 유효한 것인지요?(새로운 법령이 발표되면 그전의 법령은 새로운 법령이 발표되는 순간 대치되고 효력이 없어진다면 잠시동안 공황상태가 아닌가 해서요)
2. 그리구 행정법의 일반원리에서 적용영역중 실권에 관한 문제인데요 행정청이 위법상태를 장기간 묵인, 방치로 인해 취소권이 소멸된다는 점에서 그렇게 되면 행정청의 위법상태두 계속 위법상태로 두게 되는 것인지가 궁금합니다. 넘 이상한 질문인지는 모르겠지면 점 많이 궁금해서요 그럼 수고하십시오.

A. 1. 신법의 효력발생시기에 구법의 효력은 소멸하게 됩니다.

2. 실권은 행정청이 위법상태를 장기간 방치하여 위법행위에 대한 취소권이 상실(소멸)되는 것을 말하며, 위법상태는 치유되는 것과 같아질 것입니다. 좀 더 이해에 도움이 될 수 있도록 실권 등에 관한 판결례를 위에 올려 보았습니다. 참고하시기 바랍니다.

2. 지역적 효력

행정법은 원칙적으로 그것을 제정한 기관의 권한이 미치는 전역에 효력이 있다. 따라서 대한민국 내에서 효력을 가짐이 원칙이다. 단, 예외가 있는데

① 국제법상 치외법권 가지는 외교사절이 사용하는 토지 등이나 외국군대가 사용하는 시설 등

② 수출자유지역설치법 등 영토내의 일부지역에서만 적용됨을 예상하여 제정된 법률

③ 지방자치단체가 다른 지방자치단체의 구역안에 공공시설을 설치한 경우처럼 제정기관의 본래의 관할구역을 벗어나 적용되는 경우 등이 그것이다.

3. 대인적 효력

행정법은 속지주의 원칙에 따라 대한민국 영토내의 모든 사람에게 효력을 가지는데, 단, 예외로서

① 외교관등 국제법상 치외법권을 가지는 자

② 한미행정협정등에 따른 미국군대의 구성원

② 외국인의토지취득및관리에관한법률과 같이 외국인에 대해 특별규정을 두는 때 등이 있다.

Check

- 독일에서 행정법의 성립에 관한 문제
- 프랑스에서 행정법의 성립에 관한 문제
- 영국에서 행정법의 성립과 발전에 관한 문제
- 영국의 Rule of law에서 law의 내용에 관한 문제
- 미국의 행정위원회제도에 관한 문제
- 실질적 법치주의의 내용에 관한 문제(특히 법률유보에 관한 문제)
- 오토 마이어의 형식적 법치주의의 내용에 관한 문제
- 형식적 법치주의의 실질화의 구체적 예에 관한 문제
- 행정법의 기술성에 관한 오토 마이어의 이론과 헌법의 집행법으로서 행정법을 강조한 베르너의 이론에 관한 문제
- 관습법의 법원성과 효력에 관한 문제
- 자기구속의 법리와 행정규칙의 법규성의 관계에 관한 문제

- 신뢰보호의 원칙이 적용되기 위한 요건과 적용영역
- 신뢰보호원칙의 이론적, 실정법적 근거
- 실권의 개념
- 확약의 개념
- 비례원칙의 내용에 관한 문제(연혁과 세부적 비례원칙의 예를 기억할 것)
- 부당결부금지의 원칙의 예

제 3 장

행정법관계

제 1 절 법률관계의 개념

법령 혹은 법률행위에 의해 인간 간에 맺어지는 관계가 바로 법률관계이다. 근거가 된 법령 혹은 법률행위가 사법적인 경우 사법관계가 성립하고, 공법적인 경우 공법관계가 성립한다. 예컨대 집을 사기 위해 건물매매계약을 하는 경우 양자 간에는 물건을 인도할 의무와 인도 받을 의무, 대금을 지급할 의무와 지급받을 의무의 사법관계가 성립하며, 공무원으로 임명됨으로써 공무원으로서의 의무와 권리(권한)를 갖게 된다.

공법관계는 행정법(헌법에 의해 직접 발생할 수도 있으나, 헌법적 내용은 주로 다시 행정법에 의해 실현된다)에 의해 형성된다. 따라서 공법관계는 행정법관계로 표현되기도 한다.

제2절 공·사법의 구별

1. 공·사법의 구별근거

① 공법으로서의 행정법의 출현은 일반인의 관계를 규율하는 사법의 적용을 배제하고 그와는 성질을 달리하는 공법을 적용함으로써 행정권의 특권적 지위를 보장하려는 정치적 이데올로기 산물이었으나, 오늘날은 행정상 법률관계가 사인간의 법률관계와 성질을 달리한다는 법기술적 이유가 주된 이유가 되고 있다.

※ 공사법을 구별하는 역사적인 이유는 무엇인가?(역사적으로 공법(행정법)의 존립근거는 무엇인가?)

② 종래 대륙법계에서는 이원적 법체계를 취하여 공·사법의 구별이 확립되어 있었으나, 영미법계에서는 일원적 법체계를 취하여 공·사법을 구별을 인정하지 않는 경향이 강하였다. 영미법계를 지배하는 보통법(Common Law)은 법 앞에서의 모든 계층의 동등성을 전제로 하였다.

2. 구별의 상대성

공법관계도 사법관계와 마찬가지로 권리·의무에 관한 법률관계이므로, 공사법의 구별은 제도적 상대적인 것이며, 본질적 절대적인 것이 아니다. 특히 오늘날에 있어 공법은 공익실현이라는 행정목적을 위하여 (사법과는 다른) 특수한 법적 취급을 하는 것일 뿐이다.

3. 구별에 관한 학설

켈젠(Kelsen)과 같은 순수법학파들은 법일원설을 취함으로써 공사법의 구별을 부인하였으나, 현재는 공사법의 구별을 부인하는 학자는 없다.

▸ **순수법학**(Reine Rechtslehre)

이념과 실재, 정신과 자연, 당위와 존재를 엄밀히 구분하는 신칸트학파의 입장에서 법은 순수한 당위이고 존재가 아니며, 따라서 당위법칙으로서의 법규의 구조와 연관을 명백히 하는 것이 법학의 유일한 임무라고 주장하는 입장이다.

켈젠의 저서 순수법학 《Reine Rechtslehre》 (1934)에서 완성되었으며, 비판철학에서 출발하였으나, 법실증주의에 입각하여 자연법적인 것을 배제하고 실정법의 순수한 인식을 법학의 목표로 삼았다.

1) 이론적 구별

① 이익설 - 공익/사익 추구목적

② 주체설 - 법률관계의 일방이 행정주체이면 공법, 따라서 쌍방 모두가 사인인 경우 사법

③ 권력설 - 지배복종관계/대등한 당사자 관계

④ 신주체설(귀속설, Wolff) - 공권력의 담당자인 국가 등의 행정주체에 대해서만 권한을 부여하거나 의무를 부과하는 법이 공법이며, 원칙적으로 누구에 대해서나 권리, 의무를 귀속시킬 수 있는 법이 사법이라고 한다. 이설에 따르면 공권이 부여된 사인도 행정주체가 되며, 국고주체로서의 행정은 공법에서 배제한다(독일의 통설). 그러나 어떤 주체가 공권력을 지닌 행정주체인지의 여부는 관계법규가 공법인지, 사법인지 여부에 따라 결정되므로 주객이 전도된 것이라는 비판을 받는다.

2) 제도적 구별

① 개괄적 구별설; 공법관계를 권력관계와 관리관계로 구분하고, 사법관계인 국고관계로부터 개괄적으로 구별하는 것이 종래의 통설

② 개별적 구별설; 비권력관계 전반에 걸쳐 개별적·구체적인 법해석을 통하여 특정의 법관계가 공법관계인지 사법관계인지를 결정

3) 구별의 필요성

공·사법은 서로 다른 법원리가 적용되고, 다른 소송제도(행정소송), 다른 법원(행정법원)의 재판관할을 받아야 하기 때문에 이를 결정하기 위한 것이다.

제 3 절 행정법관계의 의의

▶**광의의 행정상 법률관계; 행정작용법관계, 행정조직법관계**

행정작용법 관계(협의의 행정상 법률관계- 권리 · 의무관계)

- 권력관계 ┐
- 관리관계 ┘ 공법관계(=행정법관계)
- 국고관계 - 사법관계

행정조직법 관계(대내적 조직법적 관계-직무권한관계)
: 행정기관 · 공공단체 상호간의 관계, 국가와 공공단체간 관계

1. 공법관계(행정법관계)

1) 권력관계

행정주체에 대해 공권력인정, 일방적으로 명령 · 강제하는 것을 내용으로 한다. 행정주체의 우월한 지위가 인정되는 불대등(不對等)의 관계이며, 여기에는 공정력, 집행력, 불가쟁력 등과 같은 특수한 효력이 인정된다. 이에 관해서는 후술한다. 권력관계에는 예컨대 경찰처분, 조세부과, 징집처분, 공용부담 등이 여기에 속한다.

2) 관리관계

행정주체가 공권력의 주체가 아니라 사업 또는 재산의 관리주체로서 개인과 맺는 법률관계를 의미하며, 주로 공공복리를 증진하기 위해 행하는 급부행정의 영역에서 많이 발견된다. 예컨대 국가 재산(공물)을 관리하거나 영조물 · 공기업경영, 회계 등이 여기에 속한다. 관리관계는 비권력적인 점에서는 사법관계와 같으나, 그 목적이나 효과가 공공성을 가지게 됨으로써 관계가 수정되는 점에서 차이가 있다. 따라서 일반적으로는 사법이 적용되며, 필요 한도 내에서 공법적 규율을 받는 것이 원칙이다. 소송절차는 민사소송절차를 따르는 것이 보통이다. 이런 점에서 행정사법(行政

私法)과 중복되는 측면이 있다.

(예 ; 행정청이 도로공사와 같은 공기업을 경영하는 경우를 보자. 전력사업이나, 도로사업은 공공성이 강한 사업이므로 공법작용의 하나이다. 하지만 도로공사가 도로를 관리하고 톨게이트 비용을 받는 것 등은 행정주체의 우월한 지위에서 이루어지는 작용이라 할 수 없다. 따라서 비권력 작용이며 사법이 적용된다. 또 다른 한편 공물이라는 이유 때문에 일방적으로 요금이 확정되는 등 이용계약이 강제되기도 한다.)

2. 사법관계(국고관계)

행정주체가 사법상 재산권주체로서 일반사인을 대하는 경우의 관계로 주로 조달행정이나 국가의 경제수익활동으로 인한 법률관계를 말한다. 예컨대 군납물품매매계약, 공사도급계약, 국가에 의한 회사 주식매입, 국·공채매입, 공기업과 이용자와의 관계, 국유잡종재산 매각 등이 여기에 속한다.

예컨대 국유잡종재산매각의 경우 이 재산은 공공의 목적으로 쓰지 못하게 되어 민간에게 매각하여 국고수입으로 하게 되는데 이것을 A에게 파나 B에게 파나 성질상 차이가 없다. 즉 공공성 내지 공익성이 없다. 육군에서 서울우유와 납품계약을 맺으나, 해태우유와 납품계약을 하나 차이가 없다.

▸ 국유잡종재산

국가가 소유하는 재산을 국유재산, 지방자치단체가 소유하는 재산을 공유재산이라고 한다. 이러한 국공유재산들은 대개 그 쓰임새 즉 공적인 사용의 용도가 있다. 그렇게 용도가 있는 공적 재산을 공물이라고 한다. 그런데 국공유재산중에는 공공의 목적에 쓰이지 않는 즉, "공적인 용도로서의 쓸모가 없어진 재산"(용도폐기된 관용차, 용도폐기된 경찰견 등)을 말한다. 국유 잡종지, 국유잡종림과 같은 것이 여기에 속한다. 대개 이러한 잡종재산은 공공의 목적으로 사용하지 못하므로, 민간에게 매각하여 국유수입으로 한다. 또 잡종재산은 사법의 적용대상이 되어 매매의 대상이 되며, 취득시효 등의 적용을 받는다.

※ 오늘날에는 관리관계와 국고관계는 모두 본질적으로 사법이 적용되므로 구별의 실익이 없다고 보는 것이 다수의 견해이다.

돌발퀴즈 Q1. 다음 중 공법관계로 볼 수 있는 것은?

① 국고수표의 발행　　② 국유재산의 매각
③ 국영철도의 이용　　④ 국립도서관 이용

A. ④(= 영조물 이용관계)

Q2. 다음 공물의 이용관계중 공법관계로 보아야 할 것은?

① 철도이용관계　　② 수도이용관계
③ 전기사용관계　　④ 도로이용관계

A. ④
해설
① 철도이용관계는 이론 없이 사법관계로 본다.
② 수도이용관계를 공법관계로 보는 측면: 지속적 사용관계
수도이용관계를 사법관계로 보는 측면: 사법계약으로 이루어지는 행정사법의 영역
③ 전기사용관계도 마찬가지이다.
④ 도로이용관계는 공법관계로 본다(다만 고속도로이용관계는? 일회성이라는 측면에서 사법관계에 가깝지 않을까?).

* 공법 · 사법관계 구분기준: ① 공공성의 강도 ② 일회성과 지속성

☆ **궁금합니다.** (2004.4.6. OCU)

Q. 철도이용관계의 법적 성질

안녕하세요. 교수님
저는 교수님의 OCU 행정법총론 강좌를 듣고 있는 인제대학교 4학년 김○○이라고 합니다. 궁금한 게 있어서 이렇게 메일을 드리게 되었습니다.
우리나라에서 기차를 요금을 내고 이용하는 관계는 사법상의 계약인지요, 아니면 공법상의 계약인지요?
주위에 같이 공부하는 사람들 사이에서는 너무 의견이 분분해서 이렇게 교수님께 여쭈게 되었습니다.
그럼 좋은 주말 보내시길 보랍니다.

A. 답이 늦어 미안합니다. 연휴기간동안 시골에 다녀왔습니다.

기차를 이용하는 관계는 사법관계라고 합니다. 철도사업은 국가가 운영하는 사적 역무서비스라고 봅니다. 그렇게 보면 강의 중에 톨게이트를 이용하는 것이 계약이 강제되는 측면도 있고, 이용금액이 획일적이라는 점도 있고 해서 관리관계에 해당한다고 한 것과 비교하면 도무지 무엇이 사법관계이고 무엇이 공법관계(관리관계)인지 헷갈립니다.

그래서 요즘은 관리관계와 사법관계를 구분하지 말자는 견해도 나오는 것입니다.

공사법관계를 구분하자면 이와 같이 공기업을 이용하는 관계는 기본적으로는 사법관계에 속한다고 보는 것이 좋습니다. 다만 성질상 공공성이 강하게 요청되는 경우나, 관계법규상 특별한 규정이 인정될 때는 공법관계로 보게 됩니다. 그러나 공기업의 이용관계는 사법관계라도 어디까지나 생존배려를 위한 국가의 행정사법작용의 하나이므로 다른 행정의 사법관계와는 달리 일정한 공법적 기속을 받을 수 있습니다.

또 단 1회 또는 비계속적 이용으로 목적을 달성하느냐, 일정기간 계속 사용함으로써 목적이 달성되는 것이냐에 따라 전자는 사법관계로 후자는 공법적 관계로 구분하는 견해도 있습니다만 그 구분도 상대적인 것이라 생각됩니다.

예) 전화이용관계: 사법관계(대판 1982.12.28 82누441), 수도료부과징수: 공법관계(대판 1977.2.22. 76다2517) *그러나 수도이용관계의 경우 최근에는 전기나 수도의 공급을 사법계약에 의해 하므로 행정사법이라 하여 사법관계에 포함시키기도 한다.

하나 더, 철도이용관계는 사법관계이기 때문에 철도를 이용하다가 기차의 구조상 하자 기타 손해 배상의 문제가 발생하였을 때는 국가배상법이 아니라 민사상 손해배상책임을 지게 됩니다.

3. 공법관계로 사법관계를 구별하는 이유

공법관계와 사법관계의 구별은 특히 그 구별이 모호한 공물의 이용관계에서 문제된다. 그러면 이것을 구별하는 이유는 무엇인가? 그 이유는 다음과 같다.

① 그 이용을 위법하게 방해받은 경우에 소송제기가 가능한가?

② 이 경우 손해배상은 국가배상으로 할 것인가, 민사소송으로 할 것인가?

③ 그 소멸시효는 국가재정법(제96조)에 따라 5년을 기준으로 할 것인가, 민법의 일반채권소멸시효인 10년을 기준으로 할 것인가?

한편, 공공시설의 이용관계를 사법적으로 보아 이용자에게 발생한 손해에 대해서 민사상의 사용자책임이나 공작물 소유자 책임을 통한 손해배상청구가 가능할 것인가는 흥미로운 과제이다.

제 4 절 행정법관계의 당사자

제 1 항 행정주체

1. 의의

행정주체란 행정법관계에서 행정권을 행사하고, 그의 법적 효과가 궁극적으로 귀속되는 당사자를 말한다. 여기에는 국가, 공공단체, 국가적 공권을 위임받은 사인 등이 있다.

2. 종류

1) 국가

국가는 독립된 법인격으로서, 가장 대표적인 행정주체이다. 국가의 행정권한은 대통령을 정점으로 하는 국가행정조직을 통해 행사되는데, 국가를 위해 실제로 행정사무를 담당하는 기관을 행정기관이라고 한다.

2) 공공단체

지방자치단체, 공공조합, 영조물법인, 공법상재단을 포함하여 공공단체라 한다.

(1) 공공조합

공공조합은 특정한 행정목적을 위하여 설립된 인적 결합체로서, 특정한 국가목적을 위해 법적 자격을 가진 사람(조합원)이 모인 사단법인이다. 예컨대 산림조합, 농지개량조합, 국민건강보험조합, 상공회의소, 변호사회, 의사회, 약사회 등)

(2) 영조물법인

영조물법인은 일정한 행정목적을 위하여 설립된 인적, 물적 결합체로서 공법상 법인격을 취득한 것을 말한다. 예컨대 한국은행, ○○공사, ○○공단, ○○연구원, 국립대학병원 등이 여기에 속한다.

▸영조물 법인 *서울대병원과 기타 국립대병원

행정주체에 의하여 특정한 국가목적에 계속 봉사하도록 정하여진 '인적, 물적' 결합체인 영조물에 법인격을 부여한 것, 예컨대 한국방송공사는 방송인이라는 인적요소와 방송시설이라는 물적요소를 필수적으로 가져야 한다. 또 각급 국립대학병원도 의료진과 의료시설이라는 인적, 물적 요소를 모두 갖추어야 하므로 영조물이며, 국립대학병원은 법인으로 설립하도록 되어 있어 영조물법인이다. 과거에는 서울대병원만 영조물법인으로 하고 기타의 국립대 병원은 부속병원이었으나, 1991년 국립대학병원설치법으로 모든 국립대학 병원이 법인화되었다.

▸공사(公社)와 공단(公團)의 차이

공사(公社) 정부가 설립한 공공 기업체로서, 경제상 독립되어 있는 공법상의 법인을 말한다. 예컨대 대한주택공사, 석유공사, 한국토지공사, 도시개발공사 등이 있다. 공사는 자본금 전액을 국가가 출자하고, 이사회 또는 경영위원회 등의 경영 관리기관을 두고 있으나 일반법인의 총회에 해당되는 기관은 없다. 즉, 독립채산제이나, 예산・결산은 국가의 예산・결산에 준하며 그에 따른다. 공단(公團)은 일정한 국가적 사업을 수행하기 위하여 정부의 전액출자에 의해 설립된 법인기업이다. 공단도 정부의 전액출자에 의하여 설립되며, 전액출자라는 점에서는 공사(公社)와 같다.

공사(公社)가 경제적 생산을 주된 목적으로 하고, 따라서 공공적인 경제수요를 충족시키기 위한 것임에 비해 공단(公團)은 본래 국가의 행정기관이면서도 법인화된 행정기관이며, 행정의 능률화를 목적으로 하는 설립한 조직이다. 예를 들어 물자의 집하(集荷)・매매, 토목시설의 건설・대여 등의 기업적 기능을 실시하기 위해서 국가와는 별도로 독립법인체를 설립하고, 경영의 탄력성과 자주성을 인정하고자 하는 것이다(예, 에너지관리공단, 장애인고용촉진공단, 도로교통안전관리공단).

공사의 경우 공공성이 약해지면 민영화되기도 하나(예 한국담배인삼공사→KT&G, 한국전기통신공사→KT, 한국전력 발전부문과 가스공사, 지역난방공사는 민영화가 진행중에 있다), 공단의 경우 행정기관의 기능을 가지므로 민영화하기가 어렵다.

(3) 공법상재단

공법상재단은 국가나 지방자치단체가 출연한 재산을 관리하기 위해 설립된 재단

법인인 공공단체를 말한다. 예컨대 한국학중앙연구원(구한국정신문화연구원), 한국학술진흥재단 등이 여기에 속한다. 다만 이에 관해서는 연구원이라는 인적 요소와 기관이라는 물적 요소가 결합한 것이라 하여 영조물법인에 포함시키는 것이 타당하다고 하며, 한국학술진흥재단이 법에서 재단으로 한다고 표현하고 있는 것은 입법상의 잘못이라고 하는 견해가 있다.

3) 사인(공무수탁사인: 공무를 위탁받은 사인)

사인의 예로는 별정우체국장, 선원법상 선장(경찰, 호적사무 등), 공익사업을위한토지등의취득및보상에관한법률(이하 '공토법'이라 한다)[1]상 토지수용권을 행사하는 사업시행자, 사립대학의 총장 등이 있다.

이에 대하여 사인이 행정주체의 지위를 갖는데 부정적인 견해도 있다. 즉 사인이 공권을 부여받은 경우, 그는 일정한 범위의 권한을 부여 받은 행정기관에 불과하며, 행정주체는 공권을 수여한 국가 또는 공공단체자신이라고 한다.

또 사인과 공의무부담사인 즉 공적인 의무를 부담하는 사인과는 구별되는데 예컨대 종래에는 소득세를 원천징수하는 사인은 사인의 한 예로 보는 견해가 많았으나, 최근에는 이들은 조세의 징수라는 공의무만을 부담하고 행정수행권한이 주어지지 않으므로 공의무부담사인이라 하여 사인과 구별하는 경향이 강하다. 또 행정보조자도 사인과 구별되는데, 행정업무의 집행을 수행하는 사인이라는 점에는 사인과 유사하나 독립적인 행정권한이 없고 법률관계의 대외적 주체가 될 수 없으므로 사인과는 다르다.

대법원은 소득세법상 원천징수의무자인 법인에 대해 독립된 조세징수권이 없고 징수된 조세를 세무관청에 납부하는 사실상의 역할을 할 뿐이기 때문에 공무수탁사인성을 인정할 수 없다고 한 바 있다(대판 1990.3.22. 89누4789).

---

1) 이 법은 종전의 토지수용법(토수법)과 공공용지의취득및손실보상에관한특례법(공특법)을 통합한 것이다. 전자는 토지의 강제취득에 관하여 또, 후자는 협의취득에 관한 규정을 담고 있었는데, 양자간의 공통되는 절차규정과 각각의 특유한 규정들의 중복을 피하기 위하여 이를 통합하였으며, 토수법과 공특법상의 손실보상에 관한 규정을 모두 담고 있다.

> ▶ **행정주체와 행정기관의 구별**
>
> 행정기관은 어떠한 권한을 행사하느냐에 따라 다시 행정청, 보조기관, 자문기관, 의결기관, 집행기관 등으로 분류된다. 행정기관은 대개는 행정청과 가장 유사한 의미로 사용되는데, 이것은 작용법적인 관점에서는 행정주체의 의사를 결정, 표시할 수 있는 기관(관서의 장; 장관, 시장 등)의 의미로 사용되고(일반적), 조직법적인 관점에서는 권한의 귀속자로 보아 행정관서(국토해양부, 행자부)의 의미로 사용되며, 여기서 長은 행정관서의 행정사무를 통괄하는 자가 된다.

돌발퀴즈 Q. 서초구가 관리하는 하수구뚜껑이 파손되어 부상을 당한 경우, 누구에게 손해배상을 청구하여야 하는가(손해배상책임자는)?

① 서초구 ② 서초구청장
③ 서울시 ④ 서울시장
⑤ 행정안전부장관

A. 당사자소송인 경우(손해배상소송은 당사자 소송으로 한다) 피고는 행정주체가 되며, 항고소송(예, 영업정지처분의 취소를 구하는 소송)인 경우 피고는 행정기관이 된다.

제 2 항 행정객체

행정주체인 공권력 행사의 상대방을 행정객체라 한다. 사인 및 공공단체가 여기에 속한다. 국가는 행정주체로서만 역할을 하며, 행정객체가 될 수는 없다.

제 5 절 행정법관계의 특질

법률관계는 당해 법률관계를 이루고 있는 법률행위에 의해 그 성질을 결정된다. 사법관계는 사법행위에 의해 공법관계는 공법행위에 의해 이루어지므로 그 근원이 되는 법률행위의 특성을 반영하지 않을 수 없다. 따라서 행정법관계의 특질은 행정행위에 의해서 결정되는 것이므로 이 절의 내용은 후술하는 행정행위 편에서 '행정행위의 효력' 항목에서 설명하기로 한다.

제 6 절 행정법관계의 내용

제1항 개 설

행정법관계의 내용은 공권과 공의무로 구성된다. 공권이란 공법관계에서의 권리 즉, 공법관계에서 직접 자기를 위하여 일정한 이익을 주장할 수 있는 법적인 힘을 말하며, 공권도 권리라는 점에서 강행법규가 단순히 국가 또는 개인의 작위·부작위 의무를 규정하고 있는 결과 그 반사적 효과로서 발생하는 이익(법의 보호를 받지 못하는 사실상의 이익)인 반사적 이익과는 구별된다. 공권에는 권리주체가 누구냐에 따라 국가적 공권과 개인적 공권이 있다.

□ 이렇게 생각해 봅시다.

일반적으로 법률행위에 의해서 맺어지는 관계를 법률관계라고 하고, 법률관계에는 권리와 의무의 두 가지 지위가 있습니다. 예를 들어 봅시다. 갑과 을이 돈을 빌려주는 계약을 맺게 되면, 이 때 계약은 법률행위이고, 양자 간에는 채권자와 채무자의 법률관계가 생기게 됩니다. 또 국가에서 갑을 공무원으로 임명하면, 이 임명이라는 법률행위를 통해 갑은 공무원으로서의 권리, 의무를 갖게 됩니다. 따라서 법률관계는 권리, 의무관계라 할 수 있습니다. 또 법률관계는 그것의 원인이 되는 법률행위에 따라 그 내용이 결정됩니다. 즉 사법행위에 의해서는 사법관계가 성립하고 공법행위에 의해서는 공법관계가 성립합니다. 또 공법관계이므로 여기서 성립하는 권리, 의무는 공권, 공의무가 됩니다.

행정법에 의해서 맺어지는 관계가 바로 행정법관계가 되겠지요. 그런데 행정법은 (국가)행정과 사인 간에 맺어지는 관계이므로 양 당사자를 중심으로 개인적 공권, 국가적 공권, 개인적 공의무, 국가적 공의무가 성립하는 것입니다. 개인적 공권이란 개인이 국가에게 요구할 수 있는 권리를 말합니다.

제2항 국가적 공권

1. 개념

국가 또는 국가로부터 위임받은 주체가 우월한 지위에서 개인 또는 단체에 대해 가지는 권리를 말한다. 예컨대 조직권, 통제권, 경찰권, 형벌권, 공기업특권, 공용부담특권, 군정권, 재정권 등이 여기에 속한다. 국가적 공권은 엄밀히 말하면 단순히 권리라고 하기보다는 권한(權限)으로서의 성질을 가진다.

※ 특별히 우월한 지위에 있는 자가 열등에 지위에 있는 자에 대해서 가지는 권리를 '권한'이라 한다. 물론 여기서 우월한 지위에 있는 자도 그에 따른 일정한 의무를 갖게 된다.

2. 국가적 공권의 특성

1) 권리의 자율성

법령 또는 행정행위에 기하여 권리주체가 권리내용을 스스로 결정한다(즉, 私法처럼 다른 사람과의 관계를 통해 형성되는 것이 아니다). 국가는 공권을 입법부가 법률로 정하고, 행정부가 행정입법으로 구체화하고 행정행위라는 일방적인 행위로 국민에게 최종적으로 전달된다. 따라서 국가는 어떠한 국가적공권도 마음대로 창출하고 마음대로 내용을 정할 수 있다. 물론, 여기에는 헌법 제37조 2항의 기본권제한의 한계가 작용하므로 완전히 자유로운 것은 아니다.

2) 자력집행성

국민의 의무위반에 대해 강제집행 등의 자력집행을 과할 수 있다.

3) 제재성

국민의 의무위반에 대해 행정벌 등의 제재를 과할 수 있다.

4) 기타

공정력, 강제력, 확정력 등의 특수한 효력을 가진다.

제 3 항 개인적 공권

1. 개념

개인 또는 단체가 공권력의 소지자인 국가 또는 공공단체에 대하여 가지는 권리를 말한다. 개인적 공권은 기본권(자유권, 수익권, 참정권)에 연원을 두고 있다. 따라서 대개의 경우 개인적 공권과 기본권은 거의 동일한 의미로 이해해도 좋다. 또 특수한 개인적 공권으로 무하자재량행사청구권, 행정개입청구권, 행정발동청구권 등이 있다.

☆ 궁금합니다. (2006.10.10. OCU)

Q. '개인적 공권'이란 헌법교과서에서 나오는 '주관적 공권'과 어떻게 다른가요?

A. 공권이란 국가와 개인 사이에 발생하는 권리이다. 이중 개인이 주체가 되어 국가에게 요구할 수 있는 권리를 개인적 공권이라 한다. 예컨대 행정개입청구권과 같이 일정한 경우에 행정권의 발동을 요구할 수 있는 권리가 바로 그것이다.

또 주관적 공권이란 개인적 공권과 아주 유사한 의미이나 보는 관점이 다르다. 개인적 공권에 상대하는 말은 국가적 공권이나, 주관적 공권에 상대하는 말은 객관적 공권이다. 여기서 주관적이란 사익적이라는 의미이다. 객관적이라 함은 공익적이라는 의미이다. 행정소송에서 자기에 관한 권리 의무를 다투는 것을 주관적 쟁송, 자기 권리 의무 이외의 것을 다투는 것을 객관적 쟁송이라고 하는 점을 생각해 보면 주관적, 객관적의 의미를 알 수 있을 것이다.

공권에는 공익을 추구하는 것도 사익을 추구하는 것도 있다. 그런데 개인적 공권의 3대 성립요소를 생각해 보아라. 그것은 강행법규의 존재, 사익보호성, 의사력의 존재 등이다. 여기서 사익보호성에서 보는 바와 같이 개인적 공권도 주관적 공권을 의미함을 알 수 있다.

2. 공권과 반사적 이익의 구별

□ 이렇게 생각해 봅시다.

반사적 이익이란?

옆집에는 아름드리나무가 있다고 하자. 그 나무의 그늘은 우리 집까지 뻗쳐 있어 우리 집의 여름은 언제나 시원하다. 그렇다면 우리 가족이 이 나무 그늘의 시원함을 얻는 이익은 권리일까? 아니다. 어느 날 옆집에서 집안 공사를 이유로 우리 집으로 넘어 오는 나무 가지를 잘라 우리 집에는 나무그늘이 만들어지지 않더라도 할 말이 없다. 왜냐하면 우리 가족이 옆집 나무로부터 얻은 이익은 반사적 이익이기 때문이다. 권리와 반사적 이익이 다른 점은 반사적 이익은 이익을 누릴 법적 지위에 있지 않기 때문에 이익이 침해당하여도 침해의 배제 즉 구제를 청구할 수 없다는 점입니다.

반사적 이익이란 법이 국가기관이나 개인(다른 사람)에 대해 명령, 금지, 제한의 규정을 두고 있는 결과, 내가 누리게 되는 이익을 말한다. 즉 규제의 결과 발생하는 이익은 대체로 반사적 이익이다. 권리는 침해당했을 때 법적인 구제수단이 있으나, 반사적 이익은 다른 사항을 규제하고 있는 결과 반사적으로(특별한 權源 없이) 얻어지는 이익이므로 침해되어도 법적으로 구제 받을 수 있는 길이 없다는 점에서 구별된다.

cf) ① 목욕탕영업허가의 거리제한으로 인한 독점적 이익의 향수도 허가로 인하여 독점적 이익을 누리게 될 권리를 획득하는 것이 아니라 거리제한 규정을 두고 있는 결과 반사적으로 독점적 이익을 누리게 될 뿐인 것이다. 따라서 거리규제가 임의로 철폐되어도 사인은 자기의 이익이 침해당했다고 해서 그 구제(예, 영업허가의 취소청구, 손해배상청구 등)를 청구할 수는 없다.

▸허가로 인한 이익은 언제나 반사적 이익인가?

허가의 결과 제3자에 대한 관계에 있어서 영업자가 누리는 사실상의 영업상 독점적 이익은 원칙적으로 반사적 이익이나, 사실상의 영업상의 독점적 이익이 예외적으로 관계법규의 취지에 의거하여 평가될 때 공권일 수 있다.(예: 신규 영업허가가 기존업자의 영업적 이익을 침해하는 경우)

① 반사적이익으로 본 예 - 목욕탕 거리제한(200m): 반사적 이익/* 주유소 거리제한(2km): 권리

* 공중목욕탕업영업허가는 사업경영의 권리를 설정하는 형성적 행위가 아니라 경찰금지를 해제하는 명령적 행위로 인한 영업의 자유의 회복에 불과하므로 원고가 본건 허가행정처분에 의하여 사실상 목욕탕업에 의한 이익이 감소된다 하여도 원고의 이 영업상 이익은 단순한 사실상의 반사적 이익에 불과하고 법률에 의하여 보호되는 이익이라 할 수 없다. 따라서 기존 목욕탕과 거리제한을 두지 않았다는 이유로 목욕탕 영업허가 신청을 거부한 것은 위법하다(1963.8.22, 대판 68누97).

* 주유소 설치허가(위치변경허가)에 있어 법령에 규정이 없음에도 불구하고 행정청이 주유소 상호간의 거리를 허가기준의 하나로 정하여 기존 주유소와 소정의 거리를 두지 않았다고 하여 새 주유소 설치 허가 신청을 거부한 것은 재량의 범위에 속하며 따라서 위법이 아니다(1974.11.26. 74누110).

위 판례에서 목욕탕 거리제한에는 그 제한을 둔 공익적 이유(예, 질서유지, 위생관리 등)가 중요한 목적이었고 따라서 사회적(공적) 목적의 규제인 반면, 주유소 거리제한에는 이러한 공적 목적보다는 기존 영업자의 기득권을 보호한다는 목적이 숨어 있다고 할 것이다. 따라서 주유소 거리제한은 단순한 규제가 아니라 특허적 요소가 있는 것이고 그것이 보호하는 이익은 권리이다.

② 공권으로 본 예

* 주류제조면허는 재정허가의 일종으로서 일반적 금지의 해제로 자연적 자유의 회복일 뿐 새로운 권리의 설정은 아니지만, 일단 이 주류제조업의 면허를 얻은 자의 이익은 단순한 사실상의 반사적 이익에만 그치는 것이 아니라 주세법의 규정에 따라 보호되는 이익이고, 주세법상 주류제조면허의 양도가 인정되지 않고 있으나 국세청 훈령으로 보충면허제도를 두어 기존 면허업자가 그 면허를 자진취소함과 동시에 그에 대체하여 동일 제조장에 동일 면허종목을 신청하는 경우에는 그 면허를 부여함으로써 당사자간의 면허의 양도를 간접적으로 허용하고 있으며 주류제조의 신규면허는 주세당국의 억제책으로 사실상 그 취득이 거의 불가능하여 위와 같은 보충면허를 받는 방법으로 면허권의 양도가 이루어지고 있는 이상 위 면허권이 가지는 재산적 가치는 현실적으로 부인할 수 없을 것이다(1989.12.22, 대판 89누46).

② 의료법상 의사의 진료거부금지의무를 둠(의료법 제16조)으로써 환자는 언제나 진료 받을 수 있는 이익을 누리게 된다. 그러나 환자가 진료거부를 당했

다고 해서 의사를 상대로 손해배상이나 그 의사면허의 취소를 청구할 수 없으며, 의사는 다만 의료법 위반으로 행정벌을 받게 될 뿐이다.

행정작용에 대한 개인의 사법적 보호의 필요성이 강조됨에 따라 종래 "반사적 이익"으로 인식되었던 것이 오늘날에는 "개인적 공권"으로 전환되는 경향이 있다.

▶"권리"와 구별되는 개념으로서의 "법률상 보호이익"

반사적이익이 점차 공권화되면서 권리라는 용어 대신에 "법률상 보호이익"이라는 용어가 사용되기도 한다. 이 개념에 대한 정의는 학자마다 조금씩 다르다. 대체로는 권리와 반사적 이익의 상대화로 등장하는 개념이며, 권리와 반사적이익의 중간에 위치한다는 점에 대해서는 동의하지만, 공권과 구별하여 공권에는 미치지 못하지만, 소송상 보호받을 수 있는 이익이라고 하기도 하고(김도창 · 박윤흔), 공권이 "법률상 보호되고 있는 이익"임에 비하여 "법률상 보호받을 가치가 있는 이익"을 의미한다고 하면서 법률상 보호할 가치 있는 이익 중 입법자에 의해 수용된 것이 권리라고 하여 양자를 구별하기도 한다(김남진).

▶음주운전차량에 치어 부상을 입은 자가 국가를 상대로 손해배상을 청구할 수 있을까?

이 문제는 음주운전으로부터 안전하게 통행할 수 있는 이익이 이 사람의 권리인가를 물어보는 것과 같다. 답부터 이야기 하면 손해배상을 청구할 수 없다. 즉, 이 자가 누리는 이익은 권리가 아니며, 국가가 음주운전자를 단속함으로써 얻게 되는 반사적 이익에 불과하기 때문이다. 그런데 당해 지역이 음주운전사고가 빈발한 지역이며, 지역민들이 경찰에 음주단속을 지속적으로 요구한 상태에서 이런 사고가 발생하였다고 한다면 답은 달라진다. 원래 어떤 장소에서 어떤 시간에 음주단속을 할 것인지의 여부는 경찰의 재량에 달려 있다. 하지만 이런 상황이라면 경찰의 재량은 없어지고(0으로 수축되고) 경찰은 반드시 음주단속을 해야 한다(당해 주민에게는 행정개입청구권이라는 권리 발생). 따라서 이 때 음주단속을 하지 않는 것은 이 자의 권리를 침해한 것이고, 국가(경찰)에는 부작위로 인한 손해배상책임이 발생한다.

3. Bühler의 개인적 공권 성립의 3요소

1) 강행법규의 존재

강행법규가 존재함으로써 그 법규범에 의거한 행정주체의 행위는 기속행위로서의 성질을 가진다. 여기서 강행법규는 반드시 성문법규일 필요는 없으며, 관습법이나 일반 법원칙으로 인정되는 것에 의해서도 가능하다.

2) 사익 보호성

위 강행법규에 의해 보호되는 이익이 단순히 공익에 그쳐서는 안 되며, 사익을 보호하는 목적이 있어야 한다. 말하자면 개인적 공권은 개인이 국가에게 요구할 수 있는 권리이므로, 개인이 권리로서 뭔가를 주장할 수 있으려면 그러한 권리의 근거가 되는 법규가 있어야 되고 그것이 사익 보호를 목적으로 하는 것이어야 한다는 말이다.

다른 측면에서 말하면, 공권은 공익적 목적뿐만 아니라 사익의 실현이라는 요소도 있다. 예컨대 선거권이라는 가장 공익을 많이 띠고 있는 공권도 마찬가지이다. 공익목적으로 보면 선거권은 국가의 통치작용을 담당할 국가기관을 선출하는 것이 되나 사익목적으로 보면 선거권은 개개의 선거에 있어 각 국민이 참여할 수 있다는 것이 된다. 즉 "나도 선거에 참여할 수 있다."는 것이다. 이러한 사익적 성격은 물론 그것이 경제적 이익과 관련된 경우 가장 뚜렷하다. 공기업의 특허를 통해 특허기업자는 공익적 견지에서 많은 제한과 부담을 가지지만, 사익적 견지에서 독점적 이익을 누리고 있다.

3) 의사력(법상의 힘)의 존재

개인의 이익을 소송을 통하여 관철시킬 수 있는 법상의 힘이 부여, 즉 재판청구권이 있을 것을 말한다. 의사력의 존재는 현재 행정소송사항에 관하여 개괄주의를 택함으로써 거의 의미가 없다. 따라서 개괄주의 하에서는 강행법규의 존재와 사익보호성의 2요소로 족하다는 2요소론이 있다.

4. 특수한 개인적 공권

과거 행정권의 발동은 행정권의 재량이며, 그로 인해 얻는 이익은 반사적이익이라고 생각되었으나, 반사적 이익의 공권화, 개인의 권리의식의 확대 등으로 국가에 대해 주장할 수 있는 개인적 공권의 범위도 확대되었다. 이하의 무하자재량행사청구권, 행정개입청구권, 행정권발급청구권 등은 (과거에는 권리로 보지 않았던 것이나) 권리의 확대로 등장한 개인적 공권이다.

1) 무하자재량행사청구권

무하자재량행사청구권이란 하자 없는 재량권 행사를 청구할 수 있는 권리이다. 이 권리는 적극적으로 일정한 내용의 결정을 청구하는 것이 아니라 소극적으로 하자 없는 결정을 목적으로 한다. 이 권리의 법적 성격에 관해서는 ① 절차적 권리설 ② 형식적 권리설 ③ 실체적 권리설이 있다. 종래 절차적 권리설이 다수의 견해였으나, 최근에는 형식적 권리설이 유력하다.

생각건대 무하자재량행사청구권은 특정한 내용을 요구하는 것이 아니라 재량의 권한 범위 내에서 재량을 행사하라 즉 마음대로 하지 말고 법에서 정한 범위에서 권한을 행사하라고 하는 것이므로 적법한 절차를 준수하라는 것과는 차이기 있으므로, 절차적 권리라기보다는 실체적 권리에 가깝고, 다만 특정한 내용을 요구하는 것이 아니므로 형식적 권리가 적당하다고 생각된다. 다만 권리가 실체적으로 완전하지 않다고 해서 이것을 형식적 권리라는 도구적 개념을 사용하는 것은 되도록 자제하여야 할 것이다.

2) 행정개입청구권

행정개입청구권이란 행정기관의 부작위로 침해를 당한 자가 행정청에 대해 제3자에 대한 규제 내지 단속을 청구하는 권리(재량권이 零으로 수축되는 경우)를 말한다.

종래에는 행정권의 발동은 재량사항이며, 이로 인해 개인이 받는 이익은 반사적 이익이라는 관념이 강하였다. 예컨대 경찰이 순찰활동을 함으로써 주민들이 얻게 되는 이익은 반사적 이익이라고 할 수 있을 것이다. 그러나 목전에 재산상, 신체상 피해를 끼칠 수 있는 위험이 발생하는 경우라면 경찰권의 발동에 대한 재량은 0으로 수축되어, 반드시 경찰권이 개입(발동)하여야 할 의무를 지게 되며, 이 때 사인에게는 행정개입청구권이 발생하게 된다.

☆ 궁금합니다.(2004. 4.3. OCU)

재량권 0으로의 수축에 대해서.. 다시 질문드립니다..

안녕하세요.. 교수님 재량권 0으로의 수축에 대해서 잘 이해되지가 않아서요...

행정재량에는 요건 재량과 효과 재량이 있고 효과 재량은 다시 선택재량과 결정재량으로 나눠지고.. 재량권이 0으로의 수축되는 경우는 특정처분을 구하는 실체적 권리로 전화하게 된다고 공부했습니다. 따라서 특정처분을 구하는 경우에도 선택재량은 부인되지는 않은지요?

답변 부탁드립니다..

비록 법과대는 아니지만.. 다른 시험준비 때문에 행정법도 공부하게 되었고, 수업을 듣게 되었는데..행정법은 공부하면 할수록 재미있는 것 같습니다..^^;

오늘은 날씨가 눈부시게 좋네요... 즐거운 하루되세요~ ^^

A.

-. 요건재량과 효과재량은 재량에 관한 학설입니다. 특히 요건재량이 재량의 한 유형은 아니라고 봅니다. 재량은 행위부분이라고 할 수 있는 효과부분에서만 나타납니다.

- 재량권의 0으로의 수축은 행정권의 발동여부에 관한 행정개입청구권에서 설명되는 것입니다. 따라서 원칙적으로 결정재량에서만 인정된다고 보아야 할 것입니다. 따라서 학생의 질문처럼 특정처분을 구하는 경우의 선택재량은 인정된다고 보아야겠지요.

3) 행정발동청구권(행정권발급청구권)

자신에 대하여 행정권 발동을 청구할 수 있는 권리를 말한다. 예컨대 허가, 인가 등과 같이 수익적 행정행위를 청구하는 권리를 말한다. 행정청이 이러한 청구에 대한 처분을 내려야 할 법률상 행위의무를 지고 있음에도 불구하고 이를 행하지 않을 때 상대방은 행정발동청구권을 가진다.

5. 개인적 공권의 특성

1) 이전성의 제한(양도 · 상속, 압류)

일신전속적 성격으로 인한 양도 · 상속등의 제한(국가배상법 제4조 "국가배상청구권은 양도할 수 없다")되며, 공익적 성격으로 인한 압류의 제한된다. 연금청구권, 봉급청구권은 경제적 가치가 있는 것이지만 압류가 제한된다. 국가공무원법은 봉급청구권의 경우 1/2까지 압류가 가능하다고 하고 있다. 다만 공익적 목적이 없고 순전히 사익적인 경제적 성질의 공권은 양도 · 압류에 제한이 없다. 즉 토지수용을 통한 손실보상청구권은 공익적인 성질은 없고 사익적인 성질만 남아 있으므로 양도 ·

압류가 가능하며, 하천점용허가로 얻은 하천의 사석채취권도 공익적인 성질이 거의 없는 사익적인 것이라고 할 수 있으므로 양도·압류의 대상이 될 수 있다.

2) 포기의 제한

공익적 견지에서 선거권, 소권 등은 그 포기가 절대적으로 금지되어 있다. 선거권을 행사하지 않는 것·제소할 수 있음에도 제소하지 않는 것은 선거권의 포기·제소의 포기가 아니라 그것의 불행사라고 할 것이다. 물론 손실보상청구권과 같이 사익적 성격이 강한 공권은 포기할 수 있다.

cf) 사익적 공권(국가에게 요구하는 개인의 권리): 손실보상청구권/사익적 사권(다른 개인에게 요구하는 개인적 권리): 광업허가, 어업허가

3) 대행 또는 위임의 제한

타인에 의해서 대신 행사되는 것이 공익적 목적에 부합하지 않는 경우에는 대행이나 위임이 제한된다. 선거권을 대리하여 행사할 수 없는 것은 이러한 예이다. 다만 대신 행사되어도 공익적 목적에 어긋나지 않는다면 대행이 허용될 수 있다. 예컨대 행정심판의 수행은 대리하여 수행될 수 있음이 명문화되어 있다.

4) 보호의 특수성

공권을 침해당했을 때에는 일반사법상의 소송제도와는 다른 행정소송제도에 의해 구제받도록 하고 있다. 국가로부터 특별한 권리를 부여받는 특허를 획득한 자(예 ; 사설철도면허, 시장개발허가, 수도사업인가 등)는 국가가 각종의 특전을 부여하고, 이에 응하여 사인은 국가에 대하여 일정한 반대급부를 부담하는 경우가 많다.

제 4 항 공의무

공권에 대한 개념으로 의무자에게 부과된 공법적 구속을 말한다. 여기에는 국가적 공의무와 개인적 공의무가 있다.

① 국가적 공의무: 참정권에 대응하여 참정시킬 의무, 수익권에 대응하여 수익요

구에 응할 의무

② 개인적 공의무: 경찰법상 질서유지의무, 교육, 국방, 재정상 의무

돌발퀴즈 Q. 다음 중 개인적 공의무가 아닌 것은?

① 교육의무 ② 납세의무

③ 국방의무 ④ 경찰의무

A. 경찰의무가 아니라 경찰권에 복종할 의무이다.

제 7 절 행정법관계에 대한 사법규정의 적용

1. 의의

개개의 행정작용에 대해 구체적 규정이 없거나 해석상 의문이 있는 경우, 법규정의 결함을 사법이론으로 보충할 필요가 있다. 영미법계에서는 일반적으로 행정법관계에서도 일반법이 규율되고 특별한 실정법이 있는 경우에 한하여 예외적으로 특별한 법적 규율을 한다. 따라서 행정법관계에 대한 사법규정의 문제발생하지 않는다. 이에 반해 대륙법계에서는 공사법의 2원적 법체계를 유지함으로써 행정법관계에 대한 사법규정의 문제가 발생한다.

□ 이렇게 생각해 봅시다.

예컨대, 공무원이 사인의 사기로 인해 잘못된 행정행위를 발동한 경우를 보자. 이 경우 행정행위의 효력은 어떻게 될까? 행정법규중에는 이 경우의 행정행위의 효력에 대해 규정한 바가 없는 경우가 많다. 이러한 법의 흠결이 있는 경우에는 결국 "사기나 강박에 의한 의사표시는 취소할 수 있다."라고 한 민법 제110조를 준용할 수밖에 없을 것이다. 문제는 이 경우에도 민법 제110조의 규정을 100% 준용하는 것이 바람직한가 하는 이야기이다.

2. 학설

1) 소극설

오토 마이어(O. Mayer) 등 관료주의학파들은 공사법의 절대적 분리·독립할 것을 강조하였으며, "공법과 사법에 공통된 법제도는 존재하지 않는다"고 하였다.

2) 적극설

직접적용설, 유추적용설(다수설)

3. 적용한계

1) 일반법원리

신의성실, 권리남용금지, 자연인(행위능력제도는 적용 안됨), 법인(능력, 주소 , 등기, 청산 등), 물건, 법률행위의 개념, 기간, 시효, 사무관리, 부당이득 등은 공법관계에도 적용된다.

하지만, 법률행위의 성립에 관한 규정은 공법관계에 적용되지 않는 것이 많다. 예컨대 행위무능력, 의사표시(비진의표시, 허위표시, 사기, 강박, 착오), 소멸시효의 기간, 주소의 복수주의 등은 행정법에는 적용되지 않는다.

2) 공법관계의 내용에 따른 적용한계

(1) 권력관계

대등한 당사자간 관계와 성질을 달리한다. 따라서 일반 원리적 규정이 대체적으로 적용 안된다.

(2) 관리관계

비권력관계이므로 사법관계와 동일하다. 따라서 실정법상 특별한 제한이 없는 한 사법규정 적용된다.

4. 공법규정의 적용

종래 우리나라의 통설은 공법규정의 흠결이 있는 경우 사법규정의 적용을 통하여 문제를 해결해 온 바, 최근에는 행정법의 흠결의 경우 먼저 공법가운데 준용할 만한 규정이 있으면 사법규정의 적용에 앞서 공법규정이 적용되어야 한다는 견해가 유력시되고 있다.

최근에 판례는 이러한 공법규정의 적용에 적극적인 입장을 보이며 그를 긍정하고 있다. 그 예로 ① 하천법 제2조의 국유화로 인한 제외지의 소유자에 대한 보상규정이 흠결된 경우 하천법 74조의 하천구역 등의 손실보상규정을 준용한 바 있으며,[2] ② 국세기본법 제52조의 과오납관세환급금에 대한 환급가산금규정이 흠결된 경우 과오납국세환급금에 대한 환급가산금규정을 준용하여 각각의 흠결을 보충한 바 있다.

※ 참고로 하천구역을 알기 쉽게 도해(圖解)하여 보면 다음과 같다.(하천법 제2조 1항)

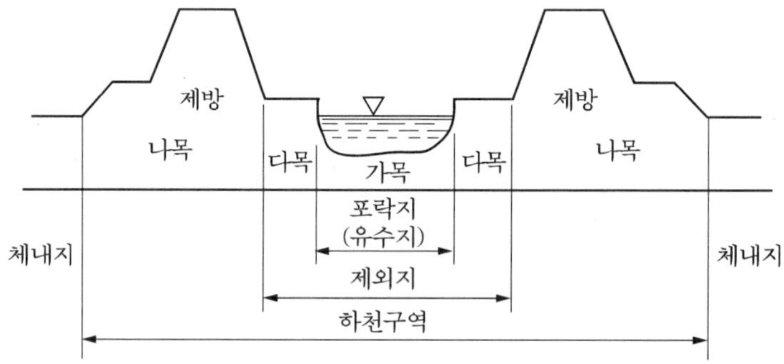

2) 국유제외지소유자 보상-대판84누126 : 하천법(1971.1.19 법률 제2292호로 개정된 것) 제2조 제1항 제2호, 제3조에 의하면 제외지는 하천구역에 속하는 토지로서 법률의 규정에 의하여 당연히 그 소유권이 국가에 귀속된다고 할 것인 바, 한편 동법에서는 위 법의 시행으로 인하여 국유화가 된 제외지의 소유자에 대하여 그 손실을 보상한다는 직접적인 보상규정을 둔 바가 없으나 동법 제74조의 손실보상요건에 관한 규정은 보상사유를 제한적으로 열거한 것이라기보다는 예시적으로 열거하고 있으므로 국유로 된 제외지의 소유자에 대하여는 위 법조를 유추적용하여 관리청은 그 손실을 보상하여야 한다.

제 8 절 특별행정법관계

제 1 항 개설

1. 의의

1) 개념

특별권력관계는 일반권력관계에 대하는 개념으로, 공법상 특별한 원인에 의해 특정한 목적달성의 범위 내에서, 일방이 상대방에 대하여 포괄적으로 지배할 수 있는 법률관계를 말한다. 즉 일반적으로 국가의 공권력행사는 법치주의에 구속되고 사법심사가 보장되지만, 특별한 행정목적의 실현을 위해 법치주의의 적용이 완화 내지 배제될 필요가 있는데, 이러한 경우를 특별권력관계라고 하는 것이다.

□ **이렇게 생각해 봅시다.**

특별권력관계는 쉽게 말하면 국가내부의 영역에 속하는 사람은 국가영역의 외부에 속하는 일반시민과는 달리 특별한 법적 지배를 받고, 이에 복종해야 한다는 것을 의미한다. 즉, 공무원과 수형자, 군인, 국립학교학생 등은 국가내부의 영역에 자의에 의하든 강제에 의하든 편입된 사람이며 따라서 일반 국민이 누리는 권리가 다소 제한되며, 국가목적의 달성을 위하여 의무가 강화된다는 사고이다.

2) 특별신분관계 혹은 특별행정법관계

특별권력관계는 ① 일반권력관계에 비해 권리가 제한될 수 있으며 ② 그것이 법적 근거 없이 이루어진다는 점을 개념요소로 한다. 따라서 원래 특별권력관계에는 법치주의가 적용되지 않으므로 법적 근거 없이 기본권을 침해할 수도 있다고 하였다. 그러나 현대에서는 이러한 순수한 의미의 특별권력관계는 인정될 수 없다. 이미 독일의 수형자판결을 통해 '특별한 관계에 있더라도' 법적 근거 없는 권리의 침해는 인정될 수 없다고 하여 순수한 의미의 특별권력관계는 붕괴되었다. 다만 특별한 행정목적 아래 다른 일반인과 달리 강한 기본권의 제한을 받는 등 일방적 지배를 받을 수 있으나, 그것은 법에 근거하여 이루어져야 한다. 따라서 현재는 특별권력관계보다는 '특별신분관계' 혹은 '특별행정법관계'라는 용어가 더 정확한 표현이다.

2. 원래 특별권력관계의 내용

1) 법률유보원칙 부적용

특별권력관계내부에서는 법률유보 또는 법치주의가 배제된다.

2) 기본권의 제한

특별권력관계 설정목적 범위 내에서 그의 구성원의 기본권을 법률의 근거 없이도 제한할 수 있다.

3) 행정규칙의 비법규성

특별권력관계내부에서 발해지는 일반적 · 추상적 명령인 행정규칙은 법규의 성질을 갖지 않는다. 따라서 재판규범으로서의 성질을 가지지는 못한다.

4) 사법불심사

특별권력관계 내부는 법치주의가 배제되는 관계로 법원의 사법심사의 대상이 되지 않는다.

□ 이렇게 생각해 봅시다.

특별권력관계의 핵심은 일정한 행정적목적을 위해 합리적인 범위내에서는 법률의 유보 없이 그 구성원들에 대한 기본권제한이 가능하고, 행정권의 발동에 있어서도 법률유보가 적용되지 않는다는 점이다.

말하자면 국가목적의 실현을 위해 공무원은 국민이 누리는 기본권을 다 누릴 수는 없다. 알다시피 공무원의 정치적 자유나 노동운동의 자유는 헌법적으로도 제한되어 있다. 재소자의 경우 이 보다 심하게 거주이전의 자유, 통신의 자유 등까지도 제한되고 있다. 만약 이러한 관계에 있는 사람들에게까지 일반적 기본권이 일반국민과 같이 동일하게 적용된다면 국가의 운영은 상당히 어렵게 될 것이다. 따라서 이러한 관계의 구성원들에 대해서는 포괄적인 기본권제한을 위해 법률유보는 배제시키는 법리구성이 필요하게 되었다.

또 헌법은 제37조 제2항에서 "기본권의 제한은 법률로써 하되, 제한하는 경우에도 자유와 권리의 본질적인 내용은 제한할 수 없다."고 규정하고 있다. 기본권제한은 필요한 경우에 한하여 하되 반드시 법률로써 한다라는 헌법원칙을 지킬 경우 앞서 말한 것처럼 국가운영은 어려울 것이다. 따라서 이러한 헌법규정에도 불구하고 법률의 유보 없이도 특별권력관계 구성원의 기본권을 제한할 수 있는 이론적 근거가 필요했으며, 그것이 전통적인 특별권력관계이론이다.

이렇게 됨으로써 국가에 의해 합리적인 범위내에서는 기본권침해가 있더라도 특별권력관계의 구성원은 법원등에 그 구제를 청구할 수 없고(사법심사배제), 특별권력이 발동하는 행정규칙은 오로지 그 내부의 구성원만 규율대상으로 하고 외부의 국민에게는 적용되지 않는 법적 효력이 없는 것으로 된다(법규성 없음). 즉 국회가 제정한 법률이 아니라 특별권력이 스스로 제정하는 행정규칙에 의하여 그 구성원의 기본권을 제한하는 것이다.

3. 연혁

1) 전통적 이론

(1) 독일의 입헌군주정

특별권력관계는 라반트(P. Laband)에 의해 처음으로 개념화되었으며, 오토 마이어(O. Mayer)에 의해 체계화·이론화되었다. 특별권력관계는 권위주의의 독일에서 유래한 것으로, 군주주권과 국민주권의 타협의 산물로 군주주권을 제한하는 대가로 발생한 것이다. 시기적으로는 19세기 후반에 등장하였다. 입헌군주정에서 특별권력관계를 필요로 하였던 것은 군대조직과 공무원조직의 효과적인 통제를 위해서였다. 이들에 대한 통제가 용이하게 됨으로써 군주의 권력이 유지될 수 있었으므로, 특별권력관계이론은 군주의 명령에 충실히 복종하는 일사불란한 관료와 상비군을 위하여 행정법적 이론을 제공한 것이다.

(2) 법실증주의의 법개념

라반트에 따르면 법이란 인격주체간의 상호간 의사의 범위를 정하여 주는 것인데, 이를 바탕으로 오토 마이어(O. Mayer)는 국가와 다른 주체간에는 법이 적용되나 국가내부에는 법이 침투할 수 없다는 이른바 불침투설을 확립하여 전통적 특별권력관계이론을 체계화하였다.

따라서 불침투설에 따르면 특별권력관계는 국가내부의 질서를 뜻하므로 이에는 법치주의가 배제된다는 결론이 된다. 이러한 라반트의 전통적 법개념은 아직도 유효하게 사용되고 있는데, 결국 국가외부의 시민에 대한 규율 또는 시민의 권리와 자유의 제한이 바로 법이다라는 사상이 그것이다.

2) 전통적 이론의 동요와 붕괴

그런데, 19C와 20C 초반을 풍미하던 특별권력관계이론은 제2차대전 이후 비판의 십자포화를 받게 되어 현재는 그 전통적 기반이 무너지고 있다. 그 이유는 다음과 같다.

① 시대적 배경의 상실: 입헌군주정→ 입헌민주정

② 국가내부적 사항에 있어서도 인격주체상호간의 관계와 유사한 관계 있음이 긍정되었다.

③ 독일 연방헌법재판소는 '수형자사건 판결'에서 특별권력관계 내부에서도 법적 근거 없는 기본권의 제한은 허용되지 않는다고 판단하여 특별권력관계이론의 붕괴를 선언하였다.

> **▸ 수형자판결**
>
> 교도소 당국을 비난하는 내용의 편지를 발송하려던 수형자는 교도소내규에 의하여 편지를 압수당하자 관할 행정법원에 소송을 제기하였으나 패소하였다. 이에 연방헌법재판소에 제소한 결과, 헌법상의 기본권은 수형관계에 있어서도 타당하며 따라서 법률에 근거하지 않고서는 수형자의 기본권을 제한할 수 없다는 판결

제 2 항 특별권력관계의 성질(일반권력관계와 구별)

1. 긍정설

1) 절대적 구별설

예루살렘(Jerusalem)의 견해로, 일반권력관계와 특별권력관계는 성립계기와 지배력이 완전히 다른 법체계라고 한다. 이 견해에서는 특별권력관계에서 법치주의는 완전히 부정된다.

2) 상대적 구별설

옐리네크(Jellinek)의 견해로, 이 견해에서는 양자는 본질적 절대적 차이는 없고, 특별권력관계에서는 특별한 행정목적의 범위 내에서 명령·복종이 강화된 것에 불과하다고 한다.

2. 부정설

1) 형식적부정설

실질적 법치주의 입장이며, 모든 공권력을 발동함에 있어 법률의 근거를 요한다. 즉 자유로운 공권력 발동영역은 없다는 주장이다.

2) 실질적부정설

특별권력관계의 내용을 개별적·구체적으로 분석 검토하여, 종래 특별권력관계로 다루어지던 법률관계를 분해하여 개별적으로 귀속시키려는 태도이다.

3) 수정설(Ule)의 견해

울레(Ule)는 특별권력관계를 기본관계와 경영수행관계로 나누어, 기본관계와 경영수행관계 중 폐쇄적 영조물 관계만 외부관계로 보아 사법심사가 미친다고 하였다.

(1) 기본관계

특별권력관계성립·종료·변경에 관련된 법률관계(예 ; 공무원의 임명과 파면, 군인의 입대와 재대, 국공립학교의 입학 제적 전과, 수형자의 형집행)

(2) 경영수행관계

특별권력관계 내부에서 경영수행질서에 관한 법률관계

① 공무원관계(공무원에 대한 직무명령)

② 개방적 영조물관계(영조물이 자기 환경과 결합되어 있는 경우: 학교재학, 병원입원 등)

③ 폐쇄적 영조물관계(영조물이 의사에 반하여 자기 환경과 격리되어 있는 경우: 교도소재소, 전염병자 격리수용 등)

※ Ule는 내부관계에서는 사법심사가 완화된다고 하나, 우리 판례는 외부관계이건, 내부관계이건 위법한 결과를 초래하면 사법심사의 대상으로 하고 있다.

* 특별권력관계	- 내부관계	- 사법심사 적용 제외	- 법규(法規)가 적용 안됨	- 편면적 효력
* 일반공권력	- 외부관계	- 사법심사의 대상	- 법규(法規)가 적용됨	- 양면적 효력

제 3 항 특별행정법관계의 성립과 소멸

1. 법률규정에 의한 성립

병역소집, 수인의 수감, 전염병자 격리수용, 공공조합강제가입

2. 본인의 동의에 의한 성립

① 임의적 동의- 학교입학, 도서관이용, 공무원임명

② 의무적 동의- 학령아동입학

3. 소멸

행정목적의 달성(학교의 졸업), 임의탈퇴(공무원사직), 권력주체에 의한 일방적 배제(퇴학처분)

4. 종류

① 공법상근무관계-국가와 공무원 · 군인

② 공법상영조물관계-교도소와 수형자, 국 · 공립도서관 · 국공립병원과 이용자

③ 공법상특별감독관계-국가 및 공공단체와 공공조합, 특허기업자, 사인(공무수탁사인)

④ 공법상사단관계-공공조합과 조합원

제4항 특별행정법관계의 내용과 한계

1. 특별권력

1) 명령권

특별권력의 주체는 법령과 목적한도 내에서 작위·부작위·급부 등 의무를 과할 수 있다.

① 개별적·구체적 명령·처분의 형식을 취하는 경우-직무명령

② 일반·추상적인 법조문 형식을 취하는 경우-훈령, 국립도서관 열람수칙, 당직수칙 등(행정규칙 ← 영조물규칙)

2) 징계권

질서유지를 위해 질서문란자를 징계할 수 있는데, 이것이 징계벌이다. 징계벌에는 한계가 있을 수밖에 없는데, 특별권력관계가 상대방의 동의에 의해 성립하는 경우 징계벌의 상한은 특별권력관계로부터의 배제 또는 이익의 박탈에 그쳐야 한다.

2. 특별행정법관계의 한계

1) 기본권

특별권력발동에 의해 헌법상 보장된 기본권을 제한할 수 있는가? 종래에는 당해 특별권력관계의 목적달성에 합리적이라고 인정되는 범위 안에서는 법률의 근거 없이도 제한할 수 있다고 보았으나, 오늘날에는 이 경우에도 개별적인 법적 근거를 요한다(예 ; 군인의 거주지제한·정치활동제한, 수형자의 서신열람 등에는 법적 근거가 있다).

2) 법치주의

특별권력관계에서는 법률유보원칙과 사법심사가 완화 내지 제한되나, 위법한 특별권력의 발동으로 권리를 침해당한 경우에는 일반적으로 사법심사가 가능하다고 본다. 특히 특별권력관계로부터 배제하는 행위(예 ; 국립대학생의 퇴학처분, 공무원의 파면 등)에 대해서는 이의 없이 사법심사가 가능하다.

※ 실질적 법치주의 하에서는 특별권력인정범위가 축소되는 경향이다.

돌발퀴즈 Q. 다음 중 특별권력관계에 속하는 것은?

① 국가와 형사피의자의 관계 ② 국유철도의 이용관계
③ 납세의무자와 국가와의 관계 ④ 국립도서관이용관계

Check

- 공법과 사법의 구별의 필요성
- 공법(행정법)을 사법과 구분하는 이유 즉 행정법의 존립이유에 대한 과거의 견해에 관한 문제
- 권력관계, 관리관계, 국고관계의 예에 관한 문제
- 공정력의 개념 및 근거 한계 및 입증책임과의 관계
- 공정력에 관한 독일과 프랑스의 일반적 견해에 관한 문제
- 공정력과 구분되는 개념으로서의 구성요건적 효력에 관한 문제
- 불가쟁력과 불가변력의 개념과 예에 관한 문제
- 불가쟁력과 불가변력의 관계의 문제
- 행정주체와 행정기관의 구별에 관한 문제
- 공권과 반사적 이익에 관한 문제
- 뷜러의 공권성립 3요소의 내용과 현대적 견해에 관한 문제(2요소설)
- 개인적 공권의 특성에 관한 문제
- 사인의 구체적 예에 관한 문제(소득세원천징수법인의 수탁사인성에 관한 문제)
- 행정법관계에 있어서 사법적용의 한계에 관한 문제
- 행정법관계에 공법적용에 관한 판례 문제(가장 가까운 공법규정)
- 특별권력관계의 본질에 관한 Ule의 수정설에 관한 문제
- 사법의 일반 원리적 규정 중 행정법관계에 적용되지 않는 것에 관한 문제
- 행정법관계에 관한 공법적용에 관한 판례 문제
- 특별권력관계의 본질에 관한 Ule의 수정설에 관한 문제
- 특별권력관계에서 법치주의와 사법심사의 관계에 관한 문제

제 4 장

법률요건과 법률사실

제 1 절 의의와 종류

1. 의의

행정법관계의 발생, 변경, 소멸 등 법률효과를 발생시키는 원인이 되는 사실의 '총체'를 행정법상의 법률요건이라 하며, 이러한 법률요건을 이루는 '개개의 사실'을 행정법상 법률사실이라 한다. 예컨대 돈을 빌려줄 때 차용증서를 작성하게 되는데, 이것을 금전대여계약을 맺었다고 하고, 이러한 계약(법률행위)에 의해 채권자와 채무자의 지위와 같은 권리, 의무가 발생하게 된다. 요약하면 법률행위(법률요건)를 하게 되면 권리나 의무와 같은 법적 지위가 발생하게 되는데 이것을 법률효과(혹은 법적효과)라고 한다. 법적인 측면에서 보면 인간의 행위에는 법적인 효력을 발하는 행위인 법률행위(法律行爲)와 법적인 효력을 발하지 못하고 사실적 효력만 발생시키는 사실행위(事實行爲)가 있다.

또 법률행위를 이루는 개개의 요소 예컨대 대표적으로 의사표시와 같은 것을 법률사실이라고 하는 것이다.

예컨대, 민사법관계에서 계약은 청약과 승낙을 통해 계약이 법률요건이 되고, 청약과 승낙이 법률사실이 된다. 이 계약에 의해 계약당사자는 일정한 권리와 의무를 갖게 되는데, 이러한 권리와 의무의 법적 지위가 법률효과가 되는 것이다.

끝으로 행정법관계를 예로 들면, 영업허가(법률요건)를 받음으로써 영업자로서의 권리와 의무(법률효과)를 갖게 되며, 영업허가는 허가를 신청하고 그에 따라 허가처분이 이루어지므로 여기서 허가신청과 허가처분은 법률사실이 된다.

구분	법률사실	법률요건	법률효과
법률관계	의사표시	법률행위	권리, 의무
사법관계	청약, 승낙	계약	계약자의 권리와 의무(예, 채권, 채무)
공법관계	허가신청, 허가처분	허가	영업자의 권리와 의무

2. 종류

행정법상의 법률사실은 사람의 정신작용에 의하는가 여부에 따라 용태(정신적 사실), 사건(자연적 사실)로 나뉘며, 용태는 다시 외부적 용태와 내부적 용태로 나뉜다.

1) 공법상의 용태

사람의 정신작용을 요소로 하여 이루어진 행정법상의 법률사실에는 작위, 부작위 등 '외부적 행위'로서 행정법상 효과를 발생시키는 '외부적 용태'와 고의, 과실, 선의, 악의 등 '내부적 의식'으로서 행정법상 효과를 발생시키는 '내부적 용태'가 있다.

이 중 '외부적 용태'의 대표적인 것이 법률행위, 즉 공법행위이다. 공법행위는 다시 그 주체에 따라 사인의 공법행위와 행정주체의 공법행위로 나누고, 후자는 다시 행정상 입법, 행정행위, 행정계획, 비권력행위로 세분한다. 이 중 공법행위에서 핵심이 되는 것은 행정행위이다. 법에 의해 이루어지는 법률관계는 법적 행위에 의해 구현되는 것이며, 행정법의 법률관계도 행정행위에 의해 구현됨은 물론이다. 따라서 행정법은 행정행위의 성질과 효력을 중심으로 전개되므로 행정행위는 행정법의 꽃이라고도 할 수 있다.

2) 공법상의 사건

공법행위가 인간의 법적 행위에 의해 공법상의 효력을 발생하는 것인데 비해, 사람의 생사, 시간의 경과, 일정한 장소에서의 거주 등과 같이 객관적 사실(客觀的 事

實)에 의해 공법상의 효과가 인정되는 경우가 있는데, 이를 공법상 사건(事件)이라 한다. 공법행위와 사건은 법적 효력을 발생시킨다는 점에서는 같지만 인간의 행위에 의한 것이냐, 객관적 사실에 의한 것이냐에 따라 구분된다.

제 2 절　공법상의 사건

1. 기간

기간은 한 시점에서 다른 시점까지의 시간의 간격을 말한다. 법령이 기간에 대하여 일정한 공법적 효과를 부여하는 경우, 소정의 기간이 충족됨으로써 일정한 법적 효력이 발생하게 된다.

기간의 계산에 관해서는 법령에 특별한 규정이 있는 경우를 제외하고는 민법의 기간에 관한 규정이 적용된다.

1) 기간계산의 일반원칙(초일불산입의 원칙)

기간을 일, 주, 월, 년으로 정한 때는 오전 0시부터 시작하는 경우를 제외하고는 초일을 산입하지 않는다(시, 분, 초로 정한 때는 즉시부터 기산한다). 다만, 연령계산시에는 출생일을 산입한다. 末日이 일요일 기타 공휴일인 때는 기간은 다음날(翌日)에 만료한다.

돌발퀴즈 Q1. 2002년 3월 12일 결혼한 사람은 언제까지 혼인신고를 하여야 하는가?

A. 2002년 4월 11일 밤 12시(오후 6시 업무시간 중)

Q2. 2002년 5월 3일 강릉시는 甲에게 영업허가를 취소하는 처분을 하였다. 甲은 언제까지 행정심판을 제기할 수 있는가? 단 행정심판은 처분이 있음을 안 날로부터 90일 이내, 처분이 있은 날로부터 180일 이내에 제기할 수 있으며, 甲은 5월 6일 허가취소처분을 직접 통지 받았다.

A. 8월 4일 밤 12시(오후 6시 업무시간 중)

2) 초일산입의 특별규정을 둔 경우

국회법상 국회의 회기, 민원사무처리규정의 민원사무처리기간, 부동산등기신청서에 첨부하는 인감증명의 유효기간[1], 혼인신고, 공소시효 등

2. 시효

시효란 일정기간 상태가 계속되는 경우에 그러한 상태가 진실에 부합하는지 여부에 관계없이 그대로의 사실상태를 존중하여 이를 보호함으로써 법률생활의 안정을 도모하려는 제도이다. 국가를 당사자로 하는 금전채권의 소멸시효는 다른 특별규정이 없는 한 5년이다(국가재정법 제96조).

시효의 효력에 대해서는 시효의 완성만으로 당연히 권리가 소멸한다는 설(절대적 소멸설)과 당사자의 원용이 필요하다는 설(상대적 소멸설)이 있는데, 판례는 후자의 입장이다.

3. 주소

주소는 주민이 되는 요건, 주민세의 성립요건이 되므로, 이것도 사건에 속한다.

민법에서는 주소에 관하여 주관주의, 복수주의를 취하나, 행정법에서는 객관주의, 단수주의(주민등록법은 이중등록을 금한다.)

1) 인감증명서 심사에 관한 예규에 제7조 "부동산등기신청서에 첨부하는 인감증명서의 유효기간 6월의 기간계산에 있어 인감증명서의 발행일인 초일은 산입하지 아니하고, 그 기간의 말일이 공휴일인 때에는 그 다음날로 기간이 만료한다."

돌발퀴즈 Q. 행정법상 주소개념과 관련이 있는 것은?

① 주관주의　　② 복수주의
③ 실질주의　　④ 단수주의

제 3 절 공법상의 부당이득과 사무관리

1. 공법상의 부당이득

법률상 원인 없이 타인의 재산 또는 노무로 인하여 이익을 얻고, 그로 인하여 타인에게 손해를 끼치는 것을 말한다. 예컨대 연금을 받을 자격 없는 자의 연금수령, 공무원의 봉급과다수령, 조세의 과오납 등이 여기에 속한다. 부당이득은 사건에 속한다.

※ 공정력과 관련하여 - 행정행위에 기하여 부당이득이 생긴 경우는 당해 행정행위가 무효이거나 하자를 이유로 취소되지 않는 한 부당이득의 문제가 생기지 않는다. 예컨대 세무서장이 소득세부과처분을 하면서 2천만원 할 것을 3천만 원으로 부과하여 상대방이 이를 납부한 경우, 이 처분이 공정력을 지니는 이상(이 처분이 취소되지 않는 한), 국가가 1천만 원의 부당이득을 취했다고 할 수 없다.

2. 공법상의 사무관리

법률상 의무 없이 타인의 사무를 관리함을 말한다. 예컨대 시에서 하는 수난구호, 행려병사자의 관리 등이 여기에 속한다. 다만 사무관리는 타인의 사무를 관리하려는 의사가 필요하므로 사건(事件)이 아니라 준법률행위의 하나로 본다.

제 4 절 사인의 공법행위

1. 의의

사인이 하는 행위로 공법상의 효과가 발생하는 행위

2. 종류

1) 사인의 지위에 의한 분류

① 행정주체의 기관의 지위에서의 행위(선거시의 투표행위)

② 행정객체의 지위- 행정주체의 상대방의 입장(각종 신고나 신청 및 동의 등)

2) 행위의 성질에 의한 분류

① 합성행위 - 다수의 의사가 결합하여 하나의 의사를 구성(투표행위)

② 합동행위 - 다수의 의사가 동일한 방향(재개발조합, 토지구획정리사업조합의 설립 등)

③ 통지행위 - 행정기관에 대해 일정한 사실 또는 관념을 통지(by 신고 또는 등록의 형식)

④ 신청행위 - 사인이 행정기관에 대하여 일정한 행위 또는 절차를 취할 것을 요구하는 의사표시

⑤ 동의 - 행주주체의 의사표시에 대하여 승낙하는 것(공무원의 임명에 대한 동의)

3. 적용법원리

사인의 공법행위에 대해서는 통칙적인 규정이 없으므로 특별한 규정이 없는 한 민법의 법률행위에 관한 규정이 유추적용된다.

1) 의사능력과 행위능력

공법행위를 함에 있어 의사능력이 있어야 함은 당연하나, 재산적 행위가 아니므로 행위능력을 필요로 한다고는 할 수 없다.

2) 대리

특별한 규정이 없는 한 대리가 허용되나, 선거 등과 같이 일신전속적 행위는 허용되지 않는다.

3) 효력발생시기

도달주의를 취하는 것이 일반적이나 행위자의 입장고려, 행정기술상의 문제 등으로 발신주의를 택하기도 한다.

cf) 국세기본법 제5조의2【우편신고 및 전자신고】① 우편으로 과세표준신고서·과세표준수정신고서 또는 과세표준신고·과세표준수정신고와 관련된 서류를 제출한 경우에는 우편법에 의한 통신일부인이 찍힌 날(통신일부인이 찍히지 아니하였거나 분명하지 아니한 때에는 통상 소요되는 우송일수를 기준으로 발송한 날에 상당하다고 인정되는 날)에 신고된 것으로 본다. ② 제1항의 신고서등을 정보처리장치에 의하여 제출하는 경우에는 국세청장이 지정하는 정보처리장치에 입력된 때에 신고된 것으로 본다.

4. 사인의 공법행위의 하자

1) 행정행위의 단순한 동기에 그치는 때

사인의 공법행위에 하자가 있더라도 그 정도의 여하에 관계없이 행정행위효력에는 영향이 없다.

2) 행정행위의 필요적 요건인 때

사인의 공법행위의 하자의 정도에 따라 행정행위에 미치는 영향이 다르다.(사인의 공법행위를 전제로 행정행위를 하는 경우 사인의 행위가 당연무효이면, 행정행위도 무효이나, 사인의 행위가 취소될 수 있는 행위인 경우 취소될 때 당해 행정행위도 효력을 잃는다.)

Check

- 기간의 계산에 관한 문제
- 사인의 공법행위의 종류에 관한 문제
- 사인의 공법행위에 적용되는 법원리에 관한 문제

제 2 편

행정작용법

제 1 장　행정상 입법

제 2 장　행정행위

제 3 장　행정계획

제 4 장　행정절차와 정보공개

제 5 장　그 밖의 주요한 행위형식

제 6 장　행정상 실효성 확보수단

제1장

행정상 입법

제1절 개 설

근대입헌국가에서 개인의 권리나 의무에 관한 법규는 의회에서 정하는 것이 원칙이다. 그러나 현대복리국가에서 행정의 기능이 확대·강화됨에 따라 행정의 내용이 다양화·전문화되어 비전문적 기관인 의회의 입법능력에 한계를 가져오게 되었다. 이러한 현실적 수요에 대응하기 위하여 행정기관에 의한 입법의 필요성이 강력히 대두되었으며, 그 결과 의회에서는 골격만을 법률로서 제정하고 구체적·세부적 사항은 행정기관에 위임하는 경향이 나타났다. 행정상 입법은 대외적으로 법규(法規)로서의 성질을 가지느냐에 따라 법규명령(法規命令)과 행정규칙(行政規則)으로 나뉜다.

제 2 절 법규명령

제 1 항 법규명령의 의의와 종류

1. 의의

법규명령은 일반통치권에 기하여 행정기관이 발하는 명령으로 법규의 성질을 가진 것으로 일반적 구속력을 갖는다. 따라서 이에 위반한 행정행위는 위법행위로 무효 내지 취소될 수 있다. 또 이로 인해 침해받은 국민은 행정상 쟁송에 의해 취소·변경의 청구 또는 행정상 손해배상을 할 수 있다.

2. 법규명령의 종류

1) 수권의 범위 기준

(1) 비상명령

국가원수가 국가비상사태 때에 발하는 특수한 명령을 말한다. 비상명령은 이 점에서 긴급명령과 유사하나, 법률보다 상위인 헌법적 효력을 가진다는 점에서 긴급명령과 다르다. 현행 우리 헌법에는 존재하지 않는다.

(2) 법률대위명령

법률과 같은 효력을 지니는 명령, 헌법적 수권이 필요하다. 긴급명령, 긴급재정경제명령 등이 있다.

(3) 법률종속명령

법률의 한계 내에서만 규정될 수 있는 명령을 말한다.

① 위임명령 - 법률 또는 상위명령의 개별적 위임에 의해 새로운 법률사항을 규정할 수 있다.

② 집행명령 - 법률 또는 이에 의거한 상위명령의 규정 범위 내에서 집행에 관한

구체적 사항을 규정하는 명령

☆ 궁금합니다.(2003. 4.3. SDU)

교수님 안녕하세요?

4주차 강의중 법규명령의 종류에서는 법률 또는 이에 근거한 상위명령의 범위내에서 집행에 관한 구체적인 사항을 규정하는 것이 집행명령이라고 했는데 명령의 내용기준에서는 행정권이 법적근거없이 직권으로 제정하는 것이라고 했습니다. 이 부분이 이해가 되지 않습니다. 이에 대한 보충적 설명을 부탁드립니다.

두 번째로는 집행명령과 위임명령의 사례를 들어 주신다면 두 가지 명령에 대해 다소 이해가 쉬울 것 같습니다.

교수님! 항상 건강하시고 행복하세요! 감사합니다. 제자올림

A. 입법은 의회의 작용입니다.

그러나 의회의 입법작용이 국가기능을 수행할 만큼 완전하지 못하기 때문에 세부적인 사항은 행정부에서 정하도록 위임하는데 이것을 명령 혹은 법규명령이라고 합니다.

법규명령에는 개별적이고 구체적으로 위임을 받은 위임명령과 그렇지 아니한 집행명령이 있습니다. 이것은 개별적 위임을 받았느냐의 여부에 따른 구분입니다.

법규명령의 제정주체에 따른 구분으로는 대통령령, 총리령, 부령이 있습니다. 대통령령은 시행령으로 발해지고, 총리령, 부령은 시행규칙으로 발해집니다.

** 위임명령의 예입니다.

제29조 (소비자단체의 등록) ① 다음 각 호의 요건을 모두 갖춘 소비자단체는 대통령령이 정하는 바에 따라 공정거래위원회 또는 지방자치단체에 등록할 수 있다.

1. 제28조 제1항 제2호 및 제5호의 업무를 수행할 것(이하 생략)
2. 물품 및 용역에 대하여 전반적인 소비자문제를 취급할 것
3. 대통령령이 정하는 설비와 인력을 갖출 것
4. 「비영리민간단체 지원법」 제2조 각 호의 요건을 모두 갖출 것

위에서 대통령령이라는 표현이 나옵니다. 이것은 이 법률에서 정할 수 있는 사항을 대통령령에 위임했다는 표시입니다. 대통령령이므로 소비자기본법시행령을 찾아보면 관련 조문을 확인할 수 있습니다. 이러한 구체적 위임이 있는 명령이 위임명령입니다. 시행령이나 시행규칙 중 이러한 구체적 위임이 없는 것은 대개 집행명령이라고 보면 됩니다.

** 소비자기본법 제29조에서 위임받은 내용은 시행령에서 다음과 같이 표시됩니다.

소비자기본법시행령

제23조 (소비자단체의 등록) ① 법 제29조 제1항 제3호에서 "대통령령이 정하는 설비와 인력"이란 다음 각 호의 설비와 인력을 말한다.

1. 법 제28조 제1항 각 호의 업무를 처리할 수 있는 전산장비와 사무실
2. 법 제28조 제1항 각 호의 업무를 수행할 수 있는 상근인력 5명 이상

다음으로 위임명령과 집행명령의 차이에 관한 것인데 위임명령과 집행명령 중 어느 것이 더 가치가 있을 까요? 우스운 질문일 수 있으나, 우리가 배운 대로라면 위에서 보는 바와 같이 위임명령은 법률에 규정될 사항이 위임된 것이기 때문에 법률적 가치가 있다고 할 것이고, 집행명령은 그렇지 않기 때문에 법률적 가치는 없다고 하겠습니다. 따라서 위임명령은 반드시 법률의 근거를 요하고 집행명령은 그렇지 않은 것입니다.

위임명령과 집행명령의 차이에서 '새로운 법률사항의 규정여부'가 바로 이것입니다. 즉 위임명령에는 법률적 가치가 있으므로 법률처럼 새로운 법률사항(권리, 의무사항)을 규정할 수 있는 것입니다.

2) 법형식 기준

(1) 대통령령

대통령이 법률에서 구체적으로 범위를 정하여 위임받은 사항이나 법률을 집행하기 위해 필요한 사항을 발하는 명령이다. 대통령령은 대통령이 발하는 명령은 모두 여기에 포함된다. 대통령령의 제명은 '○○법시행령'이나 사무관리규정과 같이 '○○규정' '○○직제' 등으로 되어 있다. 가장 일반적인 것이 '○○법시행령'이다. 또 '법시행령' 뿐만 아니라 법률적 효력을 지니는 '긴급명령'이나 '긴급재정경제명령'도 여기에 포함된다. 그러나 보통은 대통령령이라 하면 법률종속명령으로서의 대통령령을 말한다.

(2) 총리령, 부령

① 부령의 규정형식과 총리령으로 정하는 경우

국무총리 또는 행정 각부의 장관이 소관 사무에 관하여 법률이나 대통령령의 위

임 또는 직권으로 발하는 법규명령이다. 총리령이나 부령의 제명은 '○○법(령)시행규칙'이나 '○○규칙' '○○법(령)시행세칙' 등으로 되어 있다. 모든 행정법령은 그 소관부처가 있으며, 그 소관부처에서 부령을 발하게 된다. 다만 국가보훈처, 법제처 등과 같이 '처(處)'는 국무총리 하에 기관이므로 '총리령'으로 발하게 된다(예컨대 국가보훈처 관할인 「독립유공자예우 등에 관한 법률」의 시행규칙은 총리령으로 발한다). 또 소관부처가 여러 개에 걸쳐 있는 법률이나 특정 소관부처를 정하기 어려운 법률의 경우 그 법률의 시행규칙은 '총리령'으로 발하게 된다(예컨대 행정심판법 시행규칙은 총리령으로 발한다).

② 부령과 총리령의 우열관계

총리령과 부령의 우열관계에 관해서는 총리령우위설, 동위설 등이 있으나, 생각건대 서로 저촉되는 규정이 행정조직법적 내용인 경우 총리령이 우월하지만, 행정작용법적이 내용인 경우에는 양자가 동등한 효력을 지닌다고 보는 것이 적당하다.

돌발퀴즈 Q. 기획재정부, 교육과학기술부 등과 같이 부총리가 장관인 부처의 소관 법률 시행규칙은 총리령으로 발해질까 아니면 부령으로 발해질까?

A. 부령(部令), 기획재정부, 교육과학기술부 등과 같이 부(部)의 령(부에서 정하는 법규명령)이므로 부령으로 발해진다.

3) 수권의 근거 기준

개별적 위임여부에 따라 직권명령(독립명령, 집행명령)과 위임명령(=보충명령)으로 나뉜다.

① 직권명령은 법률의 수권을 필요로 하지 않으나, 위임명령은 수권을 필요로 한다.

② 독립명령은 법률로부터 독립된 명령 즉, 법률의 기속을 받지 않는 명령이다. 대통령의 긴급명령, 긴급재정경제명령 등이 여기에 속한다.

제2항 우리 헌법하에서의 법규명령

1. 긴급명령, 긴급재정경제명령

긴급명령과 긴급재정경제명령은 대통령령으로, 헌법 제76조 규정에 의한 법률대위명령이다.

2. 위임명령, 집행명령

헌법에 의해 대통령, 국무총리, 행정각부의 장, 중앙선거관리위원회 등에 위임된 법률종속명령이다.

3. 국제조약

대개 법률대위적 행정입법이라 할 수 있다. 그러나 모든 국제조약이 법률적 효력을 지니는 것은 아니며 그 성격에 따라 헌법적 효력, 법률적 효력, 시행령적 효력, 시행규칙적 효력 등 그 효력이 우리나라 성문법체계의 어느 하나에 해당할 수 있다.

4. 자치법규

조례와 규칙(헌법 제117조 제1항 지방자치단체는 법률의 개별적 위임 없이도 자치법규를 제정할 수 있다. 다만, 주민의 권리의무에 관한 사항은 법률의 근거가 필요하다.

돌발퀴즈 Q. 지방자치단체규칙인 용인시 규칙은 법규명령인가, 행정규칙인가?

A. 법규명령이다.

5. 중앙선거관리위원회규칙 등

1) 중앙선거관리위원회규칙

중앙선거관리위원회규칙은 헌법 제114조 제6항에 근거하여 중앙선거관리위원회가 선거관리·국민투표관리 및 정당사무에 관하여 정하는 규칙으로 법규적 성질을 갖는다. 헌법에서 규칙제정에 관하여 규정하고 있는 대법원규칙(소송에 관한 절차, 사무처리 등), 헌법재판소규칙(헌법 심판에 관한 절차, 사무처리), 국회규칙도 마찬가지이다. 다만 이들 규칙은 기본적으로는 규칙의 기본적 속성 즉 내부적 규율을 위한 것이므로, 이들 규칙이 시행령이나 시행규칙과 완전히 동등하다거나, 모든 규정이 법규명령이 된다는 의미는 아니고, 법규성 있는 규정을 둘 수 있다는 의미로 이해하여야 한다.

> **▸중앙선거관리위원회규칙 등이 법규성을 갖는 이유는 무엇일까요?**
>
> 모든 행정법령은 소관부처가 있다. 예컨대 의료법은 보건복지부 소관이고, 건축법은 국토해양부 소관이다. 따라서 의료법시행규칙은 보건복지가족부령으로 발하고, 건축법시행규칙은 국토해양부령으로 발한다. 그런데 중앙선거관리위원회는 행정부에 속해 있지 않기 때문에 소관법인 선거법의 시행규칙을 부령으로 발할 수 없게 된다. 따라서 중앙선거관리위원회의 경우 '규칙(선거관리위원회규칙)'으로 '부령'을 대신하게 되는 것이다. 예컨대 공직선거법에 따른 시행규칙에 해당하는 것은 '공직선거관리규칙'이다.

2) 감사원규칙

감사원이 감사원법 제52조에 근거하여 감사절차, 감사원의 내부규율 등에 관하여 정하는 규칙으로 그 법적 성질에 관해서는 논란이 있다. 이 규칙은 헌법상 근거가 없는 점에서 문제가 제기된다. 따라서 감사원 규칙에 대해서는 ① 행정규칙설과 ② 법규명령설(다수설)이 있다. 전자의 견해(김도창)는 행정기관에 의한 법규정립은 국회입법의 예외이므로 헌법에 근거가 있어야 한다고 주장하는데 비해, 다수설을 점하는 후자의 견해는 헌법이 인정하고 있는 행정의 법규정립은 예시규정에 불과하며, 감사원규칙은 감사원법에 의해 법률로 위임되어 위임된 사항만을 규정할 수 있으므로 문제될 바 없다고 한다. 마찬가지로 공정거래위원회규칙(공정거래위원회법), 금융감독위원회규칙(금융감독위원회법), 방송통신위원회규칙(방송통신위원회법), 중앙노동위원회규칙(노동위원회법) 등도 각 법에 의해 인정되는 법규명령이라 할 수 있다.

3) 중앙선거관리위원회규칙 등과 감사원규칙의 법적 효력

중앙선관위규칙, 국회규칙, 대법원규칙, 헌법재판소규칙 등은 행정입법은 아니나 국회의 의결을 거치지 아니하고 제정되는 것이므로, 법규명령의 일종으로 보며, 그 법적 효력은 대통령령과 동일한 것으로 본다.[1] 이와 달리 감사원규칙은 부령과 같은 수준의 효력을 지니는 것으로 본다.

돌발퀴즈 Q. 다음 중 법규명령이 아닌 것은?

① 의료법시행령 ② 법무부법무자문위원회설치령(대통령령)

③ 서울시규칙 ④ 공무원복무규칙

제 3 항 법규명령의 근거와 한계

1. 위임명령의 근거와 한계

1) 위임의 범위

법률 또는 상위명령에서 위임받은 사항만 규정, 일반적 포괄적 위임 금지, 재위임, 벌칙규정의 위임은 원칙적으로 금한다. 다만 재위임의 경우, 위임받은 사항에 일반적 기준을 정한 다음 세부적 보충사항을 재위임하는 것은 가능하다. 또 처벌규정을 법규명령에 위임하는 것은 인정되지 아니하나, 모법에서 처벌의 대상, 형의 종류와 최고한도를 정한 뒤 그 범위 내에서 법규명령에 위임하는 것은 가능하다.

특히 포괄적 위임인지의 여부를 판단함에 있어 의회입법의 원칙과 행정입법의 현실적 요청을 조화시키도록 하여야 한다. 예컨대 전문적 기술적 사항과 상황의 변화에 대응해야 할 사항인 경우(헌재 1991.2.11. 90헌가27)나 조례에 위임하는 경우와

1) 예컨대 「공공기관의 정보공개에 관한 법률」 제12조(정보공개심의회) 6항 "심의회의 운영 및 기능 등에 관하여 필요한 사항은 국회규칙, 대법원규칙, 헌법재판소규칙, 중앙선거관리위원회규칙 및 대통령령으로 정한다."라고 정하고 있는 것으로 보아 중앙선관위규칙 등과 대통령령은 동일한 법적 지위를 가지는 것으로 판단된다.

같이 민주적 정당성을 가진 기관이 수범자가 되는 경우에는 구체성의 요구는 그 만큼 완화될 수 있다.

돌발퀴즈 Q. 조례에 대한 법률의 위임의 경우에는 포괄적 위임이 가능하다? (○,×)

A. ○

2) 위임명령으로는 위임받은 사항에 관하여 새로운 법률사항(法律事項)도 제정할 수 있으나, 집행명령은 그렇지 않다.

2. 집행명령의 근거와 한계

① 명시적인 수권사항 불필요하다. "본법의 시행에 필요한 사항은 대통령령으로 정한다."라는 규정은 주의규정(注意規定)에 불과하다. 따라서 이것이 없더라도 집행명령은 당연히 발할 수 있다.

② 법률이나 상위명령의 집행을 위해 필요한 사항만 규정할 수 있으므로 새로운 법률사항(法律事項)을 규정하는 것은 집행명령의 한계를 일탈한 것이다.

제4항 법규명령의 성립, 효력, 소멸

1. 법규명령의 성립요건

법규명령은 법규명령 제정권자가 제정하여 법규명령의 형식으로 공포함으로써 성립한다.

1) 제정권자

법규명령은 의회입법의 원칙에 대한 예외이므로 제정권자는 원칙적으로 헌법에 의해 인정되어야 한다. 헌법에서 인정된 제정권자는 대통령, 총리, 행정 각부의 장, 중앙선거관리위원회 등이다. 감사원규칙의 경우 제정권자가 헌법이 아닌 감사원법에서 정하고 있어 법규명령으로 볼 것인가의 여부가 논란이 되나, 긍정설이 다수설이며 타당한 견해이다.

2) 형식 및 공포

법규명령의 형식을 취하고 관보에 공포되어야 성립한다. 다만 법규명령으로 정하여야 할 사항을 행정규칙으로 정한 경우에 판례는 일정한 경우에 법규명령의 효력을 지니는 것으로 보고 있다.

2. 법규명령의 효력

1) 효력 요건

법규명령은 시행됨으로써 효력을 발생한다. 시행일이 정해진 경우에는 그 날부터 효력을 발생하고 시행일이 정해지지 않은 경우에는 공포한 날로부터 20일이 경과함으로써 효력이 발생한다.

2) 법규명령의 적법한 효력 요건

- 법규명령 중 위임명령은 상위법령의 수권이 있어야 제정될 수 있다.
- 근거가 되는 상위명령이 위법할 때에는 그에 근거한 명령도 위법하다.
- 상위명령에 위반되는 명령은 위법하다.
- 입법예고 등 행정입법절차를 위반해서는 안 된다.

3) 위법한 법규명령의 효력

위법한 법규명령에 대해서는 행정행위의 하자론과 마찬가지로, 하자가 중대 명백한 경우에는 당연히 무효가 되고 그렇지 아니한 경우에는 법규명령에 근거한 처분을 다투는 소송에서 선결문제로 다툴 수 있다는 견해도 있고,[2] 위법한 법규명령은 모두 무효이며 그 근거는 취소쟁송제도가 없다는 점을 드는 견해도 있다.[3]

생각건대, 법규명령의 하자론은 행정행위의 하자론과는 달리, 법규명령은 법질서를 이루고 있으므로 법질서의 보호를 위하여 위법한 법규명령도 폐지되거나 취소되기 전에는 특별한 규정이 없는 한 효력을 유지한다고 보아야 한다.

---

2) 박윤흔, 행정법강의(상), p. 223.
3) 김남진 · 김연태, 행정법I, p. 33.

3. 법규명령의 소멸

법규명령도 법률과 마찬가지로 폐지에 의해 소멸된다. 또 당해 법규명령과 저촉되는 상위법령이 후에 제정됨으로써 그 저촉 한도 내에서 폐지되기도 한다.

또 근거법령이 폐지되면 법규명령도 소멸하나, 집행명령의 경우에는 상위법령이 폐지된 것이 아니라 개정됨에 그친 경우에는 그 개정 법령과 성질상 모순되거나 저촉되지 않고 개정된 상위 법령의 시행에 필요한 사항을 규정하고 있는 경우에는 그 개정법령의 시행을 위한 집행명령이 제정되어 발효될 때까지 효력을 갖는다(대판 1989.9.12. 88누6962).

제5항 법규명령의 통제

1. 의회에 의한 통제

1) 간접통제

국무위원 등에 대한 해임건의권 등의 행정부 감시비판권이 있다.

2) 직접통제

의회에의 제출절차, 의회의 동의 또는 승인유보 등이 있다.

(1) 행정입법의 의회에의 제출절차

행정입법이 수권의 범위를 일탈 하였는지 또는 행정입법이 법률에 위반하지는 않았는지 등을 감시하고 위법하게 제정된 행정입법을 통제하기 위해 행정입법을 의회에 제출하게 하는 제도(국회법 제98조의2 행정입법 제출 및 위법통제제도)

(2) 의회의 동의 또는 승인권의 유보

법규명령의 효력발생 전에 의회의 동의 또는 승인을 받도록 하거나, 일단 성립되어 효력을 갖고 있는 법규명령의 효력을 사후적으로 소멸시키는 권한을 의회에 유보시키는 법규명령에 대한 통제방법, 이 제도는 우리나라에서 인정되지 않고 있다.

2. 법원에 의한 통제

구체적 규범통제 : 법원은 재판의 전제로서 법규성이 있는 명령, 규칙의 위헌, 위법여부가 문제될 때 명령·규칙에 대한 심사권을 가지며, 대법원은 이에 대한 최종적인 심사권을 가진다. 명령·규칙에 대한 심사권은 헌법소원의 형식으로 헌법재판소에도 있는데, 이때에는 헌법소원의 두 가지 중요한 요건인 ① 직접침해성(집행행위에 매개되지 않고 명령, 규칙, 조례가 그 자체로서 기본권을 직접 침해하여야 한다)과 ② 보충성(다른 권리구제수단이 없어야 한다)을 충족하여야 한다.

대법원과 헌법재판소의 명령·규칙심사권에 대한 관할이 문제되는데, 명령·규칙·조례에 대한 재판전제적인 심사권은 최종적으로 대법원이 가지며, 처분적 명령·규칙·조례에 대한 헌법소원의 경우 헌법재판소에 심사권이 있다고 보아야 한다.[4)]

돌발퀴즈 Q. 우리나라에서 명령·규칙에 대한 위헌·위법심사권은 언제나 구체적 규범통제로만 이루어진다? (○,×)

A. ×; 지방자치법 제98조 및 제159조에서 조례에 대한 사전적 추상적 규범통제가 예외적으로 인정되고 있다. 또 헌법소원을 통한 명령·규칙 심사권은 재판전제성을 가지지 않고 있어 추상적 규범통제로 볼 수 있으나, 이에 대해서는 구체적인 권익구제를 위해 인정되는 직접적인 통제이므로 구체적 규범통제로 보는 것이 타당하다는 견해가 유력하다.[5)]

3. 행정기관에 의한 통제

1) 상급감독기관의 지휘감독권, 법규명령정립의 절차를 통한 통제

2) 국무총리행정심판위원회의 법령 개선에 관한 통제권

국무총리행정심판위원회는 심판청구를 심리·의결함에 있어서 처분 또는 부작위의 근거가 되는 명령 등(대통령령·총리령·부령·훈령·예규·고시·조례·규칙 등을 말한다)이 법령에 근거가 없거나 상위법령에 위배되거나 국민에게 과도한 부담을 주

4) 허영, 한국헌법론, p. 825.
5) 박균성, 행정법강의, p. 139.

는 등 현저하게 불합리하다고 인정되는 경우에는 관계행정기관에 대하여 당해 명령 등의 개정·폐지 등 적절한 시정조치를 요청할 수 있다(행정심판법 제42조의2).

제 3 절 행정규칙

제 1 항 법(法), 법규(法規)란 무엇인가?

약속도 법인가요? 대답이 머뭇거려집니다. 그렇다면 계약은 법인가요? 이렇게 물으면 대답이 가능해집니다. 그렇습니다. 계약은 법입니다. 그렇다면 계약은 당사자들끼리의 약속인가요? 그렇습니다. 결국은 약속은 법이라는 결론에 도달합니다. 약속을 하면 약속을 지킬 의무가 발생합니다. 그 의무가 강제되는 것은 아니지만 약속을 지킬 의무가 발생합니다. 지킬 의무를 느끼지 않는다면 약속이라고 할 수 없겠지요. 지킬 의무가 발생하는 약속은 법(法)입니다. 그래서 법을 '사회구성원들의 약속'이라고 표현하기도 합니다. 또 계약은 '약속'의 법적 표현이기도 하구요.

이렇듯 어떤 행위를 해서 권리나 의무가 발생하는 것은 그것이 법이기 때문입니다. 다만 친구들 간의 약속은 약속한 사람들끼리만 구속력이 있는 법입니다. 그런데 약속이 법이냐고 물어보면 대부분이 법이 아니라고 합니다. 그것은 우리가 법이란 나라에서 만드는 강제력 있는 규범이라고 생각하기 때문입니다. 사실은 이것은 법률 혹은 법령으로 불리는 것입니다. 이 법률이란 것은 국가 전체에 구속력이 있는 것으로, 이것도 국가 구성원인 국민 모두가 약속을 한 것입니다. 법은 의회에서 만드는 것이니 국민을 대표하는 국회의원을 통해서 약속한 것이지요. 이 법률은 지키지 않으면 강제되는 강제력도 있습니다. 그것은 법에 의한 당연한 효과(법을 준수하도록 하기 위한 방법)점도 있지만 이것보다는 법을 지키지 않으면 강제하겠다는 점도 함께 약속했기 때문입니다. 살인을 하면 5년 이상의 징역에 처하도록 하는 것과 같이 미리 그 처벌의 정도를 약속하고 있는 것입니다. 그렇다면 앞으로 배울 행정기관 내에서만 효력이 있는 행정규칙은 어떨까요? 동창회에는 회칙이 있고, 회사에는 사규가 있고, 학교에는 교칙 혹은 학칙이 있습니다. 이런 것들을 규칙이라고 하고 그중 국가나 지방자치단체의 행정에 관한 것을 행정규칙이라고 합니다. 그런데 그것은 그 구성원이 아닌 사람들에게는 효력이 미치지 않습니다. 단국대학교 학생이 아닌 바에야 단국대학교 학칙의 적용을 받을리 없겠지요. 그렇다면 행정규칙은 법에 속할까요? 학칙이 학교 구성원들에게 효력이 있는 규범인 것처럼 행정규칙은 행정을 집행하는 공무원들끼리 효력이 있는 규범입니다. 예를 들어 보건행정에 관한 규칙은 보건공무원들이, 건축행정에 관한 규칙은 건축공무원들이 준수해야 하는 규범입니다. 건축행정공무원들에게는 보건행정에 관한 규칙이 법일까요? 맞습니다. 법입니다. 법을 집행함에 있어 법적 판단의 근거로 삼는 것을 법원(法源)이라고 합니다. 행정규칙은 행정법을 집행하는 법적 판단 근거인 법원이 됩니다(행정기준설:다수설).

그럼 법규(法規)란 무엇일까요? 위에서 계속 말하고 있는 법(法)이 바로 법규와 같은 말입니다. 즉 국민의 권리, 의무에 관한 사항을 정한 규범이 바로 법규입니다. 여기서 보는 바와 같이 법원(法源)이라는 개념은 행정의 입장에서 파악될 수 있으나, 법규(法規)라는 개념은 행정의 상대방인 국민의 입장에서 파악되는 개념임을 알 수 있습니다. 그렇다면 행정규칙은 법규에 속할까요? 예를 들어 봅시다. 건축허가를 신청하는 개인에게는 보건행정에 관한 규칙이 법규일까요? 아니면 범위를 넓혀 건축에 관한 행정규칙은 일반국민들에게는 법으로 작용할까요? 이점에는 약간 생각을 하게 됩니다. 답을 말씀드리면 우리나라에서는 이것을 법으로 보는 견해도 있고(법규설), 법으로 보지 않는 견해도 있습니다(비법규설). 뒤에서 배우겠지만 행정규칙이란 그 자체로는 법은 아니지만 결국 국민들에게 법으로 느껴지거나 작용하는 경우가 많습니다. 이것이 뒤에서 배우게 될 바로 행정규칙의 법규성의 문제입니다.

제 2 항 행정규칙의 의의

1. 행정규칙의 개념

행정기관이 법률의 수권 없이 그 권한내에서 정립하는 일반적, 추상적 규율을 말한다. 법률의 수권없이 정립되는 것이므로 국민의 권리, 의무에 관한 사항(외부관계를 규율할 수 없음)을 규정할 수 없으며 행정조직내부의 조직이나 활동을 규율하는

데 그친다는 점이 법규명령과 다르다. 즉 행정규칙은 행정법규가 아니다.

행정규칙은 고시·공고·지침 등과 훈령·지시·예규·일일명령 등의 두 그룹으로 구분할 수 있다. 전자는 주로 결정된 행정사항을 하위 행정기관에 하달하는 형식으로 행해지고, 후자는 주로 상급청이 하급청에 권한행사를 지휘하는 것을 목적으로 한다.

※ 후자의 네 가지를 모두 포괄하여 훈령 혹은 훈령 등이라고 부르기도 한다. 또 행정규칙은 독일의 [특별권력관계 이론]을 바탕으로 형성되었으며, 오토 마이어(O. Mayer) 에 의해 체계화되었다. 행정규칙은 행정명령(이상규 등)이라고 하기도 하고,[6] 행정규정이라고 표현하기도 한다.

□ 이렇게 생각해 봅시다.

행정규칙은 행정부가 제정하는 일반적·추상적 규율인 행정입법이라는 점에서 법규명령과 차이가 없다. 그러나 행정규칙은 일반국민의 권리의무와 직접 관계되는 법규명령과 달리 1차적으로는 행정사무를 담당하는 공무원을 수범자로 하므로 일반국민에 대한 구속효가 부정되어 법규성이 없다는 것이 통설이다.

그러나 국가의 특별권력관계 내에 있는 공무원에 대한 법적 규율이라 하더라도 행정규칙의 종류에 따라서는 일반국민에게 직접적인 효력을 미치는 경우가 있을 수 있다.

예를 들면, 행정규칙중 직제나 위임전결규정등은 국가의 사무를 어느 부서가 담당할 것인가의 내부적 사무배분의 기준에 불과하므로 일반국민과는 아무 관련이 없는 비법규이다(일반국민은 영업허가나 건축허가 사무가 어느 과 어느 계에서 하는지를 법적으로 파악할 필요가 없다.).

그러나 행위통제규칙중 특히 재량준칙은 행정청이 인·허가사무등의 처분의 기준을 마련하는 것으로 예컨대, 건축허가의 발급에 관해 행정청이 그 요건과 효과의 판단에 관해 재량을 가지는 경우 실제 행정부는 그 허가와 불허가의 기준에 관해 행정규칙으로 내부적 기준을 마련하는 경우가 많다. 예를 들어 허가의 대체적인 기준은 법령에서 정하고 있는데 그 요건 중 대개 마지막에는 .... 5. 기타 중대한 사유가 있을 때, ... 기타 이것이 환경을 침해한다고 생각될 때 .... 는 허가하지 않는다라고 규정되어 있는데, 여기서 행정기관의 재량권이 발생한다. 또 도로교통법상 제한속도를 초과하여 주행한 경우 일정한 제재를 과하게 되는데, 그 범위 안에서 몇 ㎞/h를 기준으로 단속할 것인지는 경찰청 내부의 재량으로 정해진다. 예컨대 80㎞/h부터 단속할 것인지 85㎞/h에서 단속할 것인지 90㎞/h에서 단속할 것인지를 단속의 효율성을 최대화할 수 있는 범위에서 경찰의 재량으로 정한다.

6) 애초에 행정기관이 정립하는 입법은 모두 명령이라고 불렀던 것 같다. 그러다가 법규성을 지닌 명령 즉 법률에 위임을 받아 만들어지는 명령이 예외적으로 자꾸 생겨남에 따라, **이를 구별하여 부르기 위하여 법규명령이라는 용어**를 쓰게 되었다. 따라서 행정명령이라는 용어가 더 원래적 용어인 것 같으나, 이제는 법규명령과 구별하여 부르기 위하여 행정규칙이라는 용어가 더 일반화되어 있다.

이 경우 처분의 상대방 입장에서는 오랜 세월동안 행정규칙의 기준에 입각한 행정이 행하여지는 관계로 허가기준에 관한 행정규칙이 마치 법으로 기능하는 양 의식하게 되고, 공무원 역시 그 행정규칙을 법으로 인식하게 된다. 이 경우 담당공무원이 행정규칙에 위반하여 재량권을 행사한 경우 처분의 상대방은 그것이 위법한 행위라고 주장하기 쉬우며 이에 대하여 행정법학은 어떠한 입장을 취할 것인가?

이것이 바로 행정규칙론의 최대의 논점인 행정규칙의 법규성 논쟁이다.

유의할 것은 행정규칙의 법규성을 너무 쉽게 인정하는 경우, 법규명령과의 구별이 불가능해지며 "무엇이 법인가"에 대한 근본적인 회의를 불러일으킨다는 것이다.

2. 행정규칙의 예

아래에서 보는 바와 같이 국가공무원법 제78조 1항 3호의 내용을 분명히 하기 위해 행정규칙으로 정할 수 있다.

국가공무원법

제78조 (징계사유) ① 공무원이 다음 각호의 1에 해당하는 때에는 징계의결의 요구를 하여야 하고 동징계의결의 결과에 따라 징계처분을 행하여야 한다.〈개정 1963.12.16, 1981.4.20〉

1. 이 법 및 이 법에 의한 명령에 위반하였을 때
2. 직무상의 의무(다른 법령에서 공무원의 신분으로 인하여 부과된 의무를 포함한다)에 위반하거나 직무를 태만한 때
3. 직무의 내외를 불문하고 그 체면 또는 위신을 손상하는 행위를 한 때

"체면 또는 위신을 손상하는 행위를 한 때"가 과연 어느 때인가를 행정규칙으로 정할 수 있다. 예컨대 형사처벌을 받는 경우는 공무원전체에 대한 불명예로 볼 수 있을 것이다.

제 3 항 행정규칙의 법적 성질

1. 비법규설(종래 통설)

법규란 일반적 추상적 규율로써 국민과 행정권을 구속하고 재판규범이 되는 법규

범을 말하는데, 행정규칙은 원칙적으로 대내적 구속력만 있고, 대외적 구속력은 없으므로 법규성이 없다는 견해이다. 이 견해는 행정규칙의 대외적 효력을 완전히 부정하는 것은 아니며, 이를 인정하면서도 행정규칙의 법규성을 명백히 부인하는 입장이다. "행정규칙이 대외적 효력을 발생하는 경우가 있기는 하나, 그것은 행정규칙의 직접적 수범자인 행정기관을 매개로 한 것이며, 법적 효력 역시 평등원칙 등을 매개로 한 간접적인 것"이라고 하면서 행정규칙의 법규성을 부인한다.7)

법규명령과의 관계에서 행정기관의 일반, 추상적 법정립작용이라는 점은 같으나, 다음과 같은 차이점이 있다고 한다.

1) 권력적 기초

법규명령은 법률의 수권을 요하나, 행정규칙은 상급기관이 하급기관에 대한 지휘감독권 내지는 특별권력에 근거하여 제정하는 것이므로 법률의 수권을 요하지 않는다.

2) 규율대상

법규명령은 국민과 국가기관을 규율대상으로 하나, 행정규칙은 행정조직내부 또는 특별권력관계의 조직활동을 규율하므로 그 규율대상은 하급기관 또는 그 구성원이다.

3) 효력

법규명령은 국민과 행정기관을 모두 구속하는 양면적 효력을 가지나, 행정규칙은 내부기관만 규율이므로 편면적 효력만 가진다.

4) 위반의 효과

법규명령에 위반한 행정작용은 위법하다. 행정기관도 이에 위반하면 이를 이유로 행정소송이 제기될 수 있다. 그러나 행정규칙은 법규가 아니므로 위법의 문제가 발생하지 않으며, 따라서 행정소송의 문제도 발생하지 않는다. 다만 이에 위반하는 공무원에 대한 징계책임을 물을 수는 있다.

---

7) 김남진 · 김연태, 행정법 I, p. 169.

2. 법규설

행정규칙의 법규로서의 성질을 긍정하는 견해로 학자마다 이론적 근거는 학자마다 차이는 있으나, 대체로 다음과 같다.

"행정규칙의 대외적 효력의 부인을 전제로 그 법규성을 부인하는 종래의 견해에 찬성할 수 없다."[8]

"위에서 본 여러 가지 점에 비추어 볼 때 행정규칙은 공무원의 복무규율과 같이 오로지 행정조직 내부의 사항에 국한되고 대외적 관련이 전혀 없는 경우가 아닌 한 법규성은 시인되지 않을 수 없다고 하겠다."[9]

이들은 행정규칙의 법규성을 인정하면서, "준법규적"이라고 할 경우, 구체적으로 그 효력이 무엇인지 불분명할 수 있다고 하여 이를 꺼리는 경향이다. 이하는 법규설의 논거이다.

1) 법규개념의 확대

전통적인 법규개념은 국민의 자유와 재산 침해에 관한 내용의 규범이었으나, 이것은 19세기의 국왕을 세력을 통제하기 위한 의회의 기능을 나타내는 것으로 현재에는 타당하지 않다고 하고, 법규의 개념은 공권력의 행사 및 공공사무처리의 근거와 구속력 있는 준칙을 정하여 주는 규범이라고 하면서 행정규칙도 여기에 포함된다고 한다. 물론 법규개념을 확대하자는 견해에서도 모든 행정규칙이 동일한 규범은 아니며, 여기에도 법적 구속력의 정도에는 차이가 있다고 한다.

2) 법적 구속력을 갖는 행정규칙

(1) 재량준칙(행정의 자기구속의 법리)

어떤 행정처분이 특정한 행정규칙(재량준칙)에 의하여 대량적, 균일적으로 행해질 때 어떤 하나만의 처분만이 행정규칙에 위반하여 행해진 때는 그 처분은 평등원칙에 위반되어 위법한 처분이 된다고 한다. 이로써 행정규칙(재량준칙)은 '사실상 법규(法規)에 가까운 기능'을 하게 되며, 이 때 평등원칙은 재량준칙을 외부적 법규

8) 이명구, 행정법원론, p. 190
9) 이상규, 신행정법론(상), p. 308

로 바꾸어 놓는 전환규범(轉換規範)으로서의 역할을 한다. 즉 행정규칙 그 자체에 의해서는 위법의 문제가 발생하지 않으나 평등원칙을 매개로 행정규칙이 위법의 문제를 발생시키는 법규의 성질을 가지게 된다.

> **▸ 재량준칙의 법규성**
>
> 유흥업소 허가 신청을 한 동일한 조건의 A, B, C, D의 네 사람이 있는데, 서초구청장은 유흥업소 허가 처분을 제한하는 훈령(訓令)에 따라 A, B, C에게는 허가거부를 하였으나, D에게만 훈령을 무시하고 허가를 내 준 경우, 이 처분은 평등원칙에 위배되어 위법한 것이 된다. 따라서 이 경우 재량준칙인 훈령은 외부적 법규로 전환되었다고 할 수 있다.

(2) 법률대체적규칙(법률대위적규칙)

행정권 행사의 기준 및 방법에 관하여 법령에 의한 규율이 없는 영역에서 행정권 행사의 기준을 정하고 있는 경우이다. 예컨대 법률이 특정분야에서 단지 보조금을 지급할 수 있다고만 규정하고 있는 경우에 제정되는 보조금지급기준을 정하는 행정규칙은 법률대체적규칙이다.

법률대체적규칙에 직접적 대외적 효력을 인정하는 견해도 있다.[10] 이 견해에 따르면 법률의 공백상태에서 행정권에게 잠정적으로 법률을 대신하는 법규제정권을 주어야 한다고 한다. 그러나 행정권에게 고유한 법규제정권을 인정하는 것은 법치주의원리에 비추어 무리가 있으므로, 법률대체적규칙을 재량준칙에 준하는 것으로 이해하는 것이 타당할 것으로 생각된다. 즉 위에서 말한 보조금지급의 경우 문제되는 것은 자의적이고 불공평한 보조금의 교부이므로, 보조금지급규칙을 재량준칙으로 보아 평등원칙을 매개로 공평한 자금교부를 도모할 필요가 있다.

(3) 법령보충규칙(행정규칙형식의 법규명령)

법령보충규칙이란 법령의 내용이 지나치게 일반적이어서, 보충 내지 구체화의 과정이 필요하기 때문에 이를 보충하거나 구체화하는 행정규칙 또는 법률로서 구체적인 내용을 규정하기 곤란하기 때문에 법률의 위임을 받아 그 구체적인 내용을 정하는 행정규칙을 말한다. 일설에 의하면 규범구체화행정규칙을 법령보충규정의 하나

10) 홍정선, 행정법원론(상), p. 221.

라고 보기도 한다.

법령보충규칙은 법령의 구체적 개별적 위임을 받았고 그 내용도 법규적인 것이므로, 직접 외부적 구속력을 갖는 규칙이라 할 수 있다. 또 법령보충규칙은 단독으로는 아니지만 상위법령과 결합하여 법규성을 가진다고 보아야 한다. 우리나라에서는 법령보충규칙은 행정규칙형식의 법규명령으로 주로 설명된다.[11)]

cf) 법령보충규칙의 예: 물가안정및공정거래에관한법률 제2조의 규정에 의한 주무부장관의 '최고가격지정고시' 대외무역법 제18조에 의한 '수출입공고' 사립학교법시행령 제12조 제5호에 의한 문교부장관의 처분할 수 없는 재산의 '범위지정', 국세청장 훈령(訓令)인 '재산제세조사사무처리규정' 등 훈령, 예규, 통첩, 고시, 공고 등의 형식으로 법령의 구체적인 규정과 결합되어 있어 법규의 보충적 역할을 하는 경우와 법령의 시행을 위한 구체적, 기술적 준칙 등이 있다.

(4) 규범구체화규칙

독일 뷜(Whyl) 판결('85.12)에서 유래된 것으로, 전문기술적 분야에서 법률이 광범위한 일반조항이나 불확정개념으로 되어 있는 경우 행정권에 법률을 보충하는 형성권을 주는 것을 의미한다.[12)] 우리나라에서 법령보충규칙은 독일의 규범구체화규칙을 받아들인 것이라는 견해가 있으나, 양자 간에는 다음과 같은 차이가 있다.

① 규범구체화규칙은 전문기술적 분야는 사실상 법률유보가 불가능하다.

② 규범구체화규칙은 법률이 광범위한 일반조항 내지 불확정개념을 두고 있을 때 인정되나,[13)] 법령보충규칙은 상위명령의 명시적 수권이 있는 경우이다.

③ 따라서 법령보충규칙이 독일식 규범구체화규칙을 수용한 것이라고 할 수는 없다(다수설).

---

11) 법령보충규칙의 법규성을 인정한 판례로는 다음과 같은 것들이 있다.
"...법령의 위임에 따라 그 규정의 내용을 보충하는 기능을 가지면서 그것과 결합하여 대외적으로 구속력있는 법규명령으로서의 효력을 갖는다. ..."
① 재산제세사무처리규정(국세청훈령 제946호): 대판 1992.1.21, 91누5334
② 주류도매면허제도개선업무처리지침(국세청 소비 22644-1831) 대판 1994.4.26. 93누21688
③ 식품제조영업허가기준: 대판 1994. 3. 8. 92누1728
④ 노인복지지침: 대판 1996. 4. 12. 95누7727
⑤ 개별토지가격합동조사지침: 대판 1994. 3. 8. 92누1728

12) Hill, NVwZ, Heft 5, 1989, S.406.

13) F. Ossenbühl, in Erichsen/Martens, *Allgemeines Verwaltungsrecht*, 1992, S.141.

▶ **Whyl 판결('85.12)**

이것은 독일의 방사선방호령(Strahlenschutzverordnung) 제45조에 대한 연방내무부장관의 지침(배출공기나 지표수를 통한 방사성물질유출과 관련된 방사선노출의 일반적 산정기준)을 "규범구체화규칙(normkonkretisierende Verwaltungsvorschrift)"이라고 부르며 그에 대해 재판적 규범성을 인정한 판결이다. 여기서는 "... 법원은 규범해석행정규칙에 대해서와는 달리 규범구체화규칙에 대해서는 기속을 받으며, 법원은 다만 당해 규칙이 비자의적 조사에 입각한 것인가에 대해서만 심사할 수 있다. 그 이유는 행정이 위험의 측정과 위험의 방지에 대한 책임을 지고 있으며, 입법부나 법원보다 그 일을 잘 해낼 수 있는 법적인 행위형식을 갖추고 있기 때문이다."라고 판시하고 있다.

즉 규범구체화규칙은 고도의 전문기술적인 불확정개념을 구체화하는 것이므로, 법규의 제정권이 행정권에 있으며, 이는 규범으로써 법원에도 구속력을 갖는다고 한다.

* **규범해석규칙** 행정청에게 판단여지가 인정되어 있는 경우에, 법령의 해석상의 통일을 기하기 위하여 발해지는 규칙을 말한다. 이것은 대외적 구속력을 갖지 못한다. 법령을 해석하는 최종적 권한은 법원에 있으므로, 행정기관의 법령해석이 법원을 구속할 수 없기 때문이다. 또 법령해석이란 법령의 의미를 명확히 하는 것일 뿐 새로운 사항을 정하는 것은 아니므로, 법령해석규칙이 독자적 행위규범은 되지 못하는 것이다.

▶ **규범해석규칙**

예컨대, 근로기준법 제30조는 "사용자는 정당한 이유없이 해고, ... 하지 못한다."고 규정하는 바, '정당한 이유'의 해석에 관하여 노동부는 자체의 해석지침(행정해석)으로 그 기준을 정하고 있다. 이 같은 규범해석규칙은 행정규칙의 비법규성이 전형적으로 적용된다고 한다. 그 이유는 법규의 해석의 문제는 전적인 법원의 고유한 권한이며 행정청의 유권해석이 법원의 해석을 대체할 수는 없기 때문이다.

3) 특별명령법규설

행정규칙 중 하급기관에 대해 발하는 행정규칙이 아닌 특별권력관계에서 복종자에게 발하는 명령인 특별명령은 법규라고 볼 수 있다는 것이다. 왜냐하면 이것도 개인에게 발하는 것이기 때문이다. 예컨대 공무원의 임면이나 복무에 관한 규정, 학생의 입학졸업에 관한 규정 등이 이에 해당한다. 이것은 일면적 구속력(一面的 拘束力)을 가지는 규범에까지 법규의 개념을 확대한 것으로 이원적 법권론에 근거한다.

▶ **이원적 법권론(二元的 法圈論)**

법규 개념에 관하여 행정과 다른 인격 주체 사이의 법률관계를 구속하는 것 이외에, 행정내부에서의 법률관계를 구속하는 것도 법규라 할 수 있다.

3. 준법규설

행정규칙이 대외적, 대국민적 효력을 갖는 것은 부인할 수 없지만 이 때문에 이를 바로 "법규"라고 보기에는 무리가 있으므로, "준법규" 또는 "법규에 준하는 성질" 등을 갖는다고 보는 견해이다.

"행정규칙 중 중요한 것이라 할 수 있는 재량준칙이 설정한 통일적 재량행사기준은 행정에 대하여 법률유사적인 자기구속적의미를 가질 뿐만 아니라 재판에 있어 그것은 헌법상의 평등원칙을 구체화하기 위한 연결점, 매개항이 된다는 점에서 사실상 법규에 가까운 법적의미를 발견하려는 견해들이 유력하다. ...."14)

우리나라의 대부분의 학설에 여기에 해당한다고 생각된다. 이 견해는 원칙적으로는 비법규설에 서지만 행정의 자기구속의 원리 등이 적용되는 경우 예외적으로, 간접적으로 대외적 효력을 갖는다고 하면서 "법규에 준하는 효력을 갖는다"고 표현한다.

제 4 항 법규명령형식의 행정규칙의 법적 성질

행정규칙은 보통 훈령, 예규 등과 같은 독자적인 형식에 의해 정립되나, 최근 행정규칙의 형식으로 정해져야 할 내용을 부령이나 대통령령과 같은 법규명령 형식으로 정하는 사례가 증가하고 있다. 따라서 이것을 법규명령으로 볼 것인가 아니면 행정규칙으로 볼 것인가에 대한 새로운 논란이 제기되고 있는 바, 그 요점은 형식을 중시할 것인가, 실질을 중시할 것인가에 달려 있다.

1) 형식설

규정형식을 중시하여 그 내용이 국민의 자유와 재산에 관계없더라도 법령에 규정

14) 김도창, 일반행정법론(상), p. 310.

됨으로써 국민일반을 구속할 수 있다는 점, 법적 안정성의 측면 등을 들어 법규명령으로 이해하는 견해이다(다수설).

2) 실질설

형식적으로 법규명령으로 정립되었다 하더라도 여전히 행정사무의 처리준칙에 불과하다는 점을 들어 행정규칙으로 이해하는 견해이다.

3) 판례의 입장

원칙적으로는 실질설에 입각하나, 최근 부령인 경우와 대통령령인 경우를 구별하고 있다. 부령인 경우 일관되게 실질설에 따른다. 그러나 최근 대통령령 형식의 재량준칙에 대하여 형식설에 근거하여 법규명령으로 보았다(주택건설촉진법시행령 별표 〔1〕 처분규정 관련 대판 1997.12.26. 97누15418). 이처럼 부령과 대통령령을 합리적인 이유 없이 구별하여 비판을 받기는 하나,[15] 이것은 논리적 결과라기보다는 행정을 어느 정도로 통제할 것인가에 대한 일종의 절충적인 사법정책적 고려에서 비롯된 것이라 생각된다.

cf) 판례로 인정된 것을 보면 도로교통법시행규칙, 식품위생법시행규칙, 자동차운송사업면허취소처분에 관한 규칙 등이 있다.

제 5 항 행정규칙의 종류

1. 내용에 따른 구분

1) 조직규칙

행정기관이 보조기관 또는 소속관서의 조직, 내부적 권한분배, 사무처리방법 등을 규율하기 위한 규칙으로 예컨대 사무분장규정(事務分擔規定), 직제규정, 위임전결규정 등이 있다.

15) 이병철, 행정법강의, 182면

2) 근무규칙

상급기관이 하급기관의 근무에 관한 사항을 계속적으로 규율하기 위한 규칙으로 예컨대 훈령(訓令), 예규(例規), 고시(告示), 통첩(通牒), 지시(指示), 일일명령(一日命令) 등이 있다.

3) 영조물규칙

국공립학교, 도서관 등 영조물의 관리청이 영조물의 조직, 관리, 사용 등을 규율하기 위하여 발하는 규칙으로 국립대학교 학칙, 국립연구소 정관, 시립도서관 열람규칙 등이 있다.

4) 행위통제규칙

행정기관을 행위 면에서 통제, 지도하는 규칙으로 재량권의 행사기준을 정하는 재량준칙, 법령의 해석상 통일을 위한 규범해석규칙, 관련 법률의 부재 시 또는 불충분한 경우에 발령하는 법률대위규칙, 전문분야에서 상위 법령을 구체화하는 규범구체화규칙, 상위법령을 보충하는 법령보충규칙 등이 있다.

2. 형식에 따른 구분

행정규칙의 형식에 따른 구분으로는 훈령 등과 고시 등이 있다.

1) 훈령 등

훈령은 예규, 지시, 일일명령 등(이를 총칭하여 훈령 등이라 한다)과 함께 지시문서로 불린다. 지시문서란 행정기관이 하급기관 또는 소속공무원에게 일정한 사항을 지시하는 문서이다.

(1) 훈령

상급기관이 하급기관의 권한행사를 상당히 장기간에 걸쳐 일반적으로 지시하기 위하여 발하는 명령 및 지시문서로 조문 형식 또는 시행문형식으로 누년일련번호에 의해 작성 발령된 것이다(예 : 경찰법제사무처리규칙).

※ 훈령에는 형식이 없으므로 조문형식 혹은 시행문 형식은 훈시규정이고, 구술로도 할 수

있다.

(2) 예규

행정사무의 통일을 기하여 위하여 반복적인 사무의 처리 기준을 제시하는 명령 또는 지시문서로 조문 형식 또는 시행문형식으로 누년일련번호에 의해 작성 발령된 것이다.

(3) 지시

상급관청이 하급관청에 대하여 개별적, 구체적 지휘를 위하여 발하는 명령이다. 훈령이 일반적 명령인데 비해, 지시는 구체적 명령이다.

(4) 일일명령

당직, 출장, 특근, 휴가 등 일일업무에 관한 발하는 명령이다.

훈령 등은 상급기관에서 하급기관으로 발하는 명령인데 비해 직무명령은 상급자가 하급자에게 발하는 명령이므로, 훈령, 지시등과 직무명령은 서로 구별된다.

2) 고시 등

행정청이 법령이 정하는 일정한 사항을 불특정 다수인에게 알리는 것으로 고시, 공고, 지침 등(고시 등이라 한다)이 있다. 고시 등은 일반인에게 공표된다는 점에서 다른 행정규칙과 차이가 있다. 물론 단순히 국민에게 알리는 고시는 행정규칙의 성질을 갖는다.[16)]

제6항 기 타

1. 행정규칙의 근거와 한계

행정규칙은 국민의 권리의무와 직접관련이 없기 때문에 특히 법령의 수권을 요하지 않으며, 행정권의 당연한 권능으로 제정할 수 있으나, 법률이나 상급행정규칙에

---

16) 장태주, 행정법개론, p. 335.

위반하지 않게 필요한 범위 내에서 제정할 수 있다.

2. 행정규칙과 사법심사

행정규칙은 행정조직 내부 또는 특별행정법관계 내부를 규율하는 일반적 추상적 규범이며, 법규가 아니다. 즉 행정규칙은 국민을 구속하는 효력이 없어, 원칙적으로 '행정규칙 그 자체'에 의해 국민의 권익이 침해되는 일은 없다. 따라서 위법한 행정규칙에 대한 행정쟁송은 인정되지 않는다.

다만 '위법한 행정규칙에 의해 일정한 처분'이 이루어졌을 때에는 당해 처분의 위법성을 다투는 쟁송과정에서 행정규칙의 위법성을 다툴 수는 있다.

위법한 행정규칙이 직접 국민의 권익을 침해하고 행정규칙 그 자체를 직접 다투지 않고는 권리구제가 어려운 경우 행정규칙에 대한 행정쟁송이 가능하다는 견해도 있으나 판례는 일반 추상적인 규범인 행정규칙만으로는 국민의 구체적인 권리의무에 직접 변동을 초래하는 것이 아니라고 하여 이를 부정하고 있다(대판 1994.9.10. 94두33). 다만 위법한 행정규칙이 직접 국민의 권익을 침해하고 행정규칙 그 자체를 직접 다투지 않고는 권리구제가 어려운 경우에는 헌법소원의 요건을 충족하므로 이에 의한 구제는 가능하다.

Check

- 법규명령과 행정규칙의 구별 문제
- 법규명령과 행정규칙의 근거와 한계
- 행정규칙에 관한 법규설과 비법규설, 준법규설의 차이
- 행정규칙의 비법규설의 이론적 근거
- 행정규칙의 법규설의 이론적 근거
- 법규성을 갖는 행정규칙
- 법령해석규칙이 법규성을 갖지 못하는 이유
- 규범구체화규칙에 관한 문제
- 재량준칙과 자기구속의 법리의 관계

- ㅇ 행정규칙형식의 법규명령의 효력에 관한 문제
- ㅇ 법규명령형식의 행정규칙의 효력에 관한 문제

제 2 장

행정행위

제 1 절 행정행위의 개념과 특질

행정행위의 개념은 '학문상의 개념'으로 실정법상의 개념은 아니다. 실정법상으로는 금지, 명령, 인가, 허가, 면허, 특허, 확인, 면제 등의 용어가 사용되고 있고, 행정심판법 및 행정소송법은 정의규정에서 '처분'을 "행정청이 행하는 구체적 사실에 관한 법집행으로서의 공권력의 행사, 또는 그 거부와 그 밖에 이에 준하는 행정작용"이라고 규정하고 있는데 이를 총칭하는 개념을 행정행위라 할 수 있다.

1. 개념의 성립

1) 대륙법계

학문상의 용어로 발전하였으며, 독립 행정법원을 가진 프랑스에서 정립된 개념으로 19세기에 독일에 도입되어 오토 마이어(O. Mayer)에 의해 확립되었다.

이것은 대륙에서 행정법이 성립하게 된 연유와 내용을 같이하는데, 행정주체의 행위 중 사법적 행위와 공법적 행위를 구별할 제도적 필요, 즉 행정소송의 대상을 확정하기 위한 필요에서 행정행위개념이 구성되었다.

2) 영미법계

영미에서는 공·사법의 2원 체계 부인하였으므로 행정행위개념 원칙적으로 필요치 않다. 행정의 확대·강화 경향에 따라 학문상뿐만 아니라 실정법에서도 행정절차법을 중심으로 행정행위라는 용어가 쓰이게 되었다.

2. 개념성립의 실익

1) 다른 형식의 행정작용과의 관계에서 실익

행정행위가 다른 형식의 행정작용에 대해 가지는 특수성 때문에 관할법원, 제소기간, 제소절차에 특례가 인정되는 항고소송의 기본적인 대상이 된다.

2) 사법행위와의 관계에서 실익

사법행위는 표의자 스스로를 구속하고 상대방을 구속할 수는 없으나, 행정행위는 상대방을 구속하고 법령의 내용을 일방적으로 실현한다. 따라서 민법의 법률행위규정은 행정행위에 그대로 적용할 수는 없다.

3. 행정행위의 개념

1) 최광의

행정주체가 하는 일체의 행위(사법행위, 사실행위, 통치행위, 입법작용, 사법작용 모두 포함/행정작용과 같은 개념이 됨)

2) 광의

행정주체에 의한 공법행위(사법행위, 사실행위, 통치행위는 제외, 입법작용, 사법작용은 포함)

3) 협의

행정주체가 법 아래에서 구체적 사실에 관한 법집행으로서 하는 공법행위(행정입법, 사법작용은 제외되지만 공법상계약, 공법상 합동행위는 포함, 처분과 공법상계약, 합동행위와의 성질상 차이를 간과함)

4) 최협의(通·判 = 행정처분과 같은 의미)

행정주체가 법 아래에서 구체적 사실에 관한 법집행으로서 하는 권력적 단독행위인 공법행위 따라서 사법(私法)행위, 통치행위, 사실행위, 행정상 입법행위·사법(司法)행위, 공법상계약, 공법상합동행위는 행정행위가 아니다.

(1) 행정행위는 행정청의 행위이다.

행정청은 행정주체의 의사를 결정하고 표시할 수 있는 권한을 가진 기관을 말한다. 대부분 독임제 행정기관이나 합의제(감사원, 소청심사위원회, 노동위원회) 행정기관도 있다.

(2) 행정행위는 행정청의 법적 행위이다.

법적 행위라 함은 법적 효과를 발생하는 행위를 말한다. 따라서 사실행위, 행정기관상호간행위, 내부행위(예 ; 시청 총무과장을 산업과장으로 전보하는 것 등) 등은 행정행위가 아니다.

(3) 행정행위는 공권력 행사로서의 성질을 지니는 행위이다.

공권력의 행사라 함은 우월한 일방적 의사로서 하는 단독행위를 말한다. 따라서 사법행위, 공법상계약, 행정사법 등은 행정행위가 아니다.

(4) 구체적 사실에 관한 법집행행위이다.

구체적 사실집행행위이므로 일반적·추상적 규율을 하는 행정입법은 행정행위가 아니다.

* 구체적 사실을 규율하는 이상 불특정 다수인을 대상으로 하는 일반처분은 행정행위에 속한다(예: ○월 ○일 ○○장소에서 집회금지, 통행금지).

** 행정의 행위형식에 따른 규율대상의 범위

행정의 행위형식	규율대상(人的)	규율대상(物的)
법규(행정입법)	일반적(불특정다수인)	추상적 사실(계속적)
행정행위	개별적(특정인)	구체적 사실(1회적)
일반처분	일반적(불특정다수인)	구체적 사실(1회적)

4. 행정행위의 분류

1) 주체에 의한 분류

국가, 공공단체, 공권력을 부여받은 사인의 행정행위로 구분된다.

2) 내용에 의한 분류

법률행위적 행정행위, 준법률행위적 행정행위로 구분된다. 준법률행위적 행정행위는 효과의사 아닌 정신작용 즉 판단, 인식, 관념 등의 표시를 요소로 하고, 행위자 의사의 여하를 막론하고 법규가 정하는 바에 따라 달성한다(예: 확인, 공증, 수리, 통지 등).

3) 법규의 구속정도에 의한 분류

재량행위와 기속행위로 구분한다.

4) 상대방의 협력 필요여부에 의한 분류

쌍방적 행정행위(예: 공무원임명, 발명특허)와 독립적 행정행위(예: 징집처분, 조세부과처분)로 구분한다. 쌍방적 행정행위는 상대방이 존재하는 행위라는 점에서 공법상 계약과 유사한 성질이 있기도 하다. 예컨대 공무원의 임명은 상대방 동의를 전제로 하는 것이기 때문에 쌍방적 행위(다수설)로 보는 견해와 공법상 계약으로 보는 견해가 있다. 양자의 차이는 쌍방적 행정행위는 처분이므로 행정의 우월성을 전제로 한 '항고소송'의 대상이 되지만 공법상계약으로 보는 경우에는 행정과 국민을 대등한 지위로 보는 '당사자소송'의 대상이 된다는 점이다.

5) 수령을 요하느냐 여부에 의한 분류

특정인에 대한 행정행위는 도달해야 효력이 발생하며, 불특정다수인에 대한 행정행위는 공고만으로 효력이 발생한다.

6) 법률효과에 의한 분류

부담적 행위(예: 영업허가취소·거부, 조세부과 등), 수익적 행위(영업허가, 공기업특허, 징집면제 등), 복효적 행정행위(예: 공매처분, 당선인의 결정, 건축허가 등)

가 있다.

판례는 이중효과적 행정행위에 있어서 행정행위의 제3자에 대한 행정처분의 원고적격을 인정한다(예: 연탄공장설립허가에 대해 분진 등 환경을 침해당한 주변 생활자가 공장설립허가에 대한 취소소송을 제기할 수 있다).

제 2 절 행정행위의 효력(특질)

제1항 서 설

행정행위는 행정주체가 '우월한 의사'의 주체로서 국민을 대하는 것이기 때문에 그 범위 내에서 사인 상호간의 사법행위에서는 볼 수 없는 공법적 성질이 인정된다. 예를 들어 행정법관계에서는 행정이 한 처분에 대해 불복하는 경우 처분이 있음을 안 날로부터 90일 이내에만 행정쟁송을 제기할 수 있도록 하고 있다. 이것은 국민과 행정을 비교할 때 행정에만 일방적으로 유리한 제도이다. 그렇다면 행정과 국민이 법 앞에서 불평등하게 다루어지고 있으므로 이것은 위헌적 요소가 있는 것인가? 아니다. 이것은 바로 행정법관계 혹은 행정행위에서 오는 특질적 현상이다.

이와 같이 '행정주체의 우월적 지위'를 반영하게 되는 행정행위의 성질이 바로 이 항목에서 다룰 '행정행위의 효력'이다. 따라서 행정행위의 효력은 권력관계에서 강하게 나타나고 관리관계에서는 예외적으로 혹은 약하게 나타난다.

여기에는 공정력, 확정력, 자력집행력 등이 있는데 이것은 효력이기도 하지만 하나의 성질을 나타내는 것이기 때문에 공정성, 확정성, 자력집행성 등으로 표현하여도 무방하다.

제2항 공정력(公定力)

1. 의의

1) 개념

공정력(公定力)이란 글자에서 보는 바와 같이 공(公), 즉 행정이 정(定)한 것은 유효하게 통용되어 버린다는 의미이다. 말하자면 행정이 한 행위는 다소 잘못이 있더라도 중대한 잘못이 아니라면 그냥 유효하게 통용시키는 것이 좋다는 것이다. 그 이유는 그렇게 해야 많은 국민을 한꺼번에 상대하는 행정이 그 계속성을 유지할 수 있다는 것이다.

정리하면 '행정행위는 그 성립에 위법·부당한 하자가 있어도 그 하자가 중대·명백하여 당연 무효가 되는 경우를 제외하고는 효력을 유지시키는 것으로 하여(유효성추정) 권한 있는 기관의 취소가 있을 때까지 유효하게 효력을 통용시키는 힘'을 가지는데 이것을 공정력이라고 하는 것이다. 예컨대, 중대하고 명백하지 않은 정도의 하자를 지닌 위법·부당한 조세부과처분에 의해 조세를 납부한 자가 납부한 세금의 반환을 청구(부당이득반환청구)하기 위해서는 먼저 행정쟁송을 통하여 당해 과세처분의 취소를 구하여야 한다.

이것과 유사한 제도로서 행정소송에서 '집행부정지원칙'이라는 것을 생각해 볼 수 있다. 예컨대 음식점을 경영하고 있는 자가 위생불량으로 영업정지 처분을 받았다고 하자. 이 처분에 불복한 경영주는 이것을 취소해 달라는 행정소송을 제기할 것이다. 그러면 행정소송을 제기한 다음에는 영업을 계속할 수 있을 것인가? 현재는 영업정지 처분을 내린 행정기관이 옳은지, 경영주의 항변이 옳은지 모르는 상황이다. 그렇다면 판결이 나올 때까지 행정기관의 편을 들어 영업을 계속 정지시키는 것이 좋은지, 아니면 경영주의 편을 들어 영업을 일단을 계속시키는 것이 옳은지 생각해 볼 필요가 있다. 현재 우리나라에서는 판결이 나올 때까지 종래의 처분의 집행이 정지하지 않는 것을 원칙(집행부정지원칙)으로 한다. 이것도 결국은 행정의 편을 우월하게 인정한 것이다. 과거에는 이 집행부정지원칙이 공정력의 효력이 소송상 반영된 것이라는 견해가 많았으나, 현재는 집행부정지원칙은 공정력과 무관하게 행정쟁송법이 그렇게 규정하고 있기 때문에 발생하는 효과라는 견해가 다수이다. 왜냐하면 우리와 같은 법시스템을 취하고 있는 독일 등에서는 집행부정지가 아니라 집행정지원칙을 취하고 있기 때문에 이런 것으로 보아 공정력과 집행부정지가 논리일관성 있는 것으로 보지 않아도 좋다고 생각되기 때문이다.

종래의 통설과 판례에 의하면 공정력은 "행정행위에 하자가 있더라도 그것이 중대하고 명백하여 당연무효가 아닌 경우에는 권한 있는 기관에 의해 취소될 때까지 일응 적법 · 유효한 것으로 추정되어 누구든지 그 효력을 부인할 수 없는 성질"이라고 하였으나, 최근에는 "행정행위에 하자가 있더라도 그것이 중대하고 명백하여 당연 · 무효가 아닌 경우에는 권한 있는 기관에 의해 취소될 때까지 일응 유효한 것으로 추정되어 상대방 또는 이해관계인이 그 효력을 부인할 수 없는 성질"이라고 하여 추정부분에서는 유효한 것으로 한정하고, 또 그 적용의 범위에 대해서도 상대방 또는 이해관계인으로 축소하고, 다른 국가기관이나 법원 제3자에게 미치는 힘은 구성요건적 효력으로 분리하고 있다.

□ 이렇게 생각해 봅시다.

위에서처럼 공정력을 행정행위가 하자 있더라도 그 하자가 무효사유에 이르지 않는 한 일응 효력을 유지하는 성질이라고 하면, 우리가 알고 있는 일반사법관계의 취소와 별 차이가 없습니다. 그럼 뭐가 특질이라는 거야? 하는 의문에 사로잡히게 됩니다. 바로 이런 점이 다릅니다. 즉 사적자치가 지배하는 사법상의 법률관계에서는 계약의 유효성 등에 관하여 문제가 생겼을 때 법원의 최종적 판정이 있기까지는 상대방이나 이해관계인은 그 행위의 유효성을 승인할 필요가 없습니다. 즉 재판의 결과가 나올 때까지는 어느 누구의 말이 옳다고 손을 들어주지 않습니다. 예를 들어 복잡한 법률관계로 얽혀 있은 부동산의 다중매매의 경우 최종적으로 계약을 맺은 매수인이 현재 형식상 소유자로 되어 있지만 법원의 최종적인 판단이 나올 때까지는 이해관계인들이 이를 승인할 필요 없는 것입니다(←이것이 사법상 법률관계와의 차이이다). 그러나 행정상 법률관계에서는 행정행위는 취소되기 전까지는 그것이 옳다고 여김을 받는 것이라고 생각하면 됩니다. 행정에 특히 유리한 추정이라고 할 것입니다. 맞습니다. 바로 행정행위의 권력성 즉 우월적 지위에서 오는 특성입니다.

돌발퀴즈 Q. 공정력을 제거한다는 말의 의미는?

A. 취소한다.

2) 절차법적 효력

공정력은 행정행위가 실체적으로 유효하다는 것을 추정하는 것이 아니라, 잠정적으로 권한있는 기관의 취소가 있기까지 그 행정행위의 구속력을 통용시키는 행정쟁송제도의 반사적 효과에 불과하다.

3) 구성요건적 효력과의 관계

전술한 바와 같이 종래에는 특별히 구성요건적 효력의 개념을 인정하지 않았으나, 최근에는 주관적 범위에 따라 상대방 및 이해관계인에 대해서는 공정력, 취소권을 가진 기관이 아닌 제3의 국가기관에 대해서는 구성요건적 효력으로 구분하는 견해가 있다. 따라서 구성요건적 효력이란 유효한 행정행위가 존재하는 이상 모든 국가기관은 그 존재를 존중하고 스스로의 판단에 대한 기초로 삼아야 한다는 효력을 말한다. 이것은 권력분립적 고려 즉, 국가기관이 서로 권한을 달리한다는 점에서 인정된 것이다.

cf) 개인택시면허처분을 하기 위해서는 10년의 무사고 경력이 필요한데, 甲이 개인택시면허를 받고자 하는 경우를 생각해 보자. 강릉시장이 개인택시면허의 요건으로서 10년의 무사고 경력을 판단할 때, 이를 스스로 조사하는 것이 아니라, 다른 행정기관의 처분(강릉경찰서장이 10년의 무사고 경력증명서를 발급한 경우)을 인정하여(이를 구성요건으로 하여) 개인택시 면허처분을 내준다.

종래의 통설은 공정력은 행정행위의 상대방과 다른 국가기관에 대하여 적용되는 것으로 이해하였으므로 공정력과 구별될 개념으로서 특별히 구성요건적 효력이라는 개념을 두지 않았으나, 최근의 견해는 공정력과 구성요건적 효력을 구분하여 상대방에게 미치는 효력을 공정력으로 다른(제3의) 국가기관에 미치는 효력은 구성요건적 효력으로 이해하고 있다.

2. 근거

1) 이론적 근거

(1) 자기확인설(오토 마이어(O. Mayer))

독일에서는 행정권의 독자성, 자기완결성에 근거하여, 행정청이 권한 내에서 행정행위를 하였으면, 그와 동시에 적법요건을 갖춘 것이므로 상대방을 구속한다는 견해가 지배적이었다.

(2) 국가권위설

자기확인설을 승계한 학설로, 행정행위는 적법여부·하자여부를 묻지 않고 국가권위의 표현이므로 복종해야 한다는 견해이다.

(3) 예선적특권설(Hauriou)

프랑스에서는 행정행위에 대하여 법원의 위법성에 대한 판정이 있기 전에 미리(예선적으로) 행정청에게 자신의 행정결정의 정당한 통용력을 인정하는 것이라는 견해가 지배적이었다. 그 이유는 공공역무의 계속성보장·법적 안정성을 보장할 필요가 있기 때문이다. 즉 행정기관의 적법성·타당성에 불복신청이 있다 하더라도 누구나 임의로 그 구속력을 부인할 수 있다면 행정의 계속성을 훼손하게 되므로 소기의 행정목적을 달성하기 어려워질 것이며, 행정기관을 신뢰한 자만이 손해를 입게 될 수 있으므로, 행정행위의 공정력을 인정하는 것이다.

현재의 통설은 행정정책설(법적안정성설, 신뢰보호설), 그 중에서도 법적안정설인데, 이러한 행정정책설은 예선적특권설에서 유래하는 것이다.

2) 실정법적 근거

현행법상 직접적 근거 규정은 없다. 다만 공정력은 행정행위에 대한 취소쟁송제도의 반사적 효과로 인정되는 것이므로, 취소쟁송에 관한 근거 규정 즉 행정심판법(제4조), 행정소송법(제4조)과 개별법상의 직권취소 규정 등이 근거규정이 될 수 있다. 과거에는 전술한 바와 같이 행정심판 또는 소송이 제기된 경우에도 당해 행정행위의 집행이 정지되지 않음(집행부정지원칙)을 규정한 것은 간접적으로 근거규정이 된다고 하는 견해도 있으나, 공정력과 집행부정지원칙은 논리적 필연성은 없다고 하는 것이 현재 다수의 견해이다. 독일의 경우 공정력을 인정하면서도 집행정지를 원칙으로 하고 있다.

3. 한계

공정력은 공익적 견지에서 국가행위의 구속력을 잠정적으로 인정하는 것이므로 권력적 행정행위(협의의 행정행위)에 한정된다.

1) 무효 또는 부존재인 행정행위

공정력은 행정의 안정성을 확보하기 위한 것으로 하자가 명백한 무효의 경우까지 인정할 수는 없다.

2) 행정행위 이외의 행정작용

또 공정력은 취소쟁송제도를 전제로 하므로, 취소의 대상이 되지 않는 행정작용인 비권력행위, 사실행위, 사법행위 등에는 적용되지 않는다. 이것은 공정력의 개념의 성질상 당연한 것이다.

돌발퀴즈 Q. 권력적 사실행위에는 공정력이 미치는가?

A. 계속적으로 유지되는 한 공정력이 미친다고 본다.

4. 공정력과 입증책임

공정력이 항고소송에서 입증책임의 소재를 결정하는 데도 영향을 미치는가?

(1) 원고책임설

국가권위설이나 자기확인설을 취하는 과거의 통설은 공정력은 당해 행정행위의 적법요건이 실체법상 존재한다고 추정하는 것으로 보아 위법임을 주장하는 자(사인)에게 입증책임이 있다고 하였다(프랑스의 통설 · 판례).

(2) 입증책임무관설

오늘날 통설은 공정력은 행정행위의 구속력을 통용시키는 절차법상 효력일 뿐 실체법상 적법성추정이라 할 수 없으므로 입증책임의 결정에 영향이 없다고 한다. 따라서 행정소송에 있어서도 민사소송법상의 입증책임분배의 원칙에 따라 피고(행정청)측과 원고측이 각각 입증책임을 분담하게 된다.

5. 선결문제

행정사건이 아닌 민사·형사사건에서 행정행위의 위법 내지 유효성 여부(당연 무효가 아닌 정도의 위법사유인 때)가 그 사건의 선결문제로 된 경우, 당해 민사·형사법원이 그 행정행위의 위법·유효 여부를 스스로 심사할 수 있는 가의 문제를 말한다. 종래 다수설에서는 공정력에 관한 문제라고 설명하였으나, 신학설에서는 구성요건적 효력에 관한 문제라고 설명한다.

여기서 중요한 것은 공정력이 행정행위의 '유효성'에 관한 잠정적 구속력이며, '위법성'에 대한 구속력을 의미하지 않는다는 점이다. 따라서 행정행위의 유효성에 대해서는 민·형사법원은 법적 판단권을 갖지 못하며, 행정법원이나 행정청이 어떤 판정을 내릴 때까지 기다려야 한다. 예컨대, 조세부과처분과 같은 행정행위가 당연무효임을 전제로 하여 민사소송인 부당이득금 반환청구소송이 제기된 때에는 민사법원이 선결문제로서 무효임을 판단하여 부당이득금 반환청구에 관한 본안심리를 할 수 있으나, 그 하자가 단순한 취소사유에 그친 때에는 민사법원은 그 효력을 부인할 수 없고(구성요건적 효력 때문에), 행정소송의 수소법원에서 먼저 선결문제로서 조세부과처분을 취소한다는 판결이 있어야만 비로소 부당이득금 반환청구에 대한 본안심리가 가능하게 된다.

형사사건에서도 마찬가지이다. 예컨대, 허위로 운전면허를 발급받은 자를 무면허 운전자로 인정하여 처벌할 수 있는가? 허위라도 취소되지 않는 한 유효하므로 처벌할 수 없다고 한 판례(1982.6.8. 대판 80도2646)[1]가 있다.

---

1) 연령미달의 결격자인 피고인이 소외인의 이름으로 운전면허시험에 응시, 합격하여 교부받은 운전면허는 당연무효가 아니고 도로교통법 제65조 제3호의 사유에 해당함에 불과하여 취소되지 않는 한 유효하므로 피고인의 운전행위는 무면허 운전에 해당하지 아니한다(1982.6.8. 대판 80도2646).

그런데 공정력은 행정행위의 '유효성'에 대해서만 통용력을 인정하는 것이어서(다수설) 행정행위의 '적법성'에 대해서는 미치지 않는다. 즉 행정행위가 적법하다고 추정하는 것은 아니기 때문에 민·형사 법원에서도 행정행위의 적법성여부는 심사할 수 있다. 예컨대, 위법한 철거하명으로 집을 철거당한 사람이 국가배상을 청구한 경우 당해 국가배상담당법원은 철거하명의 위법성을 심사할 수 있는가? 다수설과 판례(대판 80다 1598)는 심사할 수 있다는 입장(적극설)이다.

제 3 항 확정력(존속력)

행정행위는 일정한 경우에는 원처분의 내용대로 확정(존속)된다. 즉 쉽게 취소되거나 변경되지 않는다(이유: '법적 안정성'을 위하여).

1. 불가쟁력(不可爭力; 형식적 확정력)

행정행위에 불복이 있는 경우에는 일정한 제소기간에 행정쟁송을 제기하여야 하며, 기간이 경과하거나 쟁송수단을 마친 때에는 그 행정행위가 위법·부당하더라도 상대방이 효력을 다툴 수 없게 되는 효력을 말한다. 예컨대 행정처분이 있음을 안 날로부터 90일 경과 후에 행정소송을 제기하거나(처분이 있은 날로부터 180일 이내), 최종심인 대법원의 종국판결에서도 패소한 경우 더 이상 행정소송을 제기할 수는 없다.

이것은 행정행위의 효력을 신속히 확정하여 행정법관계의 안정성을 확보하기 위한 것이다.

* 다른 구제수단은 가능하다(예, 국가배상).
* 불가쟁력이 발생한 행위라도 행정청이 직권으로 취소할 수는 있다.
* 독일의 경우 행정절차법에서 불가쟁력 있는 행정행위에 대하여 재심사를 인정하고 있다.

→ 독일행정절차법상 재심사의 사유 ① 당해 행정행위의 기초가 된 사실상태, 법 상태의 변경 ② 관계자에게 유리한 새로운 증거의 발견 ③ 확정판결에 대한 재심사유에 해당하는 사유의 발견

2. 불가변력(不可變力; 실질적 확정력)

1) 의의

행정행위는 원칙적으로 하자를 이유로 행정기관이 취소, 철회할 수 있지만 어떤 행정행위는 그 성질상 고도의 공신력(신뢰보호, 기득권보호, 기판력 등) 때문에 행정기관 자신도 자유로이 취소, 철회할 수 없는 때가 있다. 이러한 효력을 불가변력이라 한다. 예를 들어 2008년 교원임용시험에서는 합격자 결과가 발표된 후, 물리시험문제 중 1문제가 오답이라고 판단되어 정답이 수정되었다. 그 결과 불합격자 중 20여명이 합격선에 들게 되었고, 다른 20여 명은 합격선 밖으로 밀려나게 되었다. 그렇지만 이미 합격자 결과가 난 다음 이라, 이미 합격자로 발표된 사람에 대해서는 합격을 취소할 수 없었는데, 이것은 바로 불가변력 때문이다.

2) 범위

법률로 인정되는 경우(통고처분, 토지수용에관한 재결, 국가배상금결정, 징발보상금의 결정)

① 준사법적 행위(행정심판의 재결)

② 수익적 행정행위(허가, 특허, 인가 등 수익적 행정행위는 취소, 철회, 변경이 제한됨)

③ 취소에 의해 공공복리가 침해되는 경우(사정재결)

④ 기타(고시합격자발표)

3) 불가쟁력과 불가변력의 관계

모두 행정법관계의 안정을 도모하고 상대방의 신뢰를 보호하기 위해 행정행위의 효력을 지속하는 것이라는 점에서 동일하다. 하지만 불가쟁력은 절차적 효력이고, 불가변력은 실체적 효력이라는 점에서 상호독립적으로 작용한다고 할 수 있으며, 결국 불가변력있는 행위도 소정의 쟁송절차를 거쳐 상대방이 이를 취소·변경을 청구할 수 있으며, 불가쟁력 있는 행위도 권한 있는 기관이 취소·변경하는 데에는 문제가 없다.

제 4 항 강제력

의무 부과적 행정행위는 실효성을 확보하기 위해 (사법권의 힘을 빌리지 않고)강제력을 인정하는 것이 일반적이다. 여기에는 제재력(행정벌; 위반자에 대한 제재)과 자력집행력(행정강제; 사법관계와는 달리 법원의 개입 없이 행정기관이 자력으로 하는 강제집행을 함)이 있다.

제 5 항 권리의무의 특수성

① 권리 · 의무의 상대성- 사법관계는 상반되는 이해관계의 조절을 목적으로 하는데 비해, 공법관계의 권리 · 의무는 다 같이 공익을 위해 인정된다. 따라서 권리가 동시에 의무의 성격을 띠는 상대적 성질을 지닌 경우가 많다.

② 기타 이전성 · 포기성 · 대리 등이 제한되는 특성이 있다.

제 6 항 권리구제수단의 특수성

① 손해전보 - 민사소송(사법상의 침해), 행정상 손해배상 · 손실보상(공법상 침해)

② 행정쟁송 - 행정사건도 일반법원의 관할(사법국가주의)이나, 민사소송절차에 특례를 인정(행정심판, 행정소송)

제 3 절 기속행위와 재량행위

1. 개념

행정법규의 일의적(一義的) 규정에 따라 그 법규의 기계적 적용에 그치는 행위를 기속행위(羈束行爲)라고 하고, 다의적(多義的)으로 규정하여 그 효과의 결정에 있어 수 개의 가능성 중에서 선택하거나 결정할 수 있게 하는 경우도 있는데 이를 재량행위(裁量行爲)라고 한다.

※ 재량행위를 인정하는 이유로 들 수 있는 것은? ① 가변적 사회현상에 대한 선택가능성 ② 입법의 한계 ③ 행정목적의 능률성 등

2. 구별의 상대성

기속된다고 하여도 기계적인 집행에 그치는 것이 아니라 개입의 여지가 있고, 또 재량행위라 하더라도 법으로부터 완전히 자유로운 재량의 영역에 있는 것은 아니다.

3. 재량의 종류

1) 자유재량(공익재량)과 기속재량(법규재량)

① 기속재량 - 재량이 법의 해석이나 판단에 관한 것으로 그 재량을 그르친 행위는 경우 사법심사의 대상이 된다(소위, 무엇이 법인가에 대한 재량).

② 자유재량 - 법에 의한 기속이 없으며 다만 행정행위를 함에 있어 그것이 공익에 적합한가만을 판단한다. 따라서 그 재량을 그르친 경우에도 당・부당(當・不當)의 문제가 발생할 뿐 위법의 문제가 발생하지는 않다(소위, 무엇이 공익에 적합한가에 대한 재량).

* 재량을 자유재량과 기속재량으로 구분하는 이유? 재량행위 중에서도 구체적인 법의 판단에 관한 기속재량은 사법심사가 가능하도록 하여 사법심사의 대상범위를 확대함으로써 행정구제를 넓히려는 법기술적 고려에서 비롯되었다.
* 자유재량은 행정소송대상은 아니나 행정심판의 대상은 된다.

2) 선택재량과 결정재량

선택재량은 가부의 결정에 관한 재량이며, 결정재량은 둘 이상의 조치 중 선택가능성이 있는 재량이다.

4. 재량행위와 기속행위 구별의 필요성

사법심사의 대상여부결정, 공권성립, 부관, 불가변력의 유무 등에 차이가 있다.

1) 행정소송

재량행위는 부당(不當)의 문제가 생길 뿐 위법(違法)의 문제는 없다. 따라서 행정소송사항이 아니다.

돌발퀴즈 Q. 자유재량행위에 대해 취소소송이 제기된 경우 법원은 어떻게 할 것인가?
① 기속행위가 아니므로 각하해야 한다.
② 바로 각하하지 아니하고 본안심리에 들어가 재량권의 일탈·남용의 유무를 살펴보아야 하며, 재량권의 일탈·남용이 없는 경우에는 본안판결에 의해 사건을 '기각'하여야 하므로 자유재량행위는 각하대상이 아니라 기각대상이다(∨).

2) 부관

재량행위에는 부관을 붙일 수 있으나, 기속행위에는 부관을 붙일 수 없다. 개념적으로는 그러하나 실제로는 기속행위에 부관을 붙이기도 한다.

3) 공권성립

기속행위는 행정기관에게 일정한 의무를 지운다. 따라서 개인적 공권이 성립한다. 그러나 재량행위에는 행정기관이 일정한 의무를 지는 것이 아니므로 사인이 행정기관에 대해서 일정한 요구를 할 수 있는 개인적 공권이 생기지 않는다. 다만 재량행위에서도 재량권이 영으로 수축하는 경우에는 공권이 성립한다(예 ; 행정개입청구권).

4) 불가변력

기속행위는 불가변력이 있기 때문에 원칙적으로 행위가 있은 후 취소·철회를 하지 못한다. 재량행위는 불가변력이 절대적이지 않으므로 사정변경에 의해 취소·철회를 할 수 있다. 물론 이것은 상대적인 개념이다. 재량행위라 하여 언제나 자유로이 취소·철회할 수 있는 것은 아니며, 기속행위나 재량행위 모두 사후 취소, 변경은 어렵다 할 것이므로, 기속행위와 재량행위의 구별의 절대적 실익이 되는 것이라고는 할 수 없을 것이다.

돌발퀴즈 Q1. 재량행위와 기속행위의 구별과 관계없는 것은?
① 행정소송 ② 부관
③ 불가변력 ④ 불가쟁력(∨)

A : ④ 불가변력은 행정행위의 성질에 따라 발생할 수도 있으나 불가쟁력은 행정행위의 성질과 무관하다. 행정의 상대방이 제소기간 등을 지켰느냐와 관계있는 것이기 때문이다.

Q2. 기속행위와 관련이 있는 것?

① 임의법규 ② 능력법규
③ 단속법규 ④ 강행법규(∨)

5. 구별기준

기속행위와 재량행위의 구별기준 및 재량행위의 본질에 관해서는 다음과 같은 학설이 있다.

※ 행정법규의 내용은 요건법규(어떤 요건에 대하여)와 행위법규(어떤 행정행위(처분)를 하겠다)로 구성되어 있다.

1) 요건재량설

(1) 의의

재량을 판단함에 있어 요건법규가 중심이 된다. 어떤 사실에 대해 어떤 처분을 할 것인가를 판단함에 있어 우선 법률이 어떤 식으로 규정해 놓고 있는가를 보아야 한다는 것이다. 예컨대 요건법규가 행위의 요건에 관하여 아무런 규정을 두지 않고 있거나 오직 행정행위의 종국목적(공익개념)만 규정하면 행정주체에 결정의 자유를 인정하여 재량행위이며, 종국목적 외에 중간목적도 규정하면 결정의 자유가 없으므로 기속행위로 본다는 것이다.

예컨대 요건법규가 '공익상 필요한 때', '상당한 이유가 있는 때'와 같이 행정행위의 추상적인 요건을 규정하고 있을 때, 즉 공익개념만 규정하고 있을 때는 재량행위이며, 요건법규가 '운전자의 과실로 교통사고를 일으킨 때' 등과 같이 행정행위의 구체적 요건을 규정하고 있을 때는 기속행위로 보아야 한다는 것이다.

(2) 특색

① 재량의 판단을 행정주체의 입장에서 하고 있다. 즉 이것은 입법단계에서부터 행정주체에게 재량의 자유를 주게 된다.

② 요건법규의 규정형식이 불확정적이거나 추상적이면 재량행위로 본다.

2) 효과재량설

(1) 의의

행정주체가 행정객체에게 하도록 규정하고 있는 행위의 효과 즉 행위법규가 재량성 판단의 중심이 된다. 즉 권리제한·의무부과의 경우는 행정행위를 할 것인가에 대한 결정의 재량이 부정되나, 권리부여·의무면제의 경우에는 행정행위를 할 것인가의 여부에 재량이 인정된다고 본다.

예컨대 면허취소, 운행정지등과 같이 침해적인 경우 기속행위로 이해하며, 도로사용허가, 수수료면제 등과 같이 상대방에게 수익적인 경우 재량행위로 이해한다.

(2) 특색

① 재량의 판단을 행정객체의 입장에서 하고 있다.

② 수익적 행위라고 해서 재량을 인정한다면 행정주체에게 지나친 재량권을 주는 결과 불공평한 급부가 이루어질 수도 있다는 비판을 받게 된다.

3) 평가

현재 요건재량설과 효과재량설의 어느 것도 통설·판례의 입장이라고 하기 어렵다. 왜냐하면 먼저 ① 요건재량설에 관해서는 법이 종국목적과 중간목적을 다의적으로 나타내는 개념을 사용한 때가 많은데, 이 경우에는 그 구분이 명확하지 아니하며, ② 효과재량설에 관해서는 수익적 행정행위에도 일의적으로 규정하는 경우가 있고, 침해적 행정행위에도 정책재량이나 전문기술적 영역인 경우 재량을 인정해야 하는 경우가 있다. 예컨대 식품위생법상 대중음식점 영업허가는 기속행위로 규정되어 있고,[2] 영업허가의 취소는 재량행위로 규정되어 있는데,[3] 효과재량설에 의할 때와 반대의 결과가 나오기 때문이다.

---

2) 식품위생법 제22조 (영업의 허가 등) ① 제21조의 규정에 의한 영업 중 대통령령이 정하는 영업을 하고자 하는 자는 대통령령이 정하는 바에 따라 영업의 종류별·영업소별로 식품의약품안전청장, 시·도지사, 시장·군수 또는 구청장의 허가를 받아야 한다. 대통령령이 정하는 중요한 사항을 변경하고자 하는 때에도 또한 같다.

3) 식품위생법 제58조 (허가의 취소등) ① 식품의약품안전청장, 시·도지사, 시장·군수 또는 구청장은 영업자가 다음 각호의 1에 해당하는 때에는 대통령령이 정하는 바에 따라 영업허가를 취소하거나 6월 이내의 기간을 정하여 그 영업의 전부 또는 일부를 정지하거나, 영업소의 폐쇄(제22조제5항의 규정에 의하여 신고한 영업에 한한다. 이하 이 조에서 같다)를 명할 수 있다.

* 입법기술적으로 재량행위로 할 것인가, 기속행위로 할 것인가가 애매할 때에는 "... 한다" 라고 표현하며, 이때는 입법취지, 다른 규정과의 관계 등을 종합적으로 고려해 볼 필요가 있다.
* 개념으로 파악할 때, 특허는 권리의 설정이므로 재량행위이나, 허가는 자유의 회복이므로, 허가를 거부하면 자유를 제한하는 것이 되어 기속행위라고 해야 한다.

6. 판단여지

1) 의의

현대의 행정환경은 복잡다기하고 가변성이 강하기 때문에 행정행위의 요건규정을 구속적·확정적 개념으로 규정하기보다는 불확정개념으로 규정하고 있는 경우가 많다. 요건재량설에서는 이러한 불확정개념에 대하여 종국목적 또는 공익목적으로 보아 자유재량으로 판단하는데 비하여, 판단여지설에서는 **자유재량에 대한 판단은 효과규정에서만 가능할 뿐이며,** 요건규정이 불확정개념으로 되어 있더라도 이것도 법개념의 해석·적용의 문제이므로 원칙적으로 사법심사의 대상이 되고, 다만 예외적인 경우 행정청에 판단여지를 남겨 행정청의 판단이 법원의 판단을 대치할 수 있다고 한다. 불확정개념은 대개 경험개념(Emprische Begriffe)으로 법적 판단의 대상이 되나, 예외적으로 가치개념(Normative Begriffe)에 해당하며 법적 판단에서 제외되는 것도 있다.

※ 판단여지가 인정되는 예[4] * **판례는 재량과 판단여지를 구분하지 아니한다.**

① 사람의 인성, 적성, 능력에 대한 판단: 학생의 성적평가나 부하공무원의 근무평정, 수험생의 대학수학능력에 대한 대학당국의 평가(대판 1982. 7. 2. 81누398).

② 예술·문화 분야 등에 있어 물건이나 작품의 가치에 대한 합의제 기관의 판단: 교과서 검정행위(대판 1992.4.24. 91누6634), 감정평가사시험을 실시함에 있어 합격기준의 설정(대판 1996.9.20 95누68003)

③ 미래예측적 성질을 가진 결정: '출국이 대한민국의 이익을 현저하게 해할 염려가 있다고 인정되는 자'에 대한 법무부장관의 판단(출입국관리법 제4조)

④ 형성적 결정: 구속적 행정계획과 같이 복잡다기하고도 고도의 전문적·기술적인 행정판단을 요하므로 광범위한 형성자유가 주어지는 경우에는 목적프로그램의 형식이 불확정개념으로 규정되므로, 이 같은 행위영역에서는 행정청의 역할이 행정법규의 집행작용이라기보다는 행정법규의 실현작용으로 파악되며, 행정법규는 이 같은 행정법규의

4) 김남진·김연태, 행정법I, p. 202.

실현작용을 궁극적으로 행정청에게 위탁한 것이라고 보아야 한다.

2) 행위재량과 판단여지

재량과 판단여지에는 법원에 의한 사법심사가 제한된다는 점은 같다. 그런데 재량과 구별되는 개념으로서 판단여지를 인정할 것인지 아니면 같은 개념으로 볼 것인지에 대한 견해의 대립이 있다.

(1) 구별을 부인하는 입장(대법원 판례의 입장)

판단여지의 개념을 인정하지 아니하고 그것을 재량의 문제로 파악한다. 그 논거는 선택 내지 결정의 여지는 법규의 효과부분에서만 규정될 수 있는 것이 아니라 요건부분에서도 규정될 수 있으며, 요건부분에서 규정되면 판단여지가 되고, 효과부분에서 규정되면 재량이 된다는 견해이다.

구별을 부인하지는 않지만 구별이 무의미하다는 견해도 있다(김동희 · 유지태). 이들 견해에서 그 구별의 이론적 필요성이나 현실적 필요성이 없다고 한다.

(2) 구별하는 입장(독일과 우리나라의 다수설)

예컨대, "**출국이 대한민국의 이익을 현저히 해할 염려가 있는 자**는 출국을 금지할 수 있다(출입국관리법 제4조제1항 6호)"와 같이 요건법규가 불확정적으로 규정되어 있는 경우 어떤 사실이 이 요건에 해당하는가의 여부가 단정적으로 결정되기 어려운 경우 판단의 여지가 있다고 한다. 그런데 이것은 재량의 문제와는 구별된다고 한다. 즉 甲이라는 사람이 대한민국을 해칠 것인지 아닌지를 판단하는 것이 판단여지의 문제이고, 甲이라는 사람의 성향이 판단된 이상 출국을 허가 혹은 금지할 재량의 자유가 있는 것은 아니라는 것이다. 바꾸어 말하면 甲이 대한민국을 해할 우려가 있다고 판단되는데도 불구하고 그의 출국을 허락하는 그런 재량은 없다는 것이다.

※ 재량은 강학상 특허와 같이 신청자의 요건이 법정요건에 부합하더라도 처분을 하지 않을 수 있는 자유를 의미하는 것이다. 정리하면 다음과 같다.

① ([판단→ 결정]의 2단계의 행위단계를 그치게 되므로) 판단여지는 행위재량보다 전 단계에서 발생하는 것이므로 양자를 동일시할 수 없다.

② 행위재량에서는 '복수행위에 대한 선택의 자유'를 의미하며, 그 선택에 대해 사법심사

를 하지 않는다. 즉 행위재량에서는 법에 의해 '처음부터' 복수의 선택가능성을 두고 있음, 즉 사법심사에서 제외되는데 비해, 판단여지에서는 모든 행정행위는 '원칙적으로' 법원의 심사대상이며(불확정개념도 법개념이다) 예외적으로 사법심사제외대상이 인정된다. 이런 점에서 양자는 구별된다.

3) 판단여지의 특색 및 행위재량과의 비교

① 불확정개념은 원칙적으로 법개념이므로 기속행위가 된다고 보며, 따라서 불확정개념도 최종적인 해석은 (행정주체가 아니라) 법원에서 하게 된다.

② 재량은 어떤 처분을 내릴 것인지 결정의 문제인데 대하여, 판단여지는 그 전 단계에서의 판단의 문제이다(다른 점).

③ 판단의 여지가 인정되면 재판통제가 미치지 않는다는 점에서는 재량과 마찬가지이다(같은 점).

④ 판단여지는 모든 행정작용에 대해서 인정된다기보다는 전문적, 정책적 판단이 필요한 경우에 제한적으로 적용된다.

※ 실제 재량행위와 기속행위를 판단하는 순서[5)]

① 요건재량설에 따라 요건법규의 외형적 형태를 살펴본다.

② 요건이 다의적 개념이라도 판단여지설에 의해 불확정개념을 경험적으로 확정할 수 있는지 살펴본다.

③ 효과재량설에 따라 행위의 객체입장에서 기속성 여부를 판단한다.

4) 판단여지의 한계

판단여지가 인정되더라도 판단에 자의가 개입되어 있거나 경험칙에 위배되는 경우에는 판단여지의 한계를 넘어 위법하다고 할 수 있다. 따라서 판단여지가 인정되는 사안에 대해서는 ① 당해 결정이 정확한 사실에 기인한 것인지 ② 절차규정에 위반한 점이 없는지를 심사하여야 한다.

7. 재량한계

재량권의 한계를 넘는 행정행위는 부당을 넘어 위법- 재량행위라도 재량권한계내인가의 여부는 법원이 심사할 수 있다.

---

5) 한견우, 현대행정법강의, p. 172 참조.

1) 외적한계

재량도 일정범위내의 재량권임을 전제로 한다. 이와 같이 재량권이 인정되는 범위를 재량권의 외적 한계라 한다. 한계를 벗어난 행위는 무권한의 재량이며 이를 재량권의 일탈(逸脫) 또는 유월(踰越)이라 한다(예 ; '6개월의 영업정지처분을 할 수있다'고 규정하고 있는데 영업허가취소처분을 한 경우).

2) 내적한계

재량권이 인정되는 범위안에서도 재량권은 평등원칙, 비례원칙 등과 같이 조리상의 원칙에 적합하게 행사되어야 한다. 조리상 제약을 벗어난 자의적 재량권행사는 위법하다. 즉 재량권을 두는 이유는 자의에 맡기려는 것이 아니라 보다 공익목적에 적합하게 행위하도록 하기 위해서이다. 내적한계를 벗어난 행위를 재량권의 남용(濫用)이라고 한다.

8. 재량권의 0으로의 수축

재량있는 경우에도 상황에 따라서는 행정권발동만이 유일한 하자 없는 재량권의 행사가 되는 경우가 있는데 이것을 재량권의 0으로의 수축이론이라 한다.

1) 연혁

재량권의 0으로의 수축이론은 행정기관의 부작위로 손해가 발생한 경우의 국가배상책임을 인정하기 위한 법리로 출발하였다. 종래의 배상책임이론은 부작위로 인한 손해배상에는 행정편의주의에 따라 배상하지 않았다. 즉 종래 행정권의 발동은 재량이고 그로 인해 국민이 누리는 이익은 반사적이익으로 생각하였기 때문이다. 하지만 현대 복리국가에서는 부작위로 인한 권익침해 증가하자 부작위로 인한 국가배상책임을 긍정하기 위한 법리로서 재량권의 영으로의 수축이론이 등장하였다.

2) 적용영역

이것은 경찰행정에서 출발하였다. 즉 경찰권의 발동요건은 일반조항으로 되어 있다. 따라서 발동권 여부는 결정재량에 속한다. 그러나 급박한 상황에서는 경찰권의 발동만이 유일한 적법한 재량권 행사가 된다. 독일의 행정판례에서는 초기에는 재량권의 O으로의 수축이 인정되기 위해서는 개인의 법익침해의 절박성 또는 피침해법익의 중대성 등이 요구되었으나, 점차 완화되어 현재는 그러한 요건은 요구되지 않는다.

3) 재량권의 O으로의 수축이 인정된 예

大判- ① 1 · 21사태(1968.1.21. 소위 김신조 사건)때 경찰이 구원요청에 불응- 국가손해배상책임인정 ② 비둘기 사육으로 인한 사생활의 불편 ③ 과도한 교통소음 ④ 수인하기 어려운 교회의 종소리 ⑤ 개인 차고 앞의 불법주차

4) 효과

(1) 행정개입청구권

재량권이 수축되는 경우에 행정기관은 일정한 행위를 할 의무가 발생한다. 즉 개인은 행정기관의 부작위에 대해 행정권의 발동을 청구할 권리(행정개입청구권)를 가지며, 당해 재량행위는 기속행위로 전화한다.

(2) 행정쟁송

행정청의 거부처분에 대하여는 의무이행심판 및 취소소송을,[6] 부작위에 대해서는 의무이행심판과 부작위위법확인소송에 의하여 이를 다툴 수 있다.

(3) 손해배상

손해가 발생한 경우에는 손해배상소송을 제기하여 구제받을 수 있다.

---

6) 거부처분에 대한 쟁송방식은 행정소송의 경우에는 취소소송이나 행정심판의 경우 의무이행심판이다. 그 이유는 행정심판의 편에서 설명한다.

제 4 절 행정행위의 내용

제 1 항 개 설

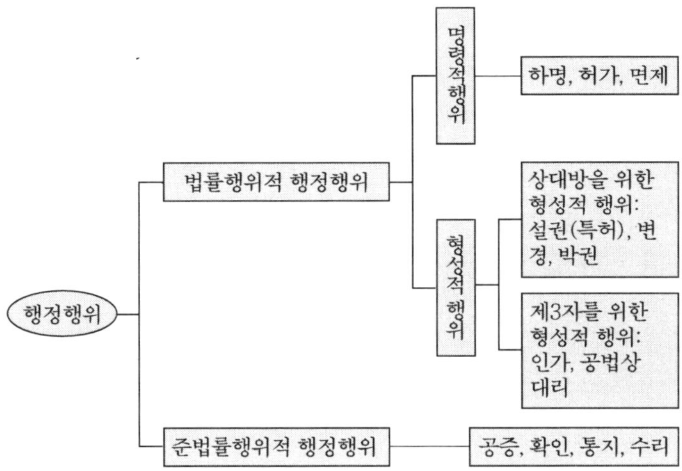

※ 여기서 허가, 특허, 인가, 면제, 하명 등은 학문상의 용어이다.

제 2 항 명령적 행위

행정기관이 의무를 과하거나 이미 과해진 의무를 해제시키는 것을 의미한다. 따라서 명령적 행위에 위반한 행위는 행정상 강제집행이나, 처벌의 대상은 될지라도 법률상 효력은 유지된다.

1. 하명

하명이란 개인에게 작위, 부작위, 지급, 수인 의무를 과하는 행정행위를 말한다. 부작위 하명은 금지라고도 한다.

1) 형식

개인에 대한 개별적, 구체적인 명령의 형식으로 하는 것(하명처분)이 보통이나, 법규의 형식으로 하기도 한다.

(1) 하명처분

불특정다수인에게 하는 일반처분(도로통행금지), 특정한 상대방에게 하는 하명처분(조세부과처분, 위법건축물의 철거명령, 징집대상자에 대한 징집명령 등) 등이 여기에 속한다.

(2) 법규하명

하명이 직접 법률이나 명령에 의해서 이루어지고 특별한 행정처분을 요하지 않는 경우가 있다. 예컨대 건축법에 의한 일정한 건축행위금지, 총포도검화약류단속법에 의한 총포·도검 등의 행상과 옥외판매금지, 도로교통법에 의한 면허 없는 운전금지, 운전자의 야간등화의무 등이 여기에 속한다. 여기서 법규에는 법률, 시행령(대통령령), 시행규칙(총리령, 부령)이 포함되며 이러한 법규를 처분법규라고 한다. 이 처분법규는 항고소송의 대상이 된다(처분법규의 법규성에 관한 판례: 대판 1954.8.19. 53누37[7]).

2) 종류

(1) 작위하명

적극적으로 어떤 행위를 행할 의무를 명하는 행위이다. 일반적으로 행정의 감독하에 있는 영업자에 대해서 하는 작위하명은 많은 예가 있으나, 일반인을 대상으로 하는 작위하명은 급박한 필요가 있는 경우(예 ; 재해 발생시 공무원의 원조요청에 응할 의무 등)나 비교적 부담이 경미한 경우(예 ; 자기가 관리하고 있는 곳에 도움을 받아야 할 노인·어린이·불구자·다친 사람 또는 병든 사람이 있거나 시체 또는 죽어 태어난 태아가 있는 것을 신고할 의무 등)에만 발하여진다.

---

7) 법령의 효력을 지닌 명령이라도 그 효력이 다른 행정행위를 기다릴 것 없이 직접적으로 또 현실 그 자체로서 국민의 권리 훼손 기타 이익 침해의 효과를 발생케 하는 성질의 것이라면 행정소송법상 처분이라 보아야 할 것이오 따라서 그에 관한 이해관계자는 그 구제적인 관계사실과 이유를 주장하여 그 명령의 취소를 법원에 구할 수 있을 것이다(대판 1954.8.19. 53누37).

(2) 부작위하명

소극적으로 어떤 행위를 행하지 아니할 의무를 명하는 행위이다. 소위 '금지'라고 한다. 금지에는 절대적 금지(예 ; 마약의 소지, 판매 등의 금지, 부패식품판매 금지)와 상대적 금지(예 ; 음식점 영업, 건축, 의료행위 등 허가의 대상이 되는 금지) 등이 있다.

(3) 수인하명

행정강제에 대해 저항하지 않고 참아야 할 의무를 명하는 행위이다(예 ; 대집행영장에 의한 대집행영장의 통지). 행정강제는 사실상의 작용이지만 그것이 적법하게 행해지기 위해서는 수인의무가 수반되어야 한다. 수인의무에 위반하여 저항하는 경우에는 공무집행방해죄가 성립할 수 있다.

(4) 급부하명

금전 또는 물품의 납부의무를 명하는 것이다. 행정작용 중에서는 세금의 납부를 명하는 과세가 대표적인 것이나, 그것 이외에 행정작용을 수행하기 위하여 소요되는 비용에 충당하기 위해 수수료 기타 금전 납부 의무를 명하는 것도 여기에 해당한다. 예컨대 운전면허시험, 면허증교부, 재교부를 위하여 수수료의 납부를 명하는 경우가 그것이다.

3) 하명 위반의 효과

(1) 사법상의 효력과 행정제재

하명에 의하여 하명의 내용인 작위 · 부작위 · 지급 · 수인 등의 의무를 지게 되며 그 의무가 이행되지 아니한 경우에는 강제집행이나 처벌의 대상이 된다. 그러나 경찰하명에 위반하는 법률행위의 효력이 당연히 무효가 되는 것은 아니다. 여기서의 효력이란 사법상의 효력을 의미한다. 즉 불법무기를 양도하는 행위, 무허가 영업행위 등도 사법상의 효력은 유효하다. 또 계약이 성립하지 못하여 법률효과가 발생하지 못하는 경우에도 그것이 하명에 위반한 행위라면 행정벌의 대상이 된다.

또, 하명의 효과로서 제3자가 반사적 이익을 받더라도 사법상의 청구권을 발생시키는 것은 아니다. 예컨대 경찰이 음주단속을 함으로써 운행상의 안전이라는 이익을 누리기는 하지만 이 이익은 권리가 아니다. 즉 음주운전을 하지 않을 의무는 보행자에 대한 의무가 아니라 국가에 대한 의무이므로, 행인은 음주운전 차량에 의해 부상을 입었더라도 음주운전을 단속하지 아니한 국가를 상대로 손해배상을 청구할 수는 없다. 또 의료법상 의사의 진료거부금지의무(의료법 제16조)에 의해 환자는 언제라도 의사에게 진료를 받을 이익을 누리지만 그것은 국가에 대한 의무이므로 환자가 의사에게 진료를 요구할 구체적 권리가 발생하는 것은 아니며 따라서 의사는 국가에 대해서만 책임을 지고 환자는 진료거부금지의무의 불이행을 이유로 손해배상을 청구할 수 없으며, 다만 불법행위를 관계기관에 고발하여 행정벌을 받도록 할 수 있을 뿐이다.[8)]

(2) 효력의 범위

① 대인적 하명: 하명이 특정인의 개인적 사정에 의해서 행해지는 경우에는 그 효과는 오직 하명의 상대방에게만 발생하는 것이 원칙이다. 그것은 일신전속적(一身專屬的) 하명이기 때문이다(예 ; 교통사고자에게 면허정지처분을 하는 것).

② 대물적 하명: 특정 물건이나 특정사안에 대해서 하명이 행해진 경우에는 하명의 효과는 물건이나 설비에 따라 제3자에게 이전 또는 승계된다(예: 정비불량차량의 운행정지명령은 그 자동차의 승계인 양수인에게도 미친다.).

③ 혼합적 하명: 대물적 요소와 대인적 요소가 가미된 경우이다. 이 경우 이전성의 유무는 합리적으로 해석한다. 일반적으로는 대인적 요소에 의해 이전성이 제한되는 것이 보통이다.

2. 허가

1) 의의

(1) 개념

허가는 하명에 의한 상대적 금지의 해제, 또는 자연적 자유 특히 영업의 자유의 회복이라고 한다.

※ 허가, 인가, 특허, 승인, 등록, 지정 등은 실정법상과 학문상 다르게 쓰일 수 있다.
(예: 담배소매인지정은 허가에 속하며, 광업허가는 특허에 해당한다.)

---

8) 보행자가 음주운전자에게 음주운전하지 말 것(즉 국가에 대한 의무이행)을 촉구하거나, 환자가 의사에게 의료법상 진료거부금지의무를 준수할 것을 촉구할 수는 있다.

□ 이렇게 생각해 봅시다.

▸허가의 개념

허가란 말 그대로 할 수 없었던 행위를 할 수 있도록 하는 행위를 말합니다. 예를 들어 봅시다. 어린 아들이 "친구집에서 놀다가 밤 12시에 들어올 수 있도록 허가해 주세요"라고 말하는 것과 같습니다. 이와 같이 학문적으로 설명하면 허가(Erlaufnis)는 「상대적 금지의 해제」라고 합니다. 금지된 행위를 풀어준다는 뜻이지요. 다만 살인, 절도 등과 같이 절대적으로 금지된 것은 풀어줄 수 없을 것입니다.

본격적으로 행정법상 허가를 설명해 보겠습니다. 허가의 대표적인 예로 운전면허, 의사면허, 약사면허와 같은 것을 듭니다. 운전, 의료행위, 조제행위 등은 다른 사람에게 상당히 위험할 수 있기 때문에 사회적으로 금지되어 있다가 일정한 훈련과 교육을 받아 요건을 갖춘 사람에게만 그 금지를 풀어줍니다. 이것이 바로 허가입니다.

또 한편 장자크 루소(J. J. Rousseau)가 그의 저서[사회계약론] 첫 구절에서 말한 바와 같이 "인간은 자유로운 존재"입니다. 즉 인간은 원래 살인이나 절도와 같은 나쁜 행위를 제외한 거의 모든 행위를 할 수 있는 자유로운 존재였습니다. 그러나 사회를 구성해 가면서부터는 다른 사람에게 나쁜 영향을 줄 수 있는 행위에 대해서는 일반적으로 금지하게 되었습니다. 그리고 일정한 훈련과 교육을 받는 등 다른 사람에게 주는 나쁜 영향을 최소화할 수 있는 요건을 갖춘 사람에게만 그 금지를 풀어주게 되었습니다. 이것을 허가라고 하고 따라서 허가는 「자연적 자유의 회복」이라고도 합니다. 자연적 자유 중 다른 사람에게 영향을 줄 수 있는 것은 주로 영업에 관한 자유이기 때문에 「영업의 자유에 대한 회복」이라고 하기도 합니다.

(2) 성질

허가는 금지의 해제로 본래적 자유회복일 뿐 권리의 창설은 아니다. 따라서 허가는 명령적 행위에 속한다. 그러나 허가로 인하여 허가를 받은 자는 영업 등 새로운 생활관계를 영위해 갈 수 있으므로(새로운 법적 지위의 설정이라는 점에서) 형성적 성격도 지닌다.

2) 허가의 종류

① 대인적 허가 : 의사면허, 운전면허 등

② 대물적 허가 : 건축허가, 음식점영업허가 등

③ 혼합적 허가 : 전당포 영업허가, 총포화약류 제조허가 등

※ 구별실익- 이전성의 여부

3) 형식

언제나 행정행위로 하며, 법령에서 직접 행해지는 경우는 없다. 허가는 특정인에게 하는 것이 원칙이나, 불특정다수인에게 하는 경우도 있다(예: 통행금지해제 등).

4) 효과

허가는 상대적 금지의 해제로 법률행위를 할 수 있게 하는 행정행위이며, 어떤 행위를 적법하게 하는 적법요건이므로 허가를 받지 않고 한 행위는 무허가 행위로 위법하며 강제집행 또는 벌칙의 대상이 된다. 그러나 법률행위가 무효로 되지는 않는다(예 : 무허가음식점의 판매행위는 처벌되지만 판매행위 자체는 유효하다.).

5) 반사적 이익

허가는 일반적 금지를 해제하여 상대방에게 적법하게 어떠한 행위를 할 수 있게 하는 것이므로 금지를 해제하여 본래의 자유를 회복시켜 주는 것이므로 권리를 창설하거나 능력을 부여하는 것이 아니다. 하지만 허가로 인해 독점적 이익을 가질 때 있는데 이것은 권리 아닌 반사적 이익이다.

6) 허가의 취소 또는 거부

허가는 금지해제이므로 (이익부여) 따라서 공익재량행위가 된다고 생각될 수도 있지만, 허가여부결정이나 허가의 거부는 기속재량행위이며, 부당한 허가의 취소나 거부는 위법이 된다. 허가여부의 결정이 기속재량행위가 되는 것은 허가가 금지의 해제이므로, 명령적 행위인 금지의 해제는 기속적일 수밖에 없기 때문이다.

... 허가신청이 위 규정의 요건에 합치하는 때에는 특별한 사정이 없는 한 이를 허가하여야 하고, 공익상 필요가 없음에도 불구하고 허가를 거부할 수는 없다..... (1987.2.24. 대판 86누376)

① 특별한 사정이 없는 한 이를 허가하여야 함: 기속성
② 공익상 필요에 대한 판단: 재량성
∴ 허가는 기속재량행위

7) 기한부허가의 갱신

허가의 기한이 종료되어 갱신하는 경우 갱신전에 발생한 사유를 이유로 허가의 정지 또는 취소의 제재를 가할 수 있는가? 이것은 허가의 갱신을 종전의 허가의 연속으로 볼 것인가, 새로운 허가로 볼 것인가에 달려 있다. 허가의 갱신은 새로운 허가 즉 종전의 허가와는 다른 별도의 처분이라고 보므로 종전의 사유로 허가의 정지 또는 취소를 할 수 없다(판례의 입장). 다만 다수설은 허가의 갱신은 새로운 허가가 아니라 기존의 허가를 전제로 그 효과를 계속시키는 행위라고 한다.

☆ 궁금합니다. (2003. 4. SDU)

Q. 교수님 안녕하세요? 법무행정학부 02학번 ○○○입니다.

질문 1) 무허가 음식점에서의 음식 판매는 처벌대상이나 판매 행위자체는 유효하다는 것은 판매행위에 적법성을 인정하는 것인지요? 아니면 이미 판매한 행위에 대해서 유효성을 인정하는 것인지요?

또한 처벌(예: 강제 폐쇄)받은 후에도 불법하게 다시 당국의 허가 없이 폐쇄를 해제하고 음식을 판매해도 여전히 그 행위는 유효한 것인지요?

질문 2) 공익적 성격의 사권과 사익적 성격의 공권은 어떻게 구별될 수 있는지요? 그런 의미에서 광업허가나 어업허가가 공익적 성격의 사권인 이유는?

질문 3) 무인가 행위는 처벌되지 않으나 효력이 없다고 했는데 토지거래허가구역내에서의 무인가 거래는 효력이 없음은 물론 처벌받는다고 하는 것은 국토의계획및이용에 관한법률에 의한 토지거래허가제는 인가적 요소와 허가적 요소를 모두 겸하고 있는 이유때문인가요? 그렇다면 무인가 행위는 처벌받지 않는 것도 원칙일 뿐 예외적인 사항이 행정법상 상당히 존재하고 있는 것인지요?

A. 학생의 질문에 찬사를 보냅니다. 모름지기 학생은 이래야 합니다. 가끔은 귀찮을 때도 있지만 말입니다. 답입니다.

1. 무허가 행위는 위법하나 유효하다고 한 것은 법에 위반된 것이니까 위법하고 처벌대상은 되지만 사법적으로는 유효하다는 의미입니다. 공법적으로는 어떠냐고 묻고 싶겠지만

공법적으로는 여기서 음식을 판매하는 행위는 사인들끼리 한 행위이므로 공법적으로는 아무런 효과도 발생하지 않습니다.

따라서 좀더 엄밀히 말하면 무허가 행위 그 자체는 위법하나, 그로 인한 행위는 유효하다고 하는 것이 낫겠지요. 그러나 허가, 인가, 등의 행위는 그것에 의해 다른 사인간의 행위가 유발되기 때문에 그냥 그렇게 쓰기도 합니다.

사법적으로 유효하다는 것은 음식점판매자와 음식을 구매하는 자와의 관계입니다. 따라서 허가 취소된 음식점에서 음식을 먹어도 음식값을 내야 하는 것입니다.

2. 공익적 성격의 사권이란 공법적으로 성립되는 사권을 의미합니다. 광업특허, 어업특허(면허) 같은 것이 그렇습니다. 사익적 성격의 공권이란 손실보상청구권과 같은 것을 말합니다. 그런데 이것만으로는 구별이 어렵죠?

온라인 강의의 한계입니다. 이럴 때는 가끔씩 온라인 강의도 출석강의 한두 번쯤 해야 좋겠다고 생각됩니다. 공권은 국가가 개인에게(국가적 공권), 또는 개인이 국가에게(개인적 공권) 주장하는 것을 말합니다. 알다시피 공법상 권리는 국가와 개인 사이에서만 주장될 수 있는 것입니다. 그러나 사권은 어떻습니까. 다른 사인에게 주장할 수 있는 권리입니다. 어업면허나, 광업특허는 다른 사인이 침해하지 못하도록 주장할 수 있는 권리입니다. 그러고 보니 학문상 특허에는 사권이 많죠, 공유수면매립면허도 사권적 성질이 강합니다. 그러나 귀화는 어떻습니까. 이것은 공권입니다. 이해되시죠?

3. 토지거래허가에서 허가는 인가의 성질과 허가의 성질을 함께 갖는 것입니다. 다만 토지거래허가는 개인간의 거래관계에 개입하는 것이고 그로 인해 계약이 성립되느냐 아니냐의 관계에 있으므로 인가가 더 중요해서, 인가의 성질로 분류하기도 합니다.

실제로 인가요건을 위배하여 처벌하는 경우에는 예외가 아니라 허가의 성질로 쓰이는 인가로 보아야 합니다. 수업중에서도 설명했듯이 실정법상의 인가, 허가, 특허는 강학상 개념과 다르게 쓰이는 경우가 상당히 많습니다. 오히려 더 많게 느껴지기도 합니다.

6) 주의해야 될 허가

예컨대 운전면허, 담배소매인지정, 통행금지의 해제, 차량검사 등

3. 면제

법령에 부과되어 있는 작위의무, 지급의무, 수인의무를 특정한 경우에 해제하는 행정행위를 말한다.

- 의무해제라는 점에서 허가와 같다.

* 허가 - 부작위의무(금지)해제

* 면제 - 작위, 지급, 수인의무해제(예: 수업료면제, 징집면제)

제 3 항 형성적 행위

행정기관이 상대방에 대해 권리·능력 등 법률상 힘을 발생·변경·소멸시키는 행위

1. 특허

특정인에게 권리 능력 등 포괄적 법률관계를 설정하는 행위

1) 성질

설권행위로 공정성확보 위해 상대방의 출원을 필요, 특허 여부는 자유재량행위(허가는 상대방의 신청을 반드시 요건으로 하지는 않는다.)

2) 효과

특허된 것임을 제3자에게 법률적 주장할 수 있으며, 특허 침해는 권리침해가 됨(허가는 반사적 이익), 특허에 의해 창설된 권리는 공권이 일반적이나 사권인 경우도 있다(광업허가, 어업면허).

허 가	특 허
① 금지해제행위 ② 허가의 이익은 반사적이익 ③ 신청을 전제로 하나 그렇지 않은 것도 있다. ④ 허가여부의 결정은 기속재량행위 ⑤ 허가받은 자에 대한 국가의 감독은 공공질서유지를 위한 소극적인 것(일반권력관계)	① 권리설정행위 ② 특허의 이익은 법률상의 권리 ③ 출원을 전제로 한다. ④ 특허여부의 결정은 자유재량행위 ⑤ 특허를 받은 자에 대한 국가의 감독은 해당특허사업조성을 위한 적극적인 것(특별권력관계)

3) 학문상특허

공기업특허(사설철도의 면허, 시장개발허가, 수도사업인가) 공물사용권의 특허,

토지수용권의 설정(토지수용의 사업인정[9]), 토지사용권의 설정, 광업허가, 어업면허, 공무원임명, 귀화허가 등

4) 허가와 특허의 구별

허가와 특허는 그것으로 인해 발생하는 이익이 법률상 이익인가? 반사적이익에 그치는가 하는 점에 중요한 차이가 있다. 특허로 인해 발생하는 이익은 법률상 이익 즉 권리이며, 허가로 인해 발생하는 이익은 반사적이익이다. 따라서 특허로 인해 발생하는 이익은 그것이 침해되는 경우 법적 구제수단에 의해 구제될 수 있지만, 허가로 인해 발생하는 반사적 이익의 경우는 그렇지 못하다.

그것은 허가로 인해 얻어지는 이익은 허가라는 수단으로 통한 규제가 주된 목적이며, 이 규제의 결과 일정한 이익을 허가권자가 누리게 되는 것은 허가권자에게 애당초 권리를 설정해 준 것이 아니기 때문에 권리로 보지 않는다는 것이다. 허가와 특허의 구별에서 그로 인해 영업자가 얻는 이익이 권리인지 반사적이익인지는 현실적으로는 허가 내지 특허라는 처분에 의해 통제하는 이유가 행정규제의 목적인지, 기존 영업자를 보호하기 위한 것인지에 달려 있다. 허가는 행정규제를 목적으로 두는 제도이므로 이로 인해 영업자가 독, 과점의 형태로 영업상 이익을 누리게 되더라도 이것은 반사적이익에 불과하다는 것이다. 반면 특허는 특별히 독, 과점의 이익을 누리도록 권리를 창설해 주는 것이므로, 이런 영업상의 이익은 권리에 해당한다. 예를 들어 보자. 「담배소매인지정」은 강학상 허가에 해당한다. 이것은 담배소매인이 난립하지 않도록 하는 일종의 규제이다. 이 규제로 인해 영업자가 다소 독점적인 이익을 누리더라도 이것은 반사적이익에 해당한다. 그러나 과거에 있었던 「주유소 거리제한」은 주유소라는 영업허가를 내주는 것은 강학상 특허이고, 이러한 처분을 통해 영업자는 자신만이 영업상 이익을 누릴 권리를 획득하게 되고, 행정기관은 영업자를 보호해야 할 법률상 의무가 발생하는 것이다.

그러나 그렇다고 하여 허가는 단순히 명령으로써 금지된 행위를 해제 받았을 뿐이라는 것은 아니다. 허가로 인해 허가권자로서의 법적 지위를 누리게 되는 형성적 성격도 있다. 다만 명령적 성질이 훨씬 강하게 작용한다는 것이다.

---

9) 공용수용절차상의 '사업인정'은 형성행위 즉 강학상 특허라는 견해가 다수설이나, 확인행위라고 보는 견해도 있다.

☆ 궁금합니다. (2003.4.14. SDU)

Q. 발명특허는 여기서 말하는 행정법상 특허가 아니라 확인행위라고 하는데, 발명특허와 학문상의 특허 개념을 어떤 차이점이 있나요?

A. 행정법 참 어렵습니다. 안 그래도 어려운데, 우리가 쓰는 생활상의 용어와도 틀려 혼란스럽게 합니다. 이것뿐만 아니라 인가, 허가, 특허, 신고, 수리 등의 개념도 실정법상의 개념이나, 우리가 상식적으로 알고 있는 개념과 학문상의 개념이 좀 달라 혼란스럽기도 합니다. 답입니다.

발명품 특허나 발명 특허는 같은 것입니다. 모두 확인행위에 속합니다.

발명특허는 행정기관이 특허를 내줌으로써 비로소 그 권리를 누리는 것이 아니라 처음 발명한 자로 국가에서 확인해 주고, 부수적으로 그 권리를 보호해 주는 장치를 마련해 주고 있는 것입니다.

학문상 특허의 개념은 그것으로써 새롭게 권리가 창설되어야 합니다. 개인택시면허의 취득은 특허에 해당된다고 하였는데, 이것은 면허로서 남들이 누리지 못하는 특별한 권리를 특허자만이 누릴 수 있도록 권리를 창설해 준 것을 의미합니다. 학생들의 생각에 발명특허라고 하면 보호대상으로서의 특허자의 권리(독점적 권리)만을 집착한 나머지 학문상 특허와 혼동하는 경우가 많고 과연 무엇이 다른지 혼동하기도 합니다. 그런데 발명특허의 경우 새롭게 창설되는 권리가 무엇인가 생각해 보기 바랍니다. 발명특허의 경우 특별히 새로운 권리를 부여하는 것이 아니라 발명하였다는 이유로 법이 인정하는 법적 지위를 누리게 되는 것입니다. 다시 말하면 강학상 특허는 일정한 요건을 갖춘 자에게 특별히 선정하여 일종의 '특혜'를 주는 개념인 반면, 발명특허는 발명을 한 자 모두에서 그러한 법적 지위를 인정해 주는 것이므로 '특혜'라고 보기 어렵겠지요?

☆ 궁금합니다. (2003.4.10. SDU)

Q. 우선 질문드립니다.

1) 귀화허가가 특허로 분류되는 논리와 사유를 부연하여 설명해 주시기를 부탁드립니다.
2) 6주 2교시 끝부분의 '쌍방적행위'와 '쌍방행위'를 급하게 넘어 갔는데 구별이 쉽지 않습니다. 사례와 함께 자세한 설명을 부탁드릴 수 있는지요?

A. 답변이 늦습니다. 질문에 대한 답입니다.

1) 특허는 특별히 권리를 창설하는 작용입니다. 로버트 할리가 귀화신청을 하여 귀화허가

를 받았다고 합시다. 그로부터 대한민국 국민으로서 권리를 누리게 됩니다. 따라서 귀화는 특허의 성질을 갖습니다.

2) 법률행위는 단독행위와 쌍방행위로 구분되며, 쌍방행위는 두 개 이상의 의사표시로 이루어집니다. 즉 계약이나 합동행위와 같은 것입니다. 그런데 이와 유사한 쌍방적 행위는 단독행위에 포함시킬 수 있는 행위입니다. 왜냐하면 '쌍방행위'에서는 상대방의 의사표시가 그 성립 존재요건인 반면 '쌍방적 행정행위'의 경우 단순한 적법요건 효력발생요건의 하나에 불과하기 때문입니다.

공법상계약의 상대방 의사표시는 계약 내용형성에 참여하는 적극적 의의를 가지나 쌍방적 행정행위의 경우 단지 본인이 원하지 않는 행정행위가 행하여지지 않게 한다는 소극적 의의로 그칩니다.

☞ 그 예로 공무원임용을 들 수 있습니다. 일반적으로 공무원임명은 쌍방적 행정행위로 보는데, 국가의 임명이라는 요소가 중요하고 사인의 공무원임명에 대한 동의는 중요하지 않다고 보는 것입니다. "국가가 일방적으로 국민을 공무원으로 임명하며, 단지 국민의 동의는 이 일방적인 행정행위에 대한 단순한 유효요건에 불과하다."는 것입니다. 이러한 사고의 뒤에는 공무원은 특별권력관계의 구성원이므로 의무성이 강조되고, 따라서 임용과정에서도 국가가 주도권을 쥐며 단순히 공무원은 이에 복종할 뿐이라는 사고가 있다고 볼 수도 있습니다.

그러나 계약직 공무원의 임명은 공법상 계약으로 보는데, 국가가 "공무원으로서 일해 주십시오"라고 청약을 하면, 계약직 공무원 예정자는 "공무원으로 일할 것을 승낙합니다."라고 대등한 의사로서 승낙을 한다는 구조라는 것입니다. 이러한 사고의 뒤에는 계약직 공무원은 한정된 기간으로 직업공무원제의 적용을 받지 않는 즉, 특별권력관계의 구성원이 아니므로 마치 사기업체와 근로자와의 관계처럼 대등한 법적 주체간의 관계라는 것이 배경이 됩니다.

이해가 되셨으리라고 생각됩니다. 세밀한 부분까지 관심을 가지는 것으로 보아 상당히 열심인 학생으로 생각됩니다.

2. 인가

개인과 제3자와 관계에서 법률행위를 보충함으로써 법률행위의 효력 완성하는 것을 말한다. 법률행위가 행정기관의 인가를 받아야 한다고 규정되어 있을 때 그 때의 행정주체의 동의행위가 인가이다(예 : 토지거래허가, 학교법인설립허가).

예컨대, 토지거래허가를 생각해 보자. 매도인 갑과 매수인 을이 토지거래계약을 체결한 후에, 국토의계획및이용에관한법률에 의거하여 갑과 을은 행정청의 토지거래허가라는 인가를 받아야 한다. 이 경우 행정청의 토지거래허가는 사인간의 토지거래계약이 효력을 발생하기 위한 최후적·보충적 행위가 되며 이 인가가 행하여짐에 따라 기본행위인 토지거래허가는 최종적으로 효력을 발생하게 된다.

1) 신청과 형식

항상 신청에 의해 행하며, 언제나 구체적인 행정행위 형식으로 행해진다.

2) 효과

원칙적으로 인가받지 아니한 행위는 무효이나 처벌은 받지 않는다(허가와 비교).

※ 국토의계획및이용에관한법률상 토지거래계약에 대한 허가는 허가와 인가의 성질을 겸함(∵ 허가 없이 하는 토지거래계약은 무효이며 처벌도 받기 때문)

3) 인가와 기본행위

인가는 보충적 행위이므로 기본행위가 무효이면 인가를 받아도 무효이다. 기본행위가 유효하고 인가를 받지 못하면 무인가행위로 무효이다.

☆ 궁금합니다. (2004.4.8. OCU)

Q. 허가와 인가의 재량성의 차이

강의를 보다가 이해되지 않는 부분이 있어 이렇게 교수님께 질문드립니다.

자유의 정도가 허가보다 인가가 더 강하다는 내용은 이해가 갑니다.

그러나 처분청의 측면에서 본다면 인가의 경우에 자유를 더 잘 보장해 줘야 된다고 하셨는데요. 그렇다면, 자유를 보장하려면 기속의 정도는 인가가 더 약한 것이 되어야 되는 것이 아닐까요?

그리고 녹음된 강의 부분에서는 재량성의 정도는 허가가 강하다고 하셨는데, 강의 노트에는 인가가 강하다고 되어 있습니다. 어느 것이 맞는 것인지 궁금합니다.

A. 강의노트에 오타가 있었던 것 같습니다.

인가는 사적 자치에 대한 개입 즉 계약의 자유에 대한 개입을 의미하며, 허가는 영업의 자유를 회복시켜 주는 것을 의미합니다.

양자는 서로 다른 차원의 것이라서 동일 차원에서 설명할 수는 없지만 굳이 비교하자면 인가는 행정이 개인들 간의 거래에 개입하는 것이므로 되도록이면 개입을 최소화하는 것이 좋겠지요. 따라서 행정의 재량의 여지가 적다고 보여집니다.

상대적으로 허가는 개인들 간의 관계에 개입하는 것은 아니고, 명령적 행위의 성격이 강하므로 재량의 여지가 좀 있다고 인정됩니다. 따라서 재량의 여지는 허가가 더 많다고 생각됩니다.

또 인가의 경우 자유의 보장이라는 것은 개인들 간 계약의 자유를 보장해 주는 것이므로 되도록 개입을 적게 해야 하고 이것은 기속이 강하다는 것을 의미합니다. 즉 개입을 적게 해야 하는데 재량을 부린다면 오히려 강하게 개입하는 것이 되겠지요.

허　　가	인　　가
① 금지해제행위 ② 사실행위와 법률행위를 대상으로 한다. ③ 행위의 적법요건이다. ④ 허가를 얻지 않은 행위는 위법행위로서 처벌되나 유효하다.	① 보충행위 ② 법률행위만을 대상으로 한다. ③ 행위의 유효요건이다. ④ 인가를 얻지 못한 행위는 무효이나 처벌대상은 되지 않는다.

☆ 궁금합니다. (2004.10.18. OCU)

Q. 허가에 대해서 질문 드립니다!!

강의 내용에서 허가와 특허를 비교해 놓은 것을 보면, 허가는 감독이 공공질서 유지를 위한 "소극적"인 것으로 이뤄진다고 되어 있습니다. 그런데 교수님께서 설명하신 부분을 보면, 허가는 행정기관이 국민을 일방적이고 "적극적"으로 지배하는 관계라고 하셨습니다. 위의 두 가지의 내용이 서로 모순되는 것 같은데, 이에 대한 자세하신 설명을 부탁드립니다!!
그럼 더욱 알찬 강의 부탁드립니다!!!! ^ ^

A. 감독과 관련하여 특히 특허와 비교해서는 허가는 일단 일정한 요건을 갖추면 큰 하자 없는 한 내주어야 하는 것이고 따라서 그 감독도 소극적인 것에 그친다 할 것입니다. 이에

반해 특허는 일정한 요건을 갖추고도 특별히 권리를 창설해 준다는 의미에서 아무에게나 주는 것이 아니라 특별히 선정될 수 있어(특허는 재량행위) 그 만큼 국가에게 해야 할 의무도 감독도 철저해진다는 의미입니다. 따라서 허가는 특허에 비해서 감독상 소극적일 수밖에 없습니다.

그런데, 아래 부분은 인가와 비교되는 부분이라 할 수 있습니다. 인가는 사인간의 거래행위가 행정이 개입하여 이를 완성시키는 행위이기 때문에 최소한의 개입만 가능할 뿐 개입으로 인하여 원래의 거래관계를 변화시킬 수는 없습니다. 그에 비해 허가는 사인간의 거래행위에 개입하는 것이 아니라 행정의 허가처분만에 의해 일정한 영업 등의 자유를 얻게 되거나 하는 것이므로 좀 더 적극적이어도 수용가능하게 됩니다. 결국 허가가 적극적이라는 말은 인가에 상대하여 그렇다는 의미가 되겠지요.

정리하면 행정과 상대방과의 관계에서 허가는 특허에 비해서는 소극적이지만, 인가에 비해서는 적극적이라 할 것입니다.

☆ 궁금합니다. (2005.4.15. OCU)

Q. 민법에서 설명하는 인가와 허가는 행정법에서의 인가, 허가와 다릅니다. 그 이유는 무엇인가요?

지난해 법 교양과목 수업시간에 법인의 출현은 국가의 '허가'를 필요로 한다고 들었습니다. 그렇다면 사립학교는 비영리법인에 속하게 되는데 '사립학교법인 설립허가'가 인가로 구분되는 근거는 무엇입니까? 사립학교법인이 비영리(영업활동이 아닌)이기 때문입니까?

A. 드디어 인가와 허가의 개념에 관한 혼돈이 시작되었군요. 공부가 좀 되었다는 증거라 생각되어 기분이 좋습니다.

민법에서는 법인의 설립에 관하여 허가주의를 원칙으로 하고 있습니다. 최근 민법의 개정 논의에서 이것을 인가주의로 바꾸려고 하며, 이 부분은 개정되는데 큰 문제가 없을 것이라고 보여집니다.

그런데 문제는 허가와 인가에 대한 개념이 민법과 행정법이 서로 다르다는데 있습니다.

민법에서는 법정요건을 준수하면 처분을 해주는 것을 인가라 하고, 법정요건에 더하여 처분여부에 행정의 재량이 더해지는 것을 허가라고 이해합니다. 그러나 행정법에서는 인가는 다른 법률주체간의 행위를 완성시켜 주는 행위로, 허가는 금지되었던 자유(*특히 영업의 자유를 주로 말함)를 회복시켜 주는 것을 말합니다. 민법과 행정법 중 어떤 것이 더 맞는 걸까요.

생각건대 행정법적 설명이 더 정확하다고 보여집니다. 법인의 설립을 인가해 준다 함은 법인이 하는 행위를 법률적으로 유효해지도록 국가가 승인해 준다는 것을 의미합니다(원래는 사람만이 유효하게 법률적 행위를 할 수 있습니다.).

따라서 법인의 설립은 허가라는 표현을 쓰더라도 그것의 법적 성격은 인가라고 할 수 있지요. 민법에서는 자유의 회복으로서의 허가를 다룰 수 없습니다. 왜냐하면 민법은 개인 간의 법률관계를 다루는 것이고, 자유의 회복은 우월한 주체인 국가 등 행정주체만이 할 수 있을 테니까요.

그러면 민법이 허가주의에서 인가주의로 개정한다는 것은 무슨 의미일까요? 그것은 인가의 조건을 완화해 주겠다는 의미입니다.

사실 이러한 인허가 개념의 혼돈은 관공서에서 근무하는 일선 공무원들에게서도 발견됩니다. 그들이 말하는 인·허가는 모두 허가를 말합니다. 여기서 인가는 완화된 허가를 의미하는 것이지요.

장황한 설명이었지만 이해하였을 것이라 생각됩니다. 이해가 안되면 연구실로 찾아와서 다시 물어보기 바랍니다.

3. 변경

상대방의 법적 지위를 변경시키는 행위로 설권행위와 권리박탈행위의 결합의 성질을 가진다(환지처분, 공무원징계변경).

4. 권리박탈

상대방의 법적 지위를 소멸시키는 행위(공기업특허취소, 광업허가취소, 공무원면직처분)

5. 공법상 대리

행정기관이 법률상 당사자를 대신하는 행위로, 법률행위효과는 당사자에게 귀속한다. 행정기관의 대리권은 당사자의 수권에 의한 것이 아니라 법률의 규정에 의한 것이므로 법정대리만을 의미한다.

cf) 조세체납처분으로서의 공매처분, 행려병사자의 유류품매각, 감독청에 의한 공법인의 임원임명

제 4 항 준법률행위적 행정행위

준법률행위적 행정행위란 행정행위의 법률효과가 행정기관의 의사표시가 아닌 정신작용의 표현(판단·인식·사실의 통지 등)을 내용으로 하는 처분을 말한다. 확인, 통지, 공증, 수리 등으로 구분된다.

※ 의사표시에 의한 것이 아니므로 부관을 붙일 수 없다.

1. 확인

법률관계의 존부(存否)·정부(正否)를 행정기관이 공권적으로 판단하는 것을 말한다. 이것은 사실이나 법률관계를 확정함으로써 의문이나 다툼을 해소하는 것을 목적으로 한다. 넓은 의미의 사법행위(司法行爲)이며 성질상 기속행위에 속한다(예, 당선인의 결정, 발명품의 특허, 행정심판의 재결, 교과서의 검정, 합격자결정, 주차금지구역의 지정(도로교통법 제29조) 등).

2. 공증

법률관계 존부(存否)를 공적으로 증명하는 것을 말한다. 의문이나 다툼이 없는 분명한 사실 또는 법률관계에 대하여 공적 증명력을 부여하는 것을 목적으로 하며, 그 성질은 인식의 표시이다. 각종 공부(公簿)에 기재하거나 등록하는 행위가 여기에 속한다(예 : 부동산등기부에의 등기, 선거인명부에의 등재, 여권발급, 각종 증명서 발급 등).

3. 통지

특정인 또는 불특정다수인에게 일정한 사실 또는 의사를 알리는 행위이다(예 ; 도로의 일정한 구간에 대한 통행금지 또는 제한의 공고(도로교통법 제6조 5항), 특허출원의 공고, 대집행의 계고, 조세체납자에 대한 독촉 등).

4. 수리

행정청이 사인의 행위를 유효한 행위로 받아들이는 행위이다. 수리는 특히 신고에 관하여 행해지는 경우가 많다. 원래 신고는 수리를 요하지 않는 행위이나, 완화된 의미의 허가로 사용되는 경우에는 수리를 요하게 된다. 즉 법규가 사인에게 일정한 사실을 행정기관에 신고할 의무를 부과하는 경우에 그 신고가 요건을 갖추었다고 판단되면 기관은 이를 수리함으로써 금지를 해제하게 된다(예 ; 도로교통법 제50조 2항에 의한 교통사고 신고의 수리, 자동차운전학원의 휴 · 폐원신고의 수리 등).

– 단순한 도달 · 접수와 구별

- 효과– 사법적(私法的) 효과 발생하기도 하며(혼인신고의 수리), 행정청에 일정한 의무 발생하기도 한다(행정심판청구서수리, 응시원서의 수리).
- 행정청의 심사 범위- 형식적 요건만 심사할 뿐 실질적 요건은 심사 못한다.

☆ 궁금합니다. (2003.4.27. OCU)

Q. 통지와 고지의 차이점이 무엇입니까?

A. 통지와 고지는 실제로는 거의 같습니다.

그러나 효과면에서 좀 다른데 통지는 준법률행위이기 때문에 법률에 규정된 대로 효과가 발생합니다. 그러나 고지는 사실행위이기 때문에 일정한 사실을 알려주는데 그칩니다. 다시 말하면 통지는 법률적 효력이 발생하는 행위이고 고지는 그렇지 않다는 것입니다. 또 통보라는 용어도 있는데 이것도 고지와 같은 의미로 이해됩니다.

5. 준법률행위의 처분성

준법률행위도 법률행위의 성질(법률효과를 발생하는 등)을 기본적으로 가지므로 처분성을 갖는다고 봅니다. 그러나 공증에 대해서는 학설의 대립이 있었는데 종래 판례에서는 공증의 처분성을 부정하였으나, 최근 판례(2004.4.22 대판 2003두9015)에서는 이를 변경하여 토지대장의 지목변경행위 등 일부의 공증행위에 대해 처분성을 인정하였다. 단 모든 공증에 대해 처분성을 인정하는 것은 아니다.

▶공증의 처분성

종래 대법원의 판결은 공증은 법적 관계를 증명하는 것일 뿐, 공증 자체로는 권리의무관계에 변동을 가져오지는 않으므로 이에 대해서는 행정처분으로서의 성질을 인정하지 않았다. 그러나 최근 대법원 전원합의체 판결(대판 2003두9015)에서는 지목변경신청에 대한 거부처분에 대해 행정소송의 대상이 된다고 함으로써 종래의 입장을 변경하여 처분성을 인정하였다. 이로써 과거의 판결로서 지목변경신청의 반려에 대해 행정소송의 대상성을 부인한 판결(대판 80누456 등)과 지적공부 소관청 직권으로 지목을 변경한 것에 대한 변경신청을 거부한 행위에 대해 행정처분이라고 볼 수 없다고 한 판결(대판 71누103등)을 모두 변경하게 되었다. 다만 이 판례로 인하여 모든 공증행위에 대해 처분성을 인정한 것은 아니며 토지대장의 지목변경행위 등 일부 유형의 공증행위에 대해서만 처분성을 인정한 것이다.

☆ 궁금합니다. (2003.4.11. SDU)

Q. 교수님 안녕하세요.

6주차 강의에서 신고의 수리에 대하여 상대방이 수리는 불문한다고 하셨는데, 행정실무상 관공서에 신고를 요하는 사항이 있을 때, 그 사항에 대하여 신고를 하였는데, 관공서에서 서류미비 등을 이유로 반려하는 경우에도 신고에 의해 당연히 금지가 해제된 것으로 보고 특정행위를 해도 좋은지요.

그리고 신고행위에 대해서도 행정관서에서 특정사유를 들어 신고접수를 거부할 수 있는지 궁금합니다. 다음에 또 뵙겠습니다.

A. 신고에는 본래적 의미의 신고도 있지만 변형되어 허가에 가깝게 쓰이고 있는 신고도 있습니다. 교과서에서 설명하고 있는 것은 본래적 의미의 신고를 원칙으로 합니다. 신고는 상대방의 수령을 요하는 행위가 아니고 일방의 의사전달로서 족하기 때문에 수리와는 어울

리지 않는다고 할 것입니다. 일선 행정관서에서 "통보"라고 쓰고 있는 용어가 본래적 의미의 신고에 가깝다고 하겠습니다.

그런데 신고는 변형되어 수리를 요하는 것으로 쓰이기도 합니다. 이것을 수리를 요하는 신고라 부릅니다. 그러나 용어에서도 알 수 있듯이 본래적 의미의 그것은 아니고 일종의 "변종의 신고"라고 할 수 있을 것입니다. 본래적 의미의 신고가 행정기관의 아무런 심사 없이도 가능한데 비하여, 수리를 요하는 신고는 적어도 행정기관의 형식적 심사는 거치게 되고, 거기에 만족되지 못하면 신고거부를 당할 수 있습니다. 이 때 신고거부는 뒤에서 배우겠지만 처분성을 가진 것이어서 쟁송의 대상이 될 수 있습니다. 물론 본래적 의미의 신고는 거부를 할 수 없을 뿐더러 이를 거부하더라도 거부 자체가 의미 없는 것이기 때문에 그대로 유효한 행위가 됩니다.

학생이 질문한 경우처럼 구비서류를 요하는 신고는 수리를 요하는 신고에 해당하는 경우라고 생각할 수 있습니다. 이것은 일종의 규제로서 역할을 하기 때문에 허가에 준하는 성질을 갖게 되기도 합니다.

결론입니다. 본래적 의미의 신고는 수리를 요하지 않으므로 신고를 받지 않는 것이 아무런 의미가 없습니다. 수리를 요하는 신고는 형식적 심사 등을 거치므로 거부할 수 있으며, 민원인은 이에 대해 불복하여 심판, 소송등으로 거부에 대한 취소를 다툴 수 있습니다.

돌발퀴즈 Q. 법률행위적 행정행위와 준법률행위적 행정행위의 차이점이 아닌 것은?

① 구성요소　　② 효과의 내용

③ 의사표시　　④ 행정쟁송의 제기가능성

⑤ 행정행위의 부관가능성

A. 4

☆ **궁금합니다.** (2004.4.8. SDU)

Q. 준법률행위적 행정행위의 처분성

강의를 빼 먹지 않고 듣는데도 퀴즈 문제는 어렵군요?

"준법률행위적 행정행위"는 처분성이 없는가? 라는 질문이 있던데 예를 들어 설명해 주시면 고맙겠습니다.

A. 준법률행위적 행정행위도 "준"이라는 수식어가 붙어 있을 뿐 법률적 효력을 발생한다는 점에서는 법률행위와 같다고 보면 될 것 같습니다.

처분성이 인정되는가 하는 것은 이런 행위를 받았을 때 소송(특히 취소소송)을 제기할 수 있는가 하는 문제입니다.

준법률행위 중 '확인'을 봅니다. 합격자발표나 발명특허가 확인에 해당합니다. 합격자발표에 대해 불합격자로 문제출제잘못을 시비로 혹은 기타의 이유로 소송을 제기할 수 있습니다. 또 발명특허도 마찬가지입니다.

수리 봅시다. 신고했는데 수리해 주지 않으면 수리거부에 대한 취소소송가능합니다. 물론 이때의 신고는 수리를 요하는 신고에 한합니다.

통지 봅시다. 대집행의 계고와 같은 것이 통지입니다. 계고시 날짜를 잘못 지정했다거나 기타의 이유로 취소소송 가능합니다.

공증의 경우는 학설의 대립이 있으나, 법적 관계를 증명하는 것일 뿐, 공증 자체로는 권리의무관계에 변동을 가져오지는 않으므로 공증에 대해서는 처분성을 인정하지 않는 것이 종래 판례의 입장이었습니다. 그러나 최근 대법원 전원합의체 판결(대판 2003두9015)에서는 지목변경신청에 대한 거부처분에 대해 행정소송의 대상이 된다고 함으로써 종래의 입장을 변경하여 일부 공증행위에 대해 처분성을 인정하였습니다. 이로써 과거의 판결로서 지목변경신청의 반려에 대해 행정소송의 대상성을 부인한 판결(대판 80누456등)과 지적공부 소관청 직권으로 지목변경한 것에 대한 변경신청 거부행위에 대해 행정처분이라고 볼 수 없다고 한 판결(대판 71누103등)을 모두 변경하게 되었습니다.

제 5 절 행정행위의 부관

1. 의의

행정행위의 효과를 제한하기 위해 주된 의사표시에 부가시키는 종된 의사표시를 말한다. 법령이 직접 특정한 행정행위의 효력을 제한하기 위해 붙인 부관 즉 법정부관은 포함되지 않는다(예컨대, 허가처분을 하면서 기한을 3년으로 한 것은 부관의 예이며, 광업법상 광업권 존속기한을 25년으로 하고 있는 것은 법으로 부관을 정하고 있으므로 법정부관이라 한다).

2. 종류

1) 조건

조건에는 정지조건과 해제조건이 있다. 정지조건이란(~하면~한다)의 구조로 되어 있으면서, 조건성취로 권리가 발생하는 것을 말한다. 또 해제조건이란 조건의 성취로 권리가 소멸하는 것을 말한다(예 ; 6개월내 공사에 착수하지 않으면 허가의 효력을 상실한다는 건축허가).

2) 기한

기한은 조건과 구별되는데, 조건은 불확실한 장래에 대한 예측임에 비해 기한은 확실한 장래적 예측이다. 여기에는 기한이 정하여져 있는지의 여부에 따라 확정기한과 불확정기한(예 ; 甲이 사망한 때)의 구분이 있고, 또 시기(始期)와 종기(終期)로 구분하기도 한다.

3) 부담

부담부 행정행위는 처음부터 효력이 발생하고 다만 특별한 의무가 부과되는데 지나지 않는다.

조건 성취 시까지 효력이 불확정상태에 있는 조건부행위와 구별된다. 특히 처분을 하면서 일정기간 내에 어떤 요건을 갖추라고 하면서 발하는 '해제조건부 처분'(예: 주차장 설치를 조건으로 영업허가를 내주는 조건부허가)의 경우 부담과 아주 유사하다. 이 경우 일단 처분이 발하여졌으므로 조건과 부담의 구별은 쉽지 않은데, 부가해진 요건(의무)이 처분의 성취와 어떤 관계에 있는가가 구별기준이 될 것이다. 예컨대 부가해진 요건이 처분을 위한 반드시 필요한 '필연적 관계'에 있는 것이라면 '조건'으로 판단되어야 하고, 그렇지 않다면 '부담'으로 판단되어져야 할 것이다. 부담으로 가해진 의무를 이행하지 않으면 강제집행하며, 철회원인이 될 수도 있으나, 철회는 아주 제한적이다

부담의 예로는 영업허가를 하면서 각종의 준수의무를 명하는 것, 도로 점용허가 시에 점용료를 부과하는 것 등을 들 수 있다.

부담은 부관 중 실례(實例)가 가장 많으며, 허가, 특허 등 수익적 행정행위에 붙

이는 것이 보통이다. 또 부담은 그 자체에 독자적 규율성, 처분성이 인정되어 독립된 행정행위로 행정쟁송의 대상이 될 수 있다는 것이 학설・판례의 입장이다.

▸ **조건과 부담의 구별기준**

1. 처분보다 선행하는가? 처분보다 선행하면 조건, 후행하면 부담이다.
2. 처분과 부관이 필연적 관계에 있는가? 처분을 기준으로 선후관계만으로 결정할 것이 아니라 필연적 관계에 해당하면 조건, 그렇지 않으면 부담이라고 판단하여야 한다. 반드시 필요한 요건인데도 시기상 일단 허가를 하고, 일정기간 내에 요건을 갖출 것을 약속하면서 조건부 허가를 하는 경우가 있다. 이것은 조건이다. 그런데, 체육관을 건축하는데, 진입로를 기부채납할 것을 조건으로 하였다면 이것은 부담에 해당한다.
3. 애매할 때는 시민의 이익으로! 조건인지 부담인지 판단이 어려울 때는 행정의 상대방에게 유리하게 해석한다.

4) 철회권 유보

주된 의사표시에 부가하여 특정한 경우에 행정행위를 취소 철회할 수 있는 권리를 유보하는 경우가 있다. 특허와 허가에서 실례를 많이 볼 수 있으며, 철회권이 유보되었다는 사실만으로 철회권을 행사할 수는 없으며, 공익상 필요라는 요건을 갖추어야 한다. 이 때문에 철회권 유보는 무의미하다는 견해도 있다.

※ 다만 철회권이 유보되어 있는 경우 행정의 상대방은 신뢰보호를 주장할 수 없게 되므로 철회권의 제한이나 철회로 인한 손실보상 등을 주장할 수 없다.

5) 법률효과의 일부배제

행정행위의 주된 의사표시에 부가하여 법령상 그 행위에 부과하고 있는 법률효과의 발생을 일부 배제하는 행정기관의 의사표시로 법령에 특별한 근거를 요한다(택시영업 허가하되 격일제로 운행하도록 지시).

♣ Exercise 사례와 부관의 유형

① 택시영업을 허가하되 격일제로 운행하도록 지시 - ?

② 허가를 내 주되 그 유효기간을 2년간으로 함 - ?

③ 음식점 영업허가의 요건으로서 주차장 설치를 의무화함 - ?

④ 내년 1월 1일부터 효력을 발생하는 도로 점용허가 - ?
⑤ 도로점용을 허가하되 야간에 한 하도록 함 - ?
⑥ 관광객수송용에 국한된 면세자동차의 수입 - ?
⑦ 숙박영업을 허가하면서 윤락행위를 알선, 조장하는 일이 없도록 하라는 지시 - ?
⑧ 여권에 기재된 유효기간 - ?
⑨ 후에 행정청의 지시를 위반할 경우 허가를 취소할 수 있음을 통지하고 건축허가를 내줌 - ?
⑩ 비가 오면 사용을 중단할 것을 조건으로 하는 운동장 사용허가 - ?

답. ① 법률효과의 일부배제 ② 기한 ③ 조건(해제조건): 일단 조건부허가로 허가를 내준 뒤 후에 조건이 성취되지 않으면 소급하여 취소함 ④ 기한(시기) ⑤ 법률효과의 일부배제 ⑥ 조건 ⑦ 부담 ⑧ 기한(종기)(*준법률행위인 공증에 부기된 종기) ⑨ 철회권의 유보 ⑩ 조건(해제조건)

3. 한계

1) 부관의 가능성

자유재량행위에 속하는 법률행위적 행정행위에만 부관을 붙일 수 있다(통설).

① 법률행위적 행정행위: 주된 의사표시에 부가된 것이므로 의사표시를 요소로 하지 않는 준법률행위에는 부관을 붙일 수 없다.

② 자유재량행위: 기속행위는 법규에 기속되므로 의사로 법규가 정하는 법률효과를 제한 못한다.

※ 확인 및 공증에 대해서는 종기(終期) 정도의 부관을 붙일 수 있으며, 법률행위적 행정행위 가운데도 신분설정적 행위(예 ; 귀화의 허가)에는 기한이나 철회 전의 유보와 같은 부관을 붙일 수 없다고 하는 견해도 있다.

2) 부관의 한계성

법령의 범위 내, 행정목적의 범위 내에서 붙일 수 있으며, 비례원칙과 평등원칙 등에 부합하여야 한다.

4. 하자있는 부관과 행정행위의 효력

1) 하자있는 부관자체의 효력

하자가 명백한 경우 그 부관은 무효이며, 하자가 명백하지 아니한 경우에는 취소할 수 있는 부관이 된다.

2) 행정행위의 효력

① 무효인 부관이 붙은 행정행위의 효력: 부관 없는 행정행위가 되며(즉 본체인 행정행위는 유효), 부관이 중대한 것이면 본체행위도 무효가 된다.

② 취소할 수 있는 부관이 붙은 행정행위의 효력: 취소확정 전까지는 유효하며, 취소가 확정되면 무효의 경우와 같다.

3) 사후부관(事後附款)

부관은 원칙적으로 사전적 개념인데 때에 따라 사후적으로 부관을 붙이는 경우도 있는데, 이 경우 법령에 근거, 상대방의 동의, 중대한 사정변경이 있을 때만 가능하다는 것이 통설이다.

☆ 궁금합니다. (2003. 4. 17. SDU)

돌발퀴즈 Q1. 철회권의 유보에서 철회의사표시만 있으면 곧바로 철회권 행사가 가능한 것인지? 철회권 행사가 있으면 곧 효력이 소멸되는 것인지? 여기서 철회의 사유로서 공익상 필요라는 것이 행정청의 자체판단으로도 가능한 것인지 아니면 상대방이 불복할 경우 행정쟁송에서 판단할 사항인지?

A. 유보된 사실이 발생하고 철회권을 행사하는 것이 공익상 적당하다고 생각될 때 즉 철회권 행사의 일반요건이 성립할 때 철회권을 행사하게 됩니다. 그래서 실제로는 철회권의 유보가 의미 없는 것이라고 말하기도 합니다. 즉 철회권을 유보해 놓지 않더라도 철회권을 행사할 수 있는 일반적 요건이 발생했을 때는 철회할 수 있기 때문입니다.

물론 철회권을 행사함으로써 기존의 행정처분의 효력을 소멸하게 됩니다. 물론 소급하지는 않습니다. 여기서 공익상의 판단이라는 것은 주로 철회권 행사를 위한 일반적 요건의 충족을 의미합니다. 처분의 상대방입장에서 철회권의 행사에 하자가 있다고 생각되면 이에 취소를 구하는 쟁송을 제기할 수 있을 것입니다.

Q2. 법률효과의 일부 배제에서 법령에 특별한 근거를 요한다고 했는데 이 경우 법정부관하고는 어떤 차이점이 있는 것인지요? 아래와 같이 제가 이해하고 있는 것이 맞는 것인지 살펴봐 주세요. 예를 들면 법령상 "광업권의 허가기간은 25년 이내로 한다"로 규정한 것이 법정부관이고 법령상 "택시영업 허가는 필요한 경우 영업을 제한할 수 있다"라는 제한규정을 두어야만 법률효과의 일부배제가 가능한 것으로 저는 이해하고 있습니다. (맞는 것인지?)

A. 법률효과의 일부배제에 관하여 이해하고 있는 것이 맞습니다. 개인택시운송사업면허를 하면서 3부제 운행을 명하는 것은 그 근거조항으로서 여객자동차운수사업법 제5조 제3항을 들고 있는데, 그 내용은 다음과 같습니다.

"건설교통부장관 또는 시·도지사는 제1항의 규정에 의하여 면허 또는 대통령령이 정하는 여객자동차운송사업의 등록을 함에 있어서 필요하다고 인정하는 경우에는 건설교통부령이 정하는 바에 의하여 운송할 여객등에 관한 업무의 범위나 기간을 한정하여 면허(이하 "한정면허"라 한다)를 하거나, 여객자동차운송사업의 질서를 확립하기 위하여 필요한 조건을 붙일 수 있다. 〈개정 2000.1.28〉"

법정부관과의 차이는 법정부관은 부관의 내용이 확정되어 있지만 법률효과의 일부배제는 부관의 내용에 대한 근거만 있고 부관의 구체적 내용은 행정기관에서 정하게 된다는 점이 다릅니다. 법적 근거에는 제한에 관한 규정만 있고 이를 2부제로 하던지 3부제로 하는 것은 구체적 명령(의사표시)를 통해 이루어지기 때문입니다. 법률효과의 일부배제는 이러한 성질 때문에 부관에서 제외하려는 견해도 있습니다.

Q3. 하자가 승계되지 않는 경우에서 과세처분과 체납처분에서 과세처분이 부당한 것을 체납처분 당시 알았다고 해도 선행행위인 과세처분의 하자가 승계되지 않으므로 체납처분에 대해 이의를 전혀 제기하지 못하고 체납의무를 실행하여야 하는 것인지?

A. 하자의 승계는 잘못 이해하고 있군요.
과세처분과 체납처분은 별개의 행위라는 것입니다. 체납처분의 과정으로서 독촉을 하고 영장을 발부하고 매각실행을 하는 일련의 행위는 하나의 과정으로서 이루어지므로, 독촉과정에서 발생한 하자는 매각 실행하여 충당할 때까지 승계될 수 있지만, 과세처분에서의 하자는 체납처분 시에는 승계되지 않는다는 말입니다. 별개의 행위이므로, 즉 과세처분 당시 하자가 있었는데 이를 제기하지 않고 있다가 제소기간을 도과해 버리면 더 이상 쟁송을 제기할 수 없게 됩니다. 그런데 독촉과정에서 하자가 발생한 경우라면 이것은 매각 처분 실행 시 에도 승계되어 예컨대 독촉당시의 하자가 있었고, 처분이 있은 날로부터 180일이 경과하여 더 이상 다툴 수 없는 것처럼 생각될 수 있으나, 아직 매각 처분 실행 시까지는 하자가 승계되고 있으므로, 매각 처분 실행의 시점을 처분의 시점으로 보아 행정쟁송을 제기할 수 있다는 말입니다. 다시 말하면 행정쟁송의 제기기간을 독촉의 시점부터 카운트하는 것이 아니라 하자가 승계되었으므로 매각처분실행의 시점부터 카운트한다는 말입니다.

제 6 절 행정행위의 성립과 효력

1. 행정행위의 성립요건

① 주체적 요건: 법정의 요건을 갖춘 행정기관이 정당한 의사에 기하여 행한 것일 것.

② 내용적 요건: 법률상·사실상 실현가능해야 하며, 객관적으로 명확하고 법령과 공익에 부합.

③ 절차적 요건: 소정에 절차가 요구되는 경우 그에 따를 것.

④ 형식적 요건: 요식행위인 경우 그 형식을 갖출 것.

2. 행정행위의 효력발생

행정행위는 성립요건을 갖춤으로써 유효하게 성립하나 그것이 현실적으로 효력을 발생하기 위해서는 상대방에게 통지되어 도달되어야 한다. 여기서 「도달」은 상대방이 알 수 있는 상태에 있으면 족하며, 상대방이 현실적으로 수령하여야 함을 의미하는 것은 아니다.

행정행위의 효력발생요건으로서 통지의 방법에는 행정절차법에 따라 주로 특정인을 상대로 하는 '송달'의 방법(송달받을 자를 확인할 수 없는 경우에 관보, 공보, 게시판, 인터넷 등에 하는 '공고' 포함)과 행정기관이 불특정다수인에게 일정한 행정사항을 '문서의 형식'으로 알리는 '공고'의 방법이 있다.

1) 송달과 공고

송달의 방법은 우편, 교부 등의 방법으로 하며, 특정인에 대하여 행정처분을 하고자 할 때 송달받을 자의 주소 등을 통상의 방법으로 확인할 수 없거나 송달이 불가능한 경우에는 게시판, 관보, 공보 또는 일간신문에 공고한다(행정절차법 제14조 제4항). 공고의 경우 특별한 경우를 제외하고는 공고일로부터 14일이 경과한 때 그 효력이 발생한다(행정절차법 제15조).

2) 공고문서에 의한 공고

'불특정다수인'에 대하여 일률적으로 적용하기 위하여 특히 공문서에 의해 행정기관이 일정사항을 알려주는 방법으로는 공고·고시가 있다. '공고문서'의 경우에는 특별한 규정이 있는 경우를 제외하고는 그 고시 또는 공고가 있는 후 5일이 경과됨으로써 효력을 발생한다.

3. 행정행위의 효력

여기서의 효력은 행정기관과 상대방·이해관계인에 대한 구속력을 의미하며, 여기에는 공정력/확정력/강제력 등이 있다.

제 7 절 행정행위의 하자

제 1 항 행정행위 하자의 의의와 구분

1. 행정행위의 하자

행정행위는 법에 적합하고, 공익에 부합해야 완전한 효력을 발생하는데, 그에 어긋나는 경우 완전한 효력을 발생시키지 못한다. 이러한 방해 사유를 하자(瑕疵)라 한다. 여기에는 위법한 경우와 부당한 경우가 포함된다.

2. 무효인 행정행위와 취소할 수 있는 행정행위의 구별

1) 무효와 취소의 구별

(1) 무효

처음부터 효력이 없다.

(2) 취소

성립에 하자있어도 취소가 있기 전까지는 효력을 가지나, 취소권을 행사함으로써 효력을 잃는다.

2) 무효원인인 하자와 취소원인인 하자의 구별기준

(1) 중대명백설(通,判)

행정행위가 내용상 중대한 법규위반이고, 또한 외관상 명백한 하자가 있는 경우에는 무효 사유이며, 그에 이르지 않은 경우에는 취소 사유에 그친다.

(2) 하자효과의 개별화이론

무효와 취소는 하자의 종류와 정도, 관계되는 이익도 고려하여 구체적 개별적으로 결정해야 한다. 즉 하자있는 행정행위의 효과는 행위의 본질, 사회적 기능 등을 고려하여 개별적 · 구체적으로 결정되어야 하며, 미리 하자의 태양(態樣)을 무효인 것과 취소할 수 있는 것으로 고정시키는 것은 부당하다고 한다.

※ 하자의 치유와 전환은 개별화이론이 적용된 것.

(3) 무효 · 취소구별의 상대화이론

하자의 중대 · 명백성은 재판관의 판단의 기준이 되기는 하지만 판결에 의해 확정되기 전까지는 누구도 무효인지 취소인지 말할 수 없다고 하여 무효와 취소의 구별의 상대화를 주장하기도 한다.

3) 무효와 취소의 이론적 구별기준

(1) 순수이론적 견해

법률행위의 요건을 정하고 있는 법률은 모두 동등한 가치라는 전제아래 법률요건을 결여하면 무조건 무효가 되고, 당해 법규에 취소할 수 있다는 특별한 규정이 있으면 취소 원인이 된다는 견해이다(Kelsen, Merkle 등).

(2) 목적론적 견해

법률행위의 요건을 정한 법률의 가치에 경중(輕重)의 차이를 인정하고 이에 따라 하자의 효과에 차이를 인정한다.

① 취소를 원칙으로 하는 견해: 오토 마이어(O. Mayer) 행정행위는 그 자체가 구속력이 있고, 자기확인력이 있다는 것을 전제로 하자가 있더라도 일단 유효하게 성립하고 권한 있는 기관의 취소로 비로소 효력을 잃다. 다만 행정기관이 아닌 자의 행위, 권한 밖의 행위는 무효라고 한다.

② 무효·취소를 함께하는 견해: 하자의 효과로 무효와 취소를 인정하되, 다시 어느 것을 주로 하느냐에 따라 견해가 갈림.

가) 무효를 주로 하는 견해 - 무효와 취소를 함께 인정하되, 행정법규의 강행성과 행정작용의 공익성을 전제로 하자 있는 행정행위는 주로 무효가 된다는 주장

나) 취소를 주로 하는 견해 - Fleiner, Andresen 행정행위의 적법성보장, 상대방의 신뢰보호 등을 이유로 하자있는 행정행위는 주로 취소가 된다는 주장.

4) 무효와 취소의 구별 실익

하자있는 행위를 무효인 행위와 취소인 행위로 구분하는 필요성은 다음과 같다.

(1) 공정력

취소할 수 있는 행정행위는 공정력에 의하여 취소되지 않는 한 효력을 유지하지만, 무효인 행정해위는 처음부터 효력이 없으므로 누구라도 주장할 수 있다.

(2) 소송의 방식

① 취소할 수 있는 행정행위: 공정력의 제거를 위한 항고소송(취소소송)을 인정한다.

② 무효인 행정행위: 무효확인소송, 무효임을 선결문제로 한 민사소송을 제기할 수 있다(부당이득반환소송, 손해배상소송, 원상회복청구소송).

(3) 하자의 치유와 전환과의 관계

하자의 치유는 원칙적으로 취소할 수 있는 행정행위에 대하여 인정될 수 있으며, 하자의 전환은 무효인 행정행위에 대하여 인정될 수 있다.

(4) 선결문제와의 관계

무효인 행정행위는 민사소송의 선결문제로 당연히 민사법원에서 판결할 수 있으나, 취소할 수 있는 행정행위는 공정력 때문에 민사법원이 선결문제로 판단할 수 있는가에 관하여 논의가 있다. 민사법원에서는 선결문제로서 행정행위의 효력여부를 직접 심판할 수 없고 이를 위해서는 별도의 행정쟁송이 필요하다는 것이 다수설, 판례의 태도이다.

(5) 하자의 승계와의 관계

둘 이상의 행정행위가 연속하여 행해지는 경우, 선행행위가 무효사유인 경우에는 하자가 승계되어 후행행위는 언제나 무효이나, 취소사유인 경우에는 선행행위와 후행행위가 결합하여 1개의 효과를 완성하는 경우에만 하자를 승계한다.

(6) 사정판결을 할 수 없음(반대설 있음)

무효인 행정행위에 대해서는 사정판결을 할 수 없다(多, 判).

☆ 궁금합니다.

Q1. 벌써 한 학기 반이 지났지만 행정법이 대단히 어렵다고 생각됩니다.
행정행위의 하자의 유형 중 무효의 효과에서 사정판결과 선결판단의 개념과 그 예를 들어 추가설명을 해 주셨으면 합니다.

A. 무효와 관련해서 선결문제나 사정판결(사정재결)의 예를 물어오셨는데,

선결문제란 민, 형사상 사건의 해결을 위해서 그 전제로서 행정행위의 유·무효나 위, 적법의 판단이 이루어져야 하는 경우를 말합니다.

예컨대 위법·부당한 조세처분에 의해 조세의무가 없는 자가 세금을 내게 되는 경우나, 법정 과세기준보다 훨씬 많은 세금을 내게 되는 경우에, 그 납부한 세금의 반환을 청구할 때 (민사상)부당이득반환청구 등의 방식으로 하게 될텐데, 부당이득으로 반환을 받기 위해서는 우선 애초의 과세처분이 위법한 것으로 인정되어 취소되거나 무효가 되어야 합니다. 그런데 부당이득반환의 청구를 맡은 민사법원이 그 과세처분이 잘못된 것이니까, 이를 취소할 수 있을 것인가 하는 점입니다. 즉 부당이득 반환이라는 민사사건의 해결을 위한 선결과제로서 행정처분의 유·무효를 민사법원이 다룰 수 있는가 하는 것이 바로 선결문제입니다. 결론은 행정처분의 공정성이라는 성질 때문에 그렇게 할 수 없고, 당해 처분청이 직권으로 이를 취소하거나 또는 행정법원의 판결을 통하여 취소를 받아야 합니다.

하나 더, 그 위법한 사유가 취소의 정도에 그치지 아니하고, 무효에 해당하는 경우에는 이 민사법원에서도 (처분청의 무효선언이나, 다른 행정법원의 무효판단을 기다리지 않고) 바로 과세처분이 무효이므로 부당이득을 반환하라는 판결을 내릴 수 있습니다. 왜냐하면 무효는 언제나, 누구나 주장할 수 있기 때문입니다.

다음 사정재결(사정판결)에 관한 것입니다.

여기서 재결은 행정심판의 결정내용을, 판결은 행정소송의 판결내용을 의미합니다. 이것은 행정쟁송시간에 공부할 것이나 여기서 간단히 설명합니다. 사정재결이나 사정판결이나 같은 취지이므로 사정판결만으로 설명합니다.

행정처분을 받은 개인이 그 처분이 자신에게 위법한 것이라고 생각하는 경우에는 그 처분의 취소를 구하는 소송을 하게 될 것입니다. 예컨대 A는 위법한 처분을 받고 그것은 법원이 판단하기에도 위법하여 취소하는 것이 마땅한 경우가 있다고 합시다. 그런데 이미 그 처분이 이루어진지 오래되었고, 이미 행해진 처분으로 인하여 다른 사람과의 법률관계가 발생하게 되어 그 처분의 취소를 통해 원상회복을 하는 것이 오히려 사회전체의 입장에서는 부정적인 효과가 더 많을 때는 법원에서 위 처분을 취소해야 함에도 불구하고, 그렇게 하지 아니하고 도리어 그 청구를 기각하는 경우가 있는데 이것이 바로 사정판결이라는 것입니다. 사정판결이라는 말에서 볼 수 있듯이 그런 사정이 있어서 원래의 취지와는 다른 판결을 내리게 된다는 말입니다. 그러면 위법한 처분의 취소를 청구한 청구인은 너무 불쌍하지 않습니까. 그래서 사정판결을 하는 경우에도 그 처분이 위법함을 인정하나 이러이러해서 기각의 판결을 내린다는 내용을 주문에서 밝히고, 청구인에게는 처분청에게 손해배상을 명하는 판결을 내리게 되는 것입니다.

Q2. OCU 학생질문(2005. 05. 29)

문제를 푸는데.. 해설이.. 이해가 안갑니다. 그냥 넘길라구 했는데 자꾸 그런 문제가 반복되어서요

1. 행정행위의 위법여부가 선결문제인 경우(국가배상청구소송등)-판결긍정설(민사법원에서 심리가능)
2. 행정행위의 존재여부가 선결문제인 경우(부당이득반환청구소송)-당연무효가 아닌 한 민사법원은 효력부인 못함

*취소할 수 있는 행정행위는 취소쟁송을 제기하여 취소를 구하여야 하지만 무효인 행정행위는 민사소송에서도 그 선결문제로서 무효를 확인받을 수 있다.

*부당이득반환청구의 선결문제로 취소권을 행사할 수 없고 그 위법성 또한 판단할 수 없다.

질문 1) 문제 3개의 해답을 적어 놓은 것 입니다. 젤 첫 번째 것에서는 민사법원에서도 위법성문제가 선결문제인 경우에도 판단된다고 되어 있는데..

두 번째 세 번째 해설에는 위법성은 판단이 안 되고 무효인 경우에만 민사법원에서 판단가능하다고 되어 있는데... 어떻게 된 거죠??

또 하나 궁금한 게 있는데 공정력은 법원을 구속 안하지 않습니까?

공정력은 법원을 구속하지 않아서 입증책임에서 법률요건분류설?이 통설이라고 나와 있었던 것 같은데.. 그래서 공정력과 입증책임은 아무 관계없다고.. 그래서 공정력이 법원을 구속하지 않는다고 생각하고 있었는데 형 이름으로 딴 운전면허로 해서 잡혔을 경우에 공정력이 형사법원을 구속하여 무죄판단을 내릴 수밖에 없다라는 보기 맞다고 나와 있어요..

○○○교수님의 정확한 해설 부탁 드릴께요..^^ 문제집해설보단 교수님이 해설이 훨씬 믿을 만한 것 같아요~~

Q. 질문에 대한 답입니다.

공부는 열심히 하고 있는데 아직 정리가 잘 안되는 것 같습니다. 정리해 드립니다.

1. 공정력은 유효성만 추정하지 위법성은 추정하지 않는다는 것이 판례의 견해입니다. 따라서 위법한 국가작용으로 인해 국가배상청구를 할 때 법원은 국가작용의 위법성을 심

사하고 그에 따라 손해배상판결을 할 수 있습니다. 다만 공정력은 유효성이 추정되는데 그칠 뿐이어서 무효인 행위에 대해서는 적용이 안됩니다. 쉽게 생각하면 공정력은 하자가 있어도 유효한 것으로 봐주는 것인데, 하자가 너무 중대하여 무효인 경우에도 봐준다면 안되겠지요. 따라서 공정력의 개념을 "행정행위가 하자가 있어도 '그 하자가 중대명백하여 무효가 아닌 한' 일응 유효하다고 추정하는 것"이라고 하는 것입니다.

2. 공정력은 당해 법원을 구속합니다. 학생이 예로 든 무면허운전에 대한 사례와 같습니다. 다만 입증책임은 다른 문제입니다. 즉 공정력은 잠정적, 절차적, 형식적으로 유효성을 추정하는 것이지, 실질적, 실체적으로 유효성을 추정하는 것이 아니기 때문에 입증책임에는 영향을 주지 않는 것입니다.

제 2 항 행정행위하자의 치유 및 전환

1. 의의

하자있는 행정행위는 법적 요건에 위배된 행정행위에 효력을 부정하거나 제한함으로써 법규가 기대하는 법률적 가치를 유지, 실현하기 위한 것이다. 하지만 이 경우 행정행위의 효력을 부정하거나 제한함으로써 얻는 이익보다 더 큰 사회적 이익(즉 당사자의 신뢰보호 등)을 기대할 수 있을 때는 하자가 있더라도 일정한 사유의 존재를 근거로 하여 그 행정행위의 효력을 인정해야 하는 경우가 있다.

따라서 취소 사유인 하자에 대해서는 '하자의 치유'를, 무효 사유인 하자에는 하자의 전환을 인정한다.

2. 취소원인인 하자의 치유

하자의 치유란 행정행위가 그 뒤의 어떤 행위 또는 사실(치유사유)에 의해 하자없는 행위로 되고 따라서 종전의 하자를 이유로 취소할 수 없게 되는 것을 말한다.

하자의 사유로는 다음과 같은 것이 있다.

① 시간의 경과: 하자있는 행정행위라도 오랜 기간 방치하여 이미 행정 목적이 달성되었거나 시효, 제척기간 등에 의해 법률관계가 확정되었을 경우 치유될 수 있다.

② 권한 있는 기관의 추인: 하자있는 행정행위일지라도 권한 있는 기관의 추인에 의해 치유될 수 있다.

③ 보정행위: 행정행위에 내포된 하자를 보정하는 행위가 있을 때 행정행위는 치유된다.

④ 공공복리: 공공복리를 이유로 하자가 치유될 수 있다(사정재결, 사정판결).

⑤ 수익적 행정행위: 상대방의 신뢰보호, 법률생활의 안정을 위해 수익적 행위는 직권취소가 제한되기도 한다. 결국 하자의 치유와 같은 효과를 나타낸다.

돌발퀴즈 Q. 제척기간이란?

A. 권리의 예정존속기간을 말합니다. 권리를 행사할 수 있는 일정한 기간을 의미하는 것이기 때문에 소멸시효와 대비하여 설명하기도 합니다. 제척기간이 인정되는 이유는 법률관계를 조속히 확정하기 위해서입니다. 소멸시효와의 차이점은 ① 제척기간에는 중단이 없다는 점, ② 기간의 경과로 인한 법률관계의 소멸은 장래효에 그친다는 점, ③ 시효이익의 포기와 같이 제척기간의 이익의 포기는 없다는 점 등이 있습니다.

3. 무효행위의 전환

원래 의도한 행정행위로서는 무효이지만, 다른 행위로 보면 유효할 때 그 행위로 효력을 인정하는 것을 말한다. 다만 당사자가 새로운 행위로의 전환에 동의하여야 한다. 예컨대 사자(死者)에 대한 특허를 상속자에게 인정, 재산세부과를 상속인에게 인정, 과오납세액을 다른 조세채무에 충당 등이 여기에 속한다.

제 3 항 행정행위하자의 승계

1. 의의

둘 이상의 일련의 행정행위가 있는 경우, 선행행위가 하자가 있지만 이미 출소기간의 경과로 그 효력을 다툴 수 없게 된 경우(불가쟁력 발생)에는 후행행위 자체에는 하자가 없어도 그 선행행위의 하자를 이유로 후행행위의 효력을 다투는 것을 하자의 승계라 한다.

예컨대 과세처분을 받았으나, 그 과세처분은 과표를 잘못 적용하여 위법·부당한 처분이었다. 이에 잘못된 처분이라 하여 이의를 제기하지도 않고 있다가 6개월 후 체납처분의 통지(독촉)를 받게 되었다. 이 때 과거의 과세처분에 하자가 있었음을 들어 그 과세처분의 취소를 청구할 수 있을까? 이것은 불가능하다. 과세처분에 대한 행정쟁송의 제소기간은 이미 종료하였으며, 그 하자가 체납처분의 시기까지 승계하지 않기 때문이다.

다른 예를 들어 보자. 체납처분은 독촉→압류→환가→청산의 순으로 진행된다. 그런데 독촉절차에 하자있었으나 상당기간 방치하여 이미 심판청구기간경과로 불가쟁력이 발생하여 더 이상 취소할 수 없게 된 경우, 이 때의 하자는 다음 처분에도 승계되므로 압류(처분) 있음을 안날. 시기로부터 90일이 지나지 않았다면 압류처분에 대해 전 단계 행위 즉 독촉에서의 하자를 이유로 취소를 구하는 행정쟁송을 제기할 수 있다.

2. 하자가 승계되는 경우

하자가 승계되는 경우란 선행행위와 후행행위가 결합하여 1개의 효과를 완성하는 경우를 말한다.

판례는 압류와 공매처분에 하자 승계 인정, 계고와 대집행실행, 무효인 조례와 그 조례에 근거한 지방세부과처분 등의 경우에 하자의 승계를 인정하였다.

cf) ⓐ 조세체납처분에서의 독촉 · 재산압류 · 매각 · 충당의 각 행위
ⓑ 행정대집행에 있어서의 계고 · 통지 · 실행 · 비용징수의 각 행위
ⓒ 무효인 조례와 그에 근거한 지방세부과처분
ⓓ 토지구획정리사업에 있어서의 환지예정지지정처분과 공작물이전명령
ⓔ 암매장분묘개장명령과 후행계고처분
ⓕ 귀속재산의 임대처분과 후행매각처분
ⓖ 한지의사시험자격 인정과 한지의사면허처분
ⓗ 안경사국가시험합격 무효처분과 안경사면허처분 취소
ⓘ 개별공시지가의 결정과 과세처분사이(*판례는 이와는 달리 표준지 공시지

가[10]의 결정과 과세처분사이에는 하자의 승계를 부정한 바 있다)

ⓙ (구) 기준지가 고시처분과 토지수용처분(*기준시가는 현재는 표준지공시지가로 바뀌었음)

※ 표준지공시지가 → 토지보상의 기준 개별공시지가 → 세금 등 각종 금전급부의무 등의 기준

※ 무효인 경우에는 당연히 후행행위에 하자가 승계 되나, 하자의 승계를 인정할 실익이 없다.
(무효인 경우에는 불가쟁력이 발생하지 않으므로 선행행위에 대해 쟁송을 제기할 수 있기 때문)

3. 하자가 승계 되지 않는 경우

하자가 승계되지 않는 경우란 선행행위와 후행행위가 독립하여 별개의 효과를 목적으로 하는 경우를 말한다.

판례는 과세행위와 체납처분, 지방의회에서의 의안의결(議案議決)과 지방세부과, 직위해제처분과 면직처분, 공토법상 국토해양부장관의 사업인정과 토지수용위원회의 재결 등에서 선행행위가 당연 무효인 경우를 제외하고는 하자의 승계를 부인한다.

cf) ⓐ 하명처분과 계고
ⓑ 도시관리계획결정과 수용재결처분
ⓒ 변상판정과 변상명령
ⓓ 감사원의 시정요구 결정과 그에 따른 행정처분 취소

10) 표준지 공시지가와 개별공시지가의 구분:
원래 공시지가는 합리적이고 일관성 있는 지가정보체계를 세우기 위해 지가공시법에 따라 산정하여 공시하는 땅값이다. 이것은 과거 행자부의 과세시가표준액, 국토해양부의 기준시가, 감정원의 감정시가 등을 1989년 7월부터 일원화시킨 것이다. 공시지가에는 국토해양부장관이 공시하는 표준지 공시지가와 시장, 군수, 구청장이 조사하여 산정하는 개별공시지가가 있다. 표준지 공시지가는 전국 2,700만 필지 중 대표적인 45만 필지를 골라 지가를 산정하며, 이는 토지보상금과 개별공시지가를 산정하는데 중요한 기초가 된다. 또한 개별공시지가는 양도소득세, 상속세, 종합토지세, 취득세, 등록세 등 국세 및 지방세는 물론 개발부담금, 농지전용부담금 등 각종 토지 관련 금전납부의무의 과세기준이 되었다.

ⓔ 지방의회에서의 의안의 의결과 지방세부과
ⓕ 액화석유가스판매사업 허가처분과 사업개시신고 반려처분
ⓖ 도시계획시설변경 · 지적승인고시처분과 사업계획승인처분
ⓗ 표준공시지가의 결정과 과세처분

4. 새로운 유력설

직위해제 · 직권면직 간, 표준공시지가결정 · 과세처분간, 표준공시지가결정 · 개별공시지가 간 등에는 하자의 승계가 인정되어야 한다고 한다는 견해도 있다.

제 4 항 행정행위의 무효

1. 의의

무효는 하자의 중대성으로 취소를 기다릴 필요 없이 처음부터 효력이 발생하지 않는다. 따라서 행정행위의 부존재와 구별된다.

2. 무효의 원인

1) 주체상의 하자

① 정당한 권한을 가진 행정기관이 아닌 자의 행위

예컨대 경찰관이 세금을 징수하는 경우를 생각해 보자. 이 경우는 당연무효이다. (cf. 자문기관의 자문을 결한 행위: 취소사유)

② 행정기관의 권한이외의 행위

이 경우 권한이 없는 행위는 무효 사유, 권한을 초과한 행위는 취소 사유가 된다.

③ 행정기관의 의사에 결함이 있는 경우

의사 없는 행위는 무효사유, 의사결정에 하자가 있는 행위는 취소사유가 될 수 있다. 예컨대 착오는 그 자체만으로는 무효 혹은 취소 사유가 아니나, 착오의 결과 행정행위의 내용이 위법, 부당할 때에는 그것을 이유로 무효, 취소가 가능하다. 또

사기 · 강박 · 증수뢰 행위는 취소할 수 있는 행위로 본다.

2) 내용상의 하자

(1) 내용이 실현불능인 행위

① 사실상 실현불능(예 ; 내용실현을 위해서는 과다한 비용이 소요되는 경우, 과거를 기한으로 출두를 명하는 경우)의 경우는 무효 사유이다.

② 법률상 실현불능(예 ; 납세의무가 없는 자에게 과세처분, 사자에 대한 운전면허)도 무효사유이다.

* 과세표준의 산정이나 세율의 적용을 그르친 경우(단순위법) ; 취소사유
* 공서양속에 반하는 행위; 민법에서는 무효, 행정법에서는 특별한 사유가 없는 한 취소의 원인

(2) 내용이 불명확한 행위

사회통념상 불명확, 불확정한 행위는 무효 사유가 된다.

3) 절차상의 하자

① 상대방의 신청 또는 동의를 결여한 행위(출원에 의하지 않은 광업허가, 귀화허가 - 무효)

② 공고 또는 통지를 결여한 행위(독촉거치지 않은 조세의 체납처분, 공고거치지 않은 발명특허 - 무효)

③ 이해관계인의 참여 또는 협조를 결여한 행위(체납자의 참여 없이 한 체납처분으로서의 재산압류 - 무효)

④ 공청 또는 변명의 기회를 주지 않은 행위(중요한 절차인 경우 - 무효)

4) 형식상의 하자

① 문서에 의하지 않은 행위(문서가 법률상 요건일 때: 재결서에 의하지 않은 심판의 재결 등 - 무효) (cf. 공무원의 임명, 영업의 허가 등은 문서 행위가 법률상 요건이 아님 - 구두로도 유효)

② 행정기관의 서명 날인을 결여한 행위(서명 날인 없는 서명록 - 무효)

③ 이유의 기재가 없는 행위(심판의 재결, 허가의 취소 등 이유 기재를 법률요건

으로 - 무효)

④ 일자(日字)의 기재를 결여한 행위(날짜를 명확히 하려는 의미뿐이므로, 이것만으로 무효·취소의 원인이 되는 것은 아니다)

돌발퀴즈 Q. 공무원 갑은 A 법률에 근거하여 행정처분을 하였는데, 그 후 A 법률은 헌법재판소에 의하여 위헌결정이 내려졌다. 이 처분의 효력은?(대법원 판례의 입장에 따름)

A. 위헌법률에 근거한 처분이므로 갑의 처분은 위법하기는 하나 당연 무효는 아니며, 단지 취소소송의 대상이 된다. * 처분 후 근거법률이 위헌 판정을 받은 경우는 취소사유이며, 처분 당시에 근거법률이 위헌판정을 이미 받은 경우라면 무효사유가 될 것이다.

제 5 항 행정행위의 취소

1. 의의

행정행위는 그 성립에 하자가 있어도 그 하자가 중대·명백하여 무효가 아닌 한, 일단 유효하게 성립하여 행정기관과 모든 대상에 대해 효력 발생하나, 이 하자를 이유로 일단 유효하게 성립한 행정행위에 대하여 권한 있는 기관이 법률상의 효력을 소급하여 상실시키는 것을 취소라 한다.

2. 취소권자

- 직권취소; 처분청, 상급감독청
- 쟁송취소; 행정심판위원회, 법원

3. 취소의 원인

취소의 원인은 무효사유 아닌 하자로서 다음과 같은 것이 있다.

- 권한 초과 행위
- 사기·강박 등 부정한 수단에 의한 행위
- 행위의 내용이 단순한 위법인 경우 또는 공익을 위반한 경우

- 착오의 결과로서 위법·부당하게 된 경우
- 경미한 절차나 형식을 결여한 행위

4. 쟁송취소와 직권취소

쟁송취소는 행정심판, 행정소송 등 행정쟁송의 제기에 의해 행정심판위원회 또는 법원이 하는 취소를 말하며, 직권취소는 처분청과 상급감독청이 직권으로 하는 취소를 말한다.

	쟁 송 취 소	직 권 취 소
대 상	주로 부담적 행정행위를 대상	주로 수익적 행정행위 대상
내 용	행정행위의 적극적 변경을 할 수 없다.	행정행위의 적극적 변경도 가능
효 과	소급효 있다.	원칙적으로 소급효 없음
이익형량	위법성이 있는 한 이익형량 없이	행정목적에 비추어 이익형량
절 차	행정심판법, 행정소송법	행정절차법
기간의 제한	출소기간의 제한	기간제한 받지 않음(*다만 실권의 법리에 따른 제한은 있다)
형 식	재결 또는 판결의 형식	행정행위의 일종
취소권의 제한	사정재결, 사정판결 등의 경우를 제외하고는 취소권제한 없다.	취소권의 제한을 강하게 받음

5. 취소권의 제한

취소원인인 하자를 가지고 있는 행정행위는 취소되기 전까지는 유효하며, 또 유효함을 전제로 하여 법률관계를 형성한다. 따라서 취소로 인해 기존의 법률질서 및 일반신뢰나 법률생활의 안정을 해칠 우려가 있으므로 취소에는 일정한 조리상(條理上) 제약이 있다. 다만 쟁송취소의 경우에는 사정판결 등 예외적인 경우를 제외하고는 원칙적으로 취소하여야 한다. 따라서 취소권의 제한은 주로 직권취소에 해당하는 것이다.

직권취소에는 당해 행정행위를 취소함으로써 얻어지는 법적 가치와 그로 인하여 잃게 되는 법적 가치를 비교형량하여 보다 큰 법적 가치를 실현할 수 있을 때 취소할 수 있다. 취소권 행사의 제한 사유로는 다음과 같은 것이 있다.

1) 수익적 행정행위

특허 · 허가의 취소와 같이 행정행위의 취소로 말미암아 개인의 기득권 또는 이익이 침해되는 경우, 그 권익의 침해를 정당화하는데 충분할 정도의 보다 강한 공익이나 제3자의 이익이 있지 아니하면 그 행정행위를 취소할 수 없다.

2) 공익상의 요구

하자있는 행정행위를 취소함으로 인하여 공공복리를 해치게 되는 경우에는 당해 행정행위로 취소할 수 없다.

3) 준사법적행정행위

행정심판의 재결, 토지수용의 재결, 당선인 결정등 준사법적행위는 소정의 쟁송절차에 의하는 경우 외에는 행정기관이 직권으로 취소할 수 없다.

6. 취소의 효과

원칙적으로는 소급하여 처음부터 효력이 없었던 것으로 된다. 그러나 이렇게 하면 기존의 법질서나 선의의 당사자의 신뢰에 반하는 결과가 될 수 있으므로 하자가 당사자에게 책임 있는 경우를 제외하고는 당사자에게 불이익하게 기왕에 소급하지 아니하고, 장래를 향해서만 행위의 효력을 상실시키는데 그친다.

제 6 항 행정행위의 철회

1. 의의

하자 없이 유효하게 성립한 행정행위가 새로운 사유 발생으로 공익상 지장을 초래하는 경우 장래를 향하여 그 효력을 상실시키는 것을 말한다.

2. 철회권자

철회권자는 원칙적으로 처분청이다. *상급감독청은 특별규정 제외하고는 철회권이 없다.

3. 철회원인

- 사정변경으로 행정행위의 존속이 공익상 장애가 되는 경우
- 행정행위목적이 도달불가능한 것으로 판명된 경우
- 법령에 규정된 철회사유가 발생한 경우
- 부관으로서 철회권이 유보된 경우 그 사유가 발생한 때
- 수반되는 법정의무 또는 부관에 의한 의무 위반·불이행
- 일정한 시기까지 행정행위의 내용인 권리행사 내지 사업착수가 없는 경우

4. 철회권의 제한

새로운 사유발생으로 인한 공익상 필요에서 철회할 수 있음이 원칙이다. 하지만 철회는 기존의 법률질서를 침해할 수 있으므로 법률질서 보호의 견지에서 일정한 제한이 있다.

1) 재량행위에 속하는 철회

하명·금지의 철회는 자유회복 또는 이익을 주는 경우이므로 그에 대한 철회는 자유재량이며, 철회권 행사에 제한 없다.

2) 기속행위에 속하는 철회

허가·특허·면제·인가의 철회등 이미 취득한 권리·이익침해인 경우 기속행위에 속하므로, 그에 대한 철회권은 제한된다. 즉 중대한 공익상 필요, 제3자의 이익보호를 위한 경우에만 필요 한도 내에서만 철회권이 허용되며, 철회로 인한 상대방의 특별손해에는 정당한 보상(補償)을 하여야 한다.

3) 불가변력있는 철회

불가변력이 발생한 행위는 성질상 철회할 수 없다.

4) 자유로운 철회

다음과 같은 경우에는 일반적 철회에 비해 비교적 자유롭게 철회할 수 있다.

① 상대방의 동의·신청이 있는 경우, ② 부관으로 철회권을 유보하고 있는 경우, ③ 철회의 필요성이 권리불행사·의무위반 등 상대방의 책임 있는 사유에 기인한 경우에는 새로운 사유 발생만으로 철회할 수 있다.

5) 철회의 효과

취소와는 달리 장래에 향해서만 발생한다. 취소의 경우는 소급하는 것이 원칙이나 현실적으로는 소급하지 않는 경우도 많다.

제 7 항 행정행위의 실효

1. 의의

행정행위의 실효는 행정기관의 의사표시에 의하지 않고 일정한 객관적 사실에 의해 행정행위의 효력이 소멸하는 것을 말한다.

2. 실효사유

실효사유로는 행정행위 대상 소멸, 목적 달성, 상대방의 사망, 종기의 도래 등이 있다.

3. 실효효과

당연히 장래에 대해 소멸한다(예 ; 운전면허자의 사망- 면허 처분 실효).

Check

ㅇ 행정행위의 기본개념

ㅇ 기속행위와 재량행위의 기본개념과 구별

- 재량권의 0으로의 수축의 의미
- 요건재량설, 효과재량설, 판단여지설의 의미
- 재량권의 한계
- 재량행위와 판단여지
- 일반처분
- 집중효제도
- 복효적 행정행위
- 인가, 허가, 특허의 구별
- 부관의 의의와 종류
- 부관의 가능성
- 부관의 독립쟁송가능성
- 부관의 독립취소가능성
- 부관의 한계
- 부관의 하자와 주된 행정행위의 효력
- 무효와 취소의 기본개념과 구별
- 쟁송취소와 직권취소
- 직권취소의 취소
- 취소와 철회의 차이
- 무효와 취소의 구별실익과 구별기준
- 취소, 철회의 법률유보
- 민사소송과 공정력
- 형사소송과 공정력
- 공정력과 입증책임
- 하자의 치유
- 하자 있는 행정행위의 전환
- 하자의 승계
- 위헌, 위법인 법령에 근거한 처분의 효력
- 영업의 양도와 행정벌의 승계

제3장

행정계획

제1절 개 설

1. 의의와 성질

행정계획이란 행정주체가 일정한 행정활동목표를 설정하고 서로 관련되는 행정수단의 종합조정을 통하여 장래 일정한 시점에 있어서의 일정한 질서를 실현하기 위한 활동기준을 설정하는 것을 말한다. 그 성질에 관해서는 일률적으로 말할 수 없으며, 국민을 구속하는 계획도 있고, 그렇지 아니한 것도 있다. 예컨대 국민을 구속하는 일반처분(一般處分)의 성질을 지닌 계획으로는 도시관리계획*의 내용으로서의 용도지역의 지정, 그린벨트의 지정 등과 토지구획정리사업계획 등이 있고, '행정규칙'의 성질을 지는 계획으로는 국토종합계획, 광역도시계획, 도시기본계획 등이, '행정지도'의 성질을 지닌 계획으로는 비권력적 도시정비계획 등이 있다.

* 도시관리계획: 도시계획은 도시기본계획과 도시관리계획으로 나뉘며, 전자는 행정규칙적 계획이고, 후자는 처분적 계획이다. '도시관리계획'은 개정전에는 '도시계획'이라고 불리는 것이었다.
  따라서 도시관리계획은 광역도시계획 및 도시기본계획에 부합되게 입안되어야 한다.

2. 기능

① 목적설정적 기능 ② 행정수단의 종합조정적 기능 ③ 행정과 국민과의 매개적 기능

제 2 절 행정계획의 종류

1. 구속력에 의한 분류

1) 구속적 계획

⑴ 행정기관 내지 다른 계획에 대한 구속적 계획

정부의 기본운영계획, 국토종합계획, 광역도시계획, 도시기본계획 등이 있다. 정부의 기본운영계획은 중앙부처의 예산요구서 작성의 지침이 되며, 광역도시계획은 도시계획의 작성의 지침이 된다. 따라서 대국민적 구속력이 없고 하위계획을 작성하는 지침이 된다. 따라서 행정규칙적 계획으로 분류한다.

⑵ 일반 국민에 대한 구속적 행정계획

예컨대 국토의계획및이용에관한법률에 의해 도시관리계획이 수립되면 용도지역이나 지구내에서 건축물에 일정한 제한이 가해진다. 이것은 행정계획 자체에서 생기는 것이 아니라 행정계획에 의해 법률이 일정한 법적 효과를 부여하기 때문이다. 예컨대 국토의계획및이용에관한법률이 수립되어 개발제한구역이 지정되면 그 구역내의 토지에 소유권을 가진 자는 그 재산권행사에 관하여 일정한 행위제한이 따르게 된다.

□ 이렇게 생각해 봅시다.

도시관리계획이 입안되면 그에 맞추어 개개의 행정행위가 발동이 된다. 예컨대 ① 도시관리계획으로 甲이 사는 지역이 개발제한구역으로 지정되면, 이후에 행정청의 개발제한구역지정처분이 발동이 되고, 甲이 이에 불응하여 건축행위등의 개발행위를 할 경우 행정청은 이에 대해 강제집행등의 조치를 취하게 되는 것이다.

② 또 토지구획정리사업계획과 도시재개발계획이 입안되어 乙이 사는 지역이 정리사업지구와 재개발사업지구로 지정되면 乙은 토지구획정리조합 또는 재개발조합에 강제가입이 되며, 동계획에 맞추어 乙의 토지에 대한 수용처분이 행해지게 된다.

그런데 이러한 계획의 성질에 관해서는 일반처분적인 것이라고 하는 학설과 행정상 입법에 해당하는 것이라고 하는 학설이 있다.

① 행정입법설 - 행정계획은 일반적 · 추상적 규율이므로 행정입법의 한 형식

② 행정처분설 - 국민의 조기 권리구제 위한 항고쟁송 대상성 긍정

③ 판례 - 도시관리계획의 결정행위의 성질에 관해 대법원은 처분성을 긍정

▶ **판시내용 (80누105 판결)**

... 도시관리계획법 제12조 소정의 도시관리계획결정이 고시되면 도시관리계획구역 안의 토지나 건물 소유자의 토지형질변경, 건축물의 신축,개축 또는 증축 등 권리행사가 일정한 제한을 받게 되는바 이런 점에서 볼 때 고시된 도시관리계획결정은 특정 개인의 권리 내지 법률상의 이익을 개별적이고 구체적으로 규제하는 효과를 가져오게 하는 행정청의 처분이라 할 것이고, 이는 행정소송의 대상이 되는 것이라 할 것이다.(당원 1978.12.26.선고, 78누281 판결 참조) 원심이 도시관리계획결정이 개인에게 구체적이고 직접적인 권리의무 관계의 발생을 가져오게 하는 것이 아니라는 이유로 위와 같이 판단하였음은 도시관리계획결정과 행정소송의 대상에 관한 법리를 오해한 위법이 있다 할 것이고, 이점에서 논지는 이유있다. ...

도시관리계획을 위시한 행정계획은 행정행위가 아님은 물론이다. 왜냐하면 개별적 · 구체적 규율이 아니라, 일반적 · 추상적 규율이기 때문이다. 전국민을 대상으로 하는 전국계획이 있을 정도로 일반적이며, 20년단위 장기계획이 있을 정도로 추상적이다. 그럼에도 대법원이 도시관리계획을 설정하는 행위를 행정처분으로 본 이유는 도시관리계획은 직접 국민의 권리의무에 영향을 미치는 구속적 계획이며, 도시

관리계획의 입안단계에서 이를 공격하지 않을 경우 후속 행정행위의 발동단계에서는 계획의 '확정효'(행정계획은 다수의 행정행위의 근거가 되기 때문에 일단 계획이 입안되면 개별 행정행위의 하자를 들어 전체 행정계획을 취소할 수 없는 힘)가 발생하여 권리구제가 어렵기 때문이다.

그러나 이와 같이 일반처분성을 인정함으로써 취소소송의 쟁송가능성이 열리긴 하나, 그것이 언제나 용이한 것은 아니다. 왜냐하면 ① 여기에도 계획재량이 존재하기 때문에 국민의 법률상 이익의 폭이 좁으며, ② 또 기성사실의 성취로 사정판결의 가능성이 있기 때문이다.

돌발퀴즈 Q. 국토의계획및이용에관한법률상 용도지역 지정과 관계없는 것은?

① 행정계획 ② 일반처분

③ 부담제한 ④ 토지거래의 규제(∨)

2) 행정지도적 계획

대내외적으로 아무런 구속력이 없고, 다만 보조금, 장려금 지급 등의 조성적 수단을 통하여 일정한 방향으로 국민들을 유도하기 위한 계획이다. 예컨대 비권력적 도시정비계획, 산아제한을 위한 인구계획 등이 여기에 해당한다.

3) 단순 지침적 계획

구체적인 목표나 구속력을 가지지 아니하고 장래의 전망 내지, 행정집행에 대한 단순한 방향을 제시하는 것이다. 예컨대 각종의 경제계획, 개발계획 등이 여기에 속하며 또, 체육진흥계획, 문예진흥계획 등도 여기에 해당한다. '백서'의 형식으로 공표되는 경우도 많다.

돌발퀴즈 Q. 다음 중 성격이 다른 행정계획은?

① 도시관리계획 ② 그린벨트의 지정

③ 인구계획 ④ 예산

A. 구속적 계획에 속하지 않는 것을 고르는 것이다. 예산은 재정계획으로 행정기관에 대한 구속적계획이다.

2. 대상에 따른 분류

1) 국토계획

국토종합계획(최상위계획)
↓
광역도시계획
↓
도시기본계획
↓
도시관리계획
- 용도지역 · 용도지구 · 용도구역의 지정

* 용도지역: 도시지역, 관리지역, 농림지역, 자연환경보전지역(종전의 준도시지역, 준농림지역이 관리지역으로 합해졌다.)
용도지구: 경관지구, 미관지구, 고도지구, 방화지구, 방재지구, 보존지구, 시설보호지구, 개발진흥지구, 특정용도제한지구, 그 밖에 대통령령이 정하는 지구
용도구역: 개발제한구역, 시가화조정구역, 수산자원보호구역, 공유수면매립지

** 국토종합계획은 행정기관에 대해서만 구속력이 있으나, 도시관리계획은 일반국민에게도 구속력이 있다. 따라서 국토종합계획에 상충하는 도시관리계획도 변경 · 폐지되지 않는 한 유효하다.

2) 경제계획

균형있는 경제 성장과 안정에 관한 계획으로 경제개발계획, 경제안정계획, 재정투융자계획.

3) 사회계획

인구 주택 보건 등 생활조건의 개선을 위한 계획, 도시 · 농촌의 지역문제해결을 위한 계획등

3. 형식에 따른 분류

법률형식에 의한 계획, 예산형식에 의한 계획, 명령 또는 조례형식에 의한 계획, 행정행위 형식에 의한 계획 등이 있다. 예컨대 독일의 경우 예산이 법률의 형식으로 책정되고, 지방자치단체 등의 건설계획은 조례의 형식으로 정해진다.

4. 지역대상에 의한 분류

전국계획, 수도권계획, 특정지역계획, 시도계획, 시군계획 등이 있다.

5. 기간에 따른 분류

장기계획, 중기계획, 연도계획 등이 있다. 여기서 장기는 6년 이상, 중기는 2년에서 5년까지를 말하기도 한다(비상대비자원관리법시행령 제3조).

제 3 절 행정계획의 수립과 법적 효과

1. 법적 근거

행정기관은 조직법에 의한 권한 범위안에서 행정활동을 할 수 있으므로, 행정계획을 수립함에 있어서도 어떤 형태로든 '조직법적 근거'는 필요하다고 할 것이다. 그러나 '작용법적 근거'와 관련해서는 행정계획 가운데 단순한 행정 지침으로서의 역할을 하는 계획은 법적 근거를 필요로 하지 아니하나, 일반국민에게 구속력을 가지는 계획은 이해관계인의 권리의무에 변동을 주게 되므로 법률의 근거를 필요로 한다(국토의계획및이용에관한법률에 의한 도시관리계획의 수립 등). 이것은 계획 수립기관의 책임소재를 분명히 하고, 관계인간의 이해 조정 등을 도모하기 위해서이다.

2. 계획재량과 형량명령

행정계획에는 행정행위에서는 볼 수 없는 광범위한 계획재량(Planungsermessen)

이 인정된다. 그러나 한편 행정계획은 광범위한 이해관계인을 대상으로 하므로, 계획주체는 계획재량을 행사함에 있어 복잡한 이해관계 및 공익과 사익간의 조정을 할 필요가 있다. 이것이 바로 **형량명령**이다.

1) 계획재량의 성질

계획재량의 법적 성질이 무엇인가의 문제는, 곧 계획재량이 일반적인 행정재량과 어떻게 다른가와 하는 문제와 직결되어 있다. 이 문제에 대하여 학설은 ① 질적 차이설, ② 양적 차이설을 제시하고 있다.

□ 질적 차이설 규범구조: 요건효과 프로그램 Vs. 목적수단 프로그램
사법심사하자이론: 재량의 일탈 · 남용 Vs. 형량하자이론

□ 양적 차이설 재량의 양의 차이:
행위에 대한 개별수단의 수 Vs. 수많은 수단을 행정목적에 맞게 종합 · 조정

① 질적 차이설이란 계획재량과 행정재량과 질적인 차이가 있다고 이해하는 견해로, 재량수권의 규범구조와 사법심사의 하자이론에서 구하고 있다. 즉 행정재량은 요건과 효과라는 조건프로그램(if-then 혹은 wenn-dann)적인 성질을 가지고 있다면, 계획재량은 목적과 수단의 관계에 근거한 목적프로그램적 성질을 지녔다는 것이다. 그리고 계획재량은 사법심사의 하자이론에서도 전통적인 이론과 달리 '형량하자이론'에 의하여 판단하고 있다는 점을 지적한다.

② 양적 차이설이란 행정재량은 전통적 행정재량과 양적인 부분에 차이가 있을 뿐이라고 한다. 즉 이들 재량은 이질적인 것은 아니지만, 입법자의 수권목적에 따라 재량수권의 형태와 범위가 다르게 나타날 수 있다는 점을 든다. 즉 행위재량은 법률요건이라는 구체적인 행위상황에서 몇 가지의 행정수단을 놓고 행정청이 가장 적합한 수단을 선택하는 것으로 나타난다. 그러나, 계획재량은 엄청나게 많은 수단을 행정목적에 부합되게 종합 · 조정하는 것으로 나타나며 경우의 수가 엄청나게 많이 늘어난다. 극단적으로 말하면 무한대의 형성적 자유가 부여된다.

또 이 견해는 행위재량과 계획재량이 재량의 양적인 면에서 차이가 있을 뿐 질적인 차이는 없으며, 행위재량에도 무하자재량행사청구권을 통한 재량의 일탈·남용의 방지가 가능하므로, 실질적인 차이가 없다고 한다.

③ 생각건대 계획재량에 대하여 양적 차이설로 이해하는 경우 재량개념을 일원론적으로 이해할 수 있는 이점이 있기는 하지만, 그 성질상 목표와 수단의 관계일 뿐만 아니라, 불확정적인 장래 목적을 전제로 하는 것이기 때문에 질적 차이설로 이해하는 것이 바람직하다고 생각된다. 그러나 계획재량의 한계에 관한 문제에서는 이들 양자의 학설의 큰 차이는 없다고 본다. 왜냐하면 양적 차이설을 취하는 자도 역시 목적과 수단을 고려하여 그 한계를 설정하고 있기 때문이다.

2) 형량명령과 형량의 하자

계획에 인정되는 형성의 자유 즉 계획재량은 무제한 인정되는 것은 아니며, 이것을 통제하는 것이 바로 형량명령이다. 따라서 ① 형량을 전혀 하지 않거나 ② 형량의 대상에 마땅히 포함시켜야 할 사항을 빠뜨리거나 ② 제이익간의 형량이 객관성, 비례성을 결여한 경우에는 형량의 하자로 위법이 된다. 형량명령의 법리는 우리 판례에도 정착이 되어 있다(대판 1996.11.29. 96누8567).

3. 수립절차

행정계획의 수립절차는 주로 입안→의견조정→결정→공포·고시 등의 절차로 이루어진다.

1) 관계행정기관의 의견조정

2) 이해관계인의 참여(공청회를 통한 의견진술)

3) 공포, 고시(예측가능성과 동시에 이해관계인의 협력기대)

① 법령의 형식을 취하는 계획은 법령등공포에관한법률에 따라 형식을 갖추어 대외적으로 공포되어야 하며, 법령과 마찬가지로 공포 후 20일이 지나면 효력을 발생한다.

② 법령의 형식을 취하지 아니하는 행정계획은 법에 특별한 규정이 없는 한 고시와 동시에 효력을 발생한다.

4. 행정계획 법적 효과

① 구속적 행정계획은 유형에 따라 국민, 행정기관, 다른 계획을 구속하는 효력이 있다.

② 독일에서는 '행정행위의 성질을 지닌 계획'에 대하여 '집중효'(다른 법령에 의하여 받게 되어 있는 허가 등을 받은 것으로 간주하는 효력), '배제효'(주민 등 이해당사자등에 대한 불가쟁력), '구속효'(행정청에 대한 불가변력) 등을 인정하기도 한다. 특히 이러한 효력은 원자력발전소 건설사업이나 고속철도사업등과 같이 오랜 시일이 소요되는 국책사업을 추진하는 경우에 특히 의미가 있다. 우리실정법에는 현재 집중효만 인정되고 있는데(예: 신공항건설촉진법 제8조), 앞으로 다른 것의 도입도 고려해 볼 필요가 있다.

▸집중효

집중효라 함은 대규모사업계획이 확정된 경우에 다른 법규에 규정되어 있는 일정한 승인 또는 허가 등을 받은 것으로 간주하는 효력을 말한다. 집중효제도는 독일의 전문계획 영역에서 확정된 계획결정에 대하여 다른 법령상의 각종의 인·허가등을 받아야 하는 문제를 해결하기 위한 방안으로 제도화된 것이다. 따라서 계획확정결정은 집중효를 발생하므로 다른 법령상의 각종의 인·허가 등을 받을 필요가 없게 된다. 집중효는 결국 타행정기관들의 관할권, 즉 인·허가권을 계획확정관청에 집중시키게 되는 것이므로 타행정기관들의 계획확정절차에의 참가를 인정하고 공익 상호간의 조정을 행하게 되며, 아울러 공익과 사익간의 조정 등을 행하게 되는 정식의 행정절차를 필요로 하는데, 독일에서는 이를 계획확정절차라 하여 행정절차법에서 규정하고 있다.

제 4 절 행정계획에 대한 권리보호

1. 계획의 절차적 보호

행정계획은 직간접으로 국민생활에 영향을 주므로 행정계획의 적정화와 이해관계인 보호를 위해 절차적 보장을 확립할 필요가 있다.

2. 신뢰보호

도시관리계획 등 행정계획을 신뢰한 나머지 자본을 투하하여 사업에 착수한 자는 계획의 폐지 변경으로 예측하지 못하는 손해를 입게 되는 바, 신뢰보호견지에서 계획보장청구권의 인정여부가 논의된다.

3. 행정쟁송

행정계획은 행정작용에 대한 일반적 계획일 뿐, 구체적으로 개인의 권익에 영향을 미치는 처분이 아닌 경우, 구체적 사건성을 인정할 수 없어 행정쟁송을 부인하는 것이 일반적이다. 그러나, 개인의 권익에 일정한 법적 효과를 미치는 일반처분적 행정계획에 대해서는 행정쟁송을 제기할 수 있다.

(판례: 도시계획법에 의한 도시계획결정을 일반처분적인 행정행위로 보아 행정쟁송의 대상됨을 인정한다. 대판 1984.09.25. 83누500)

행정쟁송을 통한 권리구제는 계획재량을 비롯하여 행정계획의 처분성여부, 사건의 성숙성여부, 다른 계획과의 관계 등으로 인하여 사정판결을 받을 가능성 등으로 인하여 그리 용이하지는 않다.

4. 손실보상

예컨대 자신의 토지가 상업지역에서 주택지역으로 변경되었다거나, 개발제한구역으로 묶이게 되었다거나 하는 사정으로 지가가 폭락한 경우 손실보상의 문제가 발생할 수 있다. 이와 같이 행정계획으로 인해 상대방이 현실적으로 손해를 입은 경우는 그것이 단순한 재산권에 대한 사회적 제약을 넘어선 이른바 '특별한 희생'이라고 인식되면 '손실보상'이 취해져야 한다. 행정계획으로 인한 손실보상은 재산권에 대한 대물적 보상의 차원을 넘어 생활보상의 이론으로까지 전개되고 있다. 그러나 현실적으로는 계획제한으로 인하여 발생한 손실에 관하여 이를 보상해 주는 법규정은 거의 없으므로 문제점으로 제기되고 있다.

Check

- ㅇ 행정계획의 기능
- ㅇ 도시계획설정행위의 법적 성질
- ㅇ 계획재량과 행위재량의 차이
- ㅇ 형량명령에 관한 문제
- ㅇ 행정계획의 법적 효과(집중효의 의미)
- ㅇ 행정계획의 법적 성질
- ㅇ 계획보장청구권

제 4 장

행정절차와 정보공개

제 1 절 행정절차의 의의와 필요성

1. 의의

1) 광의의 행정절차

입법절차, 사법절차에 대응하는 개념으로 사전절차인 제1차적 행정절차, 집행절차, 사후절차인 행정구제절차를 모두 포괄하는 개념

2) 협의의 행정절차

행정청이 공권력을 행사하여 행정에 관한 제1차적 결정을 함에 있어 요구되는 일련의 외부와의 교섭과정을 말한다(예 ; 행정입법절차, 행정처분절차, 행정계약절차, 계획확정절차).

제1차적 행정절차=사전절차=영미에서 발달한 행정절차=일반적으로 말하는 행정절차

cf) 행정처분시 거치는 청문은 사전절차, 취소처분은 집행절차, 취소에 불복한 상대방이 행정쟁송을 제기할 때는 사후절차인 행정구제절차에 해당

2. 연혁

원래 행정절차는 영미법계에서 발달한 개념이다. 절차법을 사전절차(행정절차법)와 사후절차(행정쟁송법=행정구제법)로 나눈다면 전통적으로 대륙법계에서는 사전절차법(행정절차법)의 발달이 미진하였다.[1] 오늘날에는 일반법으로서 행정절차법을 두거나 개별법에서 청문의 규정을 두는 등 사전구제절차로서 행정절차법을 중시하는 경향을 띠고 있다. 특히 행정이 다양·전문화된 오늘날 행정재량에 대한 사법심사의 곤란성, 소송경제상의 문제 등 사법절차의 한계성이 드러나게 되어 사후적 구제보다는 사전적 구제가 더욱 중요시되고 있다.

3. 필요성

행정작용의 민주화, 행정작용의 적정화, 행정작용에 대한 권리구제, 행정작용의 효율화

돌발퀴즈 Q1. 행정절차의 목적이 아닌 것?
① 행정권의 위법부당한 행사에 대한 사후구제
② 위법부당처분의 사전방지
③ 법원의 부담경감
④ 국민의 행정에의 능동적 참가
⑤ 행정과정의 절차공정보장

Q2. 행정구제수단 중 현대복지국가사회에 있어 행정계획등 행정수단의 다양화와 더불어 가장 역점을 두어야 할 것은?
① 청원 ② 행정상쟁송
③ 행정상손해전보 ④ 행정절차

1) 독일을 중심으로 한 대륙법계에서는 절차법규는 실체법규에 비해 그 중요성이 떨어진다고 이해되어 왔다. 즉 독일 등에서는 「절차법은 실체법에 봉사하는 기능을 하는 것」으로 그 자체로는 법이 아니다라는 주장이 강하였고, 또한 판례에서도 절차규정은 공익을 위한 것이라는 사상이 우세하였다(김남진, 행정법의 기본문제(제3판), p. 748).

제 2 절 행정절차의 발달

행정절차의 발달 배경은 각국의 정치적 사회적 여건에 따라 다르다.

① 대륙법계- 행정의 능률, ② 영미법계- 행정의 적정화(부당함이 없도록)

1. 미국

법의 적정절차(適正節次; due process of law) 조항에 기반을 두고, 초기에는 행정작용에 적법절차를 적용하는데 소극적 이었으나, 1946년 미국행정절차법은 정식절차로서 통지(通知), 청문(聽聞), 결정(決定)의 3단계를 규정함과 동시에 행정기관 내에서의 기능적 분리를 규정한다.

2. 영국

자연적 정의(natural justice; 자기심판금지, 청문의 중요성)를 기반으로 하며, 원래 사법제도, 행정부에 대한 사법권의 위임이 널리 행해짐에 따라 절차적 공정을 위한 제도가 행정 분야에 널리 도입되었다. 1958년 행정심판소 및 심사에 관한 법률이 제정됨으로써 성문화되었다.

3. 대륙

애초에는 행정능률 관점에서 행정절차 인식하였으나 국민의 권리·자유에 대한 사전적 보장의 의미로 전환되었다. 독일에서는 1977년 행정절차법이 제정되었다.

4. 우리나라

주로 침해적 행정행위에 통지, 청문 등을 규정(예 ; 고물영업법 제25조, 공토법 제38조 등)하여 개별법에서 절차의 적정화 마련하고 있으며, 1996년 12월 행정절차법이 제정되었다.

제 3 절 행정절차의 일반적 내용

행정작용의 사전절차로서의 행정절차(광의의 청문)는 사전통지, 청문, 결정이유의 명시 등 세 가지를 기본적인 요소로 한다.

1. 사전통지

행정청이 일정한 행정작용을 하기에 앞서 이해관계인에게 당해 행정작용의 내용 및 청문이나 자료제출의 일시, 장소 등을 알림으로써 의견이나 자료준비를 할 수 있도록 한다. 통지의 방법으로는 송달, 공고 등이 있다. 우리 행정절차법에서도 청문의 사전통지 및 송달의 방법에 관하여 규정하고 있다.

2. 청문

사전통지된 내용에 따라 이해관계인에게 자신의 의견을 진술하며, 스스로를 방어할 수 있는 기회를 제공하는 것이 청문(Hearing)이다. 청문제도는 자연적 정의(natural justice)의 중요한 요소가 되었으며, 따라서 청문은 영국에서 제일 먼저 발달했다고 볼 수 있다. 우리 행정절차법에서는 청문을 넓은 의미로 의견청취라고 하고, 그 안에 청문, 공청회 및 의견제출을 포함시키고 있다.

3. 결정이유의 명시

부담적 행정행위를 하는 경우 그 행위를 하게 된 이유를 명시함으로써 행정기관의 자의적 결정을 배제하고 이해관계인으로 하여금 행정구제절차에 대처할 수 있도록 하려는 절차이다.

제 4 절　우리나라 행정절차법의 내용

1. 개요

1) 행정절차법 제정

① 1996. 12. 행정절차법 제정(1997. 1. 1. 시행)

- 구성: 총칙, 처분, 신고, 행정상 입법예고, 행정예고, 행정지도, 보칙의 7장으로 구성

② 헌법상의 근거: 헌법 제12조 적법절차 조항

③ 개별법으로서의 행정절차법규정: 민원사무처리에 관한 법률, 행정규제기본법, 사무처리규정 등

2) 특색

① 처분절차에 한하지 않고, 신고절차, 입법예고절차, 행정예고절차, 행정지도절차에 관해서도 규정한다.

② 의견청취를 의견제출, 청문, 공청회로 나누어 성질별로 달리하고 있으나, 원칙적으로 약식절차방식에 의함

2. 주요내용

1) 총칙

- 송달의 효력발생: 도달주의

(게시판, 관보, 신문등에 공고한 경우에는 14일 경과후 효력발생)

2) 처분

(1) 처분의 순서

처분의 신청→처리기간 및 기준의 설정을 공표→처분의 사전통지→의견청취

→처분 및 이유제시

(2) 사전통지

처분을 하기 전에 상대방 및 이해관계인에게 처분의 내용을 통지하고 의견진술의 기회를 부여, 청문 10일 전까지 통지

(3) 의견청취

침해적 행정처분시 반드시 거쳐야 함

① 의견제출: 의견 제출이 없으면 의견이 없는 것으로 본다

② 청문: 법령이 정하는 경우, 행정청이 필요하다고 인정하는 경우 실시/청문주재자의 제척, 기피, 회피 인정/비공개원칙, 신청이 있거나 필요한 경우 공개/필요한 경우 청문주재자는 증거조사 실시

③ 공청회: 법령이 정하는 경우, 행정청이 필요성을 인정하는 경우 실시/14일전까지 당사자에게 통지하고, 관보, 공보, 신문 등에 공고

3) 신고

신고에는 자기완결적 공법행위로서의 신고(본래적 의미의 신고)와 수리를 요하는 신고가 있다.

그런데, 법률에 의해 국민에게 신고의무가 부과되어 있는 신고만이 사인의 공법행위로서의 신고이며, 신고 의무가 없는 신고는 단순한 사실행위로서 수리의 의무가 발생하지 않는다. 예컨대 범죄나 사고를 목격한 자가 경찰기관에 그 내용을 신고하는 것이 그 예이다.

(1) 본래적 의미의 신고(수리를 요하지 않는 신고)

① 원래 신고는 일정한 법률관계나 법률사실에 관한 일방적 통고를 의미하므로, 행정기관의 확인에 의해 효력을 발생하는 것이 아니고, (행정청에 도달과 함께) 즉시 효력을 발생한다. 이것은 주로 행정사무의 편의제공을 위한 정보제공의 차원에서 이루어지는 신고이다.

▶ **관련판례**

건축법상 신고사항에 관하여는 건축을 하고자 하는 자가 적법한 요건을 갖춘 신고만 하면 건축을 할 수 있고 행정청의 수리처분 등 별단의 조치를 기다릴 필요가 없다고 할 것이므로, 행정청이 신고수리처분을 철회하였다고 하여 신고에 따른 건축행위가 건축법에 위반한 것으로 될 수 없다(1990. 6.12. 대판 90누2468)

② 신고요건을 갖추지 못한 경우 상당기간을 정하여 보완요구하고, 보완 불이행시 신고서를 반환한다. 따라서 원칙적으로 신고의 수리도, 신고수리의 거부도 있을 수 없다.

③ 따라서 신고의 취소는 없으며, 이 경우 신고필증은 단순히 사실의 확인에 불과하다.

돌발퀴즈 Q. 신고서에 대한 보정명령의 성질은?

① 통지　　② 인가
③ 작위하명　　④ 정지조건부 허가

A. 통지이다.

(2) 수리를 요하는 신고

① 이 때 신고는 '등록'의 의미로서 권한 있는 행정청의 신고수리절차를 거쳐야만 법적 절차가 완료되고 유효한 행정행위가 된다.

② 기본적 법률효과는 허가와 유사하다. 다만 효력발생의 시점에 차이가 있는데, 신고는 개인의 신고에 의해 금지가 해제되는데 비해, 강학상의 허가는 행정청의 허가처분에 의해 금지가 해제된다는 점에서 다르다. 따라서 이것은 완화된 의미의 허가라고 생각할 수 있다. 1999년 이후 규제개혁사업으로 상당수의 허가제가 신고제화 되었다.

③ 이 때 신고필증은 신고증명서면이며, 새로운 법적 효과를 발생시키는 직접적 원인이다. 따라서 신고의 수리 또는 수리거부는 처분성을 가진다.

④ 신고는 사인의 행정행위이므로 취소할 수 없겠으나, 신고의 수리나 신고의 수

리거부는 이를 취소할 수 있다.

▸**관련판례**

액화석유가스의안전및사업관리법 제7조 제2항에 의한 사업양수의 지위승계신고를 수리하는 행정관청의 행위는 단순히 양도, 양수자 사이에 발생한 사법상의 사업양도의 법률효과에 의하여 양수자가 사업을 승계하였다는 사실의 신고를 접수하는 행위에 그치는 것이 아니라, 실질에 있어서 양도자의 허가를 취소함과 아울러 양수자에게 적법히 사업을 할 수 있는 법규상의 권리를 설정해 주는 행위로서 사업허가자의 변경이라는 법률효과를 발생시키는 행위이므로 허가관청이 같은 법 제27조 제2항에 의한 사업양수에 의한 지위승계신고를 수리하는 행정처분에 해당한다. (1993.6.8 대판 91누11544)

(3) 양자의 구별

본래적 의미의 신고와 수리를 요하는 의미의 신고의 구별은 언제나 그리 용이한 것은 아니다. 중요한 기준으로는 근거법령의 해석을 통하여 그것이 허가에 대신하는 기능을 수행하는 것이면 수리를 요하는 신고로, 단순히 행정사무의 편의를 제공하기 위하여 정보제공의 차원에서 요구되는 것이라면 본래의 의미의 신고라고 이해하면 되겠다. 또 대개 '등록'이라고 표현하고 있는 것은 일단 수리를 요하는 신고로 처분성을 갖는 것이 많다는 점도 기억할 필요가 있다.

☆ 궁금합니다.

Q. 강학상'이란 표현은??

행정법 내용에 '강학상'이란 표현이 자주 나오는데요. 저에겐 익숙하지 않은 단어이네요. '학문상'의 반대적 의미로 '실제적' 내지 '실체적'이란 뜻으로 제가 인식하고 있는데요..

'강학상'이라는 말의 정확한 뜻과, 어디서 유래가 나왔는지 알고 싶네요. 한문인가요? 답변해 주시면 감사하겠습니다.

A. 강학상은 학문상과 같은 개념입니다. 한문입니다. "講學上"
'강학상' 내지 학문상과 반대적 의미를 정확히 집기는 어려우나 대체로는 '실정법상'이 반대의미로 쓰입니다.

4) 입법예고

입법이란 국민의 권리, 의무 또는 일상생활과 밀접한 관련이 있는 법령을 제정, 개정, 폐지하는 것을 말한다.

① 입법할 때는 반드시 입법안을 예고하여야 함

② 방법- 관보, 공보, 신문 등에 공고/필요한 경우 관련단체에 통지

③ 예고기간: 통상 20일 이상

④ 의견제출이 있는 경우, 제출자에게 처리결과 통지

⑤ 공청회: 입법안에 관한 공청회 개최가능(절차 동일)

5) 행정예고

① 예고대상

- 행정청이 하는 정책, 제도, 계획 중 국민에게 큰 영향을 주는 사항
- 이해가 상충하는 사항
- 불편이나 부담을 주는 사항
- 널리 의견수렴이 필요한 사항

② 특별한 사정 있는 경우를 제외하고는 행정예고는 필수

③ 입법에 포함되는 행정예고는 입법예고로 갈음

④ 예고기간: 특별한 규정이 없는 한 20일 이상

⑤ 준용: 예고방법, 의견제출 및 처리, 공청회 등에 관해서는 입법예고의 규정(법 제42조, 제44조 제1~3항, 제45조) 준용

6) 행정지도

① 행정지도는 목적달성에 필요한 최소한에 그치며, 의사에 반하여 부당하게 강요해서는 아니된다.

② 불이익조치금지: 행정지도에 따르지 않았다고 불이익한 조치를 하여서는 아니된다.

③ 지도방식: 취지, 내용, 신분을 밝혀야 하며, 구두로 하는 경우 문서를 요구하면 교부하여야 한다.

④ 다수인 대상의 행정지도: 공통적인 내용이 되는 사항을 공표한다.

제 5 절 행정절차의 하자

1. 절차상의 하자 있는 행정행위의 효력

행정행위의 형식이나 절차에 법 위반이 있는 경우, 위법한 행정행위가 됨에는 이론이 없다. 또 그 하자가 중대 명백한 경우 행정행위는 무효가 된다.

그런데 하자가 취소사유에 그치는 경우 당해 절차상의 하자만을 이유로 독자적 취소사유가 될 수 있는가? 즉, 절차상의 하자에도 불구하고 실체법적으로는 적법한 경우가 문제된다. 이 문제는 불가변력이 있는 기속행위에서만 제기되며, 재량행위에 대해서는 제기되지 않는다. 왜냐하면 기속행위의 경우 처분을 하면, 취소, 변경이 어려우나, 재량행위의 경우 독자적 판단권이 인정되므로, 다시 적법절차를 거쳐 종래에 이미 행한 처분과 다른 처분을 내릴 수도 있기 때문이다.

1) 소극설

기속행위에서 절차상의 하자만으로는 취소사유가 되지 않는다.

① 절차규정의 본질은 실체적 적법한 처분을 위한 수단에 불과하다.

② 적법한 절차를 거쳐 전과 동일한 처분을 할 수 있다.

③ 독일 연방행정절차법의 입장

2) 적극설

기속행위에서 절차상의 하자만으로도 취소사유가 된다.

① 적정한 결정은 적정한 절차에서 나온다는 점을 기본전제로 한다.

② 적법한 절차를 거치는 경우 전과 동일한 처분에 도달한다는 보장이 없다.

③ 절차상의 하자가 행정행위 효력에 영향을 주지 않는다면 절차적 보장의 담보수단이 없어진다.

④ 우리 판례의 입장(대판 84누116)

2. 절차상 하자의 치유

절차상의 하자에 대해 하자의 치유를 인정할 것인가?

(1) 소극설

절차상 하자의 치유를 부인한다.

(2) 적극설

사후보완을 인정한다(판례). 다만, 한정적 범위에서만 인정한다.

3. 절차상의 하자에 대한 효과

1) 필요적 절차인 경우

① 학설: 무효사유(다수설)/취소사유(소수설)

② 판례: 명문 규정 있을 때(무효)/없을 때(취소)

2) 필요적 절차가 아닌 경우

① 취소사유(다수설)

② 치유(소수설)

제 6 절 행정정보공개제도

1. 의의

정보공개제도는 국민이 국가가 보유한 정보에 접근하여 그것을 이용할 수 있게 하기 위해, 국민에게 정부가 보유한 정보에 대한 공개를 청구할 수 있는 권리를 보장하는 것을 말한다. 이것은 국민의 기본권인 알권리를 실현하기 위한 독자적인 제도로 인식되고 있다.

2. 필요성

정보공개제도는 다음과 같은 필요성의 요청이 있다.

① 국민의 알권리 실현

② 행정정보의 투명성 확보를 통한 민주적 통제 실현

③ 정부에 대한 국민의 신뢰성 확보

④ 공개된 행정정보의 국민생활에의 활용

3. 법적 근거

(1) 헌법적 근거

알권리는 헌법 제21조 표현의 자유에서 도출되는 기본권이며, 그 외에도 헌법 제1조(국민주권), 제10조(인간의 존엄가치 등)와도 관련이 있다. 알권리는 소극적으로는 다른 사람의 방해를 받지 않고 정보를 얻는 정보의 자유를 의미하기도 하지만, 적극적으로 국가나 사회에 대해 정보를 공개해 달라고 요청할 수 있는 정보공개청구권으로 나타나기도 한다.

(2) 법적 근거

정보공개에 관한 일반법은 1998년 1월 1일부터 시행되고 있는 공공기관의정보공개에관한법률(이하 '정보공개법'이라 한다)이며 이 법에서는 공개청구권자, 비공개대상정보, 정보공개의 절차 및 불복구제절차 등에 관해서 규정하고 있다. 이외에도 개별법에서 개인의 문서열람권을 보장하는 규정을 두고 있기도 하며(예: 국토의계획및이용에관한법률 제16조제4항:광역도시계획에 대한 일반인의 열람권인정), 대통령령인 사무관리규정과 지방자치단체의 정보공개조례 등도 정보공개제도의 법적 근거가 된다.

※ 최초의 정보공개조례인 청주시정보공개조례의 위헌성 시비

정보공개법이 제정되기 전에는 법률의 위임없이 지방자치단체가 조례제정권에 의하여 정보공개조례를 제정할 수 있는가가 문제된 바 있으며, 이에 관한 대표적인 사례가 1991년 11월 25일 청주시의회가 국내 최초로 통과시킨 정보공개조례이다. 청주시장은 이 조례가 법적 근거가 없다고 하여 조례의 취소를 구하는 행정소송을 제기하였는데, 대법원은 "조례는 법률

의 위임이 없어도 제정할 수 있으며, 이 조례가 주민의 권리를 제한하거나 의무를 부과하는 조례가 아니므로 반드시 법률의 개별적 위임이 필요한 것은 아니다"라고 하여 이 조례의 적법성을 인정하였다. 그 후 정보공개법이 제정되면서 지방자치단체도 이 법에 반하지 않는 한도 내에서 독자적으로 정보공개조례를 제정할 수 있다고 규정하고 있다(정보공개법제4조제2항).

4. 각국의 입법례

정보공개에 관한 법률을 가지고 있는 나라는 현재 10여개 나라이다. 대표적인 나라로는 프랑스와 미국이 있으며, 프랑스에서는 1978년 행정과국민과의관계개선을위한법률을 제정하여 정보의 자유화를 선언한 바 있으며, 미국에서는 미연방행정절차법 제3조를 보강하여 1966년 정보자유법(The Freedom of Information Act of 1966)을 제정한 바 있다. 독일과 일본에서는 아직 정보공개법을 두지 않고 있다.

5. 공공기관의정보공개에관한법률의 주요내용

이 법은 공공기관이 보유·관리하는 정보의 공개에 관한 일반법이다. 따라서 다른 법률에서 특별히 정하고 있는 경우를 제외하고는 이법에 정하는 바에 의한다(법 제4조 제1항).

1) 정보공개의 정의

이 법에서 정보공개라 함은 공공기관이 직무상 작성 또는 취득하여 관리하고 있는 모든 문서(수기문서뿐만 아니라 전자문서를 포함한다) 등에 기록된 사항을 **열람**하게 하거나 그 사본 또는 **복제물을 교부**하는 것 또는 **정보통신망을 통하여 정보를 제공**하는 것을 말한다(법 제2조 1호, 2호).

▸관련판례

대상 정보를 공공기관이 보유·관리하고 있는가에 대한 입증책임은 누구에게 있는가?

정보공개제도는 공공기관이 보유·관리하고 있는 정보를 그 상태대로 공개하는 제도이다. 원칙적으로는 정보공개청구권자가 공공기관이 그 정보를 보유·관리하고 있음을 입증해야겠으나, 이미 폐기된 정보라면 공공기관이 그 정보를 더 이상 보유·관리하고 있지 않다는 점을 입증하여야 한다(대판 2004.12.9. 2003두12707).

2) 적용범위

국가안전보장에 관련된 정보 및 보안업무를 관장하는 기관에서 국가안전보장과 관련된 정보분석을 목적으로 수집되거나 작성된 정보에 대해서는 적용되지 않는다.

3) 대상기관

국가, 지방자치단체, 정부투자기관 기타 대통령령이 정하는 기관

4) 정보공개청구권자

모든 국민은 정보의 공개를 청구할 권리를 갖는다. 현행법상 청구인적격의 범위는 지나치게 확대되어 있는 것 아닌가 하는 비판도 있지만, 이와 같이 청구인의 적격의 범위를 넓혀 객관적 소송의 형태로 인정하는 것이 정보공개의 취지와 이념에 부합한다고 할 수 있다.

또 외국인은 대통령령이 정하는 바에 따라 정보공개의 청구권을 갖는다.

5) 공개대상정보 및 비공개대상정보

대상정보는 공공기관의 보유, 관리하는 정보로 공공기관이 직무상 작성 또는 취득하여 관리하고 있는 문서, 도면, 사진, 필름, 테이프, 슬라이드, 컴퓨터에 의해 처리되는 매체에 기록된 사항 등이다.

정보공개법은 정보공개를 원칙으로 하면서 예외적으로 비공개정보에 대한 규정을 두고 있다. 그러나 정보공개법의 목적과 취지를 실현함에 있어서 가장 핵심적인 문제는 비공개대상정보의 범위를 지나치게 광범위하게 정하고 있고, 그 내용 또한 지나치게 추상적이고 불확정개념을 사용하고 있어 행정청의 남용이 우려된다는 점이 문제점으로 지적된다. 비공개대상정보로는 다음과 같은 것들이 있다.

1. 다른 법률 또는 법률이 위임한 명령(국회규칙 · 대법원규칙 · 헌법재판소규칙 · 중앙선거관리위원회규칙 · 대통령령 및 조례에 한한다)에 의하여 비밀 또는 비공개 사항으로 규정된 정보
2. 국가안전보장 · 국방 · 통일 · 외교관계 등에 관한 사항으로서 공개될 경우 국가의 중대한 이익을 현저히 해할 우려가 있다고 인정되는 정보
3. 공개될 경우 국민의 생명 · 신체 및 재산의 보호에 현저한 지장을 초래할 우려

가 있다고 인정되는 정보

4. 진행중인 재판에 관련된 정보와 범죄의 예방, 수사, 공소의 제기 및 유지, 형의 집행, 교정, 보안처분에 관한 사항으로서 공개될 경우 그 직무수행을 현저히 곤란하게 하거나 형사피고인의 공정한 재판을 받을 권리를 침해한다고 인정할 만한 상당한 이유가 있는 정보

5. 감사·감독·검사·시험·규제·입찰계약·기술개발·인사관리·의사결정과정 또는 내부검토과정에 있는 사항 등으로서 공개될 경우 업무의 공정한 수행이나 연구·개발에 현저한 지장을 초래한다고 인정할 만한 상당한 이유가 있는 정보

6. 당해 정보에 포함되어 있는 이름·주민등록번호 등 개인에 관한 사항으로서 공개될 경우 개인의 사생활의 비밀 또는 자유를 침해할 우려가 있다고 인정되는 정보. 다만, 다음에 열거한 개인에 관한 정보는 제외한다.

   가. 법령이 정하는 바에 따라 열람할 수 있는 정보

   나. 공공기관이 공표를 목적으로 작성하거나 취득한 정보로서 개인의 사생활의 비밀과 자유를 부당하게 침해하지 않는 정보

   다. 공공기관이 작성하거나 취득한 정보로서 공개하는 것이 공익 또는 개인의 권리구제를 위하여 필요하다고 인정되는 정보

   라. 직무를 수행한 공무원의 성명·직위

   마. 공개하는 것이 공익을 위하여 필요한 경우로써 법령에 의하여 국가 또는 지방자치단체가 업무의 일부를 위탁 또는 위촉한 개인의 성명·직업

7. 법인·단체 또는 개인(이하 "법인등"이라 한다)의 경영·영업상 비밀에 관한 사항으로서 공개될 경우 법인등의 정당한 이익을 현저히 해할 우려가 있다고 인정되는 정보. 다만, 다음에 열거한 정보를 제외한다.

   가. 사업활동에 의하여 발생하는 위해로부터 사람의 생명·신체 또는 건강을 보호하기 위하여 공개할 필요가 있는 정보

   나. 위법·부당한 사업활동으로부터 국민의 재산 또는 생활을 보호하기 위하여 공개할 필요가 있는 정보

8. 공개될 경우 부동산 투기·매점매석 등으로 특정인에게 이익 또는 불이익을

줄 우려가 있다고 인정되는 정보

6) 정보공개의 절차

(1) 정보공개의 청구방법

청구인은 정보를 보유하거나 관리하고 있는 공공기관에 대해 ① 청구인의 이름과 주소 ② 공개를 청구하는 정보의 내용 및 공개방법을 기재한 정보공개청구서를 제출하여야 한다.

(2) 정보공개 여부의 결정

공공기관은 정보공개의 청구가 있는 때에는 10일 이내에 공개여부를 결정하여야 하며, 청구된 날로부터 20일 이내에 공개 여부를 결정하지 아니한 경우에는 비공개의 결정이 있는 것으로 본다. 공개대상정보의 전부 또는 일부가 제3자와 관련이 있다고 인정되는 경우에는 공개청구된 사실을 제3자에게 알리고, 그에 대한 의견을 청취할 수 있다.

(3) 정보공개 여부 결정의 통지

정보공개의 결정을 한 때에는 그 공개일시・공개장소 등을 명시하여 통지하여야 한다. 비공개결정을 한 때에는 비공개사유・불복방법 및 불복절차를 명시하여 그 내용을 청구인에게 지체 없이 서면으로 통지하여야 한다. 정보공개를 할 때 정보의 원본이 오손 또는 파손될 우려가 있을 때는 그 사본을 공개할 수 있다.

(4) 부분공개 및 즉시공개

공개청구한 정보가 비공개정보에 해당하는 부분과 혼재되어 있는 경우 두 부분을 분리할 수 있을 때에는 비공개부분을 제외하고 나머지 부분을 공개할 수 있다. 정보의 공개는 정식절차에 따라 하는 것이 원칙이지만 법령등에 의해 공개를 목적으로 작성된 정보, 국민에게 알리기 위한 홍보자료, 공개결정이 있는 정보로서 공개에 오랜 시간이 걸리지 않는 정보들에 대해서는 즉시 또는 구술에 의한 정보의 공개를 인정하고 있다.

(5) 정보의 전자적 공개

전자정부법의 제정과 발맞추어 정보의 전자적 정보에 관한 규정을 신설하였다. 전자적 형태로 공개할 것을 요청한 경우 그 성질상 현저히 곤란한 경우를 제외하고는 이에 응하여야 하며, 전자적 형태로 존재하지 아니하는 정보도 업무에 현저한 지장을 초래하지 않는 한 그 정보를 전자적 형태로 변환하여 공개할 수 있다.

(6) 비용부담

정보의 공개 및 우송 등에 소요되는 비용은 실비의 범위 안에서 청구인의 부담으로 하지만 공개를 청구하는 정보의 사용목적이 공공복리의 유지, 증진을 위하여 필요하다고 인정되는 경우에는 비용을 줄일 수 있다.

7) 불복청구절차

(1) 이의신청

정보공개로 인하여 침해를 받은 자는 정보공개결정통지를 받은 날 또는 비공개의 결정이 있은 날로부터 30일 이내 이의신청(서면)을 할 수 있다. 또 자신과 관련된 정보에 대해 비공개 요청을 하였음에도 공개된 경우에는 공개 통지 일로부터 7일 이내 이의신청할 수 있으며, 이의신청에 대하여 7일 이내 결정하고 그 결과를 서면으로 통지하여야 한다.

(2) 행정심판

이의신청은 임의적 절차이므로 이를 거치지 아니하고도 행정심판을 제기할 수 있다. 이 경우 국가 및 지방자치단체 외의 공공기관의 처분 또는 부작위에 대한 행정심판은 관계중앙행정기관에 소속된 행정심판위원회가 한다. 이 행정심판은 비공개 요청에 대한 거부처분이므로 의무이행심판 또는 취소심판으로 한다.

(3) 행정소송

재판장은 당사자의 참여 없이 비공개로 당해 사건의 공개청구정보를 열람, 심사할 수 있다. 재판의 대상인 비공개결정처분의 대상이 된 정보가 비공개대상정보로서 국가안전보장, 국방 또는 외교에 관한 것인 때에는 재판장은 당해 정보를 제출하지 아니하게 할 수 있다. 이 소송은 거부처분에 대한 취소소송으로 한다.

(4) 제3자의 불복절차

공공기관의 정보공개로 인해 제3자가 자신의 권리 또는 이익이 침해되었다고 할 때 제기하는 불복절차이다. 제3자도 역시 청구인과 같이 취소심판이나 무효 등 확인심판을 구할 수 있으나, 이것은 이미 정보가 공개된 후의 불복수단이므로 제3자에게는 예방적부작위청구소송(예방적금지소송)이 유효할 수 있다. 그러나 이 소송은 무명항소소송의 일종으로 현행법제에서는 인정하기 어려우므로 제3자는 정보공개의 결정 이후, 정보공개가 있기 전에 처분의 집행정지를 구하는 것이 현행법상으로는 가장 적절한 권리구제수단이다.

제 7 절 개인정보보호제도

1. 의의

① 개인에 관한 정보가 외부에 유통되는 것을 막아 개인을 보호하는 제도

② 개인이 자신에 관한 정보를 스스로 관리, 결정하고(정보의 자기결정권) 공공기관이 이를 기본권으로 보호하는 것을 말한다. 종래에는 사생활 영역의 침입에 대한 소극적 보호가 중심이었으나, 오늘날에는 개인 누구나 자신에 관한 정보를 관리하고 공개함에 있어 스스로 결정할 수 있고, 정정을 구할 수 있는 적극적 보호가 이루어지게 되었다.

2. 법적근거

(1) 헌법적 근거

헌법 제17조(프라이버시권)

(2) 법적근거

공공부문에서는 공공기관의개인정보보호에관한법률이 있고, 민간부문에서는 정보

통신망이용촉진및정보보호등에관한법률이 있으며, 현재 양자를 통합하는 개인정보보호기본법에 대한 제정 작업이 계속되고 있다.

3. 공공기관의 개인정보보호에 관한 법률의 내용

1) 다른 법률과의 관계

공공기관의 '컴퓨터에 의해 처리되는 개인정보' 중 통계법에 의해 수집되는 정보와 국가안전보장에 관한 정보는 적용이 제외된다. 또 컴퓨터에 의해 처리되는 정보만을 대상으로 하므로, 수기정보는 제외된다.

2) 개인정보의 수집처리

소관업무에 필요한 범위내에서 개인정보[화일]을 보유할 수 있으며, 이를 위해서는 사전통지→개인정보화일의 공고→개인정보화일대장의 작성 및 열람의 절차를 거친다.

3) 처리정보의 열람청구

개인정보 파일 대장에 기재된 범위 안에서 서면으로 본인에 관한 정보의 열람을 정보보유기관의 장에게 청구할 수 있다. 그러나 이 법 제13조에서는 그 열람 제한 사유를 규정하고 있는데, 그 사유가 너무 광범위하여 정보에 대한 알권리의 제한, 자기 정보의 사용중지, 삭제청구권이 보장되지 않는 문제점이 있다.

4) 처리정보의 정정청구

처리정보를 열람한 정보주체는 보유기관의 장에게 당해 정보의 정정을 청구할 수 있다.

5) 불복청구

정정청구의 거부처분에 대해 의무이행심판이나 취소소송을 제기할 수 있다.

6) 대리청구

정보주체는 열람이나 정정청구를 대리할 수 있다.

Check

- 행정절차의 필요성
- 이유부기
- 각국의 행정절차법의 발달의 특색
- 행정절차법의 내용
- 기본적 행정절차
- 정보공개와 정보보호의 대략적인 내용
- 청문
- 절차상 하자와 행정행위의 효력
- 절차상 하자와 판결의 효력
- 절차상 하자의 치유

제 5 장

그 밖의 주요한 행위형식

제 1 절 행정법상의 확약(確約)

1. 의의

1) 개념

행정청이 자기구속을 할 의도로서 장래에 향하여 일정한 행정행위의 발급 또는 불발급을 약속하는 의사표시를 말한다. 확언이라고도 하는데, 확언이란 독일 행정법학상의 개념으로 행정행위뿐만 아니라 기타 행위형식의 발급을 약속하는 것을 지칭한다.

> 예컨대, 공공근로사업의 신청을 한 갑에 대하여 행정청은 당 사업의 사역부로 지정되었으니, 소정의 교육과정을 거쳐 며칠 후 정식으로 출근하게 된다고 통보한 경우가 바로 확약의 예이다. 이 경우 갑은 사역부선정처분이 후에 당연히 시행된다는 기대권을 갖게 되고, 행정청은 사역부선정처분을 하여야 할 자기구속적 의무를 갖게 된다.

2) 구별개념

(1) 교시(敎示 : Auskunft)

교시(敎示)라고 하여 거창한 것 같지만 이것은 행정공무원의 개인적 견해표명과 같이 비구속적인 법률적 견해표명에 불과하다(ausküden(알려주다)에서 온 말임을 생각하면 의미를 전달하는 데는 「안내」라는 표현이 더 적당하다. 예컨대, 건축허가를 신청하려는 乙은 구청 건축과에 자기 건축행위의 현황을 설명하면서 허가가능여부를 묻자, 당시 초임발령이 된 건축직 공무원 丙은 별다른 의심 없이 "가능하다"고 이야기한 경우가 바로 교시의 예이다. 이 경우 丙의 언질은 행정청이 자기구속의 의사로 한 것이 아니므로 확약이 아니다. 따라서 乙이 그 후 허가를 신청하였는데, 건축과의 정밀한 실사 끝에 "허가불허" 처분을 내린 경우, 을은 이전의 병의 언질의 약속을 이행하라고 행정청에 요구할 권리가 없는 것이다.

(2) 예비결정, 부분인허

예비결정, 부분인허는 행정청의 한정된 사항에서의 "종국적 규율"이라는 점에서 본 행정행위를 행할 것을 '약속'하는 의사표시인 확약과 다르다. 이는 다단계행정행위의 형식에 인정되는 행정행위다. 예컨대, 토지구획정리사업이나 도시재개발사업의 대규모 개발사업의 경우 법은 다단계로 그 사업시행권을 부여하고 있다. 도시재개발사업을 예로 들면 ① 도시재개발조합설립의 승인 ② 도시재개발사업시행자 승인 ③ 도시재개발사업시행신고 ④ 도시재개발사업 준공신고 등의 다단계 행위가 이루어진다. 각각의 행정행위는 모두 한정된 영역이지만 종국적 규율이며 후에 있을 행정행위의 단순한 약속은 아니다.

(3) 내부결정

「소방시설 설치 유지 및 안전에 관한 법률」에 따르면 행정기관이 건축허가를 할 때에는 관할 소방본부장 혹은 소방서장의 동의를 받도록 하고 있다. 이 때 소방서장등의 동의가 바로 내부결정에 해당한다.[1)]

---

1) 여기에는 다음과 같은 문제를 생각해 볼 수 있다. 예컨대 허가권자인 도지사에게 건축허가 신청을 하였는데 관할 소방본부장이 동의를 거부함으로써 건축허가를 받을 수 없었다면 어떻게 할 것인가?[2006년 제50회 행정고시 문제] 소방본부장의 동의 거부에 처분성을 인정할 수 있을 것인가? 결론을 말하면, 내부결정이므로 처분성이 없어 동의 거부에 대해서는 취소를 청구할 수 없으며,

3) 성질

이것은 대외적 의사표시라는 점에서 단순한 내부행위와는 다르다. 또 행정기관에 대하여 확약한 내용을 이행할 의무를 지우는 효과가 발생한다는 점에서 행정행위의 일종이라고 보는 견해도 있다. 그러나 종국적 법집행행위가 아니라 단순한 약속이며, 확약의 기초가 되었던 사실적, 법적 상황이 변경되면 사정변경의 원칙에 따라 확약의 구속성이 상실된다는 점 등을 고려할 때 의사표시이긴 하나 행정행위는 아닌 것으로 보는 것이 적당하다(多數說).

또, 이것은 아직 실현되지 아니한 약속에 불과하므로, 공정력이나 불가쟁력과 같은 행정행위의 효력은 발생하지 않는다. 확약의 처분성에 대해 판례의 입장은 명확하지 않다. 긍정하는 판례(1998.4.28 97누21086)도 있고 부정하는 판례(1995.1.20 94누6529)도 있다.

2. 확약의 허용성

1) 이론적 근거

독일의 판례는 신의칙 내지 신뢰보호원칙을 근거로 본다. 학설은 본 처분 발급권한 내에 확약을 발할 권한은 당연히 포함되는 것으로 이론구성한다(본처분권한포함설). 엄밀히 말하면, 확약의 허용성은 본처분을 할 행정청의 권한에는 '당연히' 확약이라는 약속정도는 할 수 있지 않느냐라는 본처분권한포함설이 타당하고, 사인의 입장에서 확약의 구속력을 끌어내는 근거로는 신뢰보호원칙이 타당하다고 본다. 즉, 행정청의 확약을 신뢰한 사인이 그에 맞추어 자신의 법적 생활을 영위하다가 이후에 행정청이 약속한 그 행정행위를 이행하지 않으면 사인의 신뢰가 침해된다는 것이다.

2) 허용의 한계

(1) 불이익한 본 처분 발급에 관하여 일정한 사전절차가 요구되고 있는 경우

절차의 생략은 불가능하다. 법은(특히 행정절차법) 특히 불이익한 부담적행정행

다만 소방본부장의 동의거부에 따라 도지사의 건축 허가 거부처분이 나오면, 그 거부처분에 대한 취소를 구하면서 그 이유로서 소방본부장의 동의거부를 다투면 될 것이다.

위에 관해 청문 등의 사전절차를 거칠 것을 규정한 예가 많다. 비위공무원에 대해 직위해제처분을 하기 전에 징계위원회의 심의를 거쳐야 하는 것도 그 한 예이다. 이 경우 임용권자가 징계위원회를 개최하기도 전에 해당 공무원에게 직위해제처분의 확약을 먼저 한다는 것은 결국 비위공무원에 대한 '협박'이고, 징계위원회의 심의를 형식적으로 만들어 버린다. 징계위원회에서 그 공무원의 변명과 자기주장을 참고해 징계위원회가 절충적 의견을 제시할 수 있으므로 임용권자는 함부로 징계위원회 개최 전에 직위해제처분을 할 것이라는 확약을 해서는 안 된다.

⑵ 기속행위, 재량행위여부

상관없이 확약을 할 수 있다. 다만, 기속행위의 경우에는 본처분을 행하는 것이 기속되므로 본처분을 확약하는 것은 별의미가 없다는 견해도 있다.

⑶ 요건사실 완성 전·후 여부

행정행위를 할 요건사실의 완성여부에 상관없이 확약을 할 수 있다. 그러나 확약은 상대방에게 수익적인 행위에 대하여 행하여지는 것이므로 본처분 요건사실이 완성된 후에는 확약을 할 것이 아니라 본처분을 해야 한다는 견해도 있다.

3. 확약의 요건·효력

1) 확약의 요건

⑴ 주체(정당한 권한의 소재)

정당한 권한을 가진 행정청에 의해 행사되어야 한다. 즉, 본행정행위를 할 수 있는 권한 있는 기관의 권한 범위내의 행위이어야 한다.

⑵ 절차(소정의 절차이행)

본행정행위에 일정한 절차적 요구가 있는 경우, 확약에 있어서도 그 절차가 이행되어야 한다.

⑶ 내용(법령의 적합)

확약의 내용은 법령에 적합해야 하며, 이행이 가능해야 한다.

2) 효력

상대방에게 확약된 행위를 하여야 할 자기구속적 의무가 발생한다.

3) 권리구제

(1) 행정쟁송

확약은 행정행위(처분)를 대상으로 하는 것이므로 의무이행심판·부작위위법확인소송 통하여 본처분의 불이행을 다툴 수 있다. 다만, 확약의 처분성을 부정하는 견해에서는 확약 이행의 거부에 대한 취소소송을 인정하기는 어려울 것이다.

(2) 손해배상

위법하게 확약이 철회된 경우에는 손해배상청구가 가능하다.

(3) 손실보상

적법한 공익상 사유로 확약이 철회된 경우에는 손실보상 청구가 가능하다.

제 2 절 공법상 계약

제 1 항 비권력적 행정작용

비권력행정은 행정주체가 공권력의 주체로서가 아니라 사업 또는 재산의 관리주체로서 하는 작용으로, 성질상 사인의 사업 경영과 다를 바가 없지만 공공복리와 밀접한 관계가 있는 관계로 실정법상 특수한 법적 규율을 받는 작용을 말한다. 비권력행정은 관리행정이라고도 하며, 권력행정과 국고행정의 중간적 영역을 의미한다. 비권력행정의 행위유형은 다음과 같다.

1. 법률행위

비권력적 법률행위에는 공법상계약, 행정사법, 공법상 합동행위, 형식적 행정행위 등이 있다.

※ 형식적 행정행위: 행정행위의 형식을 취하지만 실제로는 비권력적 행정작용인 법적 행위로서, 사회보장 급부결정(국민기초생활보장법상의 급여결정)·보조금의 지급결정·공공시설(육교, 쓰레기소각장 등)의 설치행위 등이 이에 속한다. 이것은 행정행위에 속하지는 않지만 행정쟁송의 측면에서 특별히 처분성을 인정함으로써 행정쟁송을 가능하도록 하기 위한 것이다.

2. 사실행위

비권력적 사실행위에는 비구속적 행정계획, 행정지도 등이 있다.

제 2 항 공법상 계약

1. 의의

1) 의의

공법상 계약이란 공법적 효과의 발생을 목적으로 하는 복수의 당사자 간의 반대방향의 의사표시의 합치로 성립하는 법률행위를 말한다.

2) 공법상 계약의 유용성

행정을 엄격한 법의 집행이라고 생각한다면 계약의 형식으로 행해지는 행정계약은 존립할 여지가 그만큼 적어질 것이다. 특히 오스트리아와 같이 헌법조항(§18-①)으로 '모든 국가행정은 법률에 의해서만 행해질 수 있다'는 규정을 두고 있는 경우에는 공법상 계약이 소극적 평가를 받게 되는 것은 당연하다. 하지만 현대 행정이 급격히 변화하고 있고 다양화되고 있는 이상, 이에 탄력적으로 대응하고 법의 흠결을 보완해 줄 수 있다는 측면에서 판단여지나 재량이 확대되는 것과 마찬가지로 공법상 계약의 유용성이 증대하고 있다. 다만 이러한 공법상 계약의 유용성도 행정 부관의 다목적적인 활용에 의해 다소 그 의미가 퇴색해 가고 있음도 주목해야 한다. 즉 행정주체와 사인간의 협의·절충의 결과 부관의 내용이 구체화됨으로써 공법상 계약이 할 일이 대체되고 있는 것이다.

(1) 행정행위와의 관계

공법적 효과가 발생한다는 점에서는 같으나, 행정행위는 행정주체가 사인에 대하여 우월한 지위에 서서 일방적으로 행하는 공권력의 행사임에 비하여, 공법상 계약은 양 당사자가 대등한 지위에 서서 하는 법률행위라는 점에서 차이가 있다.

(2) 사법상 계약과의 관계

당사자 간의 반대의 의사표시의 합치라는 점에서는 같으나, 공법적 효과 발생을 목적으로 한다는 점에서 사법상 계약과 구별된다.

(3) 공법상 합동행위와의 관계

당사자 간 의사의 합치, 공법적 효과의 발생이라는 점에서는 같으나, 의사의 방향이 반대방향이라는 점에서 다르다.

2. 공법상계약의 종류

① 행정주체 상호간의 계약: 도로·하천의 관리비용분담에 관한 지방자치단체간의 협의, 지방자치단체 사이의 교육사무위탁 등

② 행정주체와 사인간의 계약: 계약직 공무원 임용계약[2], 지원에 의한 입대, 학령아동의 취학, 임의적 공용부담(문화재, 공원용지 등의 기증), 행정사무의 위탁(별정우체국의 설치 신청에 대한 지정)

③ 사인상호간의 공법상 계약: 토지수용에 있어 사업시행자와 토지소유자간의 협의(여기에는 공법상 계약설과 사법상 계약설이 대립)

3. 공법상 계약의 가능성과 자유성

1) 가능성

공법관계에서 계약을 인정할 수 있을까에 대하여 과거에는 이를 부정하는 학자도 있었으나, 현재에는 이를 부정하는 학자는 없으므로, 공법계약의 가능성을 논할 실익은 없다고 하겠다.

2) '공무원의 임명'은 공법상 계약이라는 견해도 있으나, 동의에 의한 쌍방적 행정행위라는 설이 다수 견해이다.

2) 공법상 계약과 법률유보원칙

계약을 요구하는 행정이익을 위해서는 때로 법률우위원칙이 후퇴될 가능성도 있다고 하나, 다른 행정작용과 마찬가지로 공법상 계약도 법률우위원칙의 지배하에 있음은 부인할 수 없다. 다만 법률의 근거 없이 공법상 계약을 체결할 수 있는가에 대해서는 긍정설과 부정설이 있는데, 법률이 특히 행정행위로 할 것을 명시하고 있지 않는 한 법의 강제를 받을 필요는 없으며, 오히려 가능한 한 상대방의 의사가 참가하는 공법상 계약을 통해 행정을 실현하는 것이 나을 것이다. 그러나 법률유보원칙에서 완전히 자유로울 수는 없으므로 사법상 계약에서와 같이 사적자치의 원칙의 지배가 그대로 인정될 수는 없을 것이다. 독일 행정절차법 제54조에서는 공법상 계약의 자유성을 명문화하고 있다.

※ 공법상 계약, 행정지도 등 비권력 행정 분야에서는 법률유보원칙은 완화되나, 법률우위원칙은 적용된다.

4. 공법상 계약과 행정계약

행정계약이라 함은 행정주체가 일방 당사자가 되어 하는 계약을 말하며 여기에는 공법상 계약과 행정상의 사법계약을 모두 포함한다.

이렇게 넓은 의미의 행정계약 개념을 인정하는 견해는 ① 공법상 당사자소송과 민사소송이 절차나 그 실질에 있어 다를 바가 없고, ② 공·사법의 구별도 명확하다고 할 수 없으며 ③ 사법상 계약과 구별지을 수 있는 공법상 계약의 독립된 영역을 한정할 근거 내지 의미도 없다고 한다(김동희·서원우·석종현·박윤흔 등).

하지만 ① 우리나라는 엄연히 공·사법의 이원적 구조를 취하고 있고, ② 당사자소송은 재판관할, 소의 변경절차 등에서 민사소송과 구별되며, ③ 공법상계약과 사법상 계약은 해석 법리에 차이가 있을 수밖에 없으므로 공법상 계약과 사법상 계약을 포괄하는 개념인 행정계약이라는 개념을 인정하기에는 무리가 있다는 견해도 있다(김남진·이상규).

※ 행정계약은 공·사법의 이원적 구조를 가진 대륙 특히 프랑스에서 정립된 개념이며, 프랑스의 경우 이 개념이 광범위하게 인정되어 일정한 경우에는 행정행위로 보이는 것(공기업특허, 공물사용특허)등도 행정계약에 포함시키고 있으며, 권력관계가 행정의 주

류를 이루는 독일에서는 공법상 계약은 예외적인 현상에 불과하여 그 인정범위가 상대적으로 좁다.

제 3 절 행정지도

1. 의의

행정주체가 일정한 행정질서를 형성하기 위하여 일정한 방향으로 행정객체를 유도할 의도 아래 행하는 비권력적 사실행위를 행정지도(行政指導)라 한다(예 ; 우량종자의 보급, 세무 상담, 물가억제를 위한 권고 등).

2. 행정지도의 필요성

1) 행정기능의 확대

현대의 복리행정기능이 경제사정의 변동이나 과학의 발달에 탄력적으로 부응하기 위해서는 법령의 구속에서 벗어나 행정지도의 탄력적 기능에 의존할 가능성이 높다.

2) 임의적 수단에 의한 편의성

상대방의 협력을 바탕으로 하는 비권력적 · 임의적 수단에 의하는 행정지도는 불필요한 마찰을 피하고 상대방의 신뢰를 보호하는 길이 된다.

3) 산업정보 등의 제공

행정지도는 새로운 기술, 지식, 자료 등을 제공함으로써 행정객체를 일정한 방향으로 유도함을 목적으로 함(예 ; 농촌진흥청의 우량종묘의 보급 · 권장 등)

3. 행정지도의 결함

1) 행정지도의 사실상의 강제성

행정지도의 원래 의미는 상대방의 동의 또는 임의적인 협력을 바탕으로 하는 것이나, 행정주체의 우위성으로 말미암아 사실상의 강제가 될 수 있다.

2) 행정지도의 한계의 불명

행정지도는 반드시 법령에 근거하여 이루어지는 것이 아니기 때문에 그 기준이 뚜렷하지 아니하고, 필요한 한계를 넘어 행해지기 쉽다.

3) 행정구제수단의 불완전

행정지도는 상대방의 임의적 동의 또는 협력을 전제로 하는 비권력적 사실행위이기 때문에 그로 말미암아 현실적으로 권익의 침해가 있는 경우에도 만족할 만한 행정구제를 기대하기 어렵다.

4. 행정지도의 법적 한계

1) 법규상의 한계

행정지도는 비권력적 사실행위라는 점에서 그에 대한 개별적인 법률의 근거를 요하는 것이 아니나 즉 법률유보의 원칙은 적용받지 않으나, 전술한 바와 같이 법률우위원칙의 지배를 받는다.

2) 조리상의 한계

행정지도는 비권력적인 성질을 가지는 임의적인 사실행위이기는 하지만, 행정작용의 일부를 이루는 것이라는 점에서 행정작용에 대한 조리상의 제약인 비례원칙, 평등원칙, 신의·성실원칙 등이 적용된다.

5. 행정지도에 대한 행정구제

1) 행정쟁송

행정지도는 상대방의 동의 또는 임의적인 협력을 바탕으로 행해지고 구속력이 없는 것이기 때문에 행정쟁송에 의해 보호될 법률상의 이익을 인정하기 어렵다는 것이 일반적이다. 즉 비권력적 사실행위인 행정지도는 행정쟁송의 대상이 될 수 없다.

2) 행정상의 손해전보

마찬가지 이유로 행정상 손해배상이나 손실보상도 청구하기 어렵다는 것이 통설적 견해이다.

제 4 절 공법상 합동행위

공법상 합동행위란 공법상 효과의 발생을 목적으로 하는 다수 당사자의 동일 방향의 의사표시의 합치로 성립하는 법률행위를 말한다(예 ; 시 · 군의 협의로 성립하는 시 · 군 조합 설립행위, 공공조합의 합의로 성립하는 조합연합회설립행위 등).

제 5 절 행정사법

1. 의의

공공복리를 위해 행정주체가 사법적 형식으로 직접 행정목적을 수행하는 것으로 형식적으로는 국고행정이지만 내용적으로는 사적자치의 원칙이 수정되어 공법적 구속을 받게 되는 것을 행정사법이라 한다. 행정사법은 현대의 복리국가적 행정기능이 확대됨으로써 이루어진 행정의 행위형식의 다양화의 결과라고 할 수 있다. 따라서 행정사법은 기본적으로 사법관계이며, 그에 관한 분쟁은 민사소송의 대상이 된다는 것이 통설과 판례의 입장(대판 1982.12.28. 82누441)이다. 그러나 행정사법이 공공의 이익과 직접 관련이 있는 경우에는 직권탐지주의가 적용되는 당사자소송을 통한 구제가 가능하다는 견해가 있다.[3)]

**옐리네크는 "군인이 민간인 복장을 하더라도 군인이다"라고 표현하여 공법관계임을 주장한 바 있다.

2. 행정사법의 종류

3) 장태주, 행정법개론, p. 353.

1) 사법형식의 규제행정

규제행정분야에서 활용되고 있는 행정사법의 예로는 토지정책, 경기대책, 고용대책 등을 위하여 행정주체가 직접 또는 간접으로 사법적 형식을 빌어 개입하는 경우 등을 들 수 있다(예 ; 정부가 물가안정을 위해 유통과정에 개입하여 특정한 물품을 매입 또는 매도하여 수급을 조절하거나 가격안정을 도모하는 것).

2) 사법형식의 급부행정

생활배려를 위한 행정 즉 급부행정분야에서도 행정사법이 활용되고 있다(예 ; ⓐ 철도·전기·수도 등의 공급사업과 같은 급부행정(공기업의 경영) ⓑ 투융자·보조금·지불보증 등과 같은 보조금행정에 있어서 사법형식으로 행정활동을 전개하는 것).

3. 공법적 구속

행정사법에 대한 공법적 구속에는 일반적인 공법원칙에 의한 구속과 법률적 규제가 있다.

1) 공법원칙에 의한 구속

울프(Wolff)에 의하면 행정주체가 사법적 형식으로 직접 행정목적을 수행하는 경우에는 그것이 형식적으로만 국고행정이지 내용상으로는 국고행정이 아니므로 사적자치의 원칙이 수정되고, 공법적 구속을 받게 된다고 한다.

(1) 헌법원칙에 의한 구속

재산권의 보장, 신뢰보호 원칙, 평등 원칙, 비례 원칙 등 헌법원칙에 의한 구속을 받는다.

(2) 사법적 규율의 제한·수정

공기업분야에서는 의사표시에 대한 사법적 규율이 제한되거나 수정되는데, 계약강제·해약의 제한·계속적 경영업무·계약 내용의 결정 등이 있다.

2) 법률적 규제

이상의 일반적 공법적 구속을 받는 외에 예산을 절약하고, 행정의 공정을 기하기 위하여 계약의 방법·내용·상대방 등에 대하여 법률(국가재정법·국유재산법 등)이 특별한 제약을 두고 있는 경우가 많다.

제 6 절 비공식적 행정작용

1. 의의

1) 개념

비공식행정작용이란 행정주체가 행정결정(공식적 행정작용) 전에 혹은 그에 갈음하여 사인과의 합의, 협의, 의견절충 등을 통하여 행정목적을 달성하는 것을 말하는 것으로 그것의 근거·요건 및 효과 등이 법에 의해 정해져 있지 않은 것으로서 법적 구속력을 발생하지 않는다. 예컨대, 행정기관이 일방적으로 행하는 경고·권고·교시·정보제공, 행정기관과 사인 간에 행해지는 협상·접촉·사전해결·의사소통·합의·타협·화해·사전의 의견교환·예비절충·협정 등이 있다. 비공식적 작용은 법에 따라 이루어지는 일반적이고 전형적인 행정작용의 형태가 아니라는 의미이며, 따라서 비정식적 작용, 비정형적작용 등으로도 불린다.

2) 성질

비공식적 행정작용은 공식적인 행정작용에 앞서 그 준칙행위로서 또는 그 대표적인 것으로서 행해지는, 행정청과 국민간의 협의, 합의 등을 말하는 것이므로, 행정청과 관계인간의 관련 문제에 대한 사실상의 양해를 그 내용으로 하는 것으로서 비공식적인 것이며 이러한 점에서 "법적 구속력이 없는 사실행위"에 속한다.

3) 등장배경

법률의 홍수현상에서 오는 법집행의 결여로 인하여 생기는 행정활동의 정체를 방지하고, 급속한 기술의 발전과 환경의 변화에 따른 가변적인 행정수요에 탄력적으로 대응하기 위하여 등장하였으며, 그 저변에는 국민이 행정의 대등한 권리주체가 되어야 한다는 인식이 부각되어 있다. 오늘날 비공식행정작용은 특히 환경보전 및 경제행정 분야에서 확대경향을 나타내고 있다.

4) 비공식행정작용의 허용성

비공식행정작용은 법 외적 작용이므로 헌법상의 법치국가의 원리와 모순되기 때문에 허용되지 않는 것이 원칙이다. 그러나 등장배경에서 보는 바와 같이 일정한 기능을 담당하고 있으므로 법률유보와 관련하여 전부유보설을 고집하지 않는 한 비공식행정작용의 허용성을 부정할 필요는 없다고 하겠다.

2. 비공식적 행정작용의 종류

1) 사전절충

(1) 인, 허가 신청시의 사전절충

인·허가권을 가진 행정기관과 신청자간에 사전에 행해지는 인, 허가의 전망, 그 요건 등에 관한 논의를 말한다. 사전절충의 장점으로는 이 과정을 통하여 사인은 허가 전망이 없는 신청을 처음부터 단념할 수 있고, 이 절차 이후의 신청에 대한 처리가 원만하게 진행되고, 사후에 분쟁이 방지되는 점을 들 수 있다.

(2) 신고 전의 사전절충

이것은 카르텔법의 적용분야에서 볼 수 있다. 이 법에 따라 기업합병을 하고자 하는 기업은 그 실행에 앞서 이를 연방카르텔청에 신고하도록 되어 있고, 이 경우 카르텔청은 신고접수 후 4개월 이내에 당해 합병조치를 불허할 수 있다. 이 경우 카르텔청은 매우 전문적인 사항에 대한 시장조사를 하여야 하는 것으로 당해 신고 전에 이미 기업과의 비공식적인 협의를 통하여 필요한 정보를 수집할 필요가 있게 된다. 관련 기업도 이 과정에서 행정청의 입장을 간파할 수 있고 행정청에 제기되는 의문점을 해소할 수도 있게 된다. 또한 기업은 행정청을 설득할 수 없는 경우에는 신고를 하지 않음으로써 합병준비에 소요되는 비용을 절약할 수 있게 된다.

2) 처분안 및 부관안의 사전제시

처분안의 사전제시란 인, 허가신청에 대한 행정실무상 널리 사용되고 있는 것으로서 행정청이 처분에 앞서 신청인에게 처분안을 송부하는 것이다.

3) 응답유보

행정청이 허가 등의 신청에 대하여 그 결정을 유보하고 신청인을 적극적으로 지도하여 행정이 허가의 장애사유로 제기되는 문제점들을 사전에 해소하도록 노력하는 것이다.

4) 규범집행형의 합의

법정조치의 수정 또는 그 대체적 조치 등을 교섭내용으로 하여 행정청과 사인간에 합의가 이루어지는 경우이다. 규범집행형의 합의는 내용상 화해형합의, 개별형합의, 교환형합의로 구분된다.

5) 규범대체형의 합의

규범집행형의 합의가 기본적으로 법정조치에 대체적인 것으로 법정되어 있지 않은 행정조치에 대한 것인 데 대하여, 이것은 법률, 법규명령, 조례 등의 규범제정행위의 회피를 그 내용으로 하는 것이다.

3. 비공식적 행정작용의 유용성과 문제점

1) 유용성

① 당사자의 양해에 의하여 당해 처분 등의 신청에 대한 처리가 원만히 진행되고, 사후 집행상의 문제를 일으키지 않는다.

② 당사자가 비공식적인 수단에 의하여 정규기준을 변경할 수 있다.

③ 결정상황이 복합적인 경우 유용한 행정작용수단이다. 경제, 과학기술상의 여러 문제가 복합적으로 관련되어 있는 분야에서는 당해 문제의 해결에는 고도의 전문지식이 필요하다. 관련문제에 행정권이 자신이 없는 경우 사업자와의 상호협력하에서 사안의 처리가 이루어지는데 관련 프로젝트의 규모가 클수록 문제의 복잡성도 증대되어 비공식적 방법의 사용의 가능성도 증대된다.

④ 법원의 개입을 회피할 수 있으며, 조기단계에서 분쟁해결을 할 수 있다.

⑤ 당사자의 자발적 참여를 유도할 수 있다.

⑥ 행정조직간의 대립현상을 완화할 수 있다. 예를 들면, 환경보호를 추진하는 행정청과 경제활동을 옹호하는 행정청간에 심각한 대립현상이 발생할 수 있는 것으로, 그 조정을 위하여 비공식적 수법이 사용될 수 있는 것이다.

⑦ 법정의 감독수단이나 제재조치의 실시에 있어 곤란한 입증문제가 제기되는 경우에도 비공식적 방법이 사용된다.

⑧ 법정 제재조치의 영향이 그 상대방에 대하여 과도한 경우 비공식적 활동이 행정목적의 달성수단으로 활용될 수 있다.

2) 문제점

① 법외적 작용이므로 법치행정의 원리의 실현을 저해하게 된다.

② 행정기관과 관련 당사자 사이에서만 이루어져서 외부노출이 안 되므로 이해관계 있는 제3자의 지위가 보장되기 어려운 문제가 있다.

③ 사실행위로서 처분성이 인정되지 않아 행정쟁송의 방법으로 권리구제를 하기 어렵다.

④ 대부분의 경우에 있어 당사자 간의 합의나 양해 등에 의하여 이루어지기 때문에, 행정에 대한 효과적인 통제가 곤란하여 능률적 행정의 장애를 초래한다.

⑤ 비공식 행정작용은 공식화되어 있지 않은 작용이기 때문에 법적 안정성과 예측가능성을 확보하기가 어렵다.

4. 비공식적 행정작용의 효과 및 한계

1) 법적 효과

비공식적 작용으로서의 협의, 합의 등은 사실행위로서 법적 구속력을 가지지 않는다. 신뢰보호의 원칙, 신의성실의 원칙, 행정의 자기구속원칙 등을 매개로 하여서도 그 법적 구속력을 인정할 수는 없다. 따라서 당사자가 법적 구속력을 부여하기 위해서는 공법상계약, 사전결정(verbecheid), 확약 등의 행위형식에 의해야 한다. 법적 구속력이 없으므로 원칙적으로 합의에 대한 이행 청구권이 발생하지 않으며 불이행에 따른 손해배상청구이나 항고쟁송의 대상이 되지 않는다. 다만 비공식적 행정작용이 사실상의 강제력을 갖는 경우는 항소쟁송의 대상이 될 수 있을 것이다.

물론 처분 개념에 관하여 이원설을 취하는 경우에 한한다. 또 위법·과실의 경고, 권고, 정보제공 등으로 손해를 입은 경우에는 국가배상을 청구할 수 있을 것이다.[4)]

2) 한계

비공식적 행정작용의 한계는 실체법적, 절차법적 측면에서 모두 인정된다. 실체법적으로는 행정청은 관계인에게 그것이 위법한 허가 또는 위법한 사실 상태로 귀결될 성질의 것을 양해사항으로 하여서는 안 된다. 절차법적으로는 행정권은 비공식적 행정작용을 포괄적 사실해명을 그 내용으로 하는 조사의무나 제3자의 청문권, 참가권 등을 회피 또는 배제하기 위한 수단으로 사용하여서는 안 된다.

제 7 절 행정의 자동화 작용

1. 서

과거에는 통계의 집계, 자료의 정리 등과 같은 분량이 많은 업무의 효율적 처리를 위하여 전자계산기기가 많이 활용되었으나, 오늘날에는 신호등에 의한 교통신호, 컴퓨터를 통한 학교배정, 세금 기타 공과금의 부과결정, 주차료 등 공공시설의 사용료 결정 등과 같은 질적 차원이 높은 행정적 지시나 결정이 자동기기에 의해 이루어지기도 한다. 이처럼 미리 입력된 프로그램에 따라 자동적으로 이루어지는 행정결정과 같은 것을 행정의 자동화작용이라 한다.

2. 법적 성질

보행자와 운전자는 교통신호기가 보내는 신호에 의해 보행과 주행 여부를 결정하게 되므로 교통신호기에 의한 자동결정이 일정한 법적 효과를 발생하고 있음은 명백하다. 행정공무원은 행정규칙에 따라 행정행위를 수행하게 되는데 이러한 구조는 자동화프로그램과 행정의 자동결정에도 똑같이 적용된다. 따라서 프로그램은 행정

4) 박균성, 행정법강의, p. 360.

규칙의 역할을 자동결정은 행정행위의 역할을 하게 됨을 알 수 있다. 즉 행정의 자동결정은 행정행위의 성질을 갖는다.

3. 행정의 자동결정에 대한 법적 규율의 특수성

행정의 자동결정이 행정행위의 성질을 가지므로 행정행위에 관한 일반원칙이 적용된다. 주체, 절차, 형식, 내용(법률우위, 법률유보원칙 등) 등에 관한 요건을 갖추어야 하고 그 내용을 상대방이 알도록 고지하여야 한다. 다만 자동결정으로 이루어지는 이상 몇 가지 예외를 인정하지 않을 수 없다.

예컨대, 행정청의 서명, 날인이 생략되는 경우가 있다. 또 일반의 문자 아닌 특별한 부호가 사용되는 것을 용인해야 한다. 또 이유부기나 청문에 관해서도 특칙을 인정하지 않을 수 없다.[5] 그러나 법치국가적 요청인 이유부기나 청문이 면제되어서는 아니된다.

4. 행정의 자동결정과 재량행위

행정의 자동결정은 주로 기속행위에 활용될 것이다. 재량행위에 대해서도 자동결정이 가능한가에 대하여 부정설과 긍정설이 있다. 부정설은 재량행위는 구체적 사정을 고려하여 타당성 있는 행정을 하도록 하기 위한 것이므로 획일적으로 입력된 프로그램에 따라서 행정결정을 하는 것은 재량권의 불행사에 해당한다고 한다. 긍정설은 재량행위도 재량준칙에 따라야 하는 것이므로 재량준칙을 정형화하면 재량행위를 자동결정할 수 있다고 한다. 긍정설이 타당하며 이 경우 자동결정은 법정기간내에 이의제기가 없을 것을 정지조건으로 성립한다고 볼 수 있다.[6]

5. 행정의 자동결정의 하자

행정의 자동결정의 하자는 프로그램에 하자가 있는 경우, 공무원이 자료를 잘못 입력한 경우, 통지에 하자가 있는 경우 등에 존재하게 되는데, 행정의 자동결정의 하자 문제도 행정행위의 하자에 관한 일반원칙에 따른다. 행정행위의 하자가 취소

---

5) 김남진 · 김연태, 행정법I, p. 388.
6) 박균성, 행정법강의, p. 345.

사유에 해당한다고 해도 일정한 경우 직권 취소권이 제한되는데 이것은 행정의 자동결정에서도 같다.

6. 권리구제

행정행위에 해당하므로 항고쟁송의 대상이 된다. 또 위법한 자동결정으로 인한 손해에 대해서는 국가배상을 청구할 수 있다. 예컨대 행정공무원이 자료 입력을 잘못한 경우에는 국가배상법 제2조 공무원의 위법한 직무행위로 인한 국가배상책임이 적용되고, 신호기 등의 하자와 같은 기계장치에 하자가 있는 경우에는 국가배상법 제5조에 의한 영조물 설치, 관리상의 하자 책임이 문제된다.

Check

- ○ 확약의 처분성
- ○ 단계적 행정결정
- ○ 행정사법에 대한 공법적 규율에 관한 문제
- ○ 공법상 계약에 속하는 행정작용의 내용
- ○ 행정지도의 기본개념
- ○ 행정지도의 구제
- ○ 비권력적 행정작용에 대한 법률유보의 원칙과 법률우위의 원칙의 적용
- ○ 비공식적 행정작용의 효과와 한계

제 6 장

행정상 실효성 확보수단

제1절 서 설

1. 의의

행정은 일정한 행정의 목적을 실현하기 위하여 행정법규 또는 이에 의거한 행정행위에 의하여 국민에게 일정한 의무를 부과하는 경우가 많다. 행정이 그 목적을 효율적으로 달성하기 위해서는 이러한 행정행위로 부과한 의무를 이행하도록 확보하기 위한 수단이 필요하다. 이것을 '의무이행확보수단' 또는 '실효성확보수단'이라고 한다.

2. 전통적 의무이행확보수단과 새로운 의무이행확보수단

1) 전통적 의무이행 확보수단의 유형

전통적 의무이행확보수단으로는 직접적 의무이행확보수단인 행정강제와 간접적 의무이행확보수단인 행정벌이 있다.

① 행정강제는 의무불이행의 경우에 직접 실력을 행사하여 장래에 그 의무이행의 실현을 직접적으로 확보하는 수단으로, 이것은 다시 행정상의 의무불이행을 강제로 확보하기 위한 강제집행과 행정상 의무불이행을 전제로 하지는 않으면서 목전에 급

박한 행정상의 목적 달성 때문에 강제력을 가하는 즉시강제로 구분된다. 즉 즉시강제는 의무불이행을 전제로 하지 않는데, 이 절의 제목을 행정상 의무이행확보수단으로 하지 아니하고, 행정상 실효성 확보수단이라고 한 것도 즉시강제를 포함시키기 위해서이다.

② 행정벌은 과거의 의무이행위반에 일정한 제재를 가함으로써 행정법규위반자에 대한 제재를 목적으로 하고, 간접적으로는 의무자에게 심리적 압박을 가하여 의무이행을 확보하는 수단이다. 이것은 다시 행정형벌과 행정질서벌(과태료 처분)로 구분된다.

2) 전통적 의무이행 확보수단의 문제점과 새로운 의무이행 확보수단

현대 사회는 복잡 다양하고, 변화의 속도도 빠르기 때문에 전통적인 의무이행 확보수단의 기능이 약화되는 문제가 발생하고 있다. 특히 ① 행정강제의 경우 강제집행의 수단 중 많이 활용되었던 것이 대집행과 강제징수인데, 대집행제도는 무력화되고 있으며, 강제징수는 부족한 행정력과 복잡한 절차규정으로 사실상 집행이 어려우며, ② 행정벌의 경우 반사회성을 인정하기 어려운 행정상 의무위반에 대해 행정형벌을 과하는 경우 전과자를 양산하게 되는 문제점이 있고, 또 행정법상의 의무실현이 행정청이 아닌 사법기관에 의해 이루어짐으로써 행정적 판단을 관철하기 어려운 점 등으로 인하여 행정의 실효성을 확보하는데 한계를 나타내고 있다.[1]

따라서 전통적 의무이행 확보수단을 대체하는 새로운 수단들이 필요하게 되었는데 이것이 바로 "새로운 의무이행 확보수단"이다. 새로운 의무이행확보수단은 금전적 제재에 의해 일정한 행정목적으로 유도하는 것이 많다는 점이 특징이다. 예컨대 가산세, 가산금, 과징금, 부과금, 범칙금[2] 등과 같은 것이 그것이고, 그 외에 공급거부제도, 행정상 공표, 관허사업의 제한 등이 있으며, 기타 수익적 행정행위의 취소·정지, 행정조사, 세무조사 등도 넓은 의미에서 행정상 실효성 확보수단으로 기능하기도 한다.

---

1) 장태주, 행정법개론, p. 485.
2) 범칙금은 통고처분제도로서 특수한 행정벌의 과벌절차로 다루기도 한다.

〈행정법상 전통적인 의무이행 확보수단〉

<table>
<tr><th colspan="3">종 류</th><th>근 거 법</th><th>내 용</th><th>특 징</th></tr>
<tr><td rowspan="5">행정강제

현재의 의무 불이행 확보 수단
- 직접적 이행확보수단</td><td rowspan="4">강제 집행</td><td>대집행</td><td>행정대집행법</td><td>대체적 작위의무의 불이행</td><td></td></tr>
<tr><td>집행벌
(이행강제금)</td><td>개별법</td><td>부작위의무, 비대체적 작위의무</td><td>° 대집행과 선택적 집행 가능
° 불복시 일반행정쟁송에 따름</td></tr>
<tr><td>직접강제</td><td>개별법</td><td>급부의무를 제외한 대부분의 의무 불이행</td><td>° 가장 강력한 수단
° 인권침해요소 강함
- 일반법 아닌 개별법의 근거
° 비례원칙의 요청</td></tr>
<tr><td>강제징수</td><td>국세징수법</td><td>금전급부의무 불이행</td><td></td></tr>
<tr><td colspan="2">즉시강제</td><td>개별법</td><td>사전의무가 존재하지 않는 경우</td><td></td></tr>
<tr><td rowspan="2">행정벌
과거의 의무 위반에 대한 제재수단
- 간접적 이행확보수단</td><td colspan="2">행정형벌</td><td>형법, 형소법</td><td>형법에서 정한 형벌(전과)
행정법규위반 → 공익침해</td><td></td></tr>
<tr><td colspan="2">행정질서벌</td><td>질서위반행위
규제법</td><td>과태료
행정법규위반 → 행정상 질서장해</td><td></td></tr>
</table>

제 2 절 행정강제

제 1 항 행정강제의 의의 종류

1. 의의

행정강제란 행정목적을 달성하기 위해 행정기관이 개인의 신체, 재산에 대하여 실력을 가함으로써 행정상 필요한 상태를 실현시키는 권력적 사실행위이다. 각 개

념요소를 살펴보면,

(1) 권력적 사실행위

권력적인 실력행사로서 사실행위이므로, 법적 행위인 행정행위와 구별된다.

(2) 행정상 의무이행의 강제

현재의 행정상 의무불이행을 강제로 이행하는 것으로, 과거의 의무위반제재인 행정벌과 구별된다.

(3) 수인의무

행정강제는 수인의무로 말미암아 상대방의 저항을 배제한다.

(4) 자력집행

사법상의 강제집행과는 달리 신속을 기하고 행정기관의 재량에 맡기는 것이 합리적이라는 이유로 행정기관의 자력으로 집행함을 특징으로 한다.

2. 종류

(1) 강제집행

행정상의 의무불이행에 대하여 실력행사로 의무를 이행시키는 것을 말한다.

(2) 즉시강제

의무 존재와 그 불이행을 전제로 하지 않고 목전의 급박한 위해를 피해야 할 경우, 미리 의무를 명할 여유가 없을 때 행정기관이 직접 국민의 신체 재산에 실력을 가하는 것을 말한다(예 ; 경찰관직무집행법상의 무기사용 · 위험 방지를 위한 가택출입, 도로교통법상의 교통방해물제거, 광고물단속법상의 물건파괴).

제 2 항 행정강제의 근거

행정상 강제집행과 행정상 즉시강제는 모두 국민의 신체 · 재산에 대하여 강제를 가함으로써 그 권리와 자유를 침해하는 것이므로 특히 엄격한 법률의 근거를 요한다.

1. 강제집행의 근거

1) 이론적 근거

(1) 처분권 내재설(종래 통설)

국민에게 의무를 명하는 근거 법규에는 의무의 이행을 확보할 수 있는 강제집행권을 포함하고 있으므로, 의무를 명하는 처분 속에 강제집행의 근거가 포함되어 있다는 견해이다. 이 견해에 따르면 강제집행을 부여하는데 특별한 실정법상 근거가 없더라도 당연히 강제집행을 할 수 있다.

(2) 법적 근거설(최근 통설)

행정상의 강제집행을 하기 위해서는 의무를 명하는 법규와는 별도로 그 의무를 이행하기 위한 별도의 근거를 필요로 한다는 견해이다. 의무를 명하는 행위와 의무를 이행하는 강제행위는 별개의 행위이기 때문에 이 견해가 타당하다.

cf) 행정행위 하자의 승계: 철거하명과 대집행 사이에는 하자가 승계하지 않는다. 서로 별개의 행위이기 때문이다. 이와 같이 보면 강제집행에는 별도의 근거가 필요하다는 견해가 논리적으로 타당하다.

2) 강제집행의 법적 근거

① 대집행 - 강제집행의 대표적인 예인 대집행의 근거법으로는 행정대집행법이 있다.

② 강제징수 - 국세징수법

③ 기타 단행법률

* 직접강제: 출입국관리법 제46조(강제퇴거), 해군기지법제7조의2③(소유자를 알 수 없는 유해물의 제거), 군사시설보호 법제9조(출입제한 지역에서의 강제 퇴거)
* 대집행: 공토법 제89조(공토법상 의무 불이행자에 대한 행정대집행)

2. 즉시강제 근거

1) 이론적 근거

종래 독일에서는 국가는 공공의 안녕과 질서에 대한 급박한 위해가 존재하는 경우에 자연법적 보존 원리에 의해 공공의 안녕과 질서를 유지하기 위한 긴급권이 발생하며, 이것에 의해 즉시강제권을 발동할 수 있다고 보았으나, 오늘날 법치국가하에서는 자연법적 근거만으로는 부족하고 엄격한 실정법적 근거가 필요하다고 한다.[3)]

2) 법적 근거

즉시강제에 대한 법적 근거는 실체법의 규정만으로는 할 수 없으며, 필요한 강제수단의 계고, 집행할 시기, 강제의 내용 등을 규정한 강제집행을 위한 집행 절차법적 근거가 있어야 한다. 구체적으로 근거법으로는 경찰관 직무집행시 구체적 수단에 관한 일반법인 경찰관직무집행법, 마약법, 전염병예방법, 소방법, 방공법, 검역법 등이 있다.

제 3 항 행정상의 강제집행

1. 의의

행정상 강제집행이란 행정상 의무불이행이 있는 경우 의무자의 신체 재산에 실력을 가하여 장래에 그것을 이행하거나 이행한 것과 동일한 상태를 실현하는 작용을 말한다.

행정상 강제집행의 수단으로는 대집행, 집행벌, 직접강제, 강제징수 등이 있으나, 이중 대집행, 강제징수는 활용되고 있으나, 집행벌과 직접강제는 몇몇 단행법에 예외적으로 남아 있을 뿐 거의 폐지되었다.

3) 장태주, 행정법개론, p. 508.

2. 대집행

대집행은 대체적 작위의무가 불이행이 있는 경우에 당해 행정기관이 의무자가 행할 작위의무를 스스로 행해거나(자력집행) 제3자로 하여금 행하게 하고(타자집행) 의무자에게 비용을 징수하는 것을 말한다(예 ; 무허가건축물의 강제 철거).

1) 부과주체

의무를 부과한 담당 행정기관이 부과주체가 된다. 다만 담당 행정기관이 업무를 다른 기관에 위임한 경우 수임 행정기관이 주체가 된다. 집행을 대신해서 하는 제3자는 대집행의 주체가 아니다.

2) 대상의무

대체적 작위의무(비대체적 작위의무, 수인, 부작위의무 등은 대집행의 대상이 될 수 없다.)

※ 부작위의무 불이행시에는 곧바로 대집행할 수 없으나, 불이행상태의 제거를 위한 작위의무를 명하고 그 작위의무를 불이행한 때 대집행할 수 있다. 그러나 여기에는 반드시 법적 근거가 필요하다.

예) 불법건축물 건축금지(부작위 의무발생) → 불법건축 → 철거명령(작위 의무 발생) → 대집행

3) 요건

(1) 대체적 작위의무의 의무불이행이 있을 것

대집행 절차의 개시 이후에라도 의무의 이행이 있게 되면 대집행은 중지되어야 한다.

(2) 다른 수단으로 이행확보가 곤란할 것

소위 보충성을 말한다. 이것은 최소 침해의 원칙이 적용되기 때문이다. 이 때의 다른 수단에는 행정벌이나 민사상 강제집행은 포함되지 않는다.

(3) 불이행방치가 공익을 해하는 것일 것

불이행이 있다는 사실만으로는 곧 대집행을 할 수 없다. 다만 공익을 해하는 것인지에 대한 판단에 대해서는 행정청의 재량[4] 내지 판단여지[5]로 결정된다는 견해와 요건 존부의 판단은 사법심사의 대상이 된다는 견해[6]가 있다. 행정대집행법 제2조의 규정이 "... 할 수 있다"라고 규정한 것으로 해석될 수 있기 때문에 문제되는데, 불이행방치가 공익을 해하는 것인가에 대한 판단은 판단여지의 문제로 보는 것이 적당하다. 다만 판례는 재량과 판단여지를 구분하지 아니한다.

4) 절차

계고 → 대집행영장에 의한 통지 → 대집행실행 → 비용징수

(1) 대집행의 계고

상당기간을 정하여 그 기한까지 이행하지 않을 때에는 대집행한다는 뜻을 미리 문서로 계고한다(예외- 비상시, 긴급을 요할시, 다른 법에서 다른 규정을 두고 있을 때에는 계고를 생략할 수 있다; 건축법 제74조 "특히 필요하다고 인정될 때" 계고 없이 무허가건축물을 철거할 수 있도록 규정하고 있음). 문서로 계고하지 아니한 경우에는 무효라고 봄이 타당하다. 다만 판례는 이 경우 중대·명백한 하자로 보지 않는다(판례는 계고와 같은 성질을 갖는 독촉과 관련하여 독촉절차를 거치지 아니한 압류처분을 한 경우에도 중대하고 명백한 하자로 보지 않았다(대판 1987.9.22 87누383).

※ 계고의 법적 성질은 준법률행위적 행정행위인 통지행위이면서 작위하명에 속한다.

(2) 대집행영장에 의한 통지

의무자가 계고를 받고도 정한 기한까지 의무를 이행하지 않을 때 대집행의 시기, 대집행을 위해 파견하는 집행책임자의 성명, 대집행비용의 견적액 등을 의무자에게

---

4) 김동희, 행정법I, p. 385.
5) 김남진·김연태, 행정법I, p. 499.
6) 석종현, 일반행정법(상), p. 344.

통지한다(예외- 비상시, 긴급을 요할 시에는 통지 없이 대집행할 수 있다.).

돌발퀴즈 Q. 대집행영장에 의한 통지의 법적 성격은?

A. 통지(수인하명이라는 견해도 있으나, 대집행의 시기, 대집행을 위해 파견하는 집행책임자의 성명, 대집행비용의 견적액 등과 같이 정해진 사실을 전달해 주는 것이므로 통지로 봄이 적당하다)

(3) 대집행의 실행

의무자가 지정된 기한까지 의무를 이행하지 않을 때 당해 행정청 혹은 제3자로 하여금 행위를 하게 한다.

(4) 비용징수

대집행에 소요된 일체의 비용은 의무자로부터 징수한다.

5) 구제

(1) 실행 전

① 처분성: 대집행의 기초가 되는 하명과 대집행 절차인 계고, 대집행영장에 의한 통지, 비용 징수 등은 각각 처분성을 가지고 있으므로 이를 대상으로 행정쟁송을 제기할 수 있다. 그러나 대집행의 실행은 권력적 사실행위로 처분성을 가진다고 보기는 어렵다. 그러나 실행행위가 계속 유지되고 있는 상황이라면 취소할 수 있어야 할 것이므로 행정쟁송의 대상으로 보기에 무리가 없다.

② 불가쟁력: 대집행의 각 단계별 행위는 강제집행이라는 동일한 목적을 가진 개개의 수단이므로 선행행위에서 발생한 하자가 후행행위에 승계한다. 예컨대 계고에 하자가 있었으나, 이미 불가쟁력이 발생하였더라도 이것을 대집행 실행의 위법성 사유로서 주장할 수 있다.

(2) 실행 후

① 행정쟁송: 전술한 바와 같이 대집행 실행 전에 계고나 통지에 대해 행정쟁송을 제기하는 것은 문제가 없겠으나, 대집행의 실행이 종료된 후에는 취소를 구할

법률상 이익이 없으므로 행정쟁송으로 취소를 구할 수 없는 것이 보통이다. 다만 현행 행정소송법은 처분 등이 소멸된 뒤에도 그 처분 등의 취소로 인하여 회복될 법률상 이익이 있는 자에게도 원고적격을 인정하고 있으므로, 대집행실행이 종료된 후에도 대집행 취소로 회복될 법률상이익이 있으면 그 취소를 구하는 소송을 제기할 수 있다.

돌발퀴즈 Q. 철거명령 및 대집행 계고 처분이 철거의무자의 연기원에 의해 반복하여 이루어진 경우에 취소소송은 최초의 철거명령과 계고처분에 대해서 할 것인가 아니면 최후의 철거명령과 계고처분에 대해서 할 것인가?

A. 행정대집행상 철거 의무는 제1차 철거명령 및 계고처분으로써 발생하는 것이므로 최초의 것에 대해 최소소송을 제기하여야 한다(대판 2000.2.22, 98두4665).

② 손해배상청구: 대집행 실행 종료 후 회복할 이익이 없어 행정쟁송을 제기할 수 없는 경우에는 대집행의 위법이나 과잉집행을 이유로 손해배상이나 원상회복을 청구할 수 있다.

돌발퀴즈 Q. 위법한 대집행으로 인한 손해배상소송에서 법원은 대집행 계고처분의 위법성을 심사할 수 있는가?

A. 있다(행정행위의 적법성 여부에는 공정력이 미치지 않으므로, 민사법원에서 행정행위의 위법성을 심사할 수 있다. 다수설과 판례).

3. 이행강제금

1) 의의

이행강제금은 부작위의무, 비대체적 작위의무를 일정기간까지 이행하지 않으면 과태료에 처한다는 사실을 미리 알려 심리적 압박으로 의무이행을 간접적으로 강제하는 수단을 말한다(예, 일정기간 내에 예방접종을 받지 않으면 일금 5만원의 과태료에 처한다는 경우가 이에 해당함).

우리나라에서는 종래 집행벌이라는 용어가 널리 사용되고 있으나, 독일에서는 이미 이행강제금이라는 이름으로 바뀐 지 오래이며, 작위의무의 간접강제수단으로도 이용되고 있으므로, 이행강제금이라는 용어를 사용함에 적당하다. 또 집행벌은 행정벌로써 이용되고 있는 것이 아니므로 '벌'이라는 용어를 사용함이 적당하지 않다.

돌발퀴즈 Q. 이행강제금 처분에 불복하는 방법은 무엇인가?

A. 종래에는 과태료재판에 준하여 비송사건절차법에 따라 이의신청을 하도록 하였으나, 이 부분이 삭제되어 일반행정쟁송에 따르게 됨

2) 근거

현행법상 이행강제금은 주로 행정질서벌로 대체되었으나, 건축법 제83조의 강제이행금과 국세징수법 제22조의 중가산금제도는 집행벌의 성질을 가지는 것이라 하겠다. 그런데 아직도 우리나라 법에서는 집행벌에 행정질서벌(과태료)적 요소를 두고 있는데, 예컨대 집행벌 처분에 대해 취소쟁송을 제기할 수 없고, 비송사건절차법에 따라 이의신청을 하도록 하고 있는 점이 그러하다. 이 절차는 집행벌이 행정벌이 아니므로 개선되어야 할 것이다.

cf) 건축법 제83조- 위법건축물에 대한 행정기관의 시정명령을 일정기간 내에 이행치 않을 때는 이행강제금을 부과하도록 규정

돌발퀴즈 Q. 행정대집행으로 강제집행을 할 수 있는 경우 이행강제금을 부과할 수 없는가?

A. 행정대집행을 할 수 있는 경우에 이행강제금을 부과하는 것은 중첩적 제재에 해당하지 않는다. 대집행과 강제이행금은 각각 제도적 장단점이 있는 별개의 제대로 선택하여 활용할 수 있다(헌재 2004.2.26, 2002헌바26).

4. 직접강제

1) 의의

(1) 의의

행정상 직접강제란 행정법상의 의무불이행에 대하여 직접 의무자의 신체·재산에 직접 실력을 가하여 행정상 필요한 상태를 실현시키는 행정상의 강제집행을 말

한다(예 ; 허가를 받지 아니하고 영업을 하거나, 영업정지명령에도 불구하고 계속 영업을 하는 경우 행정기관이 직접 영업장소를 폐쇄하는 경우--식품위생법 제62조).

(2) 대집행과의 구분

직접강제는 의무자가 의무를 이행하지 않은 경우에 직접 의무자의 신체 또는 재산에 실력을 가하여 의무가 이행된 것과 같은 상태를 실현하는 것으로 대집행 이외의 것을 말한다. 따라서 직접강제에는 대체적 작위의무, 비대체적 작위의무가 모두 대상이 된다. 예컨대 예방접종의 명령에 응하지 않는 경우(비대체적 작위의무)에 강제로 예방접종을 시행하는 경우가 여기에 해당된다.

그런데, '대체적 작위의무'의 경우 주로 대집행의 대상이 되는 행위여서, 과연 어떤 경우에 대집행이 되고, 어떤 경우에 직접강제가 되는지 이를 구분하여 판단하기가 쉽지 않다. 그래서 독일의 경우 행정청이 스스로 집행하는 자력집행은 직접강제로, 제3자가 대신 집행하는 타자 집행은 대집행으로 구분하고 있다.

또 양자의 차이에 대해 대집행은 대신 적법한 상태로 만들어 주는 것이고, 직접강제는 위법한 상태의 중지에 그친다는 구분기준도 있으나 구분이 쉽지는 않다. 또 예컨대 해상에서 소유자를 알 수 없는 유해물의 제거와 같이(해군기지법§7의2③) 의무자를 알 수 없는 경우에 하는 강제적 의무이행은 직접강제가 된다.

생각건대 대집행과 직접강제의 구분은 강제집행에 대한 '저항'의 여부, 의무대상자가 특정될 수 있는지의 여부와 밀접한 관련이 있다고 생각된다. 위에서 예로 든 바와 같이 해상에서 소유자를 알 수 없는 유해물의 제거와 같이 의무대상자를 알 수 없거나, 특정할 수 없는 경우에는 '직접강제'의 대상이 된다. 또 의무대상자를 특정할 수 있는 경우에는 저항이 없는 경우에는 '대집행', 저항이 있는 경우에는 '직접강제'로 구분할 수 있을 것이다. 여기서 저항이란 '직접 물리력을 행사하는 것'뿐만 아니라 널리 '제재를 수용하지 않는 것'도 저항에 포함된다. 예를 들어 영업금지에 위반한 영업자의 상품을 강제로 몰수하는 사례나 영업정지에 위반하여 영업을 하는 업소에 대한 업장폐쇄의 경우, 영업금지라는 '제재'에도 불구하고 계속 영업을 하고 있는 경우이므로 이에 대하여 상품을 강제로 몰수하거나 영업장을 폐쇄하는 것은 강제에 대한 '저항'이 있는 경우로 판단되므로 이를 제압하기 위하여 강제하는 것은 직접강제로 봄이 타당하다.[7]

2) 근거

직접강제에 대한 일반법은 없고, 군사시설보호법 제6조, 출입국관리법 제50조, 식품위생법 제62조, 공중위생관리법 제25조 등 개별법에서 인정하고 있다.

5. 행정상 강제징수

1) 의의

행정상 강제징수란 개인이 국가 또는 공공단체에 부담하고 있는 공법상 금전급부의무를 이행하지 않을 때 행정기관이 의무자의 재산에 실력을 가함으로써 의무가 이행된 것과 동일한 상태를 실현시키는 작용을 말한다.

2) 절차

독촉 → 재산의 압류 → 압류재산의 환가처분(매각) → 청산(환가대금의 배분)

(1) 독촉

독촉은 납세의무자에게 체납처분할 것을 예고하는 것이라는 점에서 대집행의 계고와 같은 성질(통지-준법률행위적 행정행위)이며, 법정요건이므로 이를 거치지 않은 체납처분은 절차상 하자로 무효라 할 것이다. 다만 판례는 독촉절차를 거치지 아니한 압류처분을 한 경우에도 중대하고 명백한 하자로 보지 않았다(대판 1987.9.22 87누383). 다만 독촉은 국세징수권의 시효 중단 효과가 있다.

예컨대 국세를 납부기한까지 완납하지 아니한 경우 납부기한 경과 후 15일 이내에 독촉장에 의하여 발부일로부터 10일 이내에 기한 내에 납부할 것을 독촉하여야 한다.

(2) 압류

의무자의 재산이면 동산·부동산·무체재산권을 가리지 아니하나, 생활필수용구(의류, 침구, 주방구 등)·3개월간의 식비 등은 압류가 금지되며, 봉급·퇴직연금

7) 김남진·김연태, 행정법Ⅰ, p.441.

기타 급여액은 1/2 이상을 압류할 수 없다.

돌발퀴즈 Q. 체납자가 아닌 제3자의 재산에 대한 압류처분의 효과는?

A. 당연 무효이다.

(3) 환가처분

환가처분이란 매각 등에 의해 상당한 금액의 금전으로 바꾸는 것을 말한다. 환가처분의 법적 성질은 공법상 대리이다.

(4) 청산

매각대금은 체납처분비, 가산금, 국세의 순위로 배분하며 잔여재산은 체납자에게 환부한다.

돌발퀴즈 Q. 다음 설명 중 잘못된 것은?
① 한국자산관리공사가 당해 부동산을 공매하기로 한 결정은 항고소송의 대상이 되는 행정처분이다.
② 과세관청이 체납처분으로 하는 공매는 행정처분이다.
③ 공매처분에 대한 취소소송의 피고는 위임청인 세무서가 아니라 수임청인 한국자산관리공사가 된다.
A. ①(공매결정 자체는 내부적인 의사결정 절차에 불과하여 항소소송의 대상이 되는 행정처분이라고 볼 수 없다)

※ 과세처분(국세)에 대한 불복절차

이의신청(세무서장) → 심사청구(국세청장) or 심판청구(국세심판원) → 행정소송

국세 과세처분에 대한 불복절차는 먼저 세무서장이나 지방국세청장에 대한 이의신청(이것은 임의적 절차이다)을 할 수 있고 다음으로 심사청구나 심판청구를 선택적으로 할 수 있다. 이것으로도 만족하지 못하는 경우 행정소송을 제기할 수 있다. 따라서 짧게는 2단계, 길게는 3단계에 의해 구제를 받을 수 있다.

제4항 행정상의 즉시강제

1. 의의

1) 개념

행정상 즉시 강제란 목전에 급박한 행정상의 장애를 제거해야 할 필요가 있는 경우, 미리 의무를 명할 여유가 없거나 미리 의무를 명해서는 그 목적을 달성하기 곤란한 때, 직접 국민의 신체 또는 재산에 실력을 가하여 행정상 필요한 상태를 실현하는 작용을 말한다. 여기에는 경찰관직무집행법상의 보호조치, 무기사용, 도로교통법상의 주차위반 차량의 견인, 전염병예방법상의 전염병환자의 강제격리 등이 여기에 해당한다.

㈎ 즉시강제는 '목전에 급박한 행정상의 장애를 제거해야 할 필요가 있는 경우(예컨대 강제격리, 강제퇴거, 강제건강진단, 물건의 영치, 물건의 파괴, 교통장애물의 제거, 무기사용 등)'와 '급박한 사정은 없으나, 미리 의무를 명하지 못하는 사유가 있는 경우(예컨대 불심검문, 위해방지를 위한 가택출입, 개별법상의 임검, 검사, 수색 등)'로 구분할 수 있다. 전자의 경우 '즉시'강제의 개념에 부합하나, 후자의 경우 그렇지 않다는 이유로 양자를 구분하는 견해가 있다. 이 견해에 따르면 전자를 협의의 즉시강제(일반적 의미의 즉시강제)라 하고 후자를 광의의 즉시강제라고 구분한다.[8] 이것은 종래의 즉시강제의 정의가 지나치게 포괄적이어서 예컨대 종래의 견해에 따르면 불심검문을 즉시강제에 포함시킴으로써 권력적 행정조사와 구분이 불분명한 경우도 있으므로 이러한 점을 시정하기 위하여 등장한 견해이다.

㈏ 건강진단의 강제와 같이 보건위생관계법규에서 규정하는 즉시강제의 수단에 대해서는 이 법규가 생존권 보장을 목적으로 하고 서비스행정에 의해서 이루어지는 있으므로 규제의 대상이 아니라 '보호의 대상'이고, 따라서 경찰 작용적 법규가 정하는 즉시강제와는 그 성질을 달리 하는 것이라는 견해가 있다.[9]

---

8) 김남진 · 김연태, 행정법I, p. 451.
9) 박윤흔, 행정법강의(상), p. 624.

2) 다른 개념과의 구별

(1) 강제집행과의 구별

실력적 사실행위라는 점에서는 같으나, 의무의 존재와 불이행을 전제로 하느냐의 여부가 차이점이다.

(2) 행정조사와의 구별

질문 등 비권력적 행정조사는 강제적 요소가 없으므로 구별되나, 권력적 행정조사인 경우에는 강제적 요소를 부인할 수 없으므로 즉시강제와 개념상 중복될 수 있다. 특히 즉시강제에 대한 종래의 견해를 취하는 경우 권력적 행정조사는 즉시강제에 포함되어 양자를 구별할 수 없게 된다. 그러나 최근의 견해에 따르면 즉시강제와 행정조사의 '목적'을 비교하여 구별할 수 있다. 즉시강제는 실력 행사를 통하여 행정상 필요한 상태를 실현하는 것을 목적으로 하는 것, 다시 말하여 행정목적을 종국적으로 실현하는 작용임에 비해, 행정조사는 그 자체가 목적이 아니라 행정작용을 위한 자료를 얻기 위한 예비적, 보조적 수단으로서의 성질을 가진다는 점에서 서로 구별된다.

2. 한계

1) 실체법상의 한계

사전에 의무를 명하지 않고 실력을 발동하여 권리를 침해하므로 엄격한 법적 근거가 있어야 하며, 동시에 법규의 범위안에서 일정한 조리상의 한계가 있다. ⓐ 긴급성의 원칙(행정상 위해가 목전에 급박하였을 때), ⓑ 필요성의 원칙, ⓒ 보충성의 원칙, ⓓ 비례성의 원칙(목적달성을 위한 필요 최소한도, 불필요한·필요이상의 발동은 위법이 됨) 등이 그것이다.

2) 절차법상의 한계

행정상 즉시강제는 개인의 신체나 재산에 대한 침해를 가져오기도 한다. 따라서 헌법상의 영장제도(令狀制度)가 적용되는지가 문제된다.

(1) 영장불요설

영장제도는 형사사법권의 남용으로부터 국민의 자유보장하기 위한 것이므로 행정상의 즉시강제에는 적용되지 않는다고 한다.

(2) 영장필요설

영장제도가 형사작용에만 적용된다는 명문의 규정이 없는 이상 행정상 즉시강제에도 영장이 필요하다고 주장한다.

(3) 절충설(다수설, 판례)

기본권보장의 측면에서 볼 때 즉시강제에도 영장제도가 적용되어야 함은 물론이다. 다만 행정목적의 달성을 위해 불가피한 경우 즉시강제의 특수성을 인정하여 사전 영장주의에 대한 예외를 인정하지 않을 수 없다고 주장한다.

(4) 결어

절충설이 타당하다고 생각된다. 성질상 미리 의무를 부과하지 않는 즉시강제에는 원칙적으로 사전영장이 요구된다고 본다. 그러나 즉시강제는 예기치 않았던 목전에 급박한 행정상의 장애를 제거해야 할 필요가 있는 경우, 미리 의무를 명할 여유가 없는 경우를 대상으로 하므로 영장주의를 관철할 수 없다. 최근 미국의 판례에서도 합리성 있는 한도 내에서 행정목적의 달성을 위한 영장 없는 수색을 인정하고 있다. 다만 형사사법적 목적과 행정적 목적을 겸하고 있는 경우에는 영장을 요하며, 침해가 계속되거나 신체・재산・가택에 대한 중대한 침해를 가한 경우에도 사후영장을 요한다고 할 것이다.

3. 수단

1) 경찰관직무집행법이 규정하는 수단

경찰관직무집행법상 보호조치(제4조), 위험발생 방지조치(제5조), 범죄의 예방과 제지조치(제6조), 위험 방지를 위한 출입(제7조), 장구의 사용(제10조의2), 무기사용(제10조의4) 등이 있다. 단, 종래 불심검문(不審檢問)과 같이 행정기관이 행하는 조사목적의 질문이나 검사, 임검(臨檢: 영업장 등에 출입하여 조사하는 것을 말한다. 원래 임검은 '현장 조사'를 의미한다) 등은 즉시강제의 예로 보았으나, 오늘날은 이와 분리하여 권력적 행정조사로 보는 것이 일반적인 경향이다. 왜냐하면 즉시강제는 행정목적을 직접적 종국적 실현하는 작용임에 비해, 행정조사는 개인의 권리관계변동을 생기게 함이 목적이 아니라 행정작용을 위한 준비적·보조적 수단으로 위의 예들은 여기에 해당하기 때문이다.

2) 각 단행법이 규정하는 수단

강제격리(전염병예방법 제29조), 교통차단(전염병예방법 제39조, 강제수용(마약법 제50조), 강제건강진단(전염병예방법 제9조), 물건의 폐기처분(검역법 제11조), 원조강제(소방법 제78조, 방공법 제17조) 등이 있다.

4. 구제

1) 적법한 즉시강제에 대한 구제

즉시강제 자체는 하자가 없이 적법하게 행해졌으나, 그로 인하여 귀책사유가 없는 자에게 특별한 희생을 가한 경우에는 공평부담의 원칙에 따라 정당한 손실보상을 하여야 한다.

2) 위법한 즉시강제에 대한 구제

즉시강제권의 발동 근거가 없거나 조리상 법률상 한계를 일탈하거나 강제권을 남용함으로써 국민의 자유와 재산을 위법하게 침해한 경우 다음과 같은 구제방법이 있다.

(1) 행정쟁송

즉시강제는 시간적 여유가 없는 긴박한 상황에서 신체나 재산에 실력을 가하는 사실행위이므로, 이미 즉시강제가 실행된 후에는 원상회복이나 손해배상을 청구할 수 있을 뿐, 즉시강제의 취소 또는 변경을 청구할 법률상의 이익이 없는 것이 보통이다. 그러나 즉시강제가 장기간 걸쳐 행해지는 계속적인 것인 때에는 행정쟁송으로 그 취소·변경을 구할 실익이 있다고 할 것이다.

(2) 정당방위

위법한 즉시강제에 대해서는 형법상 정당방위의 법리에 의한 항거가 가능하다.

(3) 행정상 손해배상청구

위법한 즉시강제로 인한 피해자는 행정상 손해배상을 청구할 수 있다. 가장 효과적인 구제수단이다.

(4) 공법상 결과제거청구권

위법한 즉시강제로 위법한 권리침해 상태가 '계속'되고 있는 경우, 위법한 상태를 제거해 줄 것을 요구할 수 있는 청구권이다. 이 청구는 당사자소송에 의한다.

(5) 공무원의 책임

즉시강제가 법률상 근거 없는 것이거나 법률상 정한 조치를 남용하였을 때에는 당해 법률 또는 형법상의 규정에 의하여 당해 공무원은 처벌 또는 징계대상이 된다.

제 5 항 행정조사

1. 의의

행정조사란 행정기관이 행정작용을 위하여 필요한 자료를 얻기 위하여 행하는 일체의 행정활동을 말한다. 여기에는 상대방의 임의적 협력을 전제로 하는 '비권력적 행정조사(임의조사)'와 강제력을 수단으로 하는 '권력적 행정조사(강제조사)'가 있다. 전술한 바와 같이 종래에는 권력적 행정조사를 즉시강제에 포함하여 설명하였으나, 최근에는 강제력 동원의 목적이 무엇이냐에 따라 이를 분리하는 경향이다.

2. 근거

권력적 행정조사는 신체·재산은 물론 사생활비밀을 침해할 수 있으므로 법률의 근거를 요한다. 행정조사에 관한 일반 근거법은 없으며 각 개별법에 근거한다. 예컨대 경찰관직무집행법상의 불심검문, 근로기준법에 의한 근로감독관의 사업장 기숙사의 검문 질문, 고물영업법상의 출입 및 조사, 식품위생법상의 임검 · 검사 등이 여기에 속한다.

3. 구분

1) 권력적 행정조사

권력적 행정조사에는 예컨대 신체의 조사, 물건의 검사 · 수거, 가택수색 등이 있다.

2) 비권력적 행정조사

비권력적 행정조사는 행정기관이 자료 · 정보의 수집 등을 수집하기 위해서 하는 비권력적 사실행위로 예컨대 인구조사, 고용실태조사 등이 있다.

4. 근거와 한계

1) 근거

권력적 행정조사는 강제력을 수반하므로 법적 근거가 필요하다. 비권력적 행정조사는 법률의 근거 없이도 가능하나, 행정청의 권한 범위 내에서 조사가 이루어져야 할 것이므로 조직법적 근거는 필요하다고 본다.

2) 한계

(1) 실체적 한계

① 법적합성: 행정조사는 법률에 근거하는 경우가 많으며, 법적 수권이 있는 경우에도 법령의 범위내에서 하여야 한다.

② 목적적합성: 필요한 행정목적 범위 내에서만 하여야 한다.

③ 비례성: 행정조사를 요하는 공익상의 필요와 그로 인한 관계자와의 권익침해 사이에 비례관계가 유지되어야 한다.

④ 보충성: 권력적 행정조사는 임의적 방법으로는 자료수집 곤란한 경우에 인정한다.

(2) 절차적 한계

① 영장주의: 권력적 행정조사에도 영장주의 원칙적으로 적용되나, 행정목적달성

을 위해 합리적 필요가 있을 때는 영장주의의 예외가 인정된다. 행정조사를 위한 가택의 출입 등과 같이 범죄수사와 관계없는 행정작용이 행해지는 경우에는 신분증 등 증표의 제시로 족하고 영장은 요하지 않는다고 본다. 비권력적 행정조사에는 영장주의가 적용되지 않음은 물론이다.

② 진술거부권: 행정조사에서 형사상의 진술거부권이 적용되는가의 문제이다. 여기에는 진술거부권이 헌법 제12조 2항에 근거하는 것으로 형사권과 행정권발동에 모두 적용된다는 견지에서 행정조사에도 적용된다는 견해도 있고, 형사절차에만 적용되고 행정상 절차에서는 적용되지 않는다는 견해(박윤흔, 582; 다수견해임)도 있다. 생각건대 인권침해가 더욱 심할 수 있는 형사절차에 적용되는 것이 행정상 절차에 적용되지 않는 것은 적절치 아니하고, 형사절차에만 국한하여 인정할 필요는 없으므로 행정조사에도 적용되는 것이 적절하다고 본다.

③ 실력행사: 행정조사를 하는 과정에서 상대방이 거부한 경우 관계공무원이 강제력을 행사할 수 있는가? 여기에는 긍정설과 부정설, 절충설(원칙적으로 부정하되, 행정조사 목적상 반드시 실력행사가 필요한 경우에 인정)의 입장이 있다. 행정조사에 실력행사를 인정하는 경우 형사절차에서보다 심한 인권침해가 발생할 수 있고, 행정조사에 거부하는 경우 이에 대한 제재 기타 불이익처분을 두고 있으므로 부정하는 것이 적절하다.

제 3 절 행정벌

1. 행정벌의 의의와 성질

1) 의의

행정벌은 행정법상의 법규 위반행위 즉 행정범에 대해 일반 통치권에 의거하여 과하는 처벌을 말한다. 행정벌은 직접적으로는 행정상 의무위반자에 대한 제재를 의미하며, 간접적으로는 심리적 압박을 가함으로써 의무 이행을 촉진시키는 수단으로서 의미를 지닌다.

2) 행정벌의 성질

(1) 행정벌과 징계벌

행정벌은 일반통치권에 의거하여 행정법상 의무위반자에게 가하는 제재임에 비해 징계벌은 특별권력관계에서 내부질서유지를 위해 질서문란자에게 징계하는 제재이다.

(2) 행정벌과 집행벌

행정벌은 과거의 비행에 대한 제재임에 비해 이행강제금이라고 불리는 집행벌은 장래의 이행을 강제하기 위한 행정상 강제집행의 일종이다.

(3) 행정벌과 형사벌

형사벌은 반사회성, 반도덕성에 대한 비난으로서의 제재임에 비해, 행정벌은 행정목적을 실현하기 위한 금지위반의 제재이다. 하지만 최근에는 새로운 도덕·윤리관이 등장함으로써 행정범도 형사범으로 전화하고 있으며 따라서 양자의 구별은 상대적이다.

* 형사벌과 징계벌은 병과할 수 있으며 형사벌이 징계벌에 직접적인 영향을 주지 않으며 형사사건이 검찰, 경찰 등에서 수사가 종결되지 않고 진행 중인 때에도 징계절차를 진행할 수 있다. 이것은 우리나라에서는 형사소추선행주의를 택하고 있지 않기 때문이다.
* 다만 감사원에 의한 수사가 진행되는 중에는 수사종결시까지 징계절차를 중단하여야 한다.

2. 행정벌의 근거

(1) 법률

행정형벌은 처벌이라는 점에서 형사벌과 다름이 없으므로 반드시 법률에 근거하여야 한다. 행정질서벌의 경우에도 마찬가지이다.

※ 이 경우 죄형법정주의가 적용된다고도 한다. 다만 죄와 형이 무엇인가, 말하자면 행정질서벌도 죄에 대한 형이냐에 대해 의견이 나누어지며, 행정질서벌(과태료)에는 죄형법정주의가 적용되지 않는다는 견해도 있다(헌재 1998.5.28. 96헌바83).

(2) 법규명령

행정벌의 제정을 법규명령에 위임할 경우 벌의 종류와 최고한도를 법률에 정하여야 한다.

(3) 조례

지방자치단체는 조례로서 조례위반행위에 대해 1천만 원 이하의 과태료를 정할 수 있다(지방자치법 제20조).

3. 행정벌의 종류

1) 행정형벌

형법총칙상의 형벌규정이 그대로 적용되고, 일반법원에서 형사소송절차에 의해 과한다(특별한 경우를 제외하고는 형법상의 9가지의 형벌이 과해질 수 있음). 다만, 예외적인 과형절차로서 즉결심판, 통고처분이 있다.

2) 행정질서벌

(1) 의의

행정법상의 의무위반에 대한 제재로 과태료를 과하는 행정벌을 말한다. 행정상의 신고·보고·등록·서류비치 등과 같이 직접 행정목적을 침해한 것이 아니라 간접적으로 행정목적 달성에 장해를 미칠 위험이 있는 경우에 가하는 제재이다.

(2) 형법총칙의 적용

과태료에는 형법총칙이 적용되지 아니하고, 특별한 규정이 없는 한 질서위반행위규제법에서 정한 바에 따른다.

(3) 이중처벌의 문제

동일한 위반행위에 대해 과태료를 부과한 다음 벌금을 부과하더라도 부과의 목적과 기능이 다른 경우에는 일사부재리에 해당되지 않는다(대법원 1996.4.12. 선고 96도158 판결, 2000.10.27, 2000도3874). 다만 헌법재판소에서는 동일한 행위를 대상으로 하여 형벌을 부과하면서 아울러 행정질서벌로서 과태료까지 부과한다면 그것은 이중처벌금지의 기본정신에 배치되어 국가 입법권의 남용으로 인정될 여지가 있음을 부정할 수 없다는 의견을 제시한 바 있어(헌재결 1994.06.30, 92헌바38), 대법원과 헌법재판소의 입장이 다른 것 같은데 위 헌재 결정에서는 벌금(범죄의 구성요건은 당국의 허가 없이 건축행위 또는 건축물의 용도변경행위를 한 것)과 과태료(과태료는 건축법령에 위반되는 위법건축물에 대한 시정명령을 받고도 건축주 등이 이를 시정하지 아니할 때 과하는 것)의 대상이 되는 기본관계가 각기 다른 경우이어서, 부과의 목적과 기능이 다른 경우였으므로 결국에는 대법원과 헌재의 입장이 다르지 않다. 즉 그 부과의 목적과 기능이 다른 경우 동일한 위반행위에 대해 형벌과 과태료가 병과될 수 있다. 다만 이론이 이렇다 할지라도 실제로 처분을 받는 영업자들은 이중처벌이라는 인식을 지울 수 없게 되고, 실제로 위반행위가 사회적 영향력이나 비난가능성이 크지 않은 경우는 벌금과 과태료를 병과하는 것은 행정목적과 제재 수단의 선택이 적절하다고 할 수 없으며 이중처벌이라는 지적을 피하기 어렵다.

▸ **관련판례**

대법원 1996. 4. 12. 선고 96도158 판결 【자동차관리법위반】 [공1996.6.1.(11),1639]

【판시사항】

임시운행허가기간을 벗어나 무등록차량을 운행한 자에 대한 과태료의 제재와 형사처벌이 일사부재리의 원칙에 반하는 것인지 여부(소극)

【판결요지】

행정법상의 질서벌인 과태료의 부과처분과 형사처벌은 그 성질이나 목적을 달리하는 별개의 것이므로 행정법상의 질서벌인 과태료를 납부한 후에 형사처벌을 한다고 하여 이를 일사부재리의 원칙에 반하는 것이라고 할 수는 없으며, 자동차의 임시운행허가를 받은 자가 그 허가 목적 및 기간의 범위 안에서 운행하지 아니한 경우에 과태료를 부과하는 것은 당해 자동차가 무등록 자동차인지 여부와는 관계없이, 이미 등록된 자동차의 등록번호표 또는 봉인이 멸실되거나 식별하기 어렵게 되어 임시운행허가를 받은 경우까지를 포함하여, 허가받은 목적과 기간의 범위를 벗어나 운행하는 행위 전반에 대하여 행정질서벌로써 제재를 가하고자 하는 취지라고 해석되므로, 만일 임시운행허가기간을 넘어 운행한 자가 등록된 차량에 관하여 그러한 행위를 한 경우라면 과태료의 제재만을 받게 되겠지만, 무등록 차량에 관하여 그러한 행위를 한 경우라면 과태료와 별도로 형사처벌의 대상이 된다.

(출처 : 대법원 1996. 4. 12. 선고 96도158 판결 【자동차관리법위반】 [공1996.6.1.(11),1639])

3) 행정형벌과 행정질서벌의 구별

(1) 고의 · 과실의 필요

행정형벌에서는 일반적으로 주관적 위법사유로서 고의 또는 과실이 성립 요건이 되나, 행정질서벌은 간접적으로 행정상 질서에 장해가 되는 정도의 의무위반에 대한 제재이므로 고의 · 과실을 요건으로 하지 않는다(대판 1969.7.29, 69다400)고 하였으나 질서위반행위규제법에서는 고의 또는 과실이 없는 질서위반행위는 과태료를 부과하지아니한다(제7조).

▶ **관련판례**

헌재 1994.06.30, 92헌바38, 판례집 제6권 1집 , 619

무허가건축행위(無許可建築行爲)로 구(舊) 건축법(建築法) 제54조 제1항(불법용도변경)에 의하여 형벌(刑罰)을 받은 자가 그 위법건축물(違法建築物)에 대한 시정명령(是正命令)에 위반한 경우 그에 대하여 과태료(過怠料)를 부과할 수 있도록 한 동법 제56조의2 제1항의 규정이 이중처벌금지원칙(二重處罰禁止原則)에 위배되지 않는다고 한 결정 중에서 다음과 같은 의견을 제시함.

... 행정질서벌로서의 과태료는 행정상 의무의 위반에 대하여 국가가 일반통치권에 기하여 과하는 제재로서 형벌(특히 행정형벌)과 목적·기능이 중복되는 면이 없지 않으므로, 동일한 행위를 대상으로 하여 형벌을 부과하면서 아울러 행정질서벌로서의 과태료까지 부과한다면 그것은 이중처벌금지의 기본정신에 배치되어 국가 입법권의 남용으로 인정될 여지가 있음을 부정할 수 없다. ...

이 결정은 무허가건축행위로 구 건축법 제54조 제1항에 의하여 형벌을 받은 자가 그 위법건축물에 대한 시정명령(是正命令)에 위반한 경우 그에 대하여 과태료를 부과할 수 있도록 한 동법 제56조의2 제1항의 규정이 이중처벌금지원칙에 위배되는지 여부를 다룬 판례, 즉 허가를 받지 않은 점에 대하여 벌금과 과태료를 모두 부과한 것이 아니라 허가를 받지 않은 점에는 벌금을, 허가를 받지 않고 건축한 것에 대한 시정명령을 지키지 않은 것에 대해서 과태료를 과한 것이다.

(2) 벌금으로 할 것인가 과태료로 할 것인가?

어떤 행정 의무 위반행위에 대해 벌금으로 제재할 것인가, 과태료로 제재할 것인가는 입법자의 재량에 달려 있다(헌재 1997.8.21, 93헌바 51; 헌재 1997.4.24. 95헌마90).

4. 형사벌에 대한 행정형벌의 특수성

일반적으로는 형법총칙의 규정이 적용되나 행정형벌에는 성질상 다음과 같은 특수성이 있어 형법총칙의 규정이 배제되기도 한다.

1) 범의(犯意=故意)

형사범(범의를 요건으로 함, 과실 - 규정이 있는 경우에만 예외적 처벌) 행정범(범의가 필요요건이 아니며, 과실로 족한 경우도 많음)

2) 법인의 범죄능력

형사범에서 법인의 불법행위 능력이 논의될 수 있으나, 적어도 행정범에 관한 한 법인의 범죄능력 인정해야 한다.

3) 타인의 비행에 대한 책임

종업원 등의 비행에 대해 사업주만 처벌하거나 양벌규정을 두고 있음 -이것은 주의·감독 태만에 대한 과실책임, 즉 자기책임이다.

4) 공범

행정범에는 공범규정을 배제하는 경우가 많다. 특히 사업주만을 책임자로 규정하고 있는 경우에는 그 사업주만이 책임을 지므로 종업원은 공범으로서 책임을 지지 아니한다.

5) 누범·경합범·양형

이에 대해서도 행정범에 대해 형법총칙적용을 배제하는 특별규정을 두는 경우 많다.(*누범이란 형집행종료 후 3년 이내에 재범을 범한 경우, 경합범이란 두 가지 이상의 범죄를 행한 경우)

6) 책임능력

형사범에서는 심신상실자, 14세 미만자를 처벌하지 아니한다.[10] 행정범은 이 규정이 적용되지 않는 경우도 있다.

5. 행정벌의 과형절차

1) 행정형벌의 과형절차

(1) 일반절차

형사소송법이 정하는 바에 따라 법원의 판결로 정하는 것이 원칙이다.

(2) 특별절차

일정한 경우에 행정형벌은 특별한 절차에 의해서 과할 수 있는데 통고처분, 즉결심판절차 등이 그것이다.

10) * 형사무능력자
- 책임무능력자: 형사미성년자, 심신상실자
- 한정책임능력자: 심신미약자, 농아자

① **통고처분**: 교통사범, 조세범, 관세범, 출입국관리범 등에 대하여 절차의 간이·신속을 위해(형사소송에 대신하여) 행정기관이 상대방의 이행을 조건으로 벌금·과료에 상당하는 금액의 납부를 명하는 준사법적 행정작용이다. 통고처분에 범칙금을 납부하면 범칙행위에 대해 다시 벌 받지 아니한다. 만약 납부하지 않으면 형사절차(즉결심판)에 의해 처리된다.

통고처분을 받은 범칙자가 그 통고에 따라 이행한 때에는 일사부재리의 원칙에 따라 재소추할 수 없다.

그러나 범칙자가 통고를 받은 후 일정기간내[11]에 이행하지 않으면 통고처분은 실효되고 형사고발된다(즉결심판절차 진행). 즉 소정의 기간이 지나면 통고처분은 당연히 효력이 소멸되는 것이므로 행정쟁송의 대상이 되지 않으며(즉 통고처분의 취소를 구하는 행정쟁송을 제기할 수 없음), 다만 고발됨으로써 형사절차(즉결심판-정식재판)가 진행되므로 여기서 유·무죄를 다투게 된다. 즉결심판이 청구되기 전 혹은 청구된 후 즉결심판의 선고 전까지 범칙금액의 50%를 더한 금액을 납부하면 즉결심판이 진행되지 않는다.

통고처분에 의한 범칙금은 형사벌은 아니므로 이를 납부하여도 전과자가 되지는 아니한다.

> **▶ 통고처분은 행정쟁송의 대상이 되는 '처분'인가?**
>
> *통고처분은 행정쟁송의 대상이 아니다. 즉 통고처분에 불복하는 경우 즉심절차를 거쳐 정식재판을 청구할 수 있기 때문이다. 통고처분은 원래 법원이 담당해야 할 사법기능을 편의성과 범죄인을 양산하지 않겠다는 이유로 행정에 넘긴 것이므로, 통고처분에 불복하는 경우의 절차는 다시 형사절차로 넘어가는 것이다.

② **즉결심판**: 20만 원 이하의 벌금·과료·구류에 해당하는 행정형벌은 즉결심판(약식기소)에 의해 과해지며, 경찰서장이 그 형을 집행한다. 불복이 있는 자는 고지를 받은 날로부터 7일 이내에 정식재판 청구할 수 있다.

11) 1차 납부기간: 범칙금납부통고서를 받은 날로부터 10일 이내
2차 납부기간: 1차 납부기간 만료일의 다음날로부터 20일 이내, 범칙금액에 20% 가산

2) 행정질서벌(과태료)의 부과 · 징수절차(질서위반행위규제법 제16조 이하)

(1) 사전통지 및 의견 제출 등

과태료는 관계 행정청이 부과하며, 행정청이 질서위반행위에 대하여 과태료를 부과하고자 하는 때에는 미리 당사자에게 통지하고, 10일 이상의 기간을 정하여 의견을 제출할 기회를 주어야 한다. 이 경우 지정된 기일까지 의견 제출이 없는 경우에는 의견이 없는 것으로 본다.

(2) 과태료의 부과

행정청은 의견 제출 절차를 마친 후에는 질서위반행위, 과태료 금액, 그 밖에 대통령령으로 정하는 사항을 명시한 서면으로 과태료를 부과하여야 한다.

(3) 자진납부자에 대한 과태료 감경

행정청은 당사자가 의견 제출 기한 이내에 과태료를 자진하여 납부하고자 하는 경우에는 20/100의 범위 내에서 과태료를 감경할 수 있다. 당사자가 감경된 과태료를 납부한 경우에는 해당 질서위반행위에 대한 과태료 부과 및 징수절차는 종료한다.

(4) 과태료 부과의 제척기간

행정청은 질서위반행위가 종료된 날(다수인이 질서위반행위에 가담한 경우에는 최종행위가 종료된 날을 말한다)부터 5년이 경과한 경우에는 해당 질서위반행위에 대하여 과태료를 부과할 수 없다.

(5) 이의제기

행정청의 과태료 부과에 불복하는 당사자는 과태료 부과 통지를 받은 날부터 60일 이내에 해당 행정청에 서면으로 이의제기를 할 수 있다. 이의제기가 있는 경우에는 행정청의 과태료 부과처분은 그 효력을 상실한다.

(6) 질서위반행위의 조사와 자료제공 요청

행정청은 질서위반행위가 발생하였다는 합리적 의심이 있어 그에 대한 조사가 필요하다고 인정할 때에는 당사자 또는 참고인의 출석 요구 및 진술의 청취, 당사자에 대한 보고 명령 또는 자료 제출의 명령 등의 조치를 할 수 있으며, 행정청은 과태료의 부과·징수를 위하여 필요한 때에는 관계 행정기관, 지방자치단체, 그 밖에 공공기관의 장에게 그 필요성을 소명하여 자료 또는 정보의 제공을 요청할 수 있으며, 그 요청을 받은 공공기관 등의 장은 특별한 사정이 없는 한 이에 응하여야 한다.

(7) 가산금 징수 및 체납처분 등

행정청은 당사자가 납부기한까지 과태료를 납부하지 아니한 때에는 납부기한을 경과한 날부터 체납된 과태료에 대하여 100분의 5에 상당하는 가산금을 징수하며, 체납된 과태료를 납부하지 아니한 때에는 납부기한이 경과한 날부터 매 1개월이 경과할 때마다 체납된 과태료의 1천분의 12에 상당하는 가산금("중가산금"이라 한다)을 가산금에 가산하여 징수한다. 이 경우 중가산금을 가산하여 징수하는 기간은 60개월을 초과하지 못한다.

제 4 절 새로운 의무이행확보수단

행정작용의 다양화로 새로운 형태의 의무이행확보수단이 등장하고 있다(예 ; 과징금, 가산금, 공급거부, 공표, 인·허가의 철회, 정지).

1. 금전적 제재

1) 과징금

행정기관이 의무위반에 대한 제재로서 과하는 금전적 부담이다. 처음에는 주로 경제법상의 의무위반자에 대하여 그 의무위반으로 인하여 취득한 불법적 이익을 박탈하기 위해 과하는 금전적 부담이었다(예컨대 공정거래위원회가 시장금리가 떨어지는데도 변동금리대출의 금리를 낮추지 않아 고객들에게 590억원 가량의 손해를 입힌 혐의로 국민은행 등에 70억원의 과징금을 부과한 것). 그러나, 그 후 성격이 변하여 다수 국민이 이용하는 사업이나, 국가·사회에 중대한 영향을 주는 사업을 시행하는 자가 경찰법규에 위반하는 경우 그 위반자에 대하여 영업정지의 처분을 하여야 하나, 그렇게 되면 시민들의 불편이 예상되므로 그에 갈음하여 영업정지기간 중에 발생할 수 있는 경제적 이익을 최고한도로 하여 '과징금'의 이름으로 흡수하는 금전적 제재이다.

※ 구체적 법률근거가 있어야만 과할 수 있으며(자동차운수사업법 제31조제2항, 식품위생법 제65조), 체납시 국세(지방세)체납처분의 예에 따라 강제징수하며, 하자있는 부과·징수의 경우 행정쟁송으로 구제한다.

2) 가산금

일정한 행정법상의 금전 급부의무 있는 자의 의무위반에 대한 금전적 제재로 일종의 연체이자이다. 행정법상 의무위반에 대하여 과해지는 금전적 제제인 점에서는 과징금과 같으나, 금전 급부의무위반에 대한 것이라는 점에서 다르다(예 : 국세징수법- 조세 체납자에게 과하는 가산금).

3) 가산세

소득을 정확히 신고하지 않은 경우 등 불성실 납세의무자에게 과하는 별도의 과세이다.

2. 공급거부

1) 의의

행정의무위반자에게 행정상 역무나 재화(전기, 수도)의 공급을 거부하는 행정조치

2) 근거

부담적 행정작용이므로 반드시 법률의 근거를 요한다. 특히 급부행정에 있어서는 급부주체에 대하여 이용제공의무가 부여되는 것이 보통이므로 급부주체는 정당한 이유없이 공급거부를 할 수 없다.

3) 구제

공급거부의 성질은 각기 다르므로 구제도 공법적, 사법적인 것으로 나뉜다. 따라서 그에 대한 구제도 행정소송, 민사소송의 형태로 구분된다.

4) 부당결부금지의 원칙과의 관계

부당결부금지원칙이란 의무위반과 실체적인 관련 없는 반대급부의 행정조치를 해서는 안 된다는 원칙이다. 이 원칙과 관련하여, 건축법, 수질환경보전법 등의 공급거부 규정은 삭제되었다.

▸공급거부의 폐지

종래 수질환경보전법과 대기환경보전법은 환경부장관으로 하여금 배출시설의 사용금지 또는 폐쇄명령을 불이행한 사업장에 대하여 총리령이 정하는 바에 따라 전기·수도의 설치나 공급을 중단하도록 관계기관의 장에게 요청할 수 있었다. 그러나 공급거부는 생존배려라는 현대국가의 복지이념에 비추어 정당성에 문제가 있고, 법치국가원칙으로부터 도출되는 비례의 원칙, 부당결부금지의 원칙 등과 관련하여 허용여부가 다투어짐에 따라 수질환경보전법과 대기환경보전법상의 공급거부 규정은 삭제되었다.

또 위법건축물에 대하여 수도 · 전기 등의 공급거부를 할 수 있다는 규정(건축법 제69조제2항)이 있었으나, 삭제되었다(건축법 개정 2005.11.8 법률 제7696호).

3. 공표

1) 의의

행정법상 의무위반이 있는 경우 그 상황을 불특정 다수인에게 公示하는 것을 말한다(예 ; 고액의 조세체납자의 성명 공시, 환경오염물질 배출업소 공시).

2) 법적 성격

종래 공표는 수치심 내지 사회적 불명예적 의미를 가지는 것으로 행정상 제재에 해당하나, 그 법적 성질은 단순 사실행위로서 통지에 속하며, 아무런 법적 효력은 없다는 견해가 다수의 견해였다. 따라서 공표에 대해서는 처분성을 인정하기 어려웠고 행정쟁송의 대상으로 삼을 수 없다는 견해가 지배적이었다. 그러나 최근 청소년 대상 성범죄자에 대한 명단공개 등으로 인한 공표의 법적 기능과 더불어 공표에 대한 처분성을 인정하여야 한다는 견해가 유력하게 대두되고 있으며, 일부 지방법원판결에서 공표의 처분성을 인정하고 있다(*서울지방행정법원 행정11부 2001년 5월 3일자 판결).

* 관련기사〈국민일보 2003/10/13 기사〉

청소년 상대 성범죄자 신상공개조치에 대해 지난 6월 헌법재판소가 합헌결정을 내린 가운데 행정법원이 '신상공개는 너무 가혹하다'며 조건부 신상공개처분 직권취소를 권고하는 조정결정을 내렸다.

행정법원의 이번 조정권고결정은 헌재의 결정 후 청소년보호위원회 및 시민단체들이 성범죄자의 얼굴까지 공개하자고 주장하는 것과 달리 법원은 명단공개자의 인격권과 평등권에 무게를 두고 있음을 시사한다는 점에서 논란이 예상된다. 헌재도 합헌결정을 내리기는 했지만 헌법재판관들의 의견은 5 대 4로 위헌론이 다수를 차지했었다.[12)]

서울행정법원 행정11부(부장판사 한기택)는 13일 성범죄자 1차 신상공개 169명에 속한 A씨 등 2명이 "신상공개 처분은 이중처벌이라 가혹하다"며 청소년보호위원회를 상대로 낸 신상 등 공개처분취소 청구소송에서 "청소년보호위원회는 신상공개사전심의위원회 운영규정이 정한 교육프로그램을 제공하고 A씨 등이 이를 성실히 수행할 경우, 2001년 5월 3일자 A씨 등에 대한 신상공개 처분을 직권취소하라"고 조정권고결정을 내렸다.

재판부는 결정문에서 "사건심리 결과 A씨 등의 위반행위 내용, 그 후의 정황 및 A씨 등과 가족에게 미칠 영향 등을 고려, 분쟁의 적절한 해결을 위해 신상공개처분 취소조정을 권고한다"고 밝혔다.

재판부는 "청소년 성보호에 관한 법률이 헌재의 합헌결정으로 적법하기는 하지만 법조항에 '신상공개를 할 수 있다'고 해 (법원) 재량의 여지를 남겨두고 있다[13)]"고 덧붙였다.

재판부는 또 "행정처분취소 소송이기 때문에 선고를 하게 되면 원고의 청구를 받아들여 처분 취소결정을 하느냐 마느냐의 두 가지 길밖에 없는만큼 양쪽이 중간단계에서 적당한 해결책을 찾으라는 것"이라며 "신상공개 처분은 너무 가혹한 것 같다는 취지"라고 설명했다.

재판부의 조정권고안을 청소년보호위원회와 A씨 등이 받아들이면 신상공개 처분은 취소되고 A씨 등은 청소년보호위원회에서 마련하는 재범방지 등의 교육(9시간)을 받게 된다.

이에 대해 청소년보호위원회는 "조정권고가 신상공개제도 자체를 부인하는 것이 아니고

---

12) 헌법재판소에 의한 법률의 위헌결정, 탄핵의 결정, 정당해산의 결정 또는 헌법소원에 관한 인용결정을 할 때에는 재판관 6인 이상의 찬성이 있어야 한다(헌법 제113조 1항).

13) "할 수 있다"는 재량의 여지를 남겨 두고 있다는 말은 반드시 준수해야 하는 기속적인 사항은 아니라는 의미이다.

개별사안에 따라 죄의 내용이 약해 저위험군에 속한 사람들은 신상공개보다 재범방지교육이 효과적이라는 결정으로 안다"며 "위원회는 법원이 조정권고한 사람들을 5차 신상공개 때부터 시작될 교육프로그램에 참가시키겠다"고 밝혔다.

청소년보호위원회는 2001년 8월 이후 지난 4월까지 4차례 모두 3,589명의 청소년 상대 성범죄자의 신상을 공개했다.

3) 법적 근거

공표를 단순 사실행위로 보고 법적 효과는 없다고 하는 견해에서도 현실적으로 행정상 제재기능을 하므로 법적 근거 필요하다고 한다.

4) 공표제도의 위헌성

공표제도는 헌법 제17조(사생활의 비밀과 자유)에 관하여 위헌이라는 견해 있으며, 또 청소년성보호에관한법률에 따른 청소년대상 성범죄자의 명단공개가 위헌인가가 문제된 바 있으나, 헌법재판소 2003.06.26 2002헌가14 전원재판부【청소년의성보호에관한법률제20조제2항제1호등위헌제청】에서는 합헌의 결정을 내린 바 있다.

5) 위법한 공표에 대한 구제

종래 공표를 단순사실행위로 보는 견해에 따르면 행정행위가 아니므로 행정쟁송을 할 수 없으며, 민사상 형사상의 구제를 할 수밖에 없다고 할 수 있겠으나, 최근 공표에 대한 처분성을 인정하는 견해가 유력하며, 이에 따르면 위법, 부당한 공표에 대하여 행정쟁송을 제기할 수 있을 것이다. 또 앞에서 제시한 지방법원 판결도 처분성이 있음을 전제로 조정권고결정을 한 것이다.

4. 관허사업의 제한(인 · 허가의 철회, 정지)

1) 의의

의무위반에 대한 제재로 의무위반자에게 주어진 인 · 허가 등 수익적 행정행위를 취소 · 철회 · 정지하는 것을 말한다. 이러한 내용은 법규로 미리 정하기도 하고 행정처분의 부관으로 정하기도 한다.

2) 가능성

행정법상의 의무위반에 대한 제재로서 수익적 행정행위를 철회 또는 정지하는 것은 일반 행정행위의 철회·정지와 다를 바 없으므로, 법령에 규정이 있거나, 철회권의 유보 또는 상대방의 동의가 있어야 한다.

3) 구제

행정행위의 취소 철회 정지와 같으므로 하자있는 철회나 정지는 행정쟁송으로 구제할 수 있다.

5. 기타

행정법상 의무위반에 대해 자동차의 사용정지(도로교통법 §38 ③), 국외여행제한(여권법 §8 ①), 취업제한(병역법 §76 ①), 폐쇄명령(학원의설립운영및과외교습에관한법률 §19 ①) 세무조사 기타 행정조사 등이 행정상 의무확보수단으로 사용되고 있다.

Check

- ㅇ 행정벌과 행정강제의 기본개념에 관한 문제
- ㅇ 행정벌의 근거와 죄형법정주의에 관한 문제
- ㅇ 행정형벌의 특수성에 관한 문제
- ㅇ 통고처분에 관한 문제
- ㅇ 공급거부와 공표에 관한 문제
- ㅇ 행정상의 강제집행과 즉시강제의 차이
- ㅇ 대집행의 요건, 절차에 관한 문제
- ㅇ 행정처분과 계고의 결합가능성
- ㅇ 부작위의무 위반과 대집행
- ㅇ 강제징수에 관한 문제
- ㅇ 집행벌, 직접강제의 기본개념에 관한 문제

- 즉시강제와 행정조사의 기본개념에 관한 문제
- 즉시강제의 실체상의 한계에 관한 문제
- 즉시강제의 수단에 관한 문제
- 즉시강제와 영장주의
- 행정조사에서 실력행사 가능성 여부
- 위법한 행정조사에 의한 행정행위의 효력

제 3 편

행정구제법

제 1 장 총 설

제 2 장 행정상 손해전보

제 3 장 행정쟁송

제1장

총 설

제1절 행정구제의 의의

행정기관의 작용으로 자기의 권리 또는 이익이 침해되었다고 주장하는 자가 행정기관이나 법원에 원상회복·손해배상을 청구하거나 또는 당해 행정작용의 시정을 구하는 행정쟁송을 제기하고 이를 수리한 국가기관이나 법원이 이에 대하여 심리하여 권리·이익 보호에 대한 판정을 내리는 모든 절차를 말한다.

행정구제는 법의 양면적 구속성을 실현하기 위한 것이다.

① 국민이 법에 위반할 때에는 법이 정하는 수단에 따라 의무이행을 확보하고(행정벌·행정강제),

② 행정기관의 작용이 위법·부당하여 국민의 권리·이익이 침해된 때 그 구제수단이 바로 행정구제이다. 결국 행정구제는 행정기관의 작용으로 권리를 침해당한 개인에 대하여 그 구제를 권리로서 인정한 것이므로 실질적 법치주의의 구체적 구현 형태라 할 수 있다.

제 2 절 행정구제제도의 발전

1. 개괄주의의 채택과 국가배상책임의 확립

2차대전전 독일 · 일본 등 형식적 법치국가에서는 행정법원을 설치하였으나, 열기주의를 채택하여 소송대상이 한정되고, 그 절차도 미비하여 권리보호에 미흡하였다. 2차대전후 일반법원(일본) 또는 대법원의 하급법원으로서의 행정법원(독일)에 행정소송을 관할하게 함과 동시에 행정소송사항에 개괄주의 택하고, 공권력행사로 인한 국가배상책임 인정하는 등 행정구제에 진전을 이루게 되었다.

2. 행정절차제도의 발전

전통적 행정구제제도는 사후적인 구제제도로서 행정상의 손해전보와 행정쟁송이었으나, 이러한 손해발생 후의 구제제도는 그 절차상 불편함뿐만 아니라 권리침해가 없었던 것과 동일한 구제는 기대할 수 없는 결함을 가지고 있어 사전적 구제가 주창되었다. 사전적 구제제도로는 행정절차(청문), 청원, 민원처리제도, 옴부즈만제도 등이 있다.

3. 우리나라의 행정구제제도

우리나라 행정구제제도는 ① 행정소송에 개괄주의와 영미식의 사법국가주의를 취하며 ② 공무원의 불법행위에 대한 국가 · 지방자치단체의 배상책임을 인정하며, ③ 공공필요에 의한 사유재산의 사용 · 수용 · 제한에 관한 손실보상제도 등이 있다.

제 3 절 행정구제의 유형

행정구제제도에는 그 내용에 따라 행정처분의 효력을 다투는 '행정상 쟁송제도'와 행정작용으로 인하여 개인이 입은 손해 또는 손실을 국가 또는 지방자치단체가 금전(재산)으로 갚아주는 '손해전보제도'가 있다.

1. 행정상 쟁송

행정기관에 그 처분의 취소·변경을 구하는 행정심판과 법원에 그 취소·변경을 구하는 행정소송이 있다.

2. 손해전보

손해배상(공무원책임, 영조물책임), 손실보상(공공의 필요에 의하여 사용, 수용, 제한한 경우 국가 또는 지방자치단체가 그 특별한 희생을 보상해 줄 책임을 지는 것)

Check

- ㅇ 행정구제의 전반적 개념에 관한 문제
- ㅇ 대륙법계에서 2차 대전 이후 행정구제제도의 발전에 관한 문제
- ㅇ 행정상 손해배상과 손실보상의 기본개념에 관한 문제

제 2 장

행정상 손해전보

제 1 절 행정상의 손해배상

제 1 항 행정상 손해배상의 개요

1. 의의

공무원의 위법한 직무집행행위 또는 국가나 공공단체의 공공의 영조물의 설치·관리의 흠으로 인하여, 개인에게 손해를 가한 경우에, 국가 또는 공공단체가 그 손해를 배상하는 것을 말한다.

행정상 손해배상의 헌법상 근거는 "공무원의 직무상 불법행위로 손해를 받은 국민은 법률이 정하는 바에 의하여 국가 또는 공공단체에 정당한 배상을 청구할 수 있다. 이 경우 공무원 자신의 책임은 면제되지 아니한다"(헌법 제29조 제1항)는 규정이며, 그 일반법은 국가배상법이다.

2. 행정상 손해배상과 손실보상과의 구별

1) 행정상 손해배상과 손실보상의 구별

손해배상	위법한 공권력 행위에 대한 배상	개인주의적 · 도의적 과실책임주의
손실보상	적법한 공권력행사로 인한 재산권 침해에 대한 보상	단체주의적 공평부담주의, 특별한 희생

돌발퀴즈 Q. 다음 중 손실보상과 가장 관련이 적은 것은?

① 단체주의　② 재산권보장

③ 평등주의　④ 자유주의

2) 행정상 손해배상과 손실보상의 접근경향

(1) 새로운 유형의 공권력 침해 발생

현대 복리국가에 있어서는 개인생활에 대한 국가의 개입이 확대됨에 따라 국가기능이 확대 · 강화되어 손해배상이나 손실보상의 어느 것에 의해서도 전보되지 않는 손해가 발생하게 되었다. 예컨대 피해발생의 원인이 위법하나, 그 과실을 입증하기 어려운 경우나 또는 원인이 되는 공권력행위가 과연 위법한가를 판단할 수 없는 경우가 그러하다.

(2) 제도적 융합

이러한 경향으로 인한 법률상의 틈을 메우기 위하여 손해배상에서는 무과실책임 또는 위험책임 등이 등장하였고, 손실보상에서는 수용유사침해 등에 대한 이론이 등장하기 시작하여 종래 위법 · 과실(손해배상)과 적법 · 무과실(손실보상)로 그 원인이 명백히 구분되던 손해전보체계는 더 이상 적합하지 아니하고, 손해배상과 손실보상은 서로 접근 내지 융합하는 경향을 보이게 되었다.

(3) 국가보상 개념의 등장

국가보상이라는 통일적 개념이 등장하게 된 것도 이러한 이유이다. 이러한 시도는 아직 모색단계에 있다. 손해배상에서 무과실의 도입은 아직 예외적인 현상이라 할 수 있고, 손실보상에서 수용유사침해에 대한 배상책임을 인정하는 것이 우리나라에서는 정착되어 있지 않기 때문이다.

3. 행정상 손해배상제도의 발전

19세기 말 국가배상책임이 태동하기 전에는 공무원의 직무상 불법행위는 공무원 개인의 책임이었으며, 그 효과가 국가에 귀속되지 않았다. 따라서 사법상의 불법행위책임에 지나지 않았다. 이것은 주권면책이론(The king is immune from suit, The king can do no wrong)에 근거한 것이었다.

1) 프랑스

프랑스의 행정상 손해배상제도는 행정상 국참사원 판례를 통하여 발전하였다. 초기에는 역무과실책임주의가 바탕을 이루었으나, 최근에는 증대하는 행정적 위험에 대처하기 위하여 '무과실책임' 내지 '위험책임'까지 인정하는 이원적 체제를 이루고 있다.

(1) 역무과실책임

1873년 블랑코(Blanco) 사건 판결 이래 공공역무상 과실에 대하여 국가배상책임을 인정하였다.

(2) 위험책임 · 무과실책임

19세기 말 이래 국참사원 판례를 통해 행정적 위험에 무과실책임을 인정함으로써 '위험의 사회화' 내지 '공적 부담 앞의 평등', '손해 있는 곳에 국가책임 있다'라고 하는 등 프랑스 국가책임제도의 중대한 특색을 이루게 되었다.

▸무과실책임 · 위험책임이란

의욕적인 침해행위는 없었지만 국가가 형성한 위험상태로부터 발생한 손해에 대하여 국가가 무과실책임을 지는 것을 말함. '행정에 의한 위험의 조성'과 '부담 앞의 공평한 침해'의 두 가지 원리에 기초를 둠.

– 무과실책임과 위험책임은 같은 의미로 쓰이기도 하지만, 프랑스에서는 양자를 구분한다. 무과실책임은 더 넓은 개념으로 위험책임과 손실보상책임을 합한 개념으로 쓰인다. 한견우, 행정법상 손해전보와 무과실책임, 고시행정, 89/6; 행정상손해전보제도의 이해, 월간고시 87/1 등 참조.

2) 독일

독일에서는 국고작용으로 인한 것은 국가도 사인과 동일한 책임을 지며, 공행정작용으로 개인에게 손해를 가한 때에는 공무원 개인이 민사상의 배상책임을 질 뿐 국가는 책임을 지지 아니하였다. 공행정작용으로 인한 국가배상책임은 1919년 바이마르헌법에 의해 비로소 인정되었다.

3) 영미

영미에서는 원래 불법행위를 한 당해 공무원에게 민사책임을 인정할 뿐 '국왕은 악(惡)을 행할 수 없다.'는 주권면책(主權免責)의 원리에 입각하여 국가배상책임을 부인하였다. 2차대전후 국왕소추절차법(영국), 연방불법행위청구권법(미국) 등을 통하여 국가배상책임을 인정하게 되었으나, 광범한 적용배제조항을 두어 국가배상책임을 제한하고 있는 것이 이들 국가배상제도의 특색이다. 예컨대 공무원의 개념한정, 법원의 사법작용에 대한 손해 및 군대구성원이 다른 구성원에게 입힌 손해에 대해서 국가책임 배제[1] 등이 그것이다.

4) 일본

제2차 세계대전 이전에는 국고작용으로 인한 것은 사법상의 불법행위책임을 인정하였으나, 공행정작용으로 인한 것은 각 개별법으로만 특별히 규율하였다. 또 공무원의 책임에 대해서도 고의, 중과실이 인정되는 경우와 직무외의 행위에 대해서만 인정하는 것이 일반적인 경향이었다. 그러나 제2차 대전이후에는 헌법에 국가배상을 긍정하는 규정을 두고 국가배상법을 제정하였다.

4. 우리나라의 국가배상제도

1) 국가배상의 헌법적 보장

헌법 제29조에서는 국가 또는 공공단체의 국가배상책임을 일반적으로 규정하고, 이를 구체화하기 위하여 국가배상법 제2조에서는 공무원의 위법행위책임을, 제5조에서는 영조물의 하자관리상의 책임을 규정하고 있다.

---

1) 박윤흔, 행정법강의(상), p. 695.

다만 국가배상법에서는 국가・지방자치단체의 책임만을 규정하며, 이외의 공공단체의 책임은 민법에 맡기는데, 이것은 헌법 제29조의 취지가 공공단체는 소속직원의 불법행위에 대해 스스로 배상을 해야 하나, 모든 공공단체에 대하여 동일 법률에 따라 배상하여야 한다는 원칙을 정한 것은 아니므로 민법에 맡기는 것이 무난하다.

2) 국가배상법의 지위

민법 이외의 다른 법률 즉 특별법의 규정이 있으면 그 규정에 따른다.

(1) 무과실책임인정

관용차량으로 인한 운전사고로 인한 손해에 관한 자동차손해배상보장법, 국공영사업종사근로자의 산업재해에 관한 산업재해보상보험법, 공무원의 공무상 재해에 관한 공무원연금법, 공무협력자가 입은 손해에 관한 의사상자보호법 등의 경우 무과실책임일 인정하고 있다.

※ 무과실책임의 도입은 꾸준히 주장되어 오긴 하나, 개별적으로 적용여부를 판단할 것이며, 일반적으로 적용하는 것은 적절하지 않다.

(2) 배상책임의 감경 또는 정형화

우편법 제38조, 전기통신사업법 제33조의 2 등에서는 책임의 범위 또는 손해배상액을 감경 또는 정형화하고 있다.

(3) 책임의 경합 인정

형사보상법 제5조 3항(이 법에 의해 보상을 받은 경우 차액만 손해배상청구가능), 범죄피해자구호법 제7조(피해자 또는 유족이 당해 범죄 피해를 원인으로 하여 국가배상법 기타 법령에 의한 급여 등을 지급받을 수 있는 경우에는 대통령령이 정하는 바에 의하여 구조금을 지급하지 아니한다) 등에서는 책임의 경합을 인정하고 있다.

(4) 적용의 순서

이러한 특별법이 없으면 국가배상법에 의하고, 국가배상법에 없으면 민법이 보충적으로 적용한다. 사경제적 작용으로 인한 손해배상은 민법에 의한다(국배법 제8조).

(5) 외국인에게는 상호주의 적용

또 주한미국군대의 구성원이 공무집행 중 행한 행위와 이들이 소유, 관리하는 시설 등의 설치 또는 관리의 흠으로 인한 피해는 국가배상법의 규정에 따라 배상을 청구한다(한미간미군지위협정 제23조 제5항, 동협정시행에관한민사특별법).

3) 국가배상법의 성격

(1) 사법설

국가배상법은 배상행위에 관한 법이므로 민법의 특별법으로 본다. 이 견해는 배상행위의 결과에 중점을 두는 견해이다. 판례 및 소송상으로는 국가배상법에 의한 청구사건은 이 견해에 따라 민사사건으로 다룬다.

(2) 공법설(다수설)

이 견해는 배상원인에 중점을 두어 공행정작용에 의한 피해에 대한 배상책임이므로 공법으로 본다. 이 견해에 따를 경우 국가배상소송의 형태는 당사자소송이 된다.

제 2 항 공무원의 위법한 직무행위로 인한 손해배상

공무원이 직무를 집행함에 당하여, 고의 또는 과실로 법령에 위반하여, 타인에게 손해를 가하거나, 자동차손해배상보장법의 규정에 의하여 손해배상 책임이 있는 때에는 국가 또는 지방자치단체가 배상할 책임이 있다. 다만 공무원에게 고의(故意)·중과실(重過失)이 있는 경우 해당공무원에게 구상(求償)할 수 있다.

1. 배상책임의 요건

1) 공무원이 직무를 집행함에 있어 행한 행위

(1) 공무원

국가공무원법 및 지방공무원법상의 공무원뿐만 아니라 공무를 위탁받아 이에 종사하는 모든 자로 최광의의 의미의 공무원을 말한다. 기능상 '국가 등의 행위'로 볼 수 있는 작용이면 족하고, 실제로 공무원의 자격유무는 묻지 않는다. 합의제 행정기관의 경우 그 의사는 대외적으로는 당해 관청의 이름으로 표시되지만 그 의사결정을 한 것은 개개의 공무원이므로 이 개개 공무원이 국가배상의 대상이 된다. 또 공무원의 임명행위가 무효라도 그 자가 사실상 직무를 위탁받아 수행한 경우에는 공무원으로 보아야 한다.

cf) 공무원의 범위: 책임법(국가배상)상 공무원 〉 형법상 공무원 〉 신분법상공무원

판례에서는 임시공무원, 집행관, 시청소차운전자, 동원중인 예비군, 조세원천징수자, 통장, 교통정리 중인 교통할아버지, 지방자치단체에서 근무하는 청원경찰 등은 공무원의 범위에 포함시키고, 의용소방대원, 시영버스운전사 등은 포함시키기 않고 있다.

돌발퀴즈 Q. 다음 중 국가배상법상 공무원에 해당하는 자는?
① 만취하여 행인을 때린 경찰
② 기물을 파손한 휴가중인 군인
③ 주민등록 전입신고서에 날인해 준 통장
④ 국가의 경제자문을 하는 경제자문위원회의 위원
⑤ 세금을 징수하는 경찰

(2) 직무

직무범위에 관해서는 종래 권력 작용에 국한한다는 협의설도 있었으나 현재는 광의설 즉, 공권력작용이외에 비권력적 관리작용(도로 하천 등 공물의 설치·관리작용: 특히 경합하는 경우)도 포함하는 것이 일반적이다. 여기에는 행정작용뿐만 아니라 입법작용, 사법작용 및 명령강제작용, 형성작용, 준법률행위적 작용, 사실작용·부작위 등도 포함한다.

① 입법작용: 입법작용도 직무행위에 포함시키는 것이 일반적이다. 위헌인 법률을 집행하는 행정청의 처분에 의해 손해가 발생한 경우 근거 없는 처분이 되므로 위법성이 인정된다. 그러나 공무원은 법률의 위헌 여부를 심사할 수 없으므로 과실을 인

정할 수 없다. 또 입법작용에 대해서도 국회의 입법과정에서의 법령위반, 고의·과실의 입증이 어려우며, 배상책임의 성립요건을 충족시키기 어렵다. 특히 법률에 의해 직접 개인에게 손해가 발생하는 처분법률(Massnahmegesetz)의 경우에도 위법성을 인정하는 데는 무리가 없으나, 실제로 국회의원의 과실을 인정하기는 어렵다.

② 사법작용: 판결(특히 誤判)을 포함한 법관의 직무활동도 직무행위에 제외시킬 근거는 없다. 영·미의 경우 법관의 독립을 이유로 면책되고, 독일에서는 형벌을 받게 된 경우에 국가책임을 인정한다. 우리 판례는 재판사무에 대해서는 불복이 인정되므로, 법관이 명백히 권한을 잘못 행사한 경우를 제외하고는 배상책임을 부인한다. 법관의 재판작용이 위법한 행위가 되기 위해서는 '위법 또는 부당한 목적' '명백한 권한 남용' 등의 특별한 사정이 있어야 한다는 판례가 있다(대판 2001.4.24, 2000다16114).

③ 준법률행위적 행정행위: 법 규정에 정한 바에 따라 법률효과가 발생하므로 손해발생의 원인이 되는 경우가 많지는 않으나, 예컨대 허위 인감증명서 발급과 같이 손해발생의 원인이 되기도 한다.

④ 사실행위: 오늘날 행정지도는 중요한 행정수단이 되므로 직무행위에 당연히 포함된다. 사실행위는 처분성을 인정받기 어려우므로 국가배상이 중요한 권리구제 수단이 된다.

⑤ 부작위: 주로 소비자문제나 환경문제와 같이 행정청의 감독권한의 행사가 문제된다. 예컨대 사인이 사업활동 등으로 제3자에 손해를 발생시킨 경우에는 사인간에는 민사상 손해배상 책임을, 행정청에 대해서는 감독권한의 불행사에 관하여 국가배상책임을 물을 수 있다. 예컨대 甲전자회사가 상수원을 폐놀로 오염시켜 수돗물을 마신 인근 주민이 질병을 얻은 경우 시민은 실질적 가해자인 甲전자회사를 상대로 민사상 손해배상을 청구할 수 있으며, 국가를 상대로 규제권한의 불행사에 대한 국가배상을 청구할 수 있다.

⑥ 통치행위: 통치행위는 사법심사 대상에서 제외되나, 이 사법심사에 국가배상도 포함되는가에는 긍정설과 부정설이 있다. 생각건대 국가배상을 인정하기 위해서는 직무행위의 위법성이 전제가 되는데 사법심사를 부인하면서 국가배상을 인정한다는 것은 논리적으로 문제가 될 수 있으며, 통치행위에 대해 국가배상을 인정하는

경우 그 비용을 감당하기 어려운 경우도 발생할 수 있으므로 부정설이 타당하다고 본다. 따라서 통치행위는 직무행위에 포함되지 않는다.

(3) 직무의 집행

① 외형설에 따라 직무행위자체는 물론 외형상 직무와 관련 있는 모든 행위를 포함한다(판례는 상관의 명령에 의한 이삿짐운반, 훈련 도중 휴식시간을 틈타 꿩사냥을 한 경우 직무관련성을 인정한 바 있다). 직무행위인지의 여부는 정당한 권한 내의 것인지, 주관적 의사를 가지고 있는 것인지 묻지 않고 직무행위의 외형을 갖추고 있으면 족하다. ② 비번중에 한 행위도 직무행위에 속하나, 공무원의 일반적 권한에 속하지 않는 행위에 대해서는 국가배상책임을 지울 수 없다.

2) 고의 · 과실로 인한 행위

(1) 고의 · 과실의 의의

① 고의: 일정한 위법행위의 발생가능성을 인식하고 그 결과를 적극적으로 인용한 경우를 말한다. 또 과실이란 통상적으로 갖추어야 할 주의의무를 게을리한 경우를 말한다. 그런데 고의 · 과실은 당해 공무원에 대하여 판단할 것이며, 국가 등에 의한 선임 · 감독상의 고의 · 과실을 의미하는 것이 아니다. 이것이 민법에 의한 사용자책임(제756조)과 다른 점이다.

② 대위책임설과 자기책임설: 국가배상책임을 대위책임으로 보는 경우 고의 · 과실은 공무원의 주관적 책임요건이 되며 이를 근거로 책임여부를 판단하게 된다. 자기책임으로 보는 경우 공무원의 주관적 인식이 있는 경우는 물론, 공권력행사가 결과로서 불법한 손해를 발생시킨 경우 바로 고의 · 과실의 존재가 추정된다. 결국 공무원의 행위가 위법하기만 하면 무과실인 경우에도 국가 등의 책임을 인정하여야 한다. 통설 · 판례는 대위책임설이다(1973.10.10 대판 72다2583).

(2) 과실의 객관화 · 정형화 경향

현행법의 구조상 대위책임설을 택하지 않을 수 없으며, 이 상황에서 행정기능의 확대에 따라 증대되는 위험에 대처하기 위하여 과실을 정형화 · 객관화하여 책임범위를 확대하지 않을 수 없다. 과실의 객관화 · 정형화의 내용은 다음과 같다.

① **추상적과실론**: 추상적 과실(주의의무의 정도는 가해 공무원의 경력, 직위 등 객관적 사실에 의해 정해짐)이며, 구체적 과실이 아니다. 즉 주의의무를 판단함에 있어 평균적 공무원의 주의의무로 판단한다. 즉 공무원의 직종과 지위에 의해 객관적으로 정해지며, 개인의 지식·능력·경험등 주관적 사유를 판단의 기준으로 삼지 아니한다.

② **조직과실**: 가해 공무원을 특정할 필요가 없다. 즉 공무원 개인의 주의의무를 묻지 아니하고, 행정기관 자체 혹은 행정기관의 장의 과실로 의제한다. 예컨대 부작위에 대하여 담당공무원의 부재 등으로 면책되지 않는다.

③ **일응추정(一應推定)의 원리**: 원래 고의·과실에 대한 입증책임은 피해자 측에 있는 것이 원칙이나 과실입증이 곤란한 경우가 많으므로, 과실의 객관화 입장에서 이미 입증된 사실 또는 다툼이 없는 사실로 성질상 과실을 추정하게 하는 개연성이 있는 경우에는 민법에서 발달한 일응추정의 이론에 따라 과실이 있는 것으로 추정한다.

④ **위법성과 과실의 일원화**: 위법성과 과실을 불가분적인 것으로 보아 양자 중 어느 하나가 입증되면 나머지 하나는 당연히 인정되는 것으로 볼 것이다.

(3) 위법무과실

아무리 과실을 객관화해도 과실책임주의를 택하는 이상 국가배상에서 제외되는 경우가 있을 수 있으므로, 되도록 과실의 객관화를 확대하여 무과실책임으로 접근시켜야 한다. 그러나 과실책임주의를 취하는 우리나라 국가배상책임법제 하에서는 무과실책임이 법해석에 의해 인정되는 데에는 한계가 있다. 독일에서는 위법무과실에 대한 국가의 책임을 인정하기 위하여 손실보상 쪽에서도 판례법에 의하여 희생보상책임(犧牲補償責任), 수용유사보상책임(收用類似補償責任)을 인정하고 있으나, 우리 헌법(제23조 제3항) 아래에서는 입법에 의하지 않고는 이를 인정하기 어렵다.

3) 법령에 위반한 행위

(1) 법령의 범위

① 법령의 의미와 범위에 관해서는 협의설과 광의설이 있다. 협의설에서는 여기서 '법령'이란 성문 또는 불문의 '법규(法規)'를 의미한다고 하며, 광의설에서는 여기에 더하여 모든 법규 뿐만 아니라 인권존중, 사회질서, 공서양속 등을 포함하여 당해 직무행위가 객관적 정당성(正當性)을 결여한 경우를 의미한다고 한다. 생각건대 불문법 수준에 미치지 못하는 사회질서나 공서양속에 위반하는 행위 즉 불법이 아니라 부당(不當)에 그치는 경우는 여기에 포함시키기 어려울 것이다. 즉 협의설이 타당하다.

② 행정규칙: 훈령 등 행정규칙이 여기서의 법령에 포함될 것인가는 행정규칙의 법규성 여부의 논의와 같은 맥락에서 이해되어야 한다. 요컨대 행정규칙은 법규성 및 대외적 효력이 인정되지 않는다 할 것이므로, 국가배상법상의 '법령' 개념에 포함되지 않는다.

(2) 법령에 위반의 의미(결과위법설과 행위위법설)

① 법령위반의 의미가 결과위법을 의미하는 것인지 행위위법을 의미하는 것인지 견해가 갈린다. '결과위법'이란 법규위반 뿐만 아니라 결과의 위법, 손해의 중대성도 고려해야 한다는 견해로 **'피해결과(권리를 침해하였는가)'**에 착안하여 위법성을 판단하는 견해이다. 법령의 범위에 관하여 광의설을 취하는 견해에서는 결과위법(結果違法)을 취하며, 결과를 정당화할 만한 다른 사유가 없는 한 국가배상책임을 인정한다. 결과위법설의 위법은 민사불법행위법상의 불법과 동일시하는 견해이다.

② 행위위법(行爲違法)이란 가해행위가 **'법규범과 합치하는가(법규범에 위반하였는가)'** 여부에 따라 위법성을 판단한다. 따라서 행위위법에서는 행정의 작용이 법규범에 적합하게 수행된 이상 타인의 권리침해가 있었더라도 위법이라고 할 수 없다고 한다. 이 견해에 따르면 국가배상법상 위법과 항고소송의 위법은 기본적으로 같은 의미를 지니게 된다. 최근에는 **직무행위 자체의 위법**뿐만 아니라 공무원의 **직무상의 일반적 손해방지의무**도 위법성의 판단기준이 된다는 소위 '광의의 행위위법설'도 있다. 이 의무는 조리상의 의무가 아니라 헌법상 인정된 국가의 기본권보장의무로부

터 도출되는 의무이다(헌법 제10조 후문: 제10조 모든 국민은 인간으로서의 존엄과 가치를 가지며, 행복을 추구할 권리를 가진다. **국가는 개인이 가지는 불가침의 기본적 인권을 확인하고 이를 보장할 의무를 진다**).

③ 사법관계에서는 사인간에는 권리침해가 허용되지 아니하므로 권리침해 즉 이익침해라는 결과는 곧 위법이라고 할 수 있다. 그러나 공행정작용은 법규범에의 적합여부가 가장 적합한 법적 평가기준이 되어야 한다. 같은 입장에서 판례도 종래에는 '공무원의 직무집행이 법령이 정한 요건과 절차에 따라 이루어진 것이라면 ... 그 과정에서 개인의 권리가 침해되는 일이 생긴다 해도 그 법령적합성이 부정되는 것은 아니다.(1997.7.25 대판 94다2480)'고 한 것과 같이 행위위법설을 취한 바 있다. 그러나 최근 판례는 구체적 사안에서 **행위 자체의 적법·위법뿐만 아니라** 피침해 이익의 종류 및 성질, 행정처분의 태양, 침해행위의 태양 등을 종합적으로 고려하여 '**객관적으로 정당성을 결여**'하였는지 여부를 판단해야 한다(2001다65236 대판 2003.12.11)고 하여 소위 '상대적 위법성설'을 취한 경우가 주류인 것 같다.

④ 이것과 관련하여 국가배상에서의 위법 개념과 항고소송에서의 위법개념의 범위가 같은가? 혹은 행정행위에 대한 취소소송에서 패소 후 국가배상을 제기한 경우 기판력은 미치는가? 등에 대한 논의가 있다. 먼저 종래 판례의 견해인 행위위법설을 취하는 경우 국가배상법상의 위법개념과 항고소송의 위법개념은 같다. 따라서 취소소송에서의 패소한 경우 그 기판력은 국가배상소송에서 전부 미친다. 그러나 최근 유력한 견해는 국가배상에서의 위법개념이 항고소송의 위법개념보다 넓기 때문에 기판력은 제한적으로 미친다고 한다(제한적 기판력 긍정설, 이 견해는 국가배상에서의 위법개념에 관하여는 '광의의 행위위법설'을 취한다). 이 견해에 따르면 취소소송에서 패소하더라도 기판력이 미치지 않아 국가배상소송에서 원고는 행정행위의 위법성을 주장할 수 있지만 국가배상소송에서 패소하고 취소소송을 제기하는 경우에는 기판력이 미치므로 행정행위의 위법성을 주장할 수 없다고 한다.

상기의 결과위법설이나 상대적위법성설을 취하는 경우에는 항고소송에서의 위법과 국가배상소송에서의 위법은 그 성질을 달리하므로 기판력은 부정하게 된다.

그런데 문제는 국가배상에서의 위법개념에 대한 견해와 국가배상과 취소소송에서의 위법개념의 이동(異同)에 대한 견해에서 논리적 일관성을 지켜야 한다는 점이다. 일부 교과서에서는 국가배상에서의 위법개념에서는 판례에 따라 상대적위법성설이 적당하다고 하면서, 국가배상과 취소소송에서의 위법개념의 이동(異同)에 관해서는 다시 '광의의 행위위법설'을 취한다. 이것은 논리의 모순이다.

(3) 부당한 재량처분

재량권의 행사가 일탈·남용된 경우에는 위법이 되나, 그 정도가 부당의 수준에 그치는 경우에는 위법성의 문제는 발생하지 않는다.

(4) 부작위와 위법

① 재량행위와 반사적 이익: 전통적으로 경찰법분야에서는 '경찰편의주의'가 지배하였으므로 경찰권의 발동은 원칙적으로 경찰의 재량에 맡겨진 것이고, 이로 인하여 국민이 받는 이익은 반사적 이익이라는 인식이 강하였다. 따라서 국민은 경찰권의 발동을 청구할 수 있는 권리는 없었고, 경찰권이 발동되지 않음으로 인하여 발생한 손해에 대해서도 국가배상을 청구할 수 없었다. 이러한 문제점을 해결하기 위하여 등장한 이론이 '재량권의 0으로의 수축이론'이다. 이에 의하면 공공의 안녕 질서에 대한 위해가 중대하며 급박한 경우에는 경찰권발동에 관한 경찰기관의 재량이 0으로 수축하고 경찰기관은 경찰권을 발동하여야 할 의무가 생긴다. 여기서 경찰권발동을 청구할 수 있는 국민의 권리가 바로 '행정개입청구권'이다. 또 국민이 경찰권발동을 청구하였음에도 불구하고 경찰기관의 부작위로 인하여 국민에게 손해를 발생케 한 경우에는 국가의 배상책임을 인정하게 된다(1974.7.26. 대판 74다3).

② 개괄적 손해방지의무: 조리에 의한 작위 의무, 즉 '법령에 근거가 없더라도' 공무원의 조리에 의한 개괄적 위험방지의무를 인정할 것인가에 대한 견해가 갈리고 있다. 판례는 국민의 생명·신체·재산 등을 보호하는 것을 본래적 사명으로 하는 국가가 초법적·일차적으로 그 위험배제에 나서지 않으면 국민의 생명·신체·재산 등을 보호할 수 없는 경우에는 형식적 의미의 법령에 근거가 없더라도 국가나 공무원에게 그러한 위험을 배제할 작위의무를 인정할 수 있다(1998.10.13 대판 98다18520)고 하였다. 이 견해가 타당하다.

(5) 공공의 이익과 위법성

공무원의 행위가 국민의 권리를 침해했더라도 그 목적이 공공의 이익을 위한 것이고, 진실하다는 증명이 있거나 그렇게 믿을 만한 사유가 있는 경우에는 위법성이 없다고 보아야 한다(예 ; 경찰관의 피의사실 공표로 피의자의 명예가 훼손된 경우). 형법 제126조에서는 「피의사실공표죄」라 하여 검찰, 경찰 등에 종사하는 자가 직무상 지득한 피의 사실을 공판 전에 공표하지 못하도록 하고 있다. 여기서 예로 들고 있는 것은 그럼에도 불구하고 공표의 내용이 공공의 이해에 관한 사항으로서 그 목적이 오직 공공의 이익을 위한 것인 때, 진실한 사실이라는 객관적 입증이 있으면 위법성이 없다는 의미이다. 물론 위법성이 조각되는 경우는 그리 흔하지 아니하다.

☆. 궁금합니다(2003. 4. OCU).

Q. 경찰관의 피의사실공표와 관련해 판례는 위법한 것으로 판단한 걸로 아는데 2주차 직무행위관련 피의사실공표는 위법성이 없는 걸로 보고 있는 것의 차이점은 무엇인지요?

A. 판례뿐만 아니라 형법 제126조에서는 [피의사실공표죄]라 하여 검찰, 경찰등에 종사하는 자가 직무상 지득한 피의 사실을 공판전에 공표하지 못하도록 하고 있습니다. 여기서 예로 들고 있는 것은 그럼에도 불구하고 공표의 내용이 공공의 이해에 관한 사항으로서 그 목적이 오직 공공의 이익을 위한 것인 때, 진실한 사실이라는 객관적 입증이 있으면 위법성이 없다는 의미입니다. 물론 실제로는 위법성이 조각되는 경우는 아주 드물 것입니다.

(6) 위법성의 입증책임

원고인 피해자에게 입증책임이 있으나, 위법성과 과실은 서로 불가분의 관계에 있으므로, 과실이 입증되면 위법성은 당연히 인정된다고 할 것이다.

(7) 처분의 공정력(처분에 대한 위법판단)과 국가배상책임

처분의 위법을 이유로 국가배상을 청구함에는 미리 행정행위의 취소판결을 얻어야 하는지(공정력)에 대하여 다툼이 있다. 미리 취소판결을 얻어야 한다는 견해는 공정력을 행정행위의 '적법성 추정력'으로 보는 견해이다. 이 견해에서는 국가배상의 수소법원인 민사법원은 당해 소송의 선결문제로서 행정행위의 위법성을 심사할 수 없으므로 미리 취소쟁송을 제기하여 취소판결을 받은 후에 국가배상소송을 제기할 수 있다고 한다(취소소송과 국가배상소송을 병합하여 제기할 수도 있다). 미리 취소판결을 얻을 필요 없다는 견해는 공정력을 행정행위의 '유효성 추정력'으로 보는 견해로 적법성의 문제에는 공정력이 미치지 않으므로 행위의 위법성 판단은 민사법원에서도 할 수 있다고 한다. 민사소송에서 배상청구사건을 심리하는 법원이 선결문제로서 그 행위의 위법성을 인정하는 것은 공정력에 반하지 않는다는 것이 판례 및 통설의 입장이다.

4) 타인에게 손해를 가하였을 것

(1) 손해

손해의 개념에 관해서는 민법의 일반이론에 따른다. 즉 재산적 손해, 비재산적손해, 적극적 손해, 소극적 손해를 가리지 아니한다. 공무원의 직무행위와 손해발생 사이에는 상당한 인과관계가 있어야 한다.

(2) 타인의 범위

국가 또는 지방자치단체와 당해 가해공무원을 제외한 모든 자를 말한다.

(3) 군인 등에 대한 특례(국가배상법 제2조 제1항의 단서)

① 군인, 군무원, 경찰, 향토예비군에 등이 전투·훈련 기타 직무수행과 관련하여 전사·순직·공상 등의 손해를 입은 경우,[2] 국가배상의 요건이 갖추어지더라도 본인 또는 유족이 국가유공자등예우및지원에관한법률 등 다른 법령에 의해 재해보상금(병역법, 향군설치법, 민방위기본법 등), 유족연금(국가유공자예우및지원등에관한 법률, 군인연금법 등), 상이연금 등의 보상을 받을 수 있음을 전제로 하여 국가배상법과 민법에 의한 배상청구를 배제하는 특례를 두고 있다. 이러한 이중배상 금지 규정은 헌법상 근거 없이 국가배상법에만 규정되어 위헌 판결이 내려진 바 있으나(대판 1971.6.22, 70다1010), 제4공화국 헌법 이후에는 헌법에 규정을 두어 위헌시비를 막고 있다(근거: 헌법 제29조 2항). 또 헌법재판소는 평등원칙 위반의 문제와 관련하여 국가배상법 제2조 제1항의 단서는 위헌이 아니라고 판시한 바 있으나(헌재 1995.12.28. 95헌바3), 군인 등에 대해 국가배상권을 제한하는 것은 평등원칙에

---

2) 종전에는 "국방 또는 치안 목적상 사용하는 시설이나 자동차 등 운반기구 안에서 전사, 순직, 공상을 입은 경우에도" 국가배상이 제한되었으나, 2005.7.13. 국가배상법 개정으로 이 부분은 삭제되었다.

위배될 수 있으므로 가능한 이 규정을 엄격히 해석하여 가능한 한 배상청구권의 인정범위를 확대하도록 노력하여야 한다.

② 공무원이 민간인과 공동불법행위로 군인 등에게 손해를 입힌 경우, 피해 군인 등은 민간인에게 배상청구를 하는 것이 가능한데, 손해 전액을 배상한 민간인이 국가가 배상할 부분에 대하여 국가에게 구상권을 행사할 수 있는가가 문제된다.

※ 국가배상책임의 범위를 확대하는 경향- 공무원범위확대, 외형설, 추상적 과실의 인정, 일응추정원리, 과실과 위법일원론 기타

2. 배상책임의 효과

1) 배상책임자

(1) 국가 또는 지방자치단체

국가배상법은 국가 또는 지방자치단체로 한정하고 공공조합, 영조물법인 등 공공단체의 경우에는 민법상 불법행위책임에 따른다.

(2) 공무원의 선임·감독자와 비용부담자가 다른 경우

위법행위를 행한 공무원의 '선임·감독을 맡은 자'와 '봉급·급여 기타 비용을 부담하는 자'가 다른 경우, 예컨대 지방공무원이 국가사무를 처리하는 경우에는 피해자는 양자 중 선택하여 손해배상을 청구할 수 있으며, 최종책임자는 일반적으로는 선임·감독자라고 보지만 비용부담자라는 견해도 있다. 전자는 책임의 원리에 근거를 둔 것이고, 후자는 손해배상도 비용이라는 견해이다.

2) 배상액

(1) 배상기준

헌법이 정한 '정당한 배상'을 하여야 하며, 가해행위와 상당인과관계 있는 손해액 전액을 배상하여야 한다. 손해에는 인적·물적 손해가 모두 포함된다. 또 이 기준에 따라 배상심의회에서 배상금을 심의·결정한다.

생명·신체의 침해로 인한 유족배상·장해배상 및 장래에 필요한 요양비 등을 일시에 청구하는 경우에는 단할인법(Hoffmann식)에 의해 중간이자를 공제한다. 종전

에는 복할인법(Leibniz식)에 의해 중간이자를 공제하였으나, 1997년 국가배상법 개정에서 민법(民法)상의 불법행위로 인한 손해배상액 산정에서와 마찬가지로 단할인법에 의한 중간이자공제방식으로 일치시켰다.

(2) 배상기준의 의미

기준액을 정한 것이라는 설과 상한액을 정한 것이라는 설이 있다. '정당한 배상'이라는 헌법적 취지로 볼 때, 또 상한액으로 할 경우 민사상 손해배상액보다 적어질 수 있으므로, 기준액설이 타당하다(판례, 다수설).

3) 배상청구권의 양도 · 압류금지

국가배상청구권 중에서 **생명 · 신체에 대한 배상청구권**은 양도 · 압류하지 못한다. 재산에 대한 배상청구권은 양도 · 압류할 수 있다.

배상청구권은 재산권이므로 법적 성질상은 양도 압류가 가능할 수 있으나, 유족이나 피해자 보호의 사회보장적 견지에서 특히 금지한 것이다.

4) 배상청구권시효소멸

국가배상법에 특별한 규정이 없으므로, 민법의 규정에 의하여 피해자나 법정대리인이 손해 및 가해자를 안 날로부터 3년이 지나면 시효로서 소멸한다. 배상심의회에 대한 배상금 지급신청은 시효중단사유가 되며, 그 결정이 있으면 다시 시효기간이 진행한다.

3. 손해배상책임의 성질

1) 대위책임설

이 견해는 '위법한 행위는 국가의 품위를 떨어뜨리는 행위'라는 견지에서 위법한 행위는 국가의 행위가 아니며 따라서 국가의 책임이 발생하지 않는다고 한다. 다만 피해자를 보호하기 위해 '국가가 대신하여 책임을 져 주는 것일 뿐'이라고 한다.

여기서의 책임은 가해공무원의 책임을 국가가 갈음하여 지는 책임으로, 공무원의 선임 · 감독자로서의 책임이 아니다. 이 견해는 '법인의제설'을 배경으로 한다. 이것은 독일 책임법의 영향을 받은 것이다. 이 견해는 기본적으로 국가는 책임이 없다는 입장에 있어 실질적 법치주의원리와 부합하지 않는다는 비판을 받는다. 이 견해에 따르면 가해 공무원의 책임을 '국가가 대신 져주는 것'이므로 선택적 청구권이 발생하지 않고, 국가가 배상한 경우 가해 공무원에 대해 내부적으로 구상권은 행사할 수 있다(종래 行政法學界의 通說).

이 견해는 고의·중과실의 경우에는 설명에 문제가 없으나, 경과실인 경우에도 구상권을 행사할 수 있어 공무원이 복지부동(伏地不動)하게 되는 결과를 낳을 수 있다.

* 선택적 청구권이 발생하기 위해서는 '책임을 질 자가 둘 이상'이어야 한다.
* 구상권이 발생하기 위해서는 일방이 '대신 책임을 져'주어야 한다.

2) 자기책임설(위험책임설 입장)

공무원은 국가의 기관이므로 공무원의 행위에 대해 국가 등이 직접 책임을 진다는 견해이다. 여기서는 국가기관이 한 행위이므로 일단 국가의 책임(국가배상책임)이 발생하며, 이와는 별도로 가해 공무원의 개인적 책임(민사상 손해배상책임)도 발생한다.

이 견해는 '법인실재설'을 배경으로 한다. 이것은 프랑스 책임법의 영향을 받은 것이다. 이 견해에 따르면 국가의 기관책임 외에 개인의 책임도 발생하므로 선택적 청구권이 발생하고, 국가의 책임과 가해 공무원 개인의 책임은 각각 별개의 것이므로, 국가가 지는 기관책임에 관하여 구상권은 발생하지 않는다.

이 견해에서는 국가가 직접 책임을 진다는 점에서는 긍정적이지만 가해 공무원의 고의·중과실에 의한 행위를 한 경우에도 가해 공무원을 책임에서 배제시키게 된다는 단점이 있다(종래 憲法學界의 通說).

3) 중간설

고의·중과실에 의한 행위는 위법성이 중하여 국가 등의 기관행위로 볼 수 없으므로 대위책임이지만, 경과실에 의한 행위는 기관행위로 볼 수 있으므로 자기책임이라고 한다. 현행 국가배상법이 고의·중과실인 경우에만 구상권을 인정하고 있는 점을 논거로 한다. 이 견해에 따르면 고의·중과실에 의한 행위는 선택적 청구권은 부인되나 구상권은 발생하며, 경과실에 의한 행위는 선택적 청구권은 인정되나 구상권은 발생하지 않는다.

4) 절충설

고의·중과실에 의한 위법행위는 국가의 기관행위로 볼 수 없지만 직무행위의 외형을 갖추고 있는 한, 피해자 구제를 위하여 자기책임으로 하고(선택적 청구인정), 대내적으로는 대위책임의 경우와 마찬가지로 가해 공무원에 대해서 구상권을 인정하자는 견해이다. 경과실에 의한 위법행위는 선택적 청구와 구상권 모두를 부인한다.

5) 결어

논리적으로는 중간설이 가장 정연해 보인다. 그런데 현행 국가배상법의 규정태도를 보면, 과실책임주의를 취함과 동시에 국가 등의 구상권을 인정하고 있어, 대위책임설에 입각하고 있는 것으로 보이는 점이 있다. 하지만 대위책임설은 기본적으로 국가 스스로의 책임을 부인하는 것이어서 취하기 어렵다. 또 대위책임설에 따르면 구상권을 행사할 수 있어 경과실인 경우에도 가해 공무원에게 구상권을 행사하게 된다면 공무원은 소신 있는 행정을 펴 나가기 어렵다. 생각건대 현행 국가배상법의 해석으로는 절충설이 가장 적절한 것으로 생각된다. 절충설은 고의·중과실에 의한 위법행위의 경우 피해자 구제에 만전을 기하기 위하여 선택적 청구권을 인정하고, 또 대내적으로는 책임추궁을 할 수 있도록 하는 구상권을 인정함으로써 합리성을 갖추었다고 생각된다. 또 판례도 종래에는 대위책임설을 취하고 있다고 판단되었으나, 최근에는 절충설을 취하고 있다고 판단된다.

〈국가배상책임에 관한 견해와 선택적 청구 및 구상권과의 관계〉[3)]

비 고	대위책임설	자기책임설	중간설	절충설(判例)
책임의 성질	책임의 성질은 공무원 개인책임이나 국가가 대신하여 책임을 진다. (공무원이 자력이 없어 국가가 대신 책임을 진다는 개념)	공무원은 국가의 기관이므로 국가가 책임(기관책임)을 지는 것이며, 이와는 별도로 공무원의 개인책임이 성립한다. 따라서 양자는 서로 별개의 책임이다.	• 고의·중과실: 위법성이 중하여 국가기관으로서의 책임이 될 수 없다: 대위책임 • 경과실: 국가기관으로서의 책임- 자기책임	• 고의·중과실: 선택적청구에 관해서는 자기책임, 구상권에 관해서는 대위책임으로 양자를 모두 긍정 • 경과실: 선택적청구와 구상권을 모두 부정
선택적 청구	부정	긍정	• 고의·중과실:부정 • 경과실: 긍정	• 고의·중과실:긍정 • 경과실: 부정
구상권 행사	긍정	부정	• 고의·중과실:긍정 • 경과실: 부정	• 고의·중과실:긍정 • 경과실: 부정

4. 구상권

1) 공무원에 대한 구상

공무원의 직무상 불법행위에 대하여 국가·지방자치단체가 책임을 진 경우 그것이 공무원의 고의·중과실로 인한 것인 때에는 국가 등은 해당공무원에 구상권을 가진다.

2) 공무원의 선임·감독자와 비용부담자가 다른 경우의 구상

양쪽 모두 배상책임을 지므로 누구에게도 청구할 수 있고, 어느 한쪽이 배상한 때에는 내부관계에서 궁극적으로 책임이 있는 자에게 구상할 수 있다.

3) 가해 공무원에 대한 직접 청구의 문제(선택적 청구 가능성)

피해자가 국가에 배상청구하지 않고 가해 공무원에게 직접 청구할 수 있는가? 여기에는 부정설, 긍정설과 절충설이 있다. 종래의 통설은 피해자가 직접 가해 공무원에게 청구할 수는 없다고 한다(부정설= 선택적 청구 부정). 헌법 제29조 제1항 단서의 '이 경우 공무원 자신의 책임은 면제되지 않는다'라는 뜻은 국가 등의 구상에

3) 장태주, 행정법개론, p. 579에서 부분 인용

응할 책임이라고 한다. 이 견해에서는 ① 국가가 배상하면 그것으로 충분하다 ② 경과실인 경우에도 직접 배상책임을 부담하게 되어 고의·중과실인 경우에만 구상권을 인정하는 것과 균형이 맞지 아니 한다 ③ 공무원의 사기가 위축될 수 있다 등을 논거로 한다.

그러나 판례의 입장에는 경과실의 경우에는 직접 청구할 수 없으나, 고의·중과실의 경우에는 공무원에 대한 직접 청구를 긍정한다.

※ 여기서 공무원에 대한 직접 청구는 민사소송에 의한 손해배상책임을 의미한다.

5. 손배배상의 청구절차

1) 임의적 결정전치주의

국가배상의 청구절차는 행정기관인 배상심의회에 의한 것과 법원에 의한 것이 있는데, 종전에는 강제적 결정전치주의로 심의를 거치지 아니하면 소송을 할 수 없었으나, 2000. 12. 29. 국가배상법 개정으로 임의적 결정전치주의로 바뀌었다.

2) 배상심의회에 의한 배상결정신청제도

(1) 제도의 존재이유

행정심판과 마찬가지로 국가배상에 대한 분쟁을 미리 해결하고, 비용·시간 등을 절약하며, 배상사무의 편의를 위하여 인정된 제도이다.

(2) 국가배상심의회

국가배상심의회는 국가 또는 지방자치단체의 배상결정을 심의하고 결정한다. 이 심의회는 단순한 심의기관에 그치지 아니하고 국가배상에 관한 분쟁을 결정하는 준사법적 권한을 행정위원회에 해당하는 합의제 행정기관이다. 국가배상심의회의 종류로는 상급심의회인 본부심의회 및 특별심의회와 하급심의회인 지구심의회가 있다. 본부심의회는 법무부에, 특별심의회(군인·군무원이 타인에게 가한 손해의 배상을 결정)는 국방부에 두며, 이들 각각의 소속하에 지구심의회가 있다. 각 심의회에는 위원장을 두어 심의회의 업무를 통할하고 심의회를 대표하도록 하고 있다(국가배상법 제10조 제4항). 각 심의회는 법무부장관의 지휘를 받으며, 각 심의회 설치 및 관할·구성·운영 기타 필요한 사항은 동법 시행령으로 정하도록 하고 있다(제10조 제2항, 제3항, 제5항). 각 지구심의회는 모든 배상신청사건을 심의·결정하며, 본부심의회와 특별심의회는 지구심의회로부터 송부받은 사건만을 관할한다. 지구심의회에서 본부심의회나 특별심의회에 송부하는 사건은 배상금의 개산액이 대통령령이 정하는 가액이상인 사건(5천만 원 이상인 사건)과 기타 대통령령이 정하는 사건(피해자가 직업선수, 예능인, 임기의 정함이 있는 자 기타 월평균 실수액이 일용근로자에게 통상 인정되는 취업가능기간의 전기간에 걸쳐 계속된다고 인정되지 아니하는 자의 사건으로서 지구심의회가 본부심의회 또는 특별심의회에서 결정함이 타당하다고 인정한 사건)이다.

⑶ 심의와 결정절차

지구심의회가 배상신청을 받은 때에는 지체 없이 증인신문·감정·검증등 증거조사를 한 후 그 심의를 거쳐 4주일 이내에 배상금지급·기각 또는 각하의 결정을 하여야 한다(제13조 제1항). 지구심의회는 긴급한 사유가 있다고 인정할 때에는 장례비·요양비 및 수리비의 일부를 사전에 지급하도록 결정할 수 있다. 또 지구심의회의 회의를 소집할 시간적 여유가 없거나 기타 부득이한 사유가 있을 때에는 지구심의회의 위원장은 직권으로 사전지급을 결정할 수 있으며, 이 경우 위원장은 지구심의회에 그 사실을 보고하고 추인을 받아야 한다(제13조 제4항). 심의회는 배상결정을 한 때에는 그 결정이 있은 날로부터 1주일 이내에 그 결정정본을 신청인에게 송달하여야 한다. 배상결정에 대해 신청인과 가해자 측인 국가 등이 모두 동의함으로써 결정은 효력을 발하게 된다.

배상결정을 받은 신청인은 지체 없이 그 결정에 대한 동의서를 첨부하여 국가 또는 지방자치단체에 대하여 배상금지급을 청구하여야 한다. 그러나 배상결정을 받은 신청인이 배상금지급의 청구를 하지 아니하거나 지방자치단체가 대통령령이 정하는 기간 내에 배상금을 지급하지 아니한 때에는 그 결정에 동의하지 아니한 것으로 본다(같은 법 15조).

또 지구심의회에서 배상신청이 기각 또는 각하된 신청인은 결정정본이 송달된 날로부터 2주일 이내에 당해 심의회를 거쳐 본부심의회 또는 특별심의회에 재심을 신청할 수 있으며, 재심신청을 받은 지구심의회는 1주일 이내에 배상신청기록 일체를 본부심의회 또는 특별심의회에 송부하여야 한다. 재심신청을 받은 본부심의회 또는 특별심의회는 이 신청에 대하여 심의를 거쳐 4주일 이내에 다시 배상결정을 하여야 한다. 또, 배상신청을 각하한 지구심의회의 결정이 법령에 위반되는 경우 본부심의회 또는 특별심의회는 사건을 당해 지구심의회에 환송할 수 있다.

결국 신청 후 적어도 10주 이내에 배상금 지급이 결정되므로 소송에 비해 신속하고 간단한 방법으로 배상을 받을 수 있다.

(3) 결정의 효력

종전 국가배상법에서는 배상금이 지급된 때에는 민소법에 의한 재판상 화해가 이루어진 것으로 보았으나(국가배상법 제16조-삭제), 배상심의회의 심의는 중재·조정절차와는 달리 제3자성 내지 독립성이 희박하고, 배상결정액이 법원의 결정액을 하회(下廻)하는 경우가 많으며, 신청인을 재판청구권을 과도하게 제한하는 것이라 하여 위헌결정이 내려져 그 효력이 상실되었다. 따라서 배상심의회의 결정에 따라 배상금을 수령한 후에도 다시 소송을 통하여 배상금의 증액을 청구할 수 있게 되었다.

3) 소송에 의한 배상 청구

① 이론상 당사자소송으로 하여야 하나, 실무에서는 민사소송절차에 의한다. 국가가 피고인 경우 법무부장관이, 지방자치단체가 피고인 경우 지방자치단체장이 대표하여 소송을 수행한다.

② 공무원의 행정행위의 위법을 이유로 국가배상을 청구하는 경우 먼저 행정행위의 취소 결정을 얻지 않고도 배상청구를 할 수 있다(공정력이 미치지 아니한다).

③ 행정행위의 취소소송에서 행정행위의 위법함이 인정되어 행정행위가 취소된 후 당해 행정행위가 위법함을 이유로 손해배상청구소송이 제기된 경우에는 취소소송의 피고행정청이 속하는 국가 또는 지방자치단체는 취소판결의 기판력에 의하여 행정행위의 적법성을 주장할 수 있는가에 대해서는 견해가 대립된다. 행위위법설을 취하는 경우 동일 행위의 법규 위반이 문제가 되는 경우, 취소소송에서의 위법과 국가배상소송에서의 위법은 같다고 해야 할 것이므로, 취소소송에서 패소한 원고가 국가배상소송을 제기하는 경우에도 행정행위의 적법성이 번복되지는 않는다.

그러나 최근에는 취소소송에서의 위법보다는 국가배상청구소송에서의 위법이 더 넓은 개념이라는 이유도 취소소송에서 패소한 원고가 국가배상청구수송을 제기하여 행정행위의 위법성을 주장할 수 있다는 견해(광의의 행위위법설이 여기에 속함)가 유력하다.

제 3 항 영조물의 설치 · 관리의 하자로 인한 손해배상

도로 · 하천 기타 공공의 영조물의 설치 · 관리의 하자로 인하여 타인에게 손해를 끼친 경우 국가 · 지방자치단체는 그 손해를 배상해야 한다(국배법 제5조 1항 전단).

1. 배상책임의 성질

국가배상법 제2조의 책임과는 달리, 과실을 배상책임의 요건으로 하지 않는다(무과실책임주의: 손해방지를 위한 주의 유무를 불문함). 그러나 프랑스의 위험책임 개념과는 달리 하자의 존재는 필요로 하므로 엄격한 의미의 무과실책임이라고는 할 수 없다.

1) 민법 제758조와의 비교

국가배상법 제5조 책임은 민법 제758조의 공작물 책임과 유사하나, 대상이 공작물에 한정되지 아니하고, 민법은 공작물 소유자에 대해서는 절대적 책임을, 점유자에 대해서는 손해방지에 필요한 주의를 해태하지 아니한 경우에는 면책사유를 인정하고 있는데 대하여, 국가배상법은 점유자인 경우에도 면책사유를 인정하지 않는다. 즉 국가 등이 관리자인 이상 타유공물(他有公物)에 대해서도 항상 배상책임이 있다.

2) 무과실책임

공공의 영조물의 설치 또는 관리에 흠이 있다고 하는 객관적 사실에 의하여 발생하는 것이므로 설치 또는 관리를 담당한 공무원의 고의 · 과실을 묻지 아니하고 책임을 지는 무과실책임이다. 다만 프랑스의 위험책임과는 달리 하자(瑕疵)의 존재는 필요로 하므로 엄격한 의미의 무과실책임이라고는 할 수 없다. 이 배상책임은 과실책임을 요구하는 않으므로 실제로는 공공의 영조물에 대한 국가 등의 설치, 관리상의 하자를 묻는 것이라기보다는 영조물의 이용자가 우연히 받은 손해를 국민(주민)

전체가 연대하여 전보한다는 사회보장적 색체가 강하다. 따라서 이것을 '불법행위의 형식을 취한 사회보장'이라고 표현하기도 한다.[4]

2. 배상책임의 요건

이 배상책임의 요건은 ① 도로・하천 기타 공공의 영조물일 것 ② 이것의 설치 또는 관리에 흠이 있을 것 ③ 타인에게 손해를 발생하게 하였을 것 등이다.

1) 공공의 영조물

공공의 영조물이란 공공의 목적에 공용되는 '유체물' 및 '관리할 수 있는 자연력'인 공물(公物)을 말한다. 종래에는 공물이라 하며 유체물에 한정하였으나, 최근에는 관리할 수 있는 자연력도 공물개념에 포함시키는 견해가 유력하다. 또 공물은 '공적 목적'에 제공된 물건을 의미하는 것이므로 소유권 개념과는 구분된다. 따라서 개인이 소유하는 물건이라도 공물이 될 수 있으며(예컨대 개인이 보유하는 국보(國寶)-보존공물), 국유재산이라도 공적 목적에 사용되지 않는 잡종재산[5]은 공물이 아니다. 국가가 등이 소유하는 공물을 자유공물(自有公物)이라고 하고, 국가 등이 소유하고 있지 않으나 공물로서 관리하는 공물을 타유공물(他有公物)이라고 한다.

국가 등이 소유하는 유체물이라도 공공의 목적에 사용되지 않는 잡종재산(雜種財產)과 같은 국・공유사물(國・公有私物)에 의해 손해가 발생한 경우 국가배상법이 아니라 민법 제758조(공작물 등의 점유자, 소유자 책임)에 의한 배상책임을 지게 된다. 또 '영조물'은 민법 제758조에 의한 '공작물'보다 넓은 개념이다.

---

4) 박윤흔, 행정법강의(상), p. 726

5) 잡종재산은 매각할 수도 있고, 대여할 수도 있다. 잡종재산을 대여하는 경우 이것은 사법상계약관계에 해당한다. 그렇다면 국유재산법 제24조는 공법상의 사용인가, 사법상 계약에 의한 사용인가? 국유재산법 제24조는 "행정재산은 그 용도 또는 목적에 장애가 되지 않는 범위 안에서 그 사용 또는 수익을 허가할 수 있다."라고 하고 있다. 그런데, 이 국유재산 사용허가의 성질이 과연 허가인가, 사법상계약인가가 논의된다. 허가사용의 전형은 예컨대, 교통에 위해가 발생될 경우 경찰기관이 도로를 폐쇄하고 개별적 허가로서 사용하게 하는 경우이다. 그런데, 국유재산의 사용허가는 공권력이 사인보다 우월한 지위에서 공권력을 발동하는 경우로 볼 수 없고, 양당사자가 대등한 지위에서 맺는 계약이라 할 수 있으며, 따라서 위의 경찰의 도로사용허가와 관청 청사의 구내매점사용허가를 같이 볼 수 없다고 할 수 있다. 이와 같이 본질적으로 대등성을 가진다는 점에서 사법상계약설은 의미가 있으나, 다수설은 국유재산법이 사용료를 징수한다는 규정을 두는 점(동법 제25조), 허가나 철회등 공법적 용어를 쓰는 점, 사용료체납의 경우 강제징수규정을 준용하는 점 등을 고려해 공법상의 허가사용의 한 경우로 보고 있다.

※ 공공의 영조물은 국가 또는 지방자치단체가 권한에 기하여 관리하고 있는 경우뿐만 아니라 사실상의 관리를 하고 있는 경우도 포함한다(대판 1995.1.24. 94다45302).

□ 이렇게 생각해 봅시다.

▶ **국유재산과 공물**

국가가 소유하는 재산을 국유재산, 지방자치단체가 소유하는 재산을 공유재산이라고 한다. 그런데 국공유재산이 모두 공물인 것은 아니다. '국유 혹은 공유'라 함은 소유의 개념이며, '공물'이냐 '사물'이냐 하는 것은 용도의 개념이기 때문이다. 그런데 국유재산 중에 잡종재산은 공적인 용도가 있는 물건 즉 공물이 아니기 때문에 사법상 거래의 대상이 된다. 따라서 잡종재산은 매각할 수도 있고, 대여할 수도 있다. 잡종재산을 대여하는 경우 이것은 사법상 계약관계(대여계약)에 해당한다. 그렇다면 국유재산법 제24조는 공법상의 사용인가, 사법상 계약에 의한 사용인가? 국유재산법 제24조는 "행정재산은 그 용도 또는 목적에 장애가 되지 않는 범위 안에서 그 사용 또는 수익을 허가할 수 있다."라고 하고 있다. 그런데, 이 국유재산 사용허가의 성질이 과연 허가인가, 사법상계약인가가 논의된다. 허가사용의 전형은 예컨대, 교통에 위해가 발생될 경우 경찰기관이 도로를 폐쇄하고 개별적 허가로서 사용하게 하는 경우이다. 그런데, 국유재산의 사용허가는 공권력이 사인보다 우월한 지위에서 공권력을 발동하는 경우로 볼 수 없고, 양당사자가 대등한 지위에서 맺는 계약이라 할 수 있으며, 이런 점에서는 위의 경찰의 도로사용허가와 관청 청사의 구내매점사용허가를 같이 볼 수 있을 것이다. 이와 같이 본질적으로 대등성을 가진다는 점에서 사법상계약설은 의미가 있으나, 다수설은 국유재산법이 사용료를 징수한다는 규정을 두는 점(동법 제25조), 허가나 철회등 공법적 용어를 쓰는 점, 사용료체납의 경우 강제징수규정을 준용하는 점 등을 고려해 공법상의 허가사용의 한 경우로 보고 있다.

국유재산법은 국유재산의 종류를 행정재산, 보존재산, 잡종재산으로 구분하고, 행정재산은 다시 공용재산, 공공용재산, 기업용재산으로 나누고 있다. 기업용재산이란 '정부기업이 직접 그 사무용·사업용 또는 당해 기업에 조사는 직원의 주거용으로 사용하거나 사용하기로 결정한 재산'을 의미하므로 공물에 속한다. 따라서 국유재산 중 잡종재산을 제외한 것은 모두 공물에 해당한다.

(1) 공공의 목적에 사용되는 유체물

공공의 목적에 사용되는 유체물로는 다음과 같은 것들이 있다.

① 공공용물: 일반 공중의 자유로운 사용에 제공되는 재산을 말한다. 예; 도로,

하천, 공원 등

② 공용물: 국가, 지방자치단체, 공기업 등 행정주체 자신의 사용에 제공되는 재산을 말한다(예; 관청청사, 관용차, 항공기, 업무용책상, 경찰견, 복사기 등).

③ 보존공물: 문화재 등

④ 공물은 성립과정에 따라 인공공물(예; 도로, 상·하수도, 제방, 청사, 병원 등), 자연공물(예; 하천, 해변, 호수 등)로 나누기도 하고 기타 동산(자동차, 항공기, 총기), 동물(경찰견) 등도 공물의 예이다.

또 다른 분류로서 하천, 해면, 호소, 산 등과 같은 자연공물과 도로, 공원, 운하 등과 같은 인공공물도 여기에 포함된다.

돌발퀴즈 Q. 고속도로 상에 화물차에서 떨어진 상자가 오랜 시간 방치되어 자동차 사고가 발생한 경우 국가배상책임이 성립할 것인가?

A. 판례의 입장이 확립된 것은 아니나, 판례를 분석컨대, 도로의 설치에 관해서는 국가배상책임을 적용하고 있고(2002.8.23. 대판 2002다9158),[6] 도로의 관리에 관련해서는 민사상의 손해배상책임을 적용하고 있는 것(1996.10.11. 대판 95다56552)[7]을 알 수 있다. 후자의 경우 고속도로가 공물이긴 하나 고속도로의 관리주체가 한국도로공사(공공단체)이므로 국가배상법에 의한 손해배상이 아니라 민법에 의한 손해배상 책임을 지는 것이다.

(2) 강학상의 영조물과 공물

영조물을 공공시설이라고 표현하기도 하는데 이것은 정확한 표현이 아니다. 강학상 영조물이란 인적·물적 결합체로서의 공공시설을 말하고, 공물은 공공의 목적에 사용되는 개개의 유체물을 말하는데 여기서 영조물은 공물(개개의 유체물)을 말한다. 따라서 공공의 영조물이라는 표현은 정확하지 않다.

6) 고속도로가 굴곡이 심하게 건설되어 사고가 발생한 경우로서 국가배상법이 적용되었으나, 재판부는 국가배상책임을 인정하지는 않았다.

7) 고속도로의 추월선에 각목이 방치되어 사고의 원인이 된 경우이다.

2) 설치 또는 관리상의 하자

(1) 의의

설치 또는 관리상의 하자란 영조물 자체가 '**통상적으로 갖추어야 할 안전성**'을 결하고 있는 상태 즉 '물적(物的) 결함'(缺陷)상태에 있는 것을 의미한다. 이 안전성의 결여가 설치단계의 것이든, 관리단계의 것이든 묻지 않는다. 또 통상적으로 갖추어야 할 안전성이 기준이 되므로 예측할 수 없는 재난으로 인한 피해는 설치, 관리상의 하자로 인한 피해로 보지 않는다고 할 것이다. 또 설치 또는 관리상의 하자가 있을 것으로 족하며, 설치 관리자의 안전관리의무 위반이 있을 것을 요하지는 않는다(객관설).

이에 대하여 설치, 관리상의 주의의무위반 즉 '**안전관리의무**'가 하자의 요소라고 하는 견해도 있다(주관설). 이 견해에서는 설치·관리의 흠이라고 한다면 전적으로 물적 결함상태만 볼 것이 아니라, 관리자에게 손해발생의 예측가능성과 회피가능성이 있었음에도 불구하고 공물의 안전확보의무를 위반하여 물적 결함이 생긴 것인지 판단하여야 한다고 한다. 즉 관리할 수 없는 상황이었다면 책임을 물을 수 없다는 입장이다. 예를 들어 적설로 도로에서 자동차 미끄럼 사고가 발생한 경우에도 노면동결의 위험은 즉시 제거될 수 있는 것이 아니므로 '장시간' 방치된 것이 아니라면 관리하자를 인정하기 어렵다고 한다.

또, 영조물의 물적 결함에 더하여 공물관리자의 안전관리의무를 추가시키는 견해(절충설)도 있다. 객관설이 종래 통설이며, 판례의 주류적 견해였으나 최근 주관설을 취하는 견해와 판례도 많아지기고 있다. 생각건대 객관설이 타당하다고 판단된다. 제2조에서는 '고의 또는 과실'을 명문의 요건으로 하고 있고, 제5조에서는 이런 표현이 없음에도 불구하고 과실책임에 가깝게 해석하는 것은 타당하지 않다. 또 피해 구제의 측면에서도 주관설을 취하는 경우 구제가 어려운 경우도 있을 수 있다. 위 도로 미끄럼 사건에서도 안전조치를 취할 수 있는 시간이 지난 후에 발생한 사고에는 국가책임을 인정하고, 그 이전에 발생한 사고에 대해서는 국가책임을 부인한다는 것은 형평성에 맞지 않으며, 과연 어느 시점이 안전조치가 가능한 시점인지도 확정하기 어렵다. 국가배상법 제2조가 과실책임주의에 의한 인적책임(人的 責

任), 제5조가 무과실책임에 의한 물적 책임(物的 責任)을 규정한 것이라고 생각되며 따라서 객관설이 타당하다. 따라서 공무원의 위법한 직무행위로 인한 책임이 위법・과실책임인데 비해, 영조물의 설치 또는 관리상의 하자로 인한 책임은 위법・무과실책임이다.

(2) 객관적 하자 없이 피해가 발생한 경우

예컨대 도로 자체에는 결함이 전혀 없는데, 농무, 낙뢰등 자연현상에 의해 도로상 사고가 발생한 경우에는 객관설을 취할 경우 피해가 발생했음에도 국가배상법 제5조에 의한 손해배상 책임을 묻기 어렵게 된다. 이 경우에는 ① 관리자의 부작위에 대하여 관리의무위반으로 손해배상책임(국배법 제2조)을 묻는 방법과 ② 물적 결함 상태와는 별도로 공물관리자의 관리행위의 과오를 영조물 관리상의 하자로 파악하여 권리를 구제하는 방법이 있다(소위 절충설). 이것은 일본에서 취하는 견해인데, 공물에 관하여 손해가 발생하면 물적 결함에 의한 것이거나, 관리자의 관리행위의 과오에 의한 것이거나 모두 국가배상법 제5조에 의해 해결할 수 있다.

(3) 하자의 일응추정의 원리

영조물의 관리 또는 하자의 입증책임은 원고가 지는 것이 원칙이나, 그 입증이 매우 어려운 경우가 많다. 따라서 사고가 발생하면 하자의 존재가 추정되고, 국가등이 영조물관리자로서 하자 없었음을 입증하지 않는 한 배상책임을 져야 한다는 이론이 일응추정(一應推定)의 원리이다. 일응추정의 원리는 입증책임에서는 간접반증(間接反證)의 원리를 채용하게 된다. 예컨대 공무를 수행중인 관용차가 인도에 올라와 있고, 이 자동차에 사람이 치었다고 하자. 그렇다면 이 자동차에 의해 사람이 치었다고 일응추정된다. 그러나 실제로는 이 관용차도 다른 덤프트럭에 받쳐 인도로 밀려오게 되었다면, 관용차 운전자는 그것을 반증함으로써 일응추정에서 벗어날 수 있다.

3) 손해의 발생

하자와 손해 사이에 인과관계가 존재하여야 한다. 또 인과관계가 있는 한 자연현상, 제3자의 행위가 가세되었더라도 배상책임이 성립한다. 다만 불가항력적 사유에는 배상책임이 생기지 않다.

4) 면책사유

(1) 불가항력

예컨대 태풍으로 인하여 하천수해가 발생한 경우에 하천의 계획고수량이 적정한 것이었고, 그 기준에 따라 제방도 축조된 것이라면 손해발생은 불가항력에 의한 것으로 국가는 배상책임을 지지 않는다.

(2) 예산부족

예산부족이 면책사유가 될 수는 없다(판례 66다1723). 그러나 자연공물의 유지관리에 막대한 예산이 드는 경우에는 그렇지 않다는 견해도 있다.[8] 다만 예산이 사회통념상 기대할 수 없는 다액을 요하는 경우에는 참작사유는 될 수 있다.

5) 국가배상법 제2조와 제5조의 경합

자동차의 기계적 흠과 운전자의 과실이 경합하여 사람을 사상케 한 경우가 여기에 속한다. 이 경우 양 조가 경합하므로 어느 규정에 의해서도 배상을 청구할 수 있다.

6) 영조물의 하자와 제3자의 행위와의 경합

영조물의 하자가 제3자의 행위와 경합하여 손해를 발생시킨 경우 영조물 관리주체와 제3자는 부진정연대책임을 진다. 또한 영조물의 하자가 피해자의 행위와 경합한 경우에는 피해자의 행위로 인해 확대된 손해의 범위에서 영조물 관리주체의 책임이 경감된다.

3. 배상의 범위

하자와 인과관계 있는 모든 손해가 배상의 범위가 된다. 이 경우 배상액의 산정에 있어서는 공무원의 직무행위로 이난 손해배상에 관하여 규정하고 있는 제3조의 규정(배상기준)이 준용된다.

8) 김동희, 행정법I, p. 503.

4. 배상책임자

예컨대 기관위임사무로 시·도지사가 국가의 사무를 수행하는 경우, 지방자치단체가 기관위임사무로서 국도의 관리비용을 부담하는 경우(소위 國營公費事業) 등과 같이 영조물의 설치관리를 맡은 자와 설치관리의 비용을 부담하는 자가 다른 경우 선택적으로 청구할 수 있다. 그러면 최종적인 비용부담자는 누구인가?

1) 국가배상법 제6조 제1항상의 비용부담자

"국가배상법 제6조 (비용부담자등의 책임) ① 제2조·제3조 및 제5조의 규정에 의하여 국가 또는 지방자치단체가 손해를 배상할 책임이 있는 경우에 공무원의 선임·감독 또는 영조물의 설치·관리를 맡은 자와 공무원의 봉급·급여 기타의 비용 또는 영조물의 설치·관리의 비용을 부담하는 자가 동일하지 아니한 경우에는 그 비용을 부담하는 자도 손해를 배상하여야 한다."

학설상으로는 사무귀속주체가 책임을 져야 한다는 것(관리자설)이 다수설이나, 비용부담자가 비용을 책임을 져야 한다는 설도 있다(비용부담자설; 일본의 현재 다수설). 후자의 견해는 손해배상비용도 비용에 포함된다는 것을 전제로 한다. 우리 판례에 따르면 실질적 비용부담자가 책임을 져야 하는데, 실질적 비용부담자는 대개는 사무귀속주체이지만 법령에 따라서는 당해 사무의 관리비용을 부담하는 자인 경우도 있다(도로법 제56조; 국토해양부장관이 관리하는 도로는 국고의, 그 외의 도로에 관한 것은 관리청이 속하는 지방자치단체의 부담으로 한다).

판례) 도로교통법 제3조 제1항에 의하여 특별시장·광역시장 또는 시장·군수의 권한으로 규정되어 있는 도로에서의 신호기 및 안전표지의 설치·관리에 관한 권한은 같은 법 시행령 제71조의2 제1항 제1호에 의하여 지방경찰청장 또는 경찰서장에게 위탁되었으나, 이와 같은 권한의 위탁은 이른바 기관위임으로서 경찰서장 등은 권한을 위임한 시장 등이 속한 지방자치단체의 산하 행정기관의 지위에서 그 사무를 처리하는 것이므로, 경찰서장 등이 설치·관리하는 신호기의 하자로 인한 국가배상법 제5조 소정의 배상책임은 그 사무의 귀속 주체인 시장 등이 속한 지방자치단체가 부담한다(대법원 2000.01.14 선고 99다24201 판결).

그러나 국가도 배상책임에서 면제되는 것은 아니다. 배상책임을 부담하는 것은 지방경찰청장이 소속된 국가가 아니라, 그 권한을 위임한 지방자치단체장이 소속된 지방자치단체라고 할 것이나, 한편 국가배상법 제6조 제1항은 같은 법 제2조, 제3조 및 제5조의 규정에 의하여 국가 또는 지방자치단체가 손해를 배상할 책임이 있는 경우에 공무원의 선임·감독 또는 영조물의 설치·관리를 맡은 자와 공무원의 봉급·급여 기타의 비용 또는 영조물의 설치·관리의 비용을 부담하는 자가 동일하지 아니한 경우에는 그 비용을 부담하는 자도 손해를 배상하여야 한다고 규정하고 있으므로 교통신호기를 관리하는 지방경찰청장 산하 경찰관들에 대한 봉급을 부담하는 국가도 국가배상법 제6조 제1항에 의한 배상책임을 부담한다(대법원 1999. 6. 25. 선고 99다11120 판결).

2) 원인책임자에 대한 구상권

국가 또는 지방자치단체가 손해를 배상한 경우 손해의 원인에 대하여 책임을 질 자(예컨대 불완전한 건축공사를 한 수급인, 영조물을 불법적으로 이용하여 하자를 야기한 자, 고의·과실로 하자를 발생시킨 공무원 등)가 따로 있을 때에는 그 자에 대하여 구상할 수 있다(국가배상법 제5조 제2항).

제 4 항 행정상의 결과제거청구권

1. 결과제거청구권의 의의와 성질

1) 의의

행정상 결과제거청구권이란 행정작용의 결과로서 남아 있는 위법한 상태로 인하여 자기의 법률상 이익을 침해받고 있는 자가 행정기관을 상대로 그 위법한 상태의 제거를 청구하는 권리를 말한다. 예컨대 토지수용재결이 취소되었음에도 불구하고 사업시행자인 행정주체가 그 토지를 반환하지 않고 있는 경우에 이를 반환 받고자 하는 경우, 공직자의 직무수행중의 발언으로 명예를 훼손당한 자가 그 발언의 철회를 요구하고자 하는 경우 등에 활용될 수 있다.

'원상회복청구권'이라고도 하고, '위법한 행정작용으로 인한 방해 배제'라고도 한다. 행정상 결과제거청구권은 국가배상책임제도의 한 유형은 아니나, 위법한 행정작용에 대한 구제수단의 하나이므로 여기서 함께 다루기로 한다.

사례) 甲은 만취한 상태에서 야구방망이로 학교 유리창을 깨뜨리는 등 행패를 부렸고, 경찰관이 경찰서로 연행하여 구금하였다. 당시 갑이 휘두른 방망이는 경찰서에 임시 영치되었다. 술이 깬 다음날 甲이 용서를 빌고 선처를 호소하며, 학교 측에서도 용서해 주겠다고 하자, 갑은 훈방되어 귀가되었으나, 갑의 야구방망이는 돌려주지 않고 있었다. 이 때 甲이 야구방망이를 돌려 달라고 하기 위한 법적 조치가 바로 결과제거청구권이다.

2) 필요성

예컨대 토지수용재결이 취소되었음에도 불구하고 행정주체가 사인의 토지를 정당한 권원 없이 도로로 사용하고 있는 경우에 불법점유된 토지를 반환받고자 할 때와 같이 기존의 행정구제방식인 손해배상이나 행정쟁송으로는 권익구제가 어려운 경우, 구제제도를 보완하기 위해서 나온 제도이다. 獨逸에서 학설과 판례에 의해 발전하였다.

3) 성질

(1) 물권적 청구권인가?

종래 행정청의 정당한 권원 없는 행위로 인해 사인의 물권적 지배권이 침해된 경우에 발생하는 물권적 청구권이라는 견해도 있었으나, 비재산적 침해(공직자의 직무수행중 발언으로 명예가 훼손된 경우 그 발언의 철회를 요구하는 경우)에 대해서도 발생하는 것이므로 물권적 청구권으로 한정할 것은 아니다.

(2) 공권

결과제거청구권의 원인이 반드시 공권력의 행사와 관계되는 것은 아니며, 이를 특별히 공법상 규율대상으로 삼을 이유가 없다고 하여 사권설을 주장하기도 하나, 이것은 공행정작용으로 인한 침해가 있는 경우에 발생한 것이며, 행정주체의 사법활동으로 인한 침해는 사법의 적용을 받아야 할 것이므로 공권설이 타당하다.

(3) 손해배상청구권과의 차이

요건과 내용에 있어 차이가 있다. ① 여기서는 행정주체의 고의·과실은 묻지 않으며, 다만 위법한 행정작용의 결과로 자신의 법률상 이익이 침해받는 경우에 성립한다. 또 손해배상은 금전배상(채권적 청구권)을 내용으로 하나, 이것은 원상회복을 내용으로 한다. ② 위법한 행정작용으로 인한 피해가 원상회복청구로 가능한 경우에는 손해배상을 청구할 수 없다. ③ 위법한 행정작용으로 인한 침해라는 점에서 행정상 손해배상의 범주에 넣을 수 있다.

2. 결과제거청구권의 요건

1) 개인적 권리에 대한 공권력의 침해

① 여기서 개인의 권리는 법률상 보호받을 만한 가치가 있는 것으로, 재산적 가치가 있는 것은 물론, 명예·호평 등 그 밖의 것까지 포함하는 개념이다.

② 공권력은 권력작용 뿐만 아니라 관리작용도 포함하며, 법적 행위뿐만 아니라 사실행위도 포함한다. 행정청의 사법적 활동은 사법상 소유물반환청구 또는 소유물방해제거청구 등의 대상이 된다.

2) 위법상태의 계속

결과제거청구권은 '위법'한 상태의 제거를 목적으로 하므로 동행정작용의 결과로서 야기된 위법한 상태가 계속되고 있어야 한다. 위법성은 처음부터 발생할 수도 있고, 또 기간의 경과나 해제조건의 존재여부는 사실심 변론종결시를 기준으로 판단한다. 또 위법한 침해상태가 취소할 수 있는 행정행위에 의한 경우 이 행위의 취소(직권 혹은 쟁송의 방법으로) 후에 하거나, 양자의 청구를 병합해서 할 수 있다. 즉, 위법한 행정행위를 취소하지 않고 결과제거청구권만 행사할 수는 없다. 취소되지 않는 한 유효한 법적 상태가 유지되어 '위법상태의 계속'이라는 요건을 갖추지 못하기 때문이다.

3. 결과제거청구권의 행사방법

1) 민사소송

결과제거청구권을 사권으로 보는 견해에서는 민사소송(방해제거청구권)으로 권리를 행사할 수 있다고 본다.

2) 당사자소송

결과제거청구권을 공권으로 보는 견해에서는 행정소송(당사자소송 - 행정청의 처분 등을 원인으로 하는 법률관계에 관한 소송)으로 권리를 행사할 수 있다고 본다.

4. 사회보장법상의 회복청구권

결과제거청구권과 유사한 형태의 청구권으로 사회보장법상 회복청구권이 있다. 이것은 행정기관의 잘못된 안내로 인하여 당해 신청을 적시에 하지 못하거나, 원하는 수준의 급부를 청구하지 못하게 된 경우에 그 신청이 적절히 행해졌더라면 받을 수 있었던 법적 지위의 회복을 요구할 수 있는 권리를 말한다. 예컨대 행정기관의 잘못된 고지로 목표했던 금액보다 낮은 금액의 기여금을 납부하여 목표했던 연금을 수령하지 못하게 된 경우 사후에 추가로 기여금을 납부함으로써 기한 내에 납부한 것으로 인정해 줄 것을 요구할 수 있다.

사회보장법상의 회복청구권의 이론적 근거는 아직도 다투어지고 있는데, 결과제거청구권의 발전된 현상으로 보기도 하며, 사회보장법상의 급부관계의 부수적 의무로서 신의성실의 원칙에서 구하기도 하고 또는 그 자체 독자적인 법제도라고 하기도 한다.

제 2 절 행정상 손실보상

제1항 총 설

행정작용에는 적법한 작용과 위법한 작용이 있다. 국가의 적법한 작용을 통해서도 국민은 손해를 입을 수 있다. 주로 행정청이 행정목적을 달성하기 위해 공공사업을 시행하는 경우에 많이 발생하며, 예컨대 국민의 공공복리 증진을 위해 도로확장공사를 시행하는 경우 부득이하게 소수의 시민들의 재산권을 침해하게 된다. 여기서 이렇게 국가와 국민 전체의 공공복리를 위해 희생되는 소수의 시민에 대해 다수의 시민과 국가가 그 손실을 금전으로 보전해 주는 제도가 필요하게 되는데, 이것이 바로 행정상 손실보상제도이다.

1. 의의

1) 개념

행정상의 손실보상이란 적법한 공권력행사에 의해 사유재산에 가해진 특별한 희생에 대하여 단체주의적 공평부담의 견지에서 행정주체가 행하는 재산적 전보를 말한다.

2) 손실보상의 개념 정리

▸손실보상의 개념요소

① 적법행위	cf) 손해배상-위법행위
② 공권력의 행사	cf) 공토법상의 임의매수- 비권력작용
③ 특별한 희생	cf) 사회적 제약
④ 재산상의 손실	cf) 생명·신체에 대한 침해의 보상

(1) 적법행위

손실보상은 행정권의 적법한 행위로 인해 발생한 손실을 전보하는 점에서 행정권의 위법한 행위(불법행위)로 발생한 손해를 전보하는 손해배상과 다르다.

(2) 공권력행사

손실보상은 행정권이 강제력을 동원한 권력적 수단으로 사인의 재산권을 침해하는 과정에서 발생한 손해를 전보하는 제도이므로, 공익사업을위한토지등의취득및보상에관한법률(공토법)에서 인정되는 협의매수와 같이 사업시행자와 사인간의 자유로운 계약의 형식 등의 비권력적 수단에 의한 행정작용으로 발생한 손실을 전보하는 것과 다르다.

(3) 특별한 희생

손실보상은 특별한 희생에 대한 보상이며, 사회적 제약에 머무르는 손실은 보상하지 않는다.

(4) 재산적 침해

재산상의 손실만을 전보하며 손해배상과는 달리 생명 · 신체에 대한 보상은 하지 않는다. 재산적 침해란 '공공의 필요에 의한 재산권의 수용 · 사용 또는 제한'을 의미하며, 이를 간단히 '공용침해'라고 한다.

2. 근거

1) 이론적 근거

과거 프랑스에서는 공적 부담 앞의 평등이라는 점에서 '평등부담설'을 들었으나, 독일에서는 사유재산에 가하여진 특별한 희생은 국민 전체의 부담으로 전보하는 것이 정의와 공평의 원칙에 합당하다는 '특별희생설'을 들었다. 오늘날의 통설과 판례는 특별희생설을 취한다.

> **▸특별한 희생**
>
> 오토마이어가 완성한 특별희생설은 바이마르 헌법이래 판례상으로 손실보상의 근거가 되었다.
>
> 오토마이어는 일반의 집단과는 달리 특정 개인이나 집단에게 특별한 손실을 끼치는 경우를 '특별희생'이라고 하며, 사회적 제약은 이와 달리 일반의 집단구성원 대다수가 감수해야 하는 손실을 뜻한다고 하였다. 이 구분에 의하면 다수의 이익을 위해 소수가 특별히 감당해야 하는 손실이 특별희생이며 이러한 특별희생은 다수가 손실을 보상(실제로는 국민의 세금으로)해야 한다고 한다.

2) 실정법적 근거

손실보상에 관한 실정법적 근거는 헌법 제23조 제3항 "공공필요에 의한 재산권의 사용 · 수용 또는 제한 및 그에 대한 보상을 법률로서 하되, 정당한 보상을 지급해야 한다."이다. 그런데 행정상 손해배상의 경우와 달리 '보상의 기준과 방법'에 대하여 규정한 일반법이 없고, 공토법, 국토의계획및이용에관한법률, 건축법, 주택건설촉진법, 농지법 등 개별법에서 정하고 있다. 이와 같이 손실보상에 관하여는 일반법의 근거가 없기 때문에 어떤 법률에서 손실보상을 규정하고 있지 않아 손실보상에 관한 법률적 근거가 없는 경우가 있을 수 있으며, 이러한 경우에 공용침해를 당한 국민은 헌법 제23조제3항을 근거로 직접 보상을 청구할 수 있는가에 관하여 견해가 나뉘어지고 있다. 다음 항에서 설명한다.

3. 보상규정 없는 공용침해

1) 손실보상과 보상규정

(1) 불가분조항과 보상

헌법 제23조 3항은 재산권의 수용등에 대하여 법률에 의한 손실보상을 지급해야 함을 규정하고 있다. 그런데 문제는 국가배상청구권과 달리 손실보상청구권에 관하여는 이에 관한 일반법이 없다는 사실에 있다. 결국 손실보상은 각 개별법에 의해 인정되는데, 이에 관하여 독일에서는 불가분조항이론(부대조항; Jinktim Klausel이라고도 한다)이론이 채택되어 있다. 독일에서 발전된 이 이론의 내용은 "공용침해를 하는 법률은 그 자체 내에 보상규정도 두어야 한다."는 것이다. 예컨대, 도로건설을 위한 토지수용의 경우 그 침해행위는 도로법에서 인정되는데, 이 경우 보상규정도 도로법 자체 내에 두어야 한다는 것이다. 따라서 도로법이 아닌 하천법이나 공유수면매립법등의 관계법규를 유추적용하여 손실보상을 하는 것은 원칙적으로 부정된다.

공용침해를 하는 법률에서 보상규정을 두지 않는 경우에는 심각한 문제가 발생한다. 특별한 희생을 당한 국민에게 보상을 해줄 수 없는 사태가 발생하는 것이다. 구 도시계획법 제21조가 바로 이러한 사례로서 동조에 의한 개발제한구역지정으로 국민에게 특별한 희생이 발생했음에도 불구하고 도시계획법은 보상규정을 두지 않고 있었다. 여기에서 학설의 태도가 갈리게 된다.

▶구도시계획법 제21조에 대한 헌재의 헌법불합치결정

89헌마214 결정에서 헌법재판소는 구도시계획법 제21조는 '특별한 희생'을 초래한 공용침해에 대한 보상규정을 두지 않은 위헌의 법률이며 다만, 보상에 관한 새로운 입법이 이루어질 때까지 효력이 존속한다는 헌법불합치결정을 한 바 있다. 이 조항은 개발제한구역지정에 관한 조항인데, 개발제한구역의 지정 자체는 재산권의 사회적 기속성을 구체화 한 것으로 합헌적인데, 구역지정으로 인하여 사회적 제약을 넘는 가혹한 부담이 발생하는 경우(토지의 지목과 토지 현황에 의한 이용방법에 따른 사용불능, 토지의 사용수익불능)에도 보상규정을 두지 않은 것은 위헌성이 있다고 결정한 것이다.

그 후 이 조항은 폐지되고 개발제한구역의지정및관리에관한특별조치법에서 개발제한구역의 지정으로 인하여 개발제한구역안의 토지를 종래의 용도로 사용할 수 없어 그 효용이 현저히 감소된 토지 또는 당해 토지의 사용 및 수익이 사실상 불가능한 토지의 소유자는 건설교통부장관에게 당해 토지의 매수를 청구할 수 있으며(법 제16조), 건설교통부장관은 개발제한구역의 지정목적을 달성하기 위하여 필요한 경우에는 토지소유자와 협의하여 개발제한구역안의 토지를 매수할 수 있도록(법 제19조) 하고 있다.

(2) 헌법 제23조 3항이 불가분조항의 원칙을 규정하고 있는 조항인지의 여부

그런데, 헌법 제23조 제3항이 불가분조항의 원칙을 규정하고 있는 것으로 볼 것인가에 관해서는 견해가 일치하지 않는다. 왜냐하면 불가분조항의 근거가 되는 독일기본법 제14조[9] 제3항은 재산권 침해의 유형으로서 '공용수용(Enteignung)'만을 규정하고 있는데 비해, 이 조항을 계수한 우리 헌법 제23조 제3항은 '공공의 필요에 의한 재산권의 수용·사용 또는 제한'이라고 하여 공용수용 뿐만 아니라 '공용사용 및 공용제한'까지 규정하고 있기 때문에 독일의 불가분조항이론을 그대로 적용할 수 없다는 견해가 있다. 즉 공용수용의 경우에는 소유권이 이전되는 강한 재산권의 침해이므로 보상규정이 반드시 있어야 하지만 공용사용이나 공용제한은 그렇지 않

9) 독일 기본법 제14조
① 재산권과 상속권은 보장된다. 그 내용과 한계는 법률로 정한다.
② 재산권은 의무를 수반한다. 그 행사는 동시에 공공복리에 봉사하여야 한다.
③ 공공수용은 공공복리를 위해서만 허용된다. **공공수용은 보상의 종류와 범위를 정한 법률에 의하여 또는 법률에 근거하여서만 행해지며, 법률은 보상의 방법과 정도를 정한다. 보상은 공공의 이익과 관계자의 이익을 공정하게 형량하여 정해져야 한다.** 보상액 때문에 분쟁이 생길 경우에는 일반법원에 소송을 제기할 길이 열려 있다.

다고 보기 때문이다. 이 견해에서는 공용제한과 공용사용의 경우 보상은 입법자의 의사에 달려 있다고 본다.

이에 반하여 불가분조항으로 보아야 한다는 견해는 재산권행사를 제약하는 행위를 허용함에 있어 '손실보상의 기준과 범위'는 본질적인 사항에 해당하는 것이므로 반드시 입법자 스스로에 의해 규율되어야 한다고 한다(본질성이론).

2) 보상규정이 없는 공용침해의 경우 손실보상을 청구할 수 있는가?

(1) 방침규정설

헌법상 제23조 제3항의 손실보상규정은 입법의 방침을 정한 것에 지나지 않으므로 손실보상에 관한 법률의 규정이 없으면 보상을 청구할 수 없다고 한다. 현실적으로 이 견해를 취하는 학자는 없다.

(2) 직접효력설

헌법 제23조 제3항에 의해 국민에게 직접적으로 손실보상청구권이 발생하고, 따라서 비록 개별법에서 보상 규정을 두지 않더라도 국민은 이 헌법규정에 따라 보상을 청구할 수 있다고 한다. 그러나 이 설은 공용침해에 대한 보상을 법률로서 해야 한다는 헌법 제23조 제3항의 명문에 직접 반하며, 헌법조항에서 바로 구체적인 청구권이 발생한다는 것은 헌법상 기본권이론에 비추어 타당하지 못하다고 하는 비판이 있다.

(3) 위헌무효설

우리나라의 다수설로서, 보상규정을 두지 않은 법률은 위헌무효이고, 따라서 그에 근거한 공무원의 공용침해행위는 국가배상법 제2조의 위법한 국가작용이므로 국민은 이에 대해 행정상 손해배상을 청구할 수 있다는 이론이다. 이 견해에 대해서는 이와 같이 행정상의 손해배상의 문제로 보게 되며, 가해행위의 위법성이 존재해야 하고, 이는 다시 과실요건의 충족을 필요로 하는데, 이때에 공무원의 과실의 존재를 인정하기 어려워 결국은 당사자의 배상이 부정될 수 있다는 비판이 제기된다. 왜냐하면 공무원의 과실이 인정되기 위해서는 공무원이 자신의 행위가 불법행위로서 국민에게 손해를 끼칠 수도 있다고 인식하면서 주의의무를 태만히 하여 손해를 끼쳤어야 하는데, 이 경우에는 행위 당시 공무원에게는 자신의 행위가 '불법행위'라는 인식이 애초에 없기 때문이다.

(4) 유추적용설(간접적용설)

보상규정이 없는 경우 헌법 제23조 제3항을 직접 적용하여 보상을 청구할 수는 없으나, 헌법 제23조 3항을 비롯하여 제23조 제1항(재산권조항) 및 제11조(평등조항) 기타 관련규정을 유추적용하여 보상할 수 있다고 한다. 이 견해는 수용유사침해이론[10]을 받아들이는 이론으로, 위법·무책 및 비의욕적(결과적) 공용침해에 대한 보상과 국가배상과는 그 성립요건·범위 등에서 구별된다는 것을 배경으로 하고 있다.

(5) 보상입법부작위위헌설

보상규정을 두고 있지 아니한 경우 침해규정 자체가 위헌이 아니라 보상규정을 두고 있지 아니한 보상입법부작위가 헌법에 위반된다는 견해이다. 이 견해에서는 공용침해로 인한 피해자는 헌법소원을 통해 보상입법부작위에 대한 구제를 받을 수 있다고 한다(장태주: 615).

(6) 판례

헌법재판소는 위헌무효설에 가까운 입장을 보이나, 위헌무효설과 일치하지는 않는다.

(7) 결어

보상규정이 없는 재산권의 공용침해에 대해 손실보상청구가 가능한가는 보상규정의 흠결을 법관이 보충할 수 있는가의 문제이다. 생각건대 법관에 의한 흠결보충은 권력분립의 원칙에 어긋난다고 할 수 있으나, 오히려 법률상의 흠결을 보완하여 국민의 기본권을 보장할 수 있다면 오히려 그것이 법치주의에 부합하는 것이다. 따라서 법률상 흠결로 손실보상을 해 주지 않는 것이 재산권의 본질적 침해를 가져오는 것이라면 기본권보장의 취지에서 손실보상을 해주어야 한다.

---

10) 경계이론에서는 사회적 제약의 내용규정과 보상규정을 종합적으로 판단하여 일정한 사회적 제약의 경계를 넘는 경우 공용수용으로 보아 보상하자는 것이고, 수용유사적침해이론도 수용은 아니지만 '수용과 유사한' 침해로서 사회적 제약을 넘는 침해에는 보상을 해야 한다는 이론이므로, 이렇게 이해하기 위해서는 헌법상의 규정을 유추 적용할 수밖에 없다. 따라서 경계이론이나 수용유사적침해이론은 모두 유추적용설과 관련이 있다.

그 근거로는 재산권보장에 관한 헌법 제23조 제1항, 기본권의 본질적 내용보장에 관한 헌법 제37조 제2항 등을 들 수 있으며, 보상액의 결정과 관련해서는 헌법 제11조 평등원칙에 따라 하면 될 것이므로 결국 유추적용설이 적당하다고 판단된다.

다만, 보상규정이 없는 경우의 손실보상의 문제에 대해 다양한 학설이 있으나, 학설은 학설일 뿐 학설에 의해 보상을 하는 것은 현실적으로는 실현되기 어렵다. 따라서 가장 바람직한 방법은 입법으로서 해결하는 것이다. 아래 헌법재판소 결정에서도 새로운 입법이 이루어질 때까지 효력이 존속한다는 헌법불합치결정을 내려 입법적 해결을 촉구하고 있다.

돌발퀴즈 Q1. 보상규정이 없는 경우의 보상 여부와 관련한 방침규정설, 직접효력설, 유추적용설, 보상입법부작위위헌설 등은 모두 경계이론을 전제로 한 것이고, 분리이론을 취하는 경우 이런 학설의 구분은 의미가 없다?(○,×)

A. ○(왜냐하면 분리이론이란 공권적 침해의 내용규정과 보상규정을 분리하여 보상규정이 있는 경우에만 보상하는 이론이므로 분리이론을 취하는 경우에는 보상의 규정을 두지 않으면 보상할 수 없기 때문이다. 분리이론은 위헌무효설을 취하게 된다.)

Q2. 보상규정이 없는 경우의 보상 여부와 관련한 위헌무효설은 분리이론에 부합하는 학설이다.

A. ○(위 문제 해설 참조)

※ 경계이론이란 공권적 침해에 대한 근거 규정인 사회적 제약에 관한 '내용규정'과 '보상규정'을 결합하여 해석하여야 하며, 그 침해 내용이 사회적 제약을 넘으면 보상해 주어야 한다는 이론이고, 분리이론이란 내용규정과 보상규정은 분리하여 해석하여야 하고 보상규정이 없는 경우에는 손실보상을 해서는 안 되고 위헌무효로서 원상회복하고 손해배상의 방법으로 피해를 전보해야 한다는 이론이다.

4. 손실보상청구권의 성질

1) 공권설(다수설)

손실보상은 공권력행사작용의 법적 효과이므로, 손실보상청구소송은 당사자소송에 의한다.

2) 사권설(판례)

손실보상관계는 사법상의 채권 · 채무관계에 불과하다. 손실보상청구소송은 민사소송 방식으로 한다.

제 2 항 행정상의 손실보상의 요건

1. 공공의 필요에 의한 재산권에 대한 공권적 침해

1) 공공의 필요

'공공의 필요'는 자의적으로 해석되는 경우 공용침해의 적법성이 확보될 수 없으므로 가능한 엄격한 해석이 필요하다.

2) 재산권

'재산권'이란 소유권 기타 법에 의해 보호되는 일체의 재산적 이익(물권, 채권, 무체재산권 등의 사권과 공유수면매립권 등 공권도 포함)을 의미한다. 이것은 현존하는 구체적 이익만을 의미하며, 기대이익 등은 포함되지 아니한다.

3) 공권적 침해

'공권적 침해'란 공법상의 것으로 재산적 가치의 감소가 있는 것을 뜻한다. 예컨대 공용수용, 사용, 제한이 그것이다.

2. 법률의 근거와 보상규정

손실보상의 원인으로서의 개인의 재산권에 대한 침해는 적법한 것이다. 즉 법률에 근거하여야 하며, 보상규정은 법률상 규정되어 있어야 한다. 현재 공토법을 비롯하여 상당수의 근거법이 존재한다.

3. 특별한 희생

1) 특별한 희생의 의의

행정상 손실보상은 적법한 공권력의 행사로 인한 특별한 희생을 그 원인으로 하는데, 특별한 희생이란 다른 자와 구별되게 특정인에게 불균형하게 과해진 권익의 박탈을 말한다.

특별한 희생의 범위를 어디까지 인정할 것인가가 문제이다. 왜냐하면 사유재산권은 절대적인 것이 아니며, 재산권의 내재하는 사회적 제약은 어느 정도까지는 수인하지 않을 수 없기 때문이다.

2) 특별한 희생과 사회적 제약

(1) 형식적 기준설(人數基準說)

경제적 가치의 박탈이 일반적인 것인지, 개별적인 것인지 여부에 따라 특별한 희생의 범위를 결정한다. 이 설은 오토마이어가 주장한 것으로서 침해를 받는 사람의 수를 기준으로 한다. 예를 들어, 도로건설사업을 하는 경우를 보자. 전국토 가운데 일부의 사람들이 자신의 토지를 도로부지로 강제수용 당하게 된다. 즉, 도로건설로 인해 이익을 받는 '다수'를 위하여 '소수'의 시민이 희생을 당하는 것이다. 또 환경보호와 개발억제를 위하여 국토의계획및이용에관한법률로 개발제한구역을 정하는 경우를 볼 수 있다. 역시 전국토 가운데 일부의 사람들이 자신의 토지가 개발제한구역으로 묶여 희생을 받는다. 모두가 특별한 희생의 예이다. 반면, 대구시가 지하철건설사업을 하는 경우를 생각해 보자. 지하철건설은 대부분 기존의 도로부지를 이용하므로 소수의 시민이 자신의 토지를 직접 희생당하지는 않는다. 다만 많은 시민들이 지하철공사로 인한 소음과 먼지, 그리고 교통불편 등으로 인한 영업상 손실을 당하게 된다. 그러나 이러한 침해는 다수의 시민들이 모두 겪는 고통으로 비단 한 두 사람만이 겪는 것은 아니다. 따라서 사회적 제약으로 분류된다.

(2) 실질적 기준설

침해의 본질성을 근거로 하여 재산권에 내재하는 사회적 제약을 넘어 당해 권리의 본질적 내용을 침해하는 경우 수인을 기대할 수 없으므로 특별한 희생으로 본다.

실질적 기준설은 형식적 기준설이 제시하는 '침해당하는 사람의 수'라는 기준이 너무 형식적이라는 데서 특별한 희생의 실질적 내용을 탐구하고 있다. 아직은 독일에서의 잡다한 논의를 그냥 소개하는 수준이지만, 몇 가지 중요한 이론을 살펴보자.

① 가치판단설

제반 관련사실을 종합적으로 판단하여 보호할 만한 가치 있는 권리에 대한 침해를 특별한 희생으로 본다.

② 수인한도설

침해행위가 그 본질과 강도를 표준으로 재산권의 본체인 배타적 지배성을 침해한 경우, 그것은 수인한도를 넘은 특별한 희생으로 본다(통설). 이것은 슈퇴터가 주장한 학설로, 침해의 본질성과 강도를 기준으로 '수인한도'를 넘어서는 침해를 특별한 희생으로 본다. 예컨대, 자신의 토지를 도로로 수용당하는 경우 그 경제적 손실은 시민이 감당할 수 없는 수인한도를 넘어서는 침해이나, 지하철건설로 인해 시민이 겪는 불편은 수인한도를 넘어서는 침해는 아니라는 것이다.

③ 사적 효용설

재산권에 대한 사적 이익 즉 사적 효용성을 침해하는 것을 특별한 희생으로 본다.

④ 목적 위배설

재산권에 대한 침해행위가 당해 재산권의 본래의 기능이나 목적에 위배되는 것인지 여부에 따라 특별한 희생의 범위 결정한다. 베버와 후버가 주장한 목적위배설이 많은 학자들의 지지를 받는다. 이 설은 재산권본래의 기능·목적에 위배하는 침해를 가하는 경우 이를 특별한 희생이라고 한다. 예컨대, 농지를 도로로 만드는 것은 원래의 목적에 위배되므로 특별한 희생이라고 한다. 이 기준에 의하면 개발제한구역설정으로 인해 택지를 본래의 목적대로 주택을 건축하는 데 쓰지 못하게 되면 특별한 희생이 발생한다는 결론이 된다.

⑤ 상황구속성의 법리

독일연방행정법원은 상황구속성의 법리를 제시하고 있다. 이는 재산권 특히, 토지가 놓여 있는 위치·상황에 따라 특별한 희생인지와 사회적 제약인지의 여부가 달라진다는 이론이다. 예를 들면 대도시주변의 금싸라기 땅에 개발제한구역을 설정하는 경우 이는 특별한 희생이 될 여지가 많으나, 한적한 시골마을에 개발제한구역을 설정하는 경우 이는 사회적 제약이 될 여지가 많다는 것이다.

(3) 헌법재판소의 태도

최근에 헌재는 89헌마214('98.12.24)의 구도시계획법 제21조에 대한 헌법불합치결정에서 특별한 희생과 사회적 제약의 구별기준으로 목적위배설에 기초한 듯한 태도를 보이고 있다. "구역지정으로 인하여 예외적으로 토지를 종래의 목적으로도 사용할 수 없거나 또는 더 이상 법적으로 허용된 토지이용의 방법이 없기 때문에 실질적으로 토지의 사용·수익의 길이 없는 경우에는 토지의 소유권은 이름만 남았을 뿐 알맹이가 없는 것이므로 토지소유자가 수인해야 하는 사회적 제약의 한계를 넘는 것으로 보아야 한다."

▸특별한 희생에 대한 헌법재판소의 태도

1. 토지의 지목과 토지 현황에 의한 이용방법에 따른 사용불능, 토지의 사용수익불능: 위헌 (특별한 희생)
2. 지가하락, 개발가능성 소멸로 인한 재산권 제약: 합헌(일반적 희생으로 봄)

※ 수인한도설에 의하면 주거지역내에 토지를 가진 사람은 근린생활시설은 건축할 수 있지만 공장이나 백화점을 건축할 수 없는 것(내재적 한계)은 손실보상의 대상인 특별희생이 될 수 없으나, 어린이 공원을 조성하기 위해 공원예정구역 안의 토지와 건물을 수용하는 것은 특별한 희생으로 손실보상의 원인이 된다.

(4) 결어

특별한 희생의 개념에 관하여 상기와 같은 여러 견해가 있으나, 이중 어느 하나를 택하기는 어려울 것 같다. 따라서 위의 여러 기준이 동시에 작용하는 복수기준설이 적당하다(통설).

제3항 손실보상의 대상

보상의 대상은 역사적으로 재산권보장(대인적 보상→ 대물적 보상)→ 생활(권)보상으로 변천해 왔다.

1. 대인적 보상

초기의 손실보상은 수용목적물의 객관적 가치를 기준으로 하지 아니하고 피수용자가 당해 재산을 사용함으로써 현재 얻고 있던 편익가치, 즉 주관적 이용가치를 대상으로 한 대인적 보상이었다.

2. 대물적 보상

대인적 보상은 객관적 기준이 없고 고가인 것이 특색, 이에 비해 공공사업비용을 절감하기 위해 재산의 객관적 시장가치에 의해 보상한다는 것이 대물적 보상이다. 대물보상은 피이용자에게 만족할 만한 보상이 되지 않는 경우가 많았으므로 생활보상의 개념이 등장한다.

3. 생활보상

복리국가적 이념의 도입으로 객관적 가치의 보상만으로는 불충분하고 종전의 생활과 차이가 없는 생활수준의 보장을 전제로 하여 등장한 개념이 생활보상이다. 이러한 생활수단의 대표적인 것으로 인식되는 것으로는 다음과 같은 것들이 있다.

1) 주거의 총체가치 보상

철거대상 건물의 객관적 시장가격이 매우 낮더라도 일정한 주거생활이 영위되고 있는 이상, 객관적인 건물 가격보다는 주거의 총체가치에 상당하는 금액으로 보상해야 한다는 것(예 ; 불량주택 철거시 주민에 대한 이주대책 등의 생활보상 등)

2) 영업상 손실의 보상

토지 등의 수용으로 입게 되는 영업상의 손실을 보상하는 것이다(공토법 제77조).

3) 이전료 보상

수용할 토지에 정착했던 물건에 대한 이전료를 보상하는 것이다.

4) 소수잔존자 보상(생활재건보상)

수용의 결과 종전의 공동체로부터 분리되는 자가 생활을 재건할 수 있도록 하는 보상(예 ; 댐공사로 인한 수몰로 대다수주민이 이주하고 소수잔존자가 남은 경우 종전에 준하는 생활을 영위할 수 있도록 하는 보상)-산업기지개발촉진법에 의한 이주대책(제25조, 제26조)이 그에 가까우며 토지취득및보상법 제79조 1항을 확대 해석하면 소수잔존자보상이 가능하다.

▸ **생활보상의 개념**

종래의 대물보상원칙은 수용목적물 자체에 대한 시가에 의한 보상을 의미하였다. 이러한 소극적인 보상기준에서 벗어나 공용침해로 생활의 근거를 상실하게 되는 피수용자에 대하여 생활재건에 필요한 정도의 보상을 하자는 새로운 보상기준이 주장되게 되었는데 이것이 생활보상의 개념이다. 여기에는 협의와 광의로 다시 나눠 볼 수 있는 데, 협의의 생활보상은 이주대책을 말하는 것으로 모든 학자들이 생활보상의 내용으로 인정하는 것이다. 예컨대, 댐공사로 인해 마을의 대부분이 유실된 경우 종래의 대물보상은 단순히 유실된 토지에 대한 시가보상을 행하였으나 생활보상은 여기에서 더 나아가 대체거주지의 알선, 공영주택의 알선,정착자금지원 등으로 종래의 생활환경과 거의 동일한 수준의 생활을 보장하는 입법을 지향하고 있다. 광의의 생활보상은 학자들간에 생활보상으로 보자는 태도와 종래의 대물보상기준을 확대적용하여 이에 포섭시키자는 논의가 있는 부분이다.

제4항 손실보상의 기준과 내용

1. 손실보상의 기준

헌법 제23조 3항은 "…보상은 법률로서 하되 정당한 보상을 지급하여야 한다."라고 규정하고 있다. 여기서 정당한 보상의 의미를 어떻게 해석할 것인가에 관해 다음과 같은 견해가 있다.

1) 완전보상설

이것은 피수용재산의 객관적 가치를 완전히 보상한다는 설이다. 여기에는 다시 피수용재산의 거래가격에 의한 객관적 가치를 보상한다는 ① 객관적가치보장설과 공평부담의 견지에서 침해로 인해 발생한 손실의 전부, 즉 부대적 손실인 영업손실, 이전비용 등도 포함도 포함한다는 ② 손실전부보장설이 있다. 이것은 미국 수정헌법 제5조의 '정당한 보상(just compensation)'의 해석을 통하여 발전한 개념이다.

2) 상당보상설

이 견해는 재산권의 사회적 제약성을 바탕으로 재산권침해행위의 공공성에 비추어 적정한 보상이면 족하다고 하는 견해이다. 여기에는 ① 객관적으로 타당성이 인정되면 완전보상을 하회할 수 있다는 합리적 보상설과 ② 완전보상을 원칙으로 하되, 합리적 사유가 있으면 하회 혹은 상회할 수 있다는 완전보상원칙설이 있다. 이것은 재산권의 사회적 구속성을 제시한 독일의 바이마르 헌법에서 유래한 개념이다.

3) 결어

우리 헌법상의 손실보상은 정당한 보상으로 하는데, 이것은 대물적 보상으로 완전보상을 주축으로 하되 생활보상을 지향하는 것이라고 이해함이 적당하다.

2. 실정법상의 보상기준

1) 원칙적 보상기준

공토법에 따르면 협의 당시 혹은 재결 당시의 토지거래가격을 고려한 적정가격(재결시가보상)으로 하도록 하고 있으나, 이 원칙은 토지공개념제도의 일환인 개발이익환수제도에 의해 제한을 받는다. 즉 보상기준을 책정함에 있어 개발이익은 배제한다는 개념이다.

2) 공시지가에 의한 보상

공토법 등에서는 재결시의 완전보상을 원칙으로 하되, 개발이익이 발생한 경우에는 그 이익의 환수를 위해 지가공시제를 취하여, '사업인정[11)]일' 이전에 실시한 공시지가에 개발사업시행과 무관한 통상적 지가변동률을 참작한 금액을 보상액으로 하도록 한다. 이것은 개발이익까지 보상한다면 피수용자에게 불로소득까지 주는 결과가 되기 때문에 공평부담원칙에 어긋나기 때문이다.

이 경우 공시지가는 협의 또는 재결 당시 공시된 공시지가 중 당해 사업인정고시일 시점에 가장 가까운 시점에 공시된 것이어야 한다.

※ 손실보상금은 공시지가에 평균지가변동률, 도매물가상승률 기타 토지의 이용상황과 위치 등을 고려하여 결정한다.

3) 개발이익의 환수

현대복지국가사회에서는 개발사업으로 인한 지가상승으로 토지소유자가 받는 불로소득 즉 개발이익을 환원하여 사회화하도록 하고 있다. 관련제도는 공시지가제, 양도소득세, 토지초과이득세, 개발부담금 등이 있으나, 이중 토지초과이득세는 위헌결정을 받아 폐지되었다.

---

11) 사업인정이란 후술하는 바와 같이 특정사업이 공용수용을 할 만한 공익사업에 해당함을 인정하여 사업시행자에게 일정한 절차의 이행을 조건으로 특정한 재산권을 수용할 수 있는 권한을 부여하는 행정행위를 말한다.

▶토지공개념과 관련된 제도: 개발부담금 등

1988년 부동산 가격 폭등을 막기 위해 등장한 토지공개념을 위한 제도로는 개발이익환수제도(개발부담금), 택지소유상한제(대지 200평 이상), 토지초과이득세 등 3대제도가 있었다. 기타 토지거래허가제, 종합토지세(토지면적에 따라 누진적임)도 토지공개념에 터 잡아 성립된 제도라 할 수 있다. 그러나 이중 택지소유상한제와 토지초과이득세는 99년 4월과 2002년 7월, 각각 위헌판정을 받아 폐지되었으며, 개발부담금도 2004년 1월부터 부과가 중지되었다가 2006년 1월 1일 이후 인·허가를 받은 사업에 다시 부과되고 있다. 1일 이후 인·허가를 받은 사업에 다시 부과되고 있다. 1일 이후 인·허가를 받은 사업에 다시 부과되고 있다.

1. 토지초과이득세: 유휴지와 기업의 비업무용 토지에서 발생하는 미실현 자본이득에 대해 과세, 지가 상승분의 50%를 과세

2. 택지소유상한제: 서울 및 6대 광역시에서 1가구 당 200평 이상 토지를 소유하지 못하도록 하고, 그 이상 소유시엔 허가를 받도록 한 제도. 초과 소유분은 5년 이내에 반드시 처분해야 되고, 이 기간 내에 팔지 않으면 택지가격의 6~11%를 세금으로 물도록 했다. 택지소유상한법은 98년 8월 폐지되었으며, 이 법은 이듬해 위헌판정을 받았는데, 그 전까지 징수한 세금은 1조원 가량이 됐다. 이 제도는 위헌결정전에 징수한 세금에 대해서는 환수하지 못하고, 끝까지 버틴 사람들만이 구제되어, 성실한 납세자만이 손해를 보았다는 비난도 있었다. 토지초과이득세의 경우도 마찬가지였다.

* 위헌결정을 받은 세금에 대해 정부는 세금부과가 '무효'가 아닌 '취소' 사유에 해당되어 이미 납부된 세금 중 [반환소송을 제기하지 않은 세금]은 반환할 수 없다고 하였다. 또 반환소송을 제기하더라도 과세처분에 대한 취소소송이 선행되어야 하므로 취소소송의 제소기간이 도과된 경우에는 결국 반환을 청구할 수 없게 된다. 결국 일찍 세금을 납부한 사람들만 손해를 보게 되었고, 세금을 내지 않고 시간을 끈 사람들만 상대적으로 구제를 받게 되어 형평성에 어긋난다는 비판을 받았다.

– 개발부담금: 개발, 형질변경 등으로 인해 지가가 상승할 때 그 차익에 대해 과세되는 세금으로 처음에는 개발이익의 50%를 환수하였으나, 최근 25%로 낮아졌으나 사문화된 제도라는 비판을 받다가, 비수도권은 2002년 1월부로 없어졌고(2001년까지의 인·허가분에 대해서는 부과되었음), 수도권은 2004년 1월부터 부과가 중지되었다가 2006년 1월 1일 이후 인·허가를 받은 사업에 다시 부과되고 있다.

* 개발이익= 개발종료시점의 지가–(개발개시시점의 지가+개발비용+정상지가상승분)

3. 손실보상의 수단

손실보상은 금전보상을 원칙으로 하나, 현물보상(환지제공, 수용물에 갈음하는 물건제공) 채권보상[12](이 채권보상에 대해서는 채권은 현금과 달리 유통이 자유롭지

못하고 객관적 가치가 안정적이지 못하기 때문에 정당한 보상의 원칙에 위배되어 위헌이라는 견해도 있다) 또는 매수보상(토지이용제한으로 본래의 목적을 다할 수 없는 경우 상대방의 이익을 위하여 당해 물건의 매수청구권인정)도 인정한다.

4. 보상액지급방법

보상액의 지급방법에는 선불과 후불, 일시불과 분할불, 개별불(개인별지급)과 일괄불 등이 있으나, 전자가 원칙이다.

제5항 토지수용의 절차와 효과

1. 절차

공용수용의 보통절차는 사업의 준비절차를 제외하면 사업인정→ 토지·물건의 조서작성→ 협의→ 토지수용위원회의 재결의 4단계로 이루어진다.

1) 사업인정

특정사업이 공용수용을 할 만한 공익사업에 해당함을 인정하여 사업시행자에게 일정한 절차의 이행을 조건으로 특정한 재산권의 수용권을 부여하는 행정행위를 사업인정이라고 한다. 사업인정의 법적 성질에 대해 몇 가지 학설이 있다.

(1) 설권적행정행위설(通)

공용수용할 만한 공익사업에 해당하는지 판단하는데 그치는 것이 아니라 적극적으로 사업시행자에게 수용권을 설정하는 형성행위라고 본다.

(2) 확인행위설

사업인정의 본체를 이루는 것은 판단이며, 사업인정은 결국 특정한 사업이 공용수

---

12) 사업시행자가 국가, 지방자치단체 기타 대통령령이 정하는 정부투자기관 및 공공단체인 경우로서 ① 토지소유자 및 관계인이 원하는 경우와 ② 당해 지역에 토지소유자가 없는 토지-不在所有者不動産-)에 대한 보상금이 일정금액을 초과하는 경우, 그 초과분에 대해 채권으로 보상할 수 있도록 하고 있다. 이 채권의 상환기간은 5년 이내로 하고 이율은 채권발행당시 3년 만기 정기예금 금리 수준으로 하여 이자를 지급하도록 하고 있다.

용을 할 수 있는 공익사업에 해당하는지 여부를 판단 결정하는 확인행위라고 한다.

의의	① 개념: 특정한 사업이 공용수용을 할 만한 공익사업에 해당함을 인정하여 일정한 절차를 거칠 것을 조건으로 사업시행자에게 특정한 재산권의 수용권을 부여하는 형성적 행정행위 ② 성질: 설권적인 형성행위의 성질
절차	① 사업시행자의 신청 ② 국토해양부장관이 결정: 관계 중앙행정기관장, 시・도지사와의 협의, 중앙토지수용위원회와 이해관계자의 의견청취 ③ 사업인정의 고시: 국토해양부장관이 결정 후 지체 없이 사업시행자・토지소유자등 관계자 및 관계 시・도지사에게 통지, 결정사항을 관보에 고시
효과	① 시기: 관보에 고시한 때 ② 관계인의 범위확정: 고시 후 토지 등에 관한 새로운 권리의 취득자는 피수용자의 지위가 인정되지 않는다. cf)기존의 권리의 승계는 제외 ③ 토지소유자등의 보전의무: 토지에 대한 형질변경, 손괴・수거행위 등 금지 ④ 사업시행자의 권리: 당해 토지에 대해 측량・조사를 위한 출입가능
실효	① 사업시행자가 고시 일부터 1년 이내에 재결을 신청하지 않은 때⇒기간만료일의 익일 ② 고시 후 그 사업의 전부・일부를 폐지・변경함으로써 토지를 수용할 필요가 없게 된 때 →시・도지사가 고시한 날부터

2) 토지・물건의 조서작성

사업시행자에게 부여된 의무로서 다음단계인 토지수용위원회의 재결절차를 간편하게 하고 심리를 촉진시키려는 의도에서 인정된 준비절차이다.

절차	① 사업시행자의 토지조서・물건조서의 작성, 서명・날인 ② 토지소유자/관계인의 입회, 서명날인 또는 이의의 부기
효력	① 작성된 조서에 이의진술 금지 ② 예외: 이의부기한 경우 조서가 사실에 반하는 것 입증한 때

3) 협의

사업시행자와 토지소유자 내지 관계인과의 사이에 수용할 토지 등에 대한 권리의 득실에 관하여 행하는 합의하는 것을 말한다.

(1) 협의의 성립

협의가 성립되면 이로서 공용수용절차는 종결되고 토지 물건의 수용효과가 발생한다.

(2) 협의의 성질

사법상계약설과 공법상계약설이 있으나 공법상계약설이 통설이다.

(3) 협의와 확인

협의가 성립된 경우에는 관할토지수용위원회에 그 확인을 구할 수 있는데, 확인은 임시적 절차이며 확인을 받으면 재결과 같은 효과가 있다.

의의	수용할 토지의 범위 · 수용시기 · 손실보상 등에 관한 사업시행자와 피수용자간의 교섭행위 공법상계약의 성질
효과	공용수용의 절차가 종결되고, 협의 내용에 따라 수용의 효과가 발생
협의의 확인	① 사업인정 고시 후 1년 내에 기업자가 토지소유자/관계인의 동의 얻어 관할 토수위에 확인을 신청 ② 재결로 간주되며, 재결에 관한 규정이 준용

4) 토지수용위원회의 재결

재결의 신청은 협의가 이루어지지 않거나 협의를 할 수 없을 때 사업인정의 고시일로부터 1년 이내에 사업시행자가 한다. 1년 이내에 재결신청을 하지 않으면 그 사업인정은 효력을 잃는다. **재결신청은 사업시행자만이 할 수 있고(법 제28조)**, 토지소유자는 사업시행자에게 재결신청을 할 것을 청구할 수 있다(법 제30조).

재결은 확정판결과 같은 효력이 발생한다. 즉 재결에 불복이 없으면 수용절차는 종결하며, 협의 성립과 마찬가지의 수용효과가 발생한다. 재결에 불복이 있을 때는 이의신청(행정심판)을 할 수 있으며 이의신청에 불복이 있을 때에는 행정소송을 제기할 수 있다. 이 때 이의신청은 임의적 절차이다. 종래 강제적 절차였으나, 임의적 절차로 개정되었다.

또 재결이 있기 전에는 언제든지 화해를 할 수 있으며 화해조서가 작성된 경우에는 재결이 있은 것과 동일한 효과가 발생한다.

재결절차	① 사업시행자의 재결신청: 협의가 성립되지 않거나, 협의를 할 수 없을 때 사업시행자는 사업인정 고시 후 1년 이내에 관할 토지수용위원회에 재결신청 ② 토지소유자등의 재결신청의 청구: 협의가 성립되지 않을 때 토지소유자/관계인은 사업시행자에게 서면으로 재결 신청할 것을 청구할 수 있으며, 사업시행자는 청구 시부터 60일 이내에 재결을 신청해야 함
재결기관	국토해양부가 사업시행자가 되는 경우 재결기관은 중앙토지수용위원회이며, 시ㆍ도가 사업시행자가 되는 경우 재결기관은 지방토지수용위원회가 된다. * 토지수용위원회의 법적 성격은 합의제 행정기관이다.
화해	재결이 있기 전까지 토지수용위원회 위원 3인으로 구성되는 소위원회에서 화해할 수 있다. 화해는 협의의 성립 또는 재결과 같은 효과를 발생한다.
이의신청	재결서 정본이 송달된 날부터 1월 이내에 중앙토지수용위원회에 이의신청(행정심판)을 할 수 있다. 집행부정지원칙에 따라 이의신청하더라도 종전의 집행(처분)은 유지된다.
행정소송	이의신청에 대한 재결 즉, 중앙토지수용위원회의 재재결에 불복 있을 때에는 행정소송을 제기할 수 있다. 이 때의 행정소송은 형식적 당사자소송이다(공토법 §85 ① 참조).

2. 효과

공용수용의 효과로 사업시행자는 보상금의 지급 또는 공탁을 조건으로 '수용의 시기'에 수용목적물에 대한 권리를 원시취득하고 피수용자는 수용목적물을 인도 이전의무와 함께 손실보상청구권 및 환매권[13]을 취득하게 된다.

* 효과발생시기
- 협의 또는 재결시(손실보상 및 수용목적물의 인도 이전에 관한 효과)
- 수용의 시기(수용목적물의 권리상실 및 피수용자의 환매권에 관한 효과)

13) 환매권이란 공용수용의 목적물이 공익사업의 폐지 또는 변경으로 인해 불필요 혹은 현실적으로 이용되지 아니한 경우에 피수용자가 일정한 대가를 지불하여 그 소유권을 회복할 수 있는 권리(형성권)를 말한다.

제 6 항 손실보상액의 결정 및 그 불복

□ 이렇게 생각해 봅시다.

▸ 토지수용의 절차

국가나 지방자치단체가 공익사업을 위하여 토지를 수용하는 과정과 절차는 다음과 같다. 먼저 이러한 공익사업은 국가나 지방자치단체가 직접 하는 것이 아니라 건설회사가 대신하게 된다. 따라서 이 때의 건설회사는 공적인 임무를 수행할 권한을 넘겨받은 '공무수탁사인'이 된다. 이들 건설회사가 국토해양부장관에게 사업계획서를 제출하면 이를 검토하여 공익사업에 해당하면 '사업인정'을 해 주고 이것을 주민들에게 고시하여 알리게 된다. 이 때 건설회사는 토지소유권 이전에 관한 협의를 하게 된다. 협의가 이루어지면(임의매수) '공법상 계약'이 체결된 것으로 보아 문제가 쉽게 해결된다. 그런데 협의가 쉽게 이루어지지 않으면 건설회사는 토지수용위원회를 찾아가서 강제수용을 신청하게 되고, 토지수용위원회가 토지소유권박탈처분과 보상금액을 결정하게 된다. 여기에 불만이 있으면 중앙토지수용위원회에 행정심판을 제기하게 된다. 그래도 불만이 있으면 법원에 행정소송을 제기하게 된다.

1. 손실보상액 결정

보상액결정방법에 관하여 통칙적인 규정은 없고 각 개별법에서 여러 가지의 방법을 규정하고 있다.

1) 원칙

당사자간 협의로 하는 것이 원칙이며, 협의는 행정청의 일방적 결정의 전단계가 된다. 이 때 협의의 법적 성질은 공법상 계약이다.

2) 행정청의 재결(또는 결정)로 결정되는 경우[14)]

(1) 수용(재산권의 침해)과 보상금 결정을 함께 결정하는 경우

예컨대, 토지수용위원회의 토지수용에 관한 재결이 여기에 속한다.

---

14) 박윤흔, 행정법강의(상), p. 794.

⑵ 보상금결정만을 내용으로 하는 경우

이 때 재산권의 침해는 재결에 근거하여 행해지는 것이 아니고 별도의 행정처분(징발처분, 지장물의 철거, 이전대집행 등)으로 이루어지며, 따라서 보상의 협의나 재결이 있기 전에 재산권침해가 선행된다.

① 협의 결렬시 행정청이 일방적으로 결정하고, 그에 불복시 신청에 의해 토시수용위원회에서 재결하는 경우(도로법 제79, 80조, 항만법 제37조, 하천법 제74조, 공유수면관리법 제14조 등)

② 행정청이 일방적으로 결정하는 경우(산림법 제63조)

③ 행정청이 결정하되 이의가 있는 경우 다른 행정청(주로 합의제기관)에 재의를 신청하도록 하는 것(징발법 제24조)

3) 소송으로 결정되는 경우

그 예가 많지 않으나, 법률에서 재산권침해와 이에 대한 보상에 대해서만 정하고 협의 또는 재결 절차 등 보상금결정에 대하여 특히 규정하고 있지 않는 경우(예, 소방법 제78조 제4항)에는 처음부터 보상금지급청구소송을 제기할 수 있으며, 따라서 소송으로 결정된다. 종래 이 소송은 공법상 당사자소송이 통설이나 판례는 민사소송으로 보고 있다. 그러나 최근 대법원은 하천구역 편입토지에 대한 손실보상청구권을 공권으로 보아 행정소송 절차가 적용된다고 판시하였다(대법원 2006. 5. 18. 선고 2004다6207 판결).

2. 손실보상액결정에 대한 불복절차

전술한 바와 같이 보상액의 결정은 일차적으로는 당사자 간의 협의로서 이루어지며, 협의로서 결정이 어려울 때는 행정청(지방토지수용위원회)의 재결로서 보상금결정이 이루어지게 된다. 이 재결은 하나의 처분으로서 행정쟁송의 대상이 될 수 있으므로, 이에 불복하는 경우 중앙토지수용위원회에 이의신청(행정심판의 일종이다)을 제기할 수 있으며, 이를 거치지 않고 행정소송을 제기할 수도 있다. 즉 이 때 중앙토지수용위원회에 하는 이의신청은 임의적 절차이다(공토법 제83조).

1) 재결이 보상액 결정만을 내용으로 하는 경우(보상액재결)

중앙토지수용위원회에 이의신청(행정심판)을 청구하거나 당사자소송의 형태로 보상금지급청구소송(실제로는 증감소송)을 제기할 수 있다.

2) 재결의 내용이 수용과 보상금 결정을 함께 하는 경우(수용재결)

종래의 토지수용법에서는 보상액의 증감만을 다툴 수 있는 행정심판이나 행정소송을 인정하지 않아 재결처분을 다툼으로써 간접적으로 보상액 결정을 다투어야만 했다. 그러나 1981년 개정된 토지수용법에서는 보상액증감을 행정심판단계에서 다툴 수 있게 되었고, 1990년 개정된 토지수용법에서는 행정소송단계에서도 보상액증감을 다툴 수 있게 하였다(形式的 當事者訴訟).

(1) 행정심판(이의신청)

지방토지수용위원회의 재결(원재결)에 불복하는 자는 재결서 정본 송달일로부터 30일 내[15]에 중앙토지수용위원회에, 중앙토지수용위원회의 재결(원재결)에 불복하는 자는 다시 중앙토지수용위원회에 이의신청을 할 수 있다. 이 때 중앙토지수용위원회는 원재결이 위법 또는 부당할 때 전부 또는 일부를 취소하거나, 보상액을 증액 또는 감액하는 재결(재재결)을 할 수 있다(공토법 제84조 제1항). 즉 이 때 중앙토지수용위원회의 재결은 행정심판단계임에도 불구하고 재결(처분)의 취소에 그치지 않고, 변경이 가능하도록 하고 있는 점이 특색이므로 특수한 형태의 재결이라고 할 수 있다.

또 이 경우 보상금이 증액된 때에는 사업시행자는 원재결의 취소(또는 변경)의 정본을 받은 날로부터 30일 이내에 보상금을 받을 자에게 그 증액된 보상금을 지급하여야 한다(공토법 제84조 제2항).

이 때의 이의신청은 수용에 관한 부분(수용재결), 보상액에 관한 부분(보상재결)의 어느 부분에 불복하더라도 할 수 있다. 중앙토지수용위원회에 의한 이의신청의 재결이 확정되면 이것은 민사소송법상 확정판결과 동일한 효력을 지니며, 따라서

15) 토지수용에 관한 불복절차에는 행정심판청구기간(행정심판법 제18조)과 행정소송 제기기간(행정소송법제20조)의 규정이 적용되지 않는다.

이의신청의 재결서 정본은 집행력 있는 판결의 정본과 동일한 효력을 지닌다.

(2) **행정소송**

지방토지수용위원회의 재결에 대해 불복이 있는 자는 이의신청을 거치지 않고 직접 행정소송을 제기할 수 있고, 이의신청을 거쳐 행정소송을 제기할 수도 있다(공토법 제85조 1항). 이 때 행정소송의 대상은 이의신청에 대한 재결이 아닌 지방토지수용위원회의 수용재결이 된다(원처분주의).16) 이 때의 행정소송은 이의신청재결을 수용결정을 대상으로 하는 경우와 보상액결정을 대상으로 하는 경우를 분리하여, 전자의 경우에는 수용재결 취소소송을, 후자에 대해 불복하는 경우에는 보상액의 증감청구소송을 제기할 수 있다. 양자의 병합제기도 가능하다.

① **취소소송**: 사업시행자나 토지수용자 또는 그 관계인은 재결에 대해 불복하는 때에는 재결서를 받은 날로부터 60일 이내에, 이의 신청을 거친 때에는 이의신청의 재결서 정본 송달일로부터 30일 이내에 이의신청재결에 대한 취소소송을 제기할 수 있다. 취소소송만으로는 보상금을 청구할 수 없다. 그렇게 되면 이행소송이 되기 때문이다. 따라서 취소소송의 판결을 근거로 새로이 청구하여야 한다.

② **보상금증감청구소송**: 당해 소송을 제기하는 자가 토지소유자 또는 관계인인 때에는 사업시행자를, 사업시행자인 때에는 토지소유자 또는 관계인을 각각 피고로 하여 소송을 제기한다. 이와 같은 소송의 형태를 형식적 당사자소송이라 한다. 이것은 실질적으로는 행정청의 처분을 다투는 소송이면서 항고소송의 경우처럼 처분청을 피고로 하지 않고, 법률관계의 한쪽 당사자를 피고로 하여 제기하는 소송이기 때문이다.

---

16) 구 토지수용법하에서는 판례는 지방토지수용위원회에 의한 재결(원재결)이 아니라 중앙토지수용위원회의 재결이 행정소송의 대상이 된다고 보아 행정소송의 대상에 관하여 원처분주의가 아니라 재결주의를 취한다고 보았다(대판 1990.6.12. 89누8187). 그러나 현행 공토법 제85조 1항에서는 수용재결(원재결)에 대해 행정소송을 제기할 수 있다고 규정하고 있어 원고는 이의신청에 대한 재결이 아닌 지방토지수용위원회의 수용재결에 대해 행정소송을 제기해야 한다.

▶ **보상금증감소송의 변천**

(1) 종래에는 중앙토지수용위원회의 이의신청재결이 판결에 의해 취소되더라도 그에 의해 보상금액이 정해지는 것이 아니었다. 따라서 토지수용위원회에서 보상금액을 재재결하게 되고 그 내용의 하나로서 보상액이 다시 결정되는 우회적 방법을 택할 수밖에 없었다. 이런 이유로 학설상 기업자(사업시행자) 또는 피수용자를 피고로 하는 당사자소송을 인정하는 문제가 대두되었다.

(2) 1990년 4월 7일 개정된 토지수용법에서는 보상액의 증감만을 다툴 수 있는 形式的 當事者訴訟을 제도적으로 도입함으로써 이 문제는 해결되었다. 즉 보상액 증감을 위한 소송의 경우 토지소유자 또는 관계인은 재결청과 기업자를, 기업자는 재결청과 토지소유자를 각각 피고로 하는 당사자 소송을 제기할 수 있다(토수법 제75조의2 제2항). 그런데 이와 같이 형식적 당사자 소송은 독자적으로 제기하는 것이 아니라, 중앙토지수용위원회를 피고로 한 재결취소소송과 병합하여 제기하여야 하였으므로, 이 소송의 성격이 논란이 되었다. 여기에는 必要的 倂合訴訟說과 必要的 共同訴訟說의 대립이 있었다. 前者의 견해에 따르면 재결청을 피고로 하는 재결취소소송에 기업자 또는 토지소유자 등을 피고로 하는 보상액 증감청구의 당사자 소송을 필요적으로 병합시킨 것이라고 하는 견해이고, 後者는 토지소유자 또는 관계인이 보상액 증감소송을 하는데 재결청과 기업자를 공동피고로 하여 제기하여야 하는 소송이라고 하는 것이다. 판례와 다수의 견해는 "必要的共同訴訟"이라고 하였으나, 이렇더라도 보상액증감청구소송이라는 당사자소송에 재결청이 피고가 되는 점에 대하여 속 시원히 대답해 줄 수는 없었으므로 여전히 논란이 되었다.

(3) 이에 2002년 2월 4일 제정[법률 제6656호]된 공익사업을위한토지등의취득및보상에관한법률 제85조 제2항에서는 "제1항의 규정에 따라 제기하고자 하는 행정소송이 보상금의 증감에 관한 소송인 경우 당해 소송을 제기하는 자가 토지소유자 또는 관계인인 때에는 사업시행자를, 사업시행자인 때에는 토지소유자 또는 관계인을 각각 피고로 한다."라고 하여 위의 토수법 제75조의2 제2항에서 재결청을 공동피고로 하는 규정을 삭제해 버렸다. 이로써 보상액 결정이라는 재결을 직접 다투지 않고, 증감소송이라는 당사자소송을 통하여 간접적으로 그 효력을 부인하는 것으로 형식적 당사자소송이며, 필요적 공동소송의 성격은 없게 되었다.

※ 공토법에 의한 보상액 결정 및 불복절차

① 협의→ ② 재결신청(사업시행자가 신청함)→ ③ 재결(관할토지수용위원회: 원재결)→ ④ 이의신청(행정심판)→ ⑤ 재결(중앙토지수용위원회: 재재결)→ ⑥ 행정소송

- 관할토지수용위원회의 재결은 필요적 절차, 중앙토지수용위원회의 재결(이의신청: 행정심판)은 선택적 절차이다. 즉 행정심판전치주의가 폐지된 것과 같이 이 절차에서도 이의신청전치주의가 폐지되고 이의신청 임의주의를 도입하였다.

☆ 궁금합니다(2003. 4. OCU).

Q. 공익사업을위한토지등의취득및보상에관한법률 제 85조2항에 의해 구 토지수용법 제75조의2 제2항의 소송성격이 필요적 공동소송인지 필요적 병합소송인지 여부에 관한 논의같은 문제가 더 이상 없는지 궁금합니다.

A. 답입니다.
보상액 결정에 대한 불복청구에 관하여 구 토수법 제75조의2 제2항에서는

"제1절의 規定에 의하여 제기하고자 하는 行政訴訟이 補償金의 增減에 관한 訴訟인 때에는, 당해 訴訟을 제기하는 者가 土地所有者 또는 관계인인 경우에는 裁決廳외에 起業者를, 起業者인 경우에는 裁決廳외에 土地所有者 또는 관계인을 각각 被告로 한다."라고 하여 소송의 당사자 아닌 재결청을 피고로 하고 있습니다.

이것은 종래 보상액결정에 불복하는 경우에는 보상액결정이라는 처분을 취소하는 쟁송을 하고 다시 새로운 보상액 재결을 기다려야 하고, 또 다시 여기에 불복하면 이런 절차를 다시 번복해야 하는 어려움이 있어 1990년 4월 7일 토지수용법의 개정을 통하여 재결청(토지수용위원회)의 처분에 대한 취소와 기업자나 토지소유자등간의 보상액결정에 대한 문제를 동시에 해결하고자 위와 같은 규정을 두게 되었다.

그러나 이러한 특이한 형태의 소송유형은 몇 가지 비판을 받게 되는데, 그 중 가장 대표적인 것은 그것은 소송의 당사자도 아닌 재결청이 공동소송의 피고가 된다는 점을 납득하기 어렵다는 점이었다. 또 이 소송유형의 성격에 대해서도 형식적 당사자소송, 필요적 공동소송 등 의견이 분분하였다.

판례에서는 이를 필요적 공동소송이라 하여 논의를 일단락짓는 듯했으나, 첫번째 비판이 유인 재결청이 소송의 당사자가 된다는 점에 대한 비판이 많아지자, 2002년 제정된 공익사업을위한토지등의취득및보상에관한법률에서는 제85조 제2항에서 "제1항의 규정에 따라 제기하고자 하는 행정소송이 보상금의 증감에 관한 소송인 경우 당해 소송을 제기하는 자가 토지소유자 또는 관계인인 때에는 사업시행자를, 사업시행자인 때에는 토지소유자 또는 관계인을 각각 피고로 한다."라고 하여 재결청의 피고에서 삭제해 버렸다.

이렇게 됨으로써 보상액 결정이라는 재결을 직접 다투지 않고, 증감소송이라는 당사자소송을 통하여 간접적으로 그 효력을 부인함으로써 결국 형식적 당사자소송의 성격으로 확정된 것이다.

** 필요적 병합소송이란? 종래의 토수법 제75조 제2항의 성격에 관하여 재결청을 피고로 하는 취소소송과 토지소유자등을 피고로 하는 보상액증감청구소송(당사자)이 필요적으로 병합하여야 하는 것으로 보아야 한다는 견해입니다. 이 견해는 토지소유자 또는 관계인이 보상액의 증감에 관한 소송을 재결청과 기업자를 공동피고로 하여 제기하여야 하는 필요적 공동소송이라는 견해와 대립되어 왔습니다.

그러나 새로운 법의 등장으로 이러한 논의는 종결되었다고 보여지며, 다만 새로운 법에 의한 소송유형은 "형식적 당사자소송"이라고 이해하면 되겠습니다.

제 7 항 손실보상제도의 흠결과 보완

헌법 제23조 제3항은 '공공필요에 의한 재산권의 수용·사용 또는 제한 및 그에 대한 보상은 법률로서 하되, 정당한 보상을 지급하여야 한다'고 규정하고 있는데, 개인이 공권력이 행사로 인해 피해를 당하였음에도 불구하고 그 보상이 어려운 경우가 있다. 예컨대 ① 법률이 재산권에 대한 공권적 침해를 규정하면서 보상규정을 두지 않고 있는 경우(⇒ 수용유사침해이론), ② 헌법 제23조 제3항에 의한 보상은 의욕된 침해 인데 비해, 적법한 공권력 행사에 의해 비자의적, 부수적인 손해가 발생한 경우(⇒ 수용적침해이론), ③ 헌법 제23조 제3항은 재산권에 대한 침해만을 예정하고 있는데 생명, 신체, 등과 같은 비재산적 법익에 대한 침해가 있는 경우가 바로 그것이다(⇒ 희생보상청구권).

1. 수용유사적 침해이론

1) 의의

수용유사적 침해이론이란 "타인의 재산권에 대한 **위법**[17]·**무책**의 공권력 침해로 인하여 특별한 희생을 당한 자에 대해 보상 규정의 유무를 불문하고 보상을 인정하는 이론"을 말한다. 즉 법률에 근거하여 개인의 재산권에 특별한 희생을 가하여 공용침해의 요건을 갖추었음에도 불구하고, 당해 법률에 보상규정이 결여되어 있는 경우에 이를 보상하여야 한다는 이론이다.

---

17) '위법'의 의미: 공용침해의 근거법률이 보상규정을 두어야 함에도 불구하고 그 규정을 두지 않음으로써 위헌·위법인 법률이 되고, 따라서 그에 근거한 공용침해처분이 결과적으로 위헌이 된다는 의미에서의 위법하다는 것이다.

종래의 손해전보이론은 손해배상과 손실보상의 두 형태를 인정하였다. 이중 손해배상은 위법 · 유책(공무원의 고의 · 과실)의 국가작용으로 인한 배상이며, 손실보상은 적법 · 무책의 국가작용에 대한 보상이다. 이와 같이 종래 법체계가 「적법한 공용침해로 인한 손실보상」과 「위법 · 유책(과실)의 침해로 인한 손해배상」의 두 가지 제도만을 인정함으로써 위法 · 무책(무과失)의 공용침해로 인한 경우 법률적 공백상태가 생기므로 이를 구제하기 위한 방편으로 등장한 것이 바로 수용유사적 침해이론이다. 즉 국가배상법상의 과실책임주의를 극복하기 위하여 발전된 이론이라 할 수 있다.

2) 수용유사침해이론의 전개

우리 헌법의 재산권 침해근거 조항인 헌법 제23조 제3항은 독일기본법 제14조[18]를 계수한 것인데, 독일기본법 제14조에서는 재산권 침해의 태양을 우리나라와는 달리 '수용'에만 한정하고 있으므로, 그 외의 태양인 '사용, 제한'에 대해서는 어떻게 보상할 것인가가 문제되어 도출된 이론이 바로 "수용유사침해이론"이다. 여기서 "수용유사"라는 말도 수용이 아닌 '사용이나 제한'을 지칭하는 것이라고 생각하면 된다. *독일에서도 자갈채취사건이 등장하기 전까지는 수용의 개념을 넓게 인정하여 우리나라의 공용침해(수용 · 사용 · 제한)와 같이 이해하였었다.

(1) 독일의 수용유사적 침해이론

수용유사적 침해이론은 적법 · 무책의 침해에 대한 제3자의 보상형태로 주장되는 이론이다. 독일의 경우 프로이센 일반란트법 서장 제74조는 **'모든' 공용침해**에 의한 희생에 대해 국민은 당연히 보상청구권을 가진다는 이른바 **"희생보상청구권"**을 규정하였는데, 이 청구권은 비록 동법의 폐지로 인해 실정법이 보호하지는 않게 되었

18) 독일 기본법 제14조
① 재산권과 상속권은 보장된다. 그 내용과 한계는 법률로 정한다.
② 재산권은 의무를 수반한다. 그 행사는 동시에 공공복리에 봉사하여야 한다.
③ 공공수용은 공공복리를 위해서만 허용된다. 공공수용은 보상의 종류와 범위를 정한 법률에 의하여 또는 법률에 근거하여서만 행해지며, 법률은 보상의 방법과 정도를 정한다. 보상은 공공의 이익과 관계자의 이익을 공정하게 형량하여 정해져야 한다. 보상액 때문에 분쟁이 생길 경우에는 일반법원에 소송을 제기할 길이 열려 있다.

지만, 여전히 **관습법**으로서 손실보상의 근거가 된다는 것이 학자들의 주장이다. 그런데 독일연방민사법원은 바로 이 "위법 · 무책"의 침해에 대하여도 비록 실정법에 의한 보상규정은 없으나 동 청구권의 법리에 의하여 보상청구권이 인정된다고 판시해 왔는데, 이것이 바로 수용유사적 침해이론이다.

(2) 우리나라에의 수용가능성

우리나라에서는 이러한 독일의 희생보상청구권에 **상응하는 관습법이 없으므로** 수용유사침해이론은 수용되기가 곤란하다는 것이 다수설의 태도이다. 그러나 수용을 긍정하는 소수설에 따르면 헌법 제11조의 평등권원칙과 헌법 제23조 3항 및 관계개별법의 **유추적용** 등으로 동 청구권을 수용하자고 한다.

(3) 독일의 자갈채취사건

> **▸독일의 자갈채취사건(BVerfGE 58, 300(324))**
>
> 오랫동안 채취하던 자갈을 계속하여 채취하고자 허가를 신청했으나, 새로이 제정된 수리관계법에 의해 거부되었다. 왜냐하면 자갈채취장은 수원지로부터 가까운 곳에 있었고, 동법은 수원지로부터 가까운 거리 내에서의 자갈채취를 금하고 있었기 때문이다. 이에 원고는 소송을 통해 손실보상을 청구하였는데, 1심에서는 인용, 2심에서는 기각되었으며, 최종적으로 헌법재판소에 제소되었다. 헌법재판소에서는 이와 같은 경우 보상을 허용하여 보상규정의 흠결을 치유할 수는 없고, 보상규정이 없음을 들어 <u>근거법률의 무효화</u>와 이에 근거한 <u>침해행위의 취소</u>를 구할 수 있다고 판시함으로써 <u>수용유사침해이론에 의한 보상청구를 제약하는 판결</u>을 내렸다.

독일연방헌법재판소는 1980년에 그 유명한 **자갈채취판결**에서 **수용유사침해이론을 위헌**으로 판단하였다. 이 판결에 의하면 국가의 위법한 공용침해에 대하여는 먼저 이것의 **취소를 구하는 항고소송**과 동시에 **원상회복**을 청구하여야 하며 우회적인 방법으로 수용유사침해라는 미명으로 보상을 청구해서는 안 된다는 것이다(다만 취소를 구할 수 없는 경우에는 보상을 긍정하였다).

즉, 독일 기본법에서는 재산권의 침해와 보상에 관하여 모두 '법적 근거'가 있을 것을 요하며, **법적 근거 없는 보상**은 헌법상 대원칙에 광범위한 **예외를 인정한 위험한 이론**이라고 본 것이다. 독일연방헌법재판소에서는 이 사건에서 수용유사침해이론에 대신하여 분리이론을 제시하였다(보상이론이 등장하기 전까지는 손실보상에 관해서는 경계이론이 주된 견해였다).

> **▶ 경계이론과 분리이론: 재산권의 내용규정과 수용규정**
>
> – 경계이론이란 헌법상 재산권의 사회적 제약에 관한 내용규정(독일기본법 제14조 1항과 2항: 공권적 침해 가능성이 내포됨)과 수용규정(제14조 3항: 이것은 곧 보상규정이 됨)은 구분하지 않고 제14조를 종합적으로 판단하되, 공권적 침해로 인한 사회적 제약이 일정한 경계를 넘을 때는 보상을 해 주어야 하고 그렇지 않을 때는 보상이 필요 없다는 견해로 독일의 연방최고법원(BGH)와 연방행정법원(BVerwG)에 의해 지지된 견해이나, 자갈채취사건을 통해 독일연방헌법재판소에 의해 위헌판정을 받는다.
>
> – 분리이론이란 내용규정과 수용규정은 별개의 것으로 양자는 구분되어야 한다고 하면서 입법자가 보상규정을 두고 있는 경우에는 구체적 침해(독일기본법 제14조 제3항)의 경우로 보상이 가능하지만, 그렇지 않고 내용규정(사회적 제약)만 두고 있는 경우는 추상적 침해(독일기본법 제14조 1항과 2항)의 경우로 보상의무가 없지만, 예외적으로 내용규정이 구체적인 경우에 위헌문제를 야기한다면 이것을 「보상」할 것이 아니라 그 처분을 취소하여 권리보호를 받아야 한다는 견해이다. 다만 취소가 현실적으로 어려운 경우에는 보상도 가능하다고 한다.

2. 수용적 침해이론

1) 의의

수용적 침해란 '적법한 행정작용이 의도하지 아니한 부수적인 결과로 타인의 재산권에 가하게 되는 침해'를 말한다. 본래 '위법·무과실'로 등장한 수용유사침해이론은 1단계로 '위법·무책의 공용침해'로 시작하여, 2단계로 '**의도되지 아니한 적법한 침해**'까지 확대되었는데, 이것이 수용적 침해이론이다. 따라서 수용유사침해와 수용적침해는 이론적 바탕을 같이 한다. 예컨대 ① 지하철공사의 장기화로 인근상점의 판매고가 격감한 경우, ② 도시계획에서 도로구역으로 고시되었으나, 공사를 하지 않고 오랫동안 방치해 둠으로써 고시구역 내 가옥주가 불이익을 받는 경우, ③ 쓰레기 적치장 등 공공시설의 경영으로 인근주민이 받는 손실 등이 여기에 속한다.

2) 보상

수용적 침해의 보상에 관해서는 견해가 나뉜다. ① 독일의 수용적 침해의 법리를 도입하여 보상청구가 가능하다는 견해(헌법 제23조 제3항을 유추 적용하여 헌법규정에 의한 손실보상이 인정된다는 견해), ② 헌법 제23조 제3항이 직접적 효력규정이라는 전제 하에 이를 확대 적용하여 보상청구가 가능하다는 견해, ③ 법률에 보상근거가 없는 한 원칙적으로 불가능하고, 입법적으로 해결되어야 한다는 견해가 있다. 법리적으로는 ①과 ②의 견해도 가능하지만 현실적으로는 ③의 견해가 가장 타당하지 않은가 생각된다.

☆ 궁금합니다.(2003. 4. 3. OCU)

Q. 수용적 침해의 인정논거가 희생보상청구권이 아니라 수용유사침해의 인정논거가 희생보상 청구권 아닙니까?

A. 희생보상청구권이란 공공의 필요에 따른 개인의 재산적, 비재산적 적법한 침해에 대해 인정되는 보상청구권을 말합니다. 이것은 수용유사침해에만 국한되는 것이 아니라 널리 수용적 침해에 대한 보상을 인정하는 근거로 작용하게 됩니다. 교과서에서는 수용유사침해에서만 희생보상청구권에 대한 언급이 나오니까 그렇게만 생각하기도 하는데, 수용적 침해에도 해당되는 것이라고 이해해야 맞습니다.

3. 비재산적 법익 침해에 대한 손실보상

1) 의의

헌법 제23조 제3항이 "공공필요에 의한 재산권의 수용·사용 또는 제한…"을 규정하고 있으므로 비재산적 법익, 즉 생명·신체 등에 대한 침해의 경우 손실보상의 대상이 되지 않으며 아울러 국가배상법 제2조 요건이 갖추어지지 않는 한 손해배상의 대상도 안 된다. 따라서 비재산적 법익의 침해에 대한 구제가 문제된다.

예컨대 예방접종으로 인하여 장애를 얻게 되거나, 기타 신체에 손상을 받은 경우, 적법한 경찰권의 발동에 의해 범인을 향해 총을 쏘았는데(과실이 없었다고 전제함), 총탄이 범인을 관통하여 옆의 사람에게 상해를 입힌 경우 이를 어떻게 구제할 것인가가 문제된다.

2) 희생보상청구권

(1) 근거

이것은 독일의 판례에서 발전된 이론이다. 이는 수용유사침해와 같이 오늘날에도 헌법적 관습법으로서 효력을 지닌 프로이센일반법 서장 제74조와 제75조에 표현되어 있는 법원칙, 즉 공익을 위해 특별한 희생을 당한 자는 보상을 받아야 한다는 원리에 기초하고 있다. 그밖에 사회국가원리, 평등의 원리 등이 부차적으로 거론되고 있다. 전술한 바와 같이 * 원래 희생보상청구권은 공동체의 복리를 위해 희생된 개인의 침해(모든 유형의 침해)에 대해 국가가 보상한다는 원리였는데, 재산권의 침해에 대해서 손실보상제도가 완비되자, 비재산적 법익에 대한 손실의 보상에 대해 청구할 수 있는 권리로 한정된 것이다.

(2) 성립요건

비재산권적 침해라는 점을 제외하면 손실보상의 경우와 같다. ① 비재산권에 대한 침해, ② 적법한 행정작용으로 인한 침해, ③ 특별한 희생, ④ 침해의 공공복지 관련성 ⑤ 개별법상 보상규정의 부존재(개별법에 의한 보상규정이 있는 경우 희생보상청구권이 적용될 여지가 없기 때문이다) 등이다.

(3) 보상내용

독일의 판례에서는 여기서의 보상은 의료비, 소득상실분 및 소송비용 등과 같은 재산적 손해만을 내용으로 하고, 정신적 손해와 같은 비재산적 손해는 포함되지 않는다고 한다.

3) 우리나라의 경우

비재산적 법익의 침해에 대한 보상이 법률의 규정으로 있으면 이에 따라 해결하면 된다. 예컨대 전염병예방법 제54조의2, 소방법 제89조, 산림법 제102조의3 등에서는 생명, 신체의 피해보상에 관한 규정을 두고 있다(이런 경우는 희생보상청구권을 인정하고 있는 예이다). 문제는 이러한 법적 보상 근거가 없는 경우이다.

이에 대해서는 ① 헌법상의 기본권규정(제10조와 제12조)과 평등규정(제11조)을 직접 근거로 보상을 청구할 수 있다는 견해(직접적용설), ② 헌법 제23조 3항이 재산권에 대한 보상을 규정하고 있지만 재산권보다 더 가치가 큰 생명, 신체의 경우에도 당연히 적용된다는 견해(물론해석설) ③ 헌법 제23조 3항을 직접 적용할 수는 없지만, 헌법상 평등권 조항 및 인간다운 생활을 할 권리 등에 관한 헌법 규정을 유추적용하여 손실보상을 인정하자는 견해(유추적용설; 이 견해는 희생보상청구권을 인정하는 것과 같다), ④ 헌법 제23조 3항을 유추적용하고, 헌법상 평등권 조항 및 인간다운 생활을 할 권리 등에 관한 헌법 규정을 직접 적용하여 보상을 인정하자는 견해(평등원칙설) ⑤ 독일의 희생보상청구법리를 직접 도입하자는 견해 등이 있다.

생각건대 독일의 전통적인 관습법인 희생보상청구제도는 우리나라에 없으며, 위에서 보는 바와 같이 희생보상청구권을 수용하지 않더라도 다른 법리에 의해서 보상의 논리를 구성할 수 있으므로 반드시 희생보상청구권을 수용할 필요는 없다고 생각된다.

4) 희생보상청구권과 희생유사보상청권

비재산적 침해에 대한 보상의 방법 전체를 희생보상청구권이라고 하기도 하고, 이것을 재산권의 경우와 마찬가지로 구분하여 적법한 침해의 경우와 위법한 침해의 경우(보상규정이 없는 경우)로 나누어 후자에 대해서는 희생유사보상청구권이라고 하기도 한다. 독일의 이론과 판례는 수용유사침해를 인정한 것과 같은 논리로 희생보상청구권의 경우도 적법한 침해로 인한 희생보상청구권과 위법한 침해로 인한 희생유사보상청구권을 구분한다.

Check

- 행정상손해배상제도의 발전
- 국가배상법의 지위와 성격
- 국가배상법 제2조의 직무행위의 범위
- 국가배상법 제2조의 법령위반의 의미
- 국가배상법 제2조의 위헌성
- 국가배상책임의 확대를 위한 이론

- 국가배상책임의 성질
- 공무원의 선임, 감독자와 비용부담자가 다를 때의 배상책임과 구상권의 행사
- 공공영조물의 설치관리상의 하자로 인한 배상책임의 요건
- 공공영조물책임의 법적 성질
- 공공영조물책임에서 설치 또는 관리상의 하자의 해석
- 고속도로 설치 및 관리상의 하자와 한국도로공사의 책임(소송유형)
- 국가배상의 절차
- 국가배상의 위법개념과 항고소송의 위법개념
- 행정소송의 기판력과 국가배상
- 국가배상법 제2조와 제5조의 관계
- 국가배상법 제6조 제2항의 궁극적인 배상책임자
- 행정상 손실보상의 원인인 '특별한 희생'과 관련된 문제(특히 수인한도설)
- 생활보상의 수단인 주거의 총체가치의 보상, 소수잔존자 보상이란?
- 수용유사적 침해와 수용적 침해에 관한 문제
- 손실보상금의 지급방법에 관한 문제
- 경계이론과 분리이론
- 불가분조항이론
- 보상규정이 없는 경우의 손실보상에 관한 견해
- 개발제한구역의 지정과 손실보상
- 보상액증감청구소송
- 손실보상액 결정에 대한 불복절차
- 수용유사침해이론이 등장한 이유
- 희생보상제도와 수용유사침해, 수용적 침해의 관계
- 독일과 한국의 손실보상제도의 차이
- 보상규정이 없는 경우의 경계이론과 분리이론

제3장

행정쟁송

제1절 총 설

제1항 서 설

행정쟁송은 행정작용이 위법하거나 부당한 경우에 행정작용을 통제하여 사후적으로 법치주의 원칙에 따른 행정작용의 적법성을 회복하고(행정통제기능), 이를 통해 국민의 권리보호를 도모(권리구제기능)하기 위한 제도이다.

여기에는 행정심판과 행정소송의 두 제도가 있는 데, 행정심판은 행정법상의 분쟁에 대하여 행정기관이 스스로 심리하고 판정하는 쟁송절차로서, 원칙적으로 하급행정청의 위법·부당한 작용에 대하여 상급청이 통제하는 것을 말한다. 행정소송은 법원이 주체가 되어 행정법상의 분쟁을 해결하는 절차를 말한다. 행정심판은 하급청의 위법한 작용을 바로잡아 적법한 행정을 유지하려는 목적 즉, 행정통제기능이 주가 되나, 행정소송은 이미 위법하게 발동되어 버린 행정작용을 독립된 기관인 법원이 국민의 권익을 지켜주기 위해 발동되므로 권리보호기능이 주가 된다.

제2항 행정쟁송 개관

1. 행정쟁송의 의의와 유형

1) 의의와 기능

행정쟁송이란 행정상 법률관계의 형성·존부에 관한 다툼을 국가기관이 심리·판정하는 일련의 절차를 말한다. 또 협의의 행정쟁송이란 일반법원이 아닌 행정조직 내 특별기관이 재결하는 절차를 말하므로 대륙법계에서 유래하는 개념이라 할 수 있다.

2) 유형

대륙법계 국가에서는 일찍이 이의신청 등 행정심판이 발달해 왔으며, 행정소송도 일반법원이 아닌 행정법원에서 관할하였다. 영미법계 국가에서는 협의의 행정쟁송을 인정하지 아니하고 행정사건을 일반법원 관할로 하여 왔으나, 오늘날에는 행정위원회, 독립규제위원회, 행정심판소 등을 설치하여 이들 기관으로 하여금 준입법적·준사법적 기능을 수행하게 한다. 즉 오늘날에는 협의의 행정쟁송은 영미에서도 인정되는 개념이다.

우리나라에서는 대륙의 행정쟁송제도의 원형을 인정하면서 영미의 사법국가주의에 영향을 많이 받았다. 따라서 행정사건을 일반법원의 관할로 하면서 행정심판을 인정하고, 행정소송절차에 민사소송 절차에 관한 특례를 인정한다.

2. 행정상 쟁송의 종류

1) 주관적 쟁송·객관적 쟁송

(1) 주관적 쟁송

주관적 쟁송이란 개인의 권익보호를 직접 목적으로 하는 쟁송을 말한다. 여기에는 항고쟁송과 당사자쟁송이 있다. 양자의 기본적인 차이는 항고쟁송은 '처분'을 대상으로 그것의 위법성 내지 부당성을 다투는 쟁송이고, 당사자 쟁송은 그 이외의 쟁송을 말한다. 항고쟁송은 '처분'을 그 대상으로 하는 결과 항고쟁송의 대상이 되는 성질을 '처분성'이라고 하는 것이다.

① 항고쟁송: 항고쟁송이란 이미 행해진 행정행위(처분)의 취소·변경을 위한 재조사를 구하는 쟁송을 말한다. 예컨대 행정심판과 항고소송이 여기에 속한다.

② 당사자쟁송: 당사자쟁송이란 대등한 당사자 간에 권리관계의 형성 또는 존부를 다투는 절차를 말한다. 당사자쟁송에는 실질적 당사자쟁송(예: 손해배상금청구소송, 손실보상금청구소송, 공무원봉급청구소송, 공법상계약에 관한 소송, 처분의 취소·무효를 전제로 한 부당이득반환소송 등)과 형식적 당사자 쟁송이 있다. 형식적 당사자쟁송이란 토지수용에 있어 사업시행자와 토지소유자 기타 관계자 사이에 손실보상액에 관하여 협의가 성립되지 아니한 경우에 보상액의 증감을 다투는 소송과 같이 실질적으로는 보상액의 결정이라는 '처분'을 구하는 것이면서 형식적으로는 행정기관이 아닌 사업의 시행자를 피고로 하여 당사자소송의 구조를 취하는 소송의 형태를 말한다. 일반적으로 당사자쟁송이라 함은 실질적 당사자쟁송을 말한다.

※ 항고소송은 처분청(행정기관)을 상대(피고)로 하나, 당사자소송은 행정주체를 상대로 한다.

(2) 객관적 쟁송

개인적 권익보호와는 관계없이 공익보호 또는 법규적용의 객관적 적정성을 직접 목적으로 한다. 당사자에 따라 민중소송과 기관소송으로 구분한다.

① 민중소송: 민중소송이란 행정법규의 위법한 적용을 시정하기 위해 일반민중이 제기하는 쟁송을 말한다. 예컨대 국회의원선거에 있어서 선거인이 제기하는 선거소송 등이 여기에 속한다.

② 기관소송: 기관소송이란 법규적용의 적정성을 확보하기 위해 공법상 기관이 당사자가 되어 제기되는 쟁송을 말한다. 예컨대 지방의회의 재의결이 법령에 위반됨을 이유로 자치단체장이 대법원에 제기하는 소송 등이 여기에 속한다.

2) 시심적 쟁송 · 복심적 쟁송

(1) 시심적 쟁송

시심적 쟁송이란 법률관계의 형성 · 존부에 관한 최초의 행정작용 자체가 쟁송의 형식으로 행해지는 쟁송을 말한다. 예컨대 '당사자쟁송'이 여기에 속한다.

(2) 복심적 쟁송

복심적 쟁송이란 이미 행해진 행정작용의 재심사를 목적으로 하는 절차를 말한다. 예컨대 행정심판 · 행정소송 등 항고쟁송은 모두 여기에 속한다.

3) 정식쟁송 · 약식쟁송

정식쟁송이 되기 위해서는 심판기관의 제3자성, 심리절차에서 구두변론이 인정되어야 한다. 따라서 행정소송은 정식쟁송, 행정심판은 약식쟁송에 속한다.

4) 행정심판 · 행정소송

심판기관이 행정기관인 경우가 행정심판, 심판기관이 법원인 경우가 행정소송이 된다.

5) 형식적쟁송 · 실질적쟁송

이것은 분쟁이 실질적으로 존재하는지의 여부에 따른 구분이다. 예컨대 형식적 쟁송은 분쟁이 현실적으로 존재하지 않는 행정구제수단을 의미한다. 예컨대 행정절차가 여기에 속한다.

〈행정심판과 행정소송의 비교〉

구 분	행정심판	행정소송
기본적 차이	행정통제 색채농후	개인적 권리구제 중시
쟁송 대상	위법 · 부당한 처분	위법한 처분
원고 적격	법률상 이익	법률상 이익
성질	약식 쟁송	정식 쟁송
청구기간	처분이 있음을 안 날로부터 90일 처분이 있은 날로부터 180일	처분이 있음을 안 날로부터 90일 처분이 있은 날로부터 1년
판정기관	상급행정기관	법원
소송형태	취소심판 무효등확인심판 의무이행심판	취소소송 무효등확인소송 부작위위법확인소송 당사자 소송 기관소송 · 민중소송
의무이행확보수단	행정심판위원회의 직접 처분권 인정 (의무이행심판)	간접 강제 제도 (부작위위법확인소송)
거부처분에 대한 쟁송형태	의무이행심판	취소소송
심리원칙	서면심리 · 구술심리	구술 심리
변론주의 · 처분권주의	처분권주의 직권주의 원칙	처분권주의 변론주의 원칙, 직권심리주의 보충

제 2 절 행정소송

제 1 항 개 관

1. 의의

행정법규의 적용에 관하여 분쟁이 있는 경우 당사자의 소송제기에 의해 법원이 '무엇이 법인가'를 심리 · 판단하기 위한 소송절차를 말한다.

2. 기능

1) 행정구제기능(국민의 권리구제기능)

행정소송은 행정작용이 법치주의의 요구에 어긋나게 행해짐으로써 개인의 권익을 침해한 경우에 그러한 하자있는 행정작용을 취소하거나 변경함으로써 침해된 개인의 권익을 구제하려는 데 첫 번째 목적이 있다.

2) 행정통제기능(행정의 적법성보장기능)

행정소송은 위법한 행정처분이 있는 경우에 법원이 일정한 절차에 따라 그 처분에 대해 위법여부를 심판하여 하자를 시정케 하는 제도이므로 행정작용의 객관적 적정성을 보장하기 위한 가장 실효성 있는 행정통제방법이라 할 수 있다.

3) 양자의 관계

행정소송의 권리구제기능과 행정통제기능은 전자가 주된 기능이고, 후자는 종된 기능이라 할 수 있다. 즉 법원이 갖는 행정에 대한 통제는 국민의 권리구제를 통해서 가능하다는 의미이다.

3. 특수성

1) 개설

행정소송이 근본적으로는 사법작용(司法作用)이라 하더라도 그 소송사항이 행정처분이라는 점에서 민사상 구제제도인 민사소송제도와 비교하여 다음과 같은 법기술적 특성을 가진다.

⑴ 권리구제기능이외에 행정통제기능도 수행

행정소송제도는 개인의 권리구제에 충실한 민사소송과 달리 행정통제기능도 수행하는 데, 따라서 행정목적달성을 위하여 개인의 권리구제가 희생될 수도 있다.

⑵ 소송의 대상이 처분이다

행정소송의 대상은 처분, 즉 행정행위만이 원칙적으로 대상이 된다는 것이다(물론 당사자소송은 그렇지 않지만). 이 점에서 소송의 대상에 한정을 두지 않는 민사소송과 다르다.

(3) 공익과 사익 간 이해 조정

행정소송은 공익과 사익간의 이해조정작용을 한다. 따라서 개인의 사익보다는 먼저 공익을 따지게 되고 때로는 공익을 위하여 사익이 희생되기도 한다.

※ 이하는 항고소송의 특수성이다.

1) 절차적 특수성

(1) 행정심판전치주의

행정심판을 행정소송의 전심절차로 하여 행정소송을 제기하기 위해서는 미리 행정심판절차를 거치도록 하는 제도로 행정청에 대하여 재검토·시정의 기회를 부여함과 동시에 사법절차에 대한 보완기능을 수행하도록 하려는 취지이다. * 1998. 3.부터 임의절차로 바뀌었다.

(2) 심급상의 특수성

종전에는 1심을 고등법원으로 하고, 행정소송은 2심제를 취했으나, 1994년 개정된 행정소송법에 의해 지방법원급의 행정법원 신설로 민사소송절차와 마찬가지로 3심제가 되었다.

(3) 피고의 특수성

소송의 종국적 목적은 권리·의무관계를 확정하는 것이다. 따라서 소송의 당사자가 되는 것은 권리·의무의 '주체'가 되어야 한다. 행정소송에서도 행정주체인 국가나 지방자치단체가 피고가 되어야 하나, 행정소송법상 항고소송에서는 당해 처분을 행한 '행정청'을 피고로 한다. 왜냐하면 항고소송은 '처분'의 법적 평가를 하는 것이고, 처분을 하는 주체는 행정청이기 때문이다.

(4) 관련청구의 병합

위법한 처분으로 권익을 침해당한 자는 그 원인되는 위법한 처분의 취소·변경을 구함과 동시에 그와 관련되는 부당이득반환이나, 원상회복을 청구할 필요가 있는 경우가 적지 아니한다. 따라서 항고소송에서는 그 청구와 관련되는 손해배상, 부당이득반환, 원상회복 등의 청구를 병합할 수 있다.

원칙적으로는 부당이득반환이나 원상회복을 청구하기 위해서는 먼저 처분청을 피고로 하는 항고소송을 제기하여 처분을 취소한 후(공정력을 제거한 후) 국가 등을 상대로 당사자소송이나 민사소송을 청구하여야 하나, 심리의 중복을 피하고 행정작용으로 인한 분쟁의 신속한 해결을 도모하여 효율적인 권리구제를 위하여 병합심리를 인정한다. 따라서 다른 행정법원에서 소송을 통하여 취소를 받은 후 민사소송을 제기하는 것이 아니라 한 번에 두 가지의 소장을 동시에 제출하면 된다. 처분등과 관련되는 손해배상·부당이득반환·원상회복 등 청구소송 등을 취소소송과 병합을 하는 경우에는 '취소소송이 계속된 법원'에 관련소송을 병합하여야 한다.1)

돌발퀴즈 Q. 항고소송과 관련청구소송이 각각 다른 법원에 계속되고 있는 경우에는 병합심리를 할 수 있도록 하고 있다. 이러한 경우, 관련청구소송의 재판관할은?

① 관련청구소송이 계속된 법원　② 대법원
③ 서울고등법원　④ 항고소송이 계속된 법원

A. ④. 항고소송이 계속된 법원에 관련 청구소송을 병합한다.

(5) 직권주의

행정소송은 민사소송과는 달리 분쟁의 대상인 사건 그 자체가 '행정'에 관한 것이며 공공복리에 미치는 영향이 적지 아니하므로 그 심리에는 직권주의(職權主義)가 강하게 인정된다.

직권주의란 변론주의에 상대되는 개념으로, 소송에서의 주도적 지위를 법원에게 인정하는 소송구조를 말한다. 따라서 직권주의에서는 ① 법원이 실체진실을 발견하

---

1) 행정소송법 제10조 (관련청구소송의 이송 및 병합) ① 취소소송과 다음 각 호의 1에 해당하는 소송(이하 "관련청구소송"이라 한다)이 각각 다른 법원에 계속되고 있는 경우에 관련청구소송이 계속된 법원이 상당하다고 인정하는 때에는 당사자의 신청 또는 직권에 의하여 이를 취소소송이 계속된 법원으로 이송할 수 있다.
1. 당해 처분등과 관련되는 손해배상·부당이득반환·원상회복등 청구소송
2. 당해 처분등과 관련되는 취소소송
② 취소소송에는 사실심의 변론종결시까지 관련청구소송을 병합하거나 피고외의 자를 상대로 한 관련청구소송을 취소소송이 계속된 법원에 병합하여 제기할 수 있다.

기 위하여 피고인의 주장 또는 청구에 구속받지 않고 직권으로 증거를 수집 · 조사해야 하며(직권탐지주의), ② 소송물은 법원의 지배 아래 놓이게 되고, 따라서 법원이 직권으로 사건을 심리할 것을 요구한다(직권심리주의).[2)]

(6) 집행부정지 원칙

행정의 원활한 운영에 중점을 두어 심판의 청구는 당해 처분의 효력이나 그 집행 또는 절차의 속행에 영향을 미치지 아니한다.

(7) 제소기간 제한

행정소송은 처분이 있음을 안 날로부터 90일, 처분이 있은 날로부터 1년(불변기간)내에 제기하도록 하고 있다. 제소기간이 도과하였는지의 여부는 법원이 직권으로 조사한다.

2) 실질적 특수성

행정처분이 위법하여 원고의 청구에 이유가 있는 경우라도 그 처분 등을 취소 · 변형함이 현저히 공공복리에 반하는 때에는 원고의 청구를 기각할 수 있는 '사정판결'을 인정한다.

4. 행정소송의 유형

- 대륙법계 → 행정법원(행정국가주의)
- 영미법계 → 일반법원(사법국가주의)

우리나라는 1998.3. 행정법원을 신설하였으나, 지방법원급 일반법원이며, 항소·상고의 일반법원 관할로 사법국가주의 원칙을 견지하고 있다.

5. 행정소송의 한계

행정소송의 한계란 행정소송의 대상이 되지 못하는 것으로 종래 논의가 되어온 사례들을 일컫는 말이다. 여기에는 사법의 본질에 의한 한계와 권력분립에 의한 한

2) 행정소송법 제26조 (직권심리) 법원은 필요하다고 인정할 때에는 직권으로 증거조사를 할 수 있고, 당사자가 주장하지 아니한 사실에 대하여도 판단할 수 있다.

계가 있으며, 또 전자에 관하여는 다시 구체적 사건성과 법적 해결성 등이 거론된다.

1) 사법본질에 의한 한계

(1) 구체적 사건성

a. 추상적 법령

b. 반사적 이익

구체적 사건성이란 행정소송은 당사자 사이의 '구체적인 권리의무에 관한 분쟁'이 존재하는 경우에만 행해질 수 있다는 의미이다. 여기서 '구체적'이라는 것은 행정청의 행위 중 구체적인 법집행작용인 행정행위 등의 작용만이 행정소송의 대상이 되고 '추상적'인 법령은 행정소송의 대상이 되지 않는다는 말이다. 법령은 행정소송으로 취소를 구할 수 없다면 어떻게 해야 할까? 위헌적인 법률인 경우 위헌법률심사제도를 이용할 수밖에 없다. 다만 위헌법률심사제도를 통해 효력이 정지되는 것은 당해 법률 전체가 아니다. 해당 조문에 한한다.

또한 '권리의무에 관한' 분쟁을 말하므로 공권과 공의무가 아닌 단순한 반사적 이익은 행정소송으로 실현시킬 수 있는 이익이 아니다.

(2) 법적 해결성

a. 통치행위

b. 재량행위

c. 특별권력관계

법적 해결성이란 법률이 적용됨으로써 해결될 수 있는 분쟁이어야 한다는 의미이다. 바꾸어 말하면 법이 침투하는 영역, 즉 법원의 심사가 가능한 영역이어야 한다는 것이다. 통치행위는 고도의 정치성 때문에, 재량행위는 행정청의 선택의 자유가 인정되는 영역이라는 이유 때문에, 특별권력관계는 특별한 공적목적에 의해 법이 침투되지 않는 영역이라는 이유로 법원의 법적 심사가 불가능하거나 제한되는 영역으로 인식되어 왔다. 다만 오늘날 이러한 "법으로부터 자유로운 영역"의 모습은 상당히 축소되었으며, 실질적 법치주의하에서 이런 행위에 대한 법적 심사도 가능하다고 할 수 있으나, 여전히 다른 행정작용에 비해서는 제한되어 있다.

2) 권력분립에 따르는 한계

권력분립에 의한 행정소송의 한계는 소극적인 부작위위법확인소송 대신에 적극적인 의무이행소송이 가능한가의 문제로 귀결된다.

(1) 의무이행소송의 인정여부

① 의무이행소송의 개념: 일정한 행정행위를 청구하였는데 행정청이 이에 대한 의무가 있음에도 불구하고 아무런 응답이 없는 경우에 행정청에 대하여 그 행정행위를 해줄 것을 구하는 내용의 행정소송을 말한다.

② 의무이행소송의 성질: 행정청의 부작위에 대하여 부작위위법확인소송과 달리 직접적으로 행정청의 작위의무를 부과하는 이행판결로서의 행정소송형태이다.

③ 인정여부

가. 소극설(판례): 권력분립의 원리상 행정에 관한 제1차적 판단권은 행정권이 가져야 한다.

나. 적극설: 권력남용의 방지와 개인의 권리구제 위해 적극적인 이행판결 인정할 수 있다(무명항고소송).

▸ 무명항고소송이란?

행정소송법은 항고소송의 종류로서 취소소송, 무효등확인소송, 부작위위법확인소송의 3형태를 인정하고 있다. 그런데 이러한 항고소송의 유형만으로는 국민의 권리구제를 실효성 있게 할 수 없으므로, 행정소송법의 항고소송에 관한 규정을 예시규정으로 보아 이밖에도 '법에는 규정되어 있지 않으나 해석상 인정되는 불문의 항고소송'으로 무명항고소송을 인정하자는 견해가 있다. 위에서 본 의무이행소송이 그 대표적인 것이며, 이밖에 예방적부작위청구소송(예방적금지소송)이 거론되고 있다. 그러나 판례는 행정소송법의 항고소송규정은 열거규정으로서 무명항고소송은 인정될 수 없다는 태도를 취한다.

(2) 독일은 행정사항에 관하여 별도의 행정법원을 두고 있는 행정국가로 법원의 판결에 의해 행정기관의 행위를 강제하는 의무이행소송이 존재한다.

6. 행정심판전치주의

1) 의의

법령에 의해 행정심판이 인정되고 있는 경우 필요적 전심절차로 행정심판을 거치도록 하는 것이다. 행정소송법 개정으로(1994. 7. 27.개정 1998. 3. 1. 시행) '취소소송은 법령의 규정에 의하여 당해 처분에 대한 행정심판을 제기할 수 있는 경우에도 이를 거치지 아니하고 제기할 수 있다'라고 하여 행정심판전치주의를 임의절차화 하였다. 다만 '개별 법률'에서 행정심판을 거치도록 규정하고 있는 경우에는 여전히 필요적 전치주의로 작용한다. 개별 법률에서 행정심판을 거치도록 하는 처분은 ① 조세처분 ② 공무원의 징계처분 ③ 운전면허 처분 ④ 노동위원회 결정에 대한 항소 ⑤ 국토해양부장관은 선박검사처분 등이다.

돌발퀴즈 Q. 개별법률에서 행정심판전치주의를 적용하도록 하고 있는 경우 이를 거치지 않고 소를 제기하였다면 어떻게 되는가?

A. 행정심판을 거치지 아니하고 소를 제기하였더라도 사실심변론종결시까지 행정심판전치의 요건을 갖추었다면(행정심판을 거치든지 아니면 면제사유가 발생하든지 ...) 하자는 치유된다.

* 행정심판전치절차의 이행여부는 법원의 직권조사사항이다. 즉 행정심판 전치 요건에 대한 충족 여부는 소송 당사자의 주장과 상관없이 법원이 직권으로 조사해야 한다.

2) 적용범위

행정심판전치주의는 항고소송에 적용되는 것이다. 따라서 행정소송법에서는 취소소송에 관하여 행정심판전치주의를 예외적으로 채택하고, 부작위위법확인소송에 이를 준용하도록 하고 있다. 무효등확인소송과 당사자소송에는 적용되지 아니한다. '무효'의 경우에는 그 하자가 중대·명백하므로 '행정청 스스로에게 자성·시정의 기회를 준다'는 행정심판의 목적과 부합하지 아니하기 때문이다. 또 행정심판은 전술한 바와 같이 처분의 위법 또는 부당을 다투는 항고쟁송이므로 항고소송의 전심절차가 되며, 당사자소송에는 적용될 여지가 없다.

3) 근거

(1) 제도적 연혁

행정심판전치주의를 두는 제도적 의의는 국가마다 그 연역적 차이가 있긴 하지만 주로, 대륙법계에서는 행정권의 자기통제효과를 위하여, 영미법계에서는 국민의 권익보호를 위하여 인정된 제도이다.

(2) 필요성

행정청의 자성·시정의 기회부여, 행정청의 전문지식의 활용, 법원의 부담경감, 구제를 위한 시간·비용등의 절감 등의 장점이 있다.

4) 결함

(1) 개별법에 의한 절차(심판체계의 다원성)

개별법에서 행정심판절차를 두고 있는 경우 그에 따르고 두고 있지 않은 경우 행정심판법에 따른다.

(2) 낮은 인용률

행정심판은 행정기관이 심판기관이 되므로 같은 행정부의 기관이 한 행위의 하자를 쉽게 인정하지 않으려고 할 것이므로 심판청구의 인용률이 낮을 우려가 있다.

제 2 항 행정소송의 종류

1. 개설

1) 내용에 따라

(1) 항고소송

a. 취소소송 (*무효선언적 취소소송도 포함)

b. 무효등확인소송

c. 부작위위법확인 소송

-. 무명항고소송(* 다수설과 판례는 부인)

(2) 당사자 소송

(3) 민중 소송

(4) 기관 소송

2) 성질에 따라

(1) 형성의 소

행정법상의 법률관계의 변동을 선언하는 소송이다(예컨대 취소소송).

(2) 확인의 소

권리 또는 법률관계의 존재 또는 부존재의 확인을 구하는 소송이다(예컨대 무효등확인소송, 부작위위법확인소송). '확인의 소'의 성격을 가지는 당사자 소송도 있다. 예컨대 *일정한 법적 지위 혹은 권리가 있음을 확인해 달라는 당사자소송 등이 그것이다.

(3) 이행의 소

이행청구권의 확정과 이에 기한 이행명령을 목적으로 하는 소송이다(예컨대 의무이행소송). 이행명령을 목적으로 하는 당사자소송도 있다. 예컨대 국가배상소송, 손실보상소송 등이 그것이다.

소의 종류		성 질
항고소송	취소소송	형성의 소
	무효등확인소송	확인의 소 *준형성소송적 성질도 가지고 있다.
	부작위위법확인소송	확인의 소
당사자소송	'이행의 소'의 성질을 띠는 경우	이행의 소
	'확인의 소'의 성질을 띠는 경우	확인의 소

2. 항고소송

행정청의 위법한 처분이나 부작위로 자신의 권익을 침해당한 자가 그 위법을 다투기 위해 제기하는 소송이다. 실제로 '부작위'도 역시 처분의 일종으로 이해할 수 있으므로 항고소송은 행정행위의 무효나 취소를 구하는 소송으로 이해할 수 있겠다.

1) 취소소송

취소소송은 행정기관의 위법한 처분의 취소나 변경을 구하는 소송의 형태이다. 재결의 취소나 변경은 재결자체에 고유한 위법이 있는 경우에만 허용된다.

(1) 의의

취소소송은 항고소송 중 가장 대표적인 소송유형이다. 따라서 현행 행정소송법은 취소소송에 관하여 규정을 두고 이것을 다른 소송유형에 준용하고 있다.

취소소송은 처분 등을 대상으로 한다. 행정심판의 재결 역시 처분의 일종이나 현행 행정소송법은 원처분주의를 취하므로 재결은 '재결 자체에 고유한 위법이 있는 경우'에 한해 취소소송의 대상이 된다.[3][4] 다만 '재결 자체에 고유한 위법이 있는 경우'가 어떤 경우인가에 대해서는 학설상에 논의가 있다. 이 문제는 특히 중요할 수 있는데, 왜냐하면 재결자체에 고유한 위법이 있다고 생각하여 재결의 취소를 구하는 소송을 제기하였다가 각하되어 버리면 예측하지 못한 불이익을 입을 수 있기 때문이다.

(2) 성질

취소소송은 형성소송으로 본다. 취소소송이 있게 되면 종래의 행정행위(처분)는 취소가 되어 소급적으로 효력이 상실되며 그 처분으로 인해 형성되었던 법률관계는 소멸되기 때문이다.

---

3) 행정소송법 제19조는 "취소소송은 처분 등을 대상으로 한다. 다만, 재결취소소송의 경우에는 재결 자체에 고유한 위법이 있음을 이유로 하는 경우에 한한다."

4) 이에 비해 재결주의는 원처분에 대해서는 제소가 허용되지 않고 재결에 대해서만 제소를 인정하되, 재결자체의 고유한 위법뿐만 아닐 원처분의 위법도 재결취소(무효)소송에서 주장할 수 있도록 하는 제도이다.

2) 부작위위법확인소송

행정기관이 일정한 처분을 할 의무가 있으면서 이행하지 아니한 것, 즉 그 부작위에 대한 위법확인을 구하는 소송이다. 부작위란 행정청이 당사자의 신청에 대하여 상당한 기간 내에 일정한 처분을 하여야 할 의무가 있음에도 불구하고 이를 하지 아니하는 것을 말한다.

(1) 의의

행정청의 부작위에 대해 불복하는 자가 이행을 청구하는 형식은 행정심판에서는 의무이행심판으로 행해지나 행정소송에서는 부작위의 위법을 확인하는데 그친다(부작위위법확인소송). 이것은 사법부가 행정부에 이행을 명령하는 것은 권력분립의 원리상 불가능하다고 생각되기 때문이다. 그러나 학자들간에는 의무이행소송을 무명항고소송으로 인정해야 한다는 견해도 있으며, 독일의 경우 의무이행소송을 인정하고 있다.

(2) 부작위와 거부처분과의 구별

예컨대, 사인이 허가신청을 하는 경우 행정청은 이에 따라 허가처분을 하게 된다. 그런데 이때 행정청이 허가처분을 하지 않는 경우가 있는데, 이를 거부처분이라고 한다. 즉, 거부처분이란 "행정청이 사인의 신청에 따른 처분을 하지 않는 것"을 가리키는 것이다.

거부처분은 사인의 신청에 따른 처분을 발하지 않은 점에서는 부작위처분과 공통되나, 허가나 불허가나 어느 것도 하지 않는 상태인 부작위와 구별해야 한다. 원칙적으로 이 거부처분은 행정청의 '불허가'라는 작위가 존재하므로 작위처분의 일종으로서 취소소송의 대상이지 부작위위법확인소송의 대상이 아니다.

□ 이렇게 생각해 봅시다.

행정청의 부작위가 위법한 경우, 예컨대 허가신청을 하였는데 상당한 기간이 지나도 아무런 응답을 하지 않는 경우, "허가든 불허가든 간에 답을 해주시오" 라는 명령을 법원이 행정청에게 해 줄 것을 청구할 수 있다. 실제로 행정심판은 의무이행심판이라는 이행의 소의 형식을 취한다. 즉, 행정심판위원회가 처분청에 대하여 "작위의무를 이행하라. 혹은 허가든 불허가든지 간에 대답하라"는 명령을 발하는 것이다. 그런데, 행정심판과는 달리 행정소송은 부작위위법확인소송이라는 확인소송의 형태로 되어 있다. 즉 "행정청의 부작위상태는 위법임을 확인한다." 이것은 "행정청이 가만히 있는 것은 위법한 것 아닌가요? 어떤 식으로든 처분을 좀 하지 그래요?"라는 의미이다. 결국, 부작위위법확인소송은 간접적으로 작위의무이행을 명령하는 속뜻을 가지게 되며, 의무이행심판과 같은 뜻이 된다.

왜 이렇게 행정소송은 이행소송을 정면으로 인정하지 않고, 확인소송의 형식으로 규정하게 되었을까? 그것은 권력분립적 고려 때문이다. 정부와 법원은 권력분립상 대등한 국가기관이다. 그런데, 법원이 "작위하라."고 정부에게 명령한다는 것은 마치 법원이 상급기관인 것처럼 되어 권력분립상 불가하다는 것이 입법자의 생각이다.

최근 다수의 학자들은 이러한 순전히 형식적이고 전근대적인 고려를 떨쳐 버리고 정면으로 의무이행소송을 인정해야 한다고 주장한다. 그 근거로 무명항고소송의 한 형태로 의무이행소송을 인정하자는 견해가 유력하다. 그러나 판례는 여전히 권력분립적 고려를 이유로 무명항고소송으로서의 의무이행소송을 인정하지 않고 있다.

3) 무효등확인소송

처분이나 재결의 효력유무・존재여부 등의 확인을 구하는 소송을 말한다. 여기서 '무효등'에는 유효・존재・부존재・실효 등이 포함된다.

(1) 의의

원래 행정행위에 무효의 하자가 있는 경우에는 당연무효이므로 새삼스럽게 소송의 형식으로 이를 주장할 필요도 없는 것이나, 실제 행정행위가 무효인지의 여부는 관계당사자가 명확히 알 수 없으므로 법원의 공적 확인을 받는 의미에서 이 소송을 제기하는 것이다.

(2) 성질

무효등확인소송의 성질에 관해 다수설은 원칙적으로 확인소송이나 준항고소송의 성질도 가진다고 한다. 준항고소송이란 항고소송의 대표적 유형인 취소소송의 성질에 준한다는 의미이다. 원래 행정행위에 무효의 하자가 있으면 처음부터 그 행정행위는 효력을 발생하지 않는다. 따라서 무효등확인소송은 단지 법원의 "공적인 확인"을 구하는 의미 외에는 없다고 할 수 있다(확인소송의 성질). 그런데 이 무효등확인소송은 순전히 외형적인 모습으로만 보면 '현실적으로 존재하는 처분'에 대하여 그 효력을 다투는(효력이 없다고 주장하는) 모습으로 진행되므로 취소소송과 유사한 형태를 띤다(준항고소송의 성질). 그렇지만 확인소송의 성질이 더 본질적인 성질이다.

돌발퀴즈 Q. 조례에 대해 무효확인소송을 제기하는 경우 피고는 누가 되는가?

A. 지방자치단체장, 지방의회가 아니라 지방자치단체의집행기관인 지방자치단체장이 피고가 된다.

3. 당사자소송

항고소송이 행정기관의 우월한 지위에서 행하는 처분에 대한 시정청구임에 비해, 당사자소송은 대등한 당사자사이에 공법상 법률관계에 관한 소송이다.

1) 실질적 당사자소송

공법상 법률관계를 소송물로 하는 대등한 권리 주체 사이의 소송을 말한다. 대부분의 당사자소송이 여기에 속하며, 이 소송은 실무상으로는 민사소송에 따른다.

(1) 의의

항고소송이 처분 등에 대해 직접 그 무효·취소를 다투는 소송이라면 당사자소송은 처분을 직접 다투는 것이 외의 기타 공법상 법률관계에 관한 소송이며 원고나 피고는 법적 주체이며, 특히 피고는 처분청이 아니라 행정주체가 된다.

※ 예컨대, 국토해양부장관의 위법한 토지수용에 대한 국가배상청구를 보자. 처분의 무효·취소를 구하는 것이 아니므로 항고소송이 아니다. 이 경우 피고는 대한민국이 됨을 주의해야 한다. 법적 주체는 대한민국이며 국토해양부장관은 행정청에 불과하기 때문이다. 마찬가지로 처분청이 서울시장인 경우에도 당사자소송의 피고는 서울특별시가 되어야 한다.

(2) 종류

① 처분 등을 원인으로 하는 법률관계에 관한 소송: 조세부과처분의 무효·취소를 전제로 이미 납부한 과오납금환급청구소송(부당이득반환청구소송), 공무원 등의 위법한 직무집행으로 인한 국가배상소송 등은 처분 등을 원인으로 하는 법률관계에 관한 소송으로 실질적 당사자소송에 속한다. 이 부류에 속하는 소송은 실무(판례)상으로는 민사법관계에 의한 민사소송으로 한다.

② 공법상 금전지급청구소송: 공무원연금지급청구소송, 공무원보수지급청구소송

③ 공법상계약에 관한 소송: 토지수용절차에서 사업시행자와 토지소유자간 협의와 같이 공법상계약에 관한 소송

2) 형식적 당사자소송

실질은 항고소송이나 당사자소송의 형식 취하는 경우의 소송을 소위 형식적 당사자소송이라 한다. 이것은 행정청의 처분 등을 원인으로 하는 법률관계에 관한 소송임에도, 처분청을 피고로 하는 것이 아니라 그 법률관계의 한쪽 당사자를 피고로 하는 소송이다.

(1) 의의

실질적으로 처분이나 재결의 효력을 다투는 것이나 형식적으로 처분청을 피고로 하지 않고, 법률관계 한쪽 당사자를 피고로 하는 소송이다. 예컨대 토지수용절차에서 토지수용위원회가 정하는 보상금의 결정은 행정처분에 속한다. 따라서 행정행위의 공정력으로 인하여 보상금에 이의가 있는 경우 재결처분의 취소를 구하는 소송을 제기한 후 인용되면, 다시 중앙토지수용위원회의 보상금 결정을 받고, 이에 불복하면 다시 같은 절차를 거치는 우회적 권리구제 방법을 취하였다. 그러나 이러한 복잡한 절차를 거치는 것은 비용과 부담이 많으므로 현재 공토법에 따르면 보상액 재결에 불복이 있는 경우, 사업시행자나 토지소유자 등은 바로 상대방을 상대로 보상금증감청구를 할 수 있도록 하고 있는데, 이와 같은 소송형태를 형식적 당사자소송이라 한다.

(2) 행정청의 1차적 결정이 없는 경우와 당사자소송

공법상 급부청구권이 행정청의 1차적 결정 없이 곧바로 발생하는 경우에는 곧바로 당사자소송으로 그 이행을 구할 수 있다.

3) 소송요건

(1) 피고적격

당사자소송의 피고는 국가, 공공단체 그 밖의 권리주체가 된다. 그 밖의 권리주체에는 공무수탁사인(조세원천징수자,[5] 사업시행자(보상액증액소송의 경우) 또 사업시행자가 소송을 제기하는 경우(보상액감액소송의 경우)에는 토지소유자나 관계인 등) 등이 포함된다.

(2) 재판관할

행정법원이 제1심 관할법원이다. 국가, 공공단체가 피고인 경우 관계행정청의 소재지를 피고의 소재지로 한다.

(3) 집행부정지원칙, 사정판결 등은 준용되지 아니한다

이 두 원칙은 모두 처분에 기반을 둔 것이기 때문에 항고소송에만 적용된다.

(4) 제소기간

원칙적으로 당사자소송에는 제소기간의 제한이 없다. 그 이유는 항고소송과는 달리 행정권의 우월적 지위를 전제로 하지 않기 때문이다. 다만 당사자소송에 관해 법령상 제소기간이 정하여져 있는 경우에는 그 기간은 불변기간으로 한다.

4. 객관적 소송

1) 의의

행정의 적법성 보장을 목적으로 하고 개인의 권리구제와는 관계가 없는 소송을 객관적 소송이라 한다. 객관적 소송은 특별히 법이 인정하는 경우에만 소의 제기가 가능하다. 즉, 주관적 소송과는 달리 개괄주의를 취하지 않고 열기주의를 취한다고

5) 조세원천징수의무자로서의 법인은 최근 조세 징수권이 없어 공무수탁사인이 아니라 공의무부담사인이며 따라서 행정주체에 포함시키지 않으려는 견해가 유력하다.

할 수 있다. 여기에는 민중소송과 기관소송이 있다.

2) 민중소송

국가 또는 공공단체의 기관이 법률에 위반되는 행위를 한 때에 직접 자기의 법률상 이익과 관계없이 그 시정을 구하기 위하여 제기하는 소송을 말한다.

※ 민중소송의 특징은 자기의 법률상이익의 침해가 없음에도 불구하고 "그냥 국민의 자격"에서 한다는 것이다. 선거가 잘못된 경우 그 잘못된 선거로 인해 자신의 공권이 침해되지도 않으면서도 선거소송을 제기하는 경우가 그 예이다. 단지, 선거권자라는 이유만으로 제기하는 이 소송은 잘못된 선거는 비단 직접 권리를 침해 당한 낙선된 후보자뿐만 아니라 국민주권을 침해하는 것으로 보기 때문에 특별히 법이 정책적으로 인정하는 것이다.

(1) 공직선거법상의 민중소송

① 대통령·국회의원 선거소송: 대통령 또는 국회의원선거의 효력에 관하여 이의가 있는 '선거인'은 선거일부터 30일 이내에 당해 선거구 선거관리위원장을 피고로 대법원에 소송을 제기할 수 있다(법 제222조 제1항). 선거인, 후보추천 정당, 후보자가 각각 제기할 수 있으나, 이중 선거인이 제기하는 선거소송이 민중소송이다.

② 지방의회의원 · 지자체의 장 선거소송: 지방의회의원 및 지방자치단체의 장 선거의 효력에 관하여 이의가 있는 선거인은 일정한 절차의 소청을 거쳐 비례대표 시 · 도의원 및 시 · 도지사 선거는 대법원에, 지역구 시 · 도의원 및 자치구 · 시 · 군의원 선거 및 시 · 군 · 구청장 선거는 고등법원에 제소할 수 있다(법 제222조 제2항).

(2) 국민투표법상의 민중소송

국민투표의 효력에 관해 이의가 있는 투표인은 10만 이상의 찬성을 얻어 투표일부터 20일 내에 대법원에 제소할 수 있다.

2) 기관소송

국가 또는 공공단체의 기관 상호간에 권한의 존부 또는 그 행사에 관한 다툼이 있을 때에 이에 대하여 제기하는 소송

⑴ 조례제정시 지방의회의 의결이 법령에 위반되는 경우 재의를 요구할 수 있으며, 재의결이 법령에 위반된다고 판단될 때에는 지방자치단체의 장이 지방의회를 대법원에 제소(지방자치법 제98조 제3항)

⑵ 교육조례제정시 교육위원회 또는 시·도의회의 의결이 법령에 위반되거나 공익을 현저히 저해한다고 판단될 때 재의를 요구할 수 있으며, 재의결된 사항이 법령에 위반된다고 판단될 때에는 교육감은 이를 대법원에 제소(지방교육자치에관한법률 제31조 제1항)

제 3 항 행정소송의 대상(개괄주의)

* 이하의 Ⅲ. Ⅳ. Ⅴ. 는 소송의 요건에 관한 것이다. 소송의 요건으로는 ① 소송물에 관한 사항(소송의 대상-처분), ② 법원에 관한 사항(재판관할), ③ 당사자에 관한 사항(피고적격, 원고적격-소의 이익) 등이 있으며, 이 소송요건을 충족하지 못하게 되면 원칙적으로 요건심리에서 탈락하여 각하(却下)된다.

1. 항고소송의 대상

1) 취소소송의 대상

취소소송의 대상이 되는 것은 행정기관의 처분이나 재결이다. 처분은 행정행위보다 조금 넓은 개념인데, 취소소송의 대상이 되는 성질을 '처분성'이라 한다. 따라서 행정의 작용중에서 항고소송의 대상이 될 수 없는 것(예컨대 행정지도 등)이 있는데 이런 것들을 '처분성이 없다'라고 하고, 행정행위뿐만 아니라 형식적 행정행위(예컨대 국민기초생활수급 대상자의 선정 등)는 항고소송의 대상이 될 수 있는데, 이를 '처분성이 있다'라고 한다.

⑴ 처분 등

'처분 등'이란 '행정기관이 행하는 구체적 사실에 관한 법집행행위로서의 공권력 행사 또는 그 거부와 그 밖에 그에 준하는 행정작용'을 말한다. 이것은 실체법상 행정행위(행정기관이 행하는 구체적 사실에 관한 법집행행위로서의 권력적 단독행위)

보다 넓은 개념이다.

① 처분: 처분의 대표적인 것이 공권력의 행사이고 '공권력행사'의 중심을 이루는 것은 학문상의 행정행위라고 하겠으나, 계속적 성질을 지니는 권력적 사실행위도 처분에 포함된다. 또 국민기초생활수급자의 지정행위와 같이 비권력적 작용으로서의 소위 형식적 행정행위도 처분에 포함된다.

* 처분의 위법성: 취소소송의 대상이 되는 처분은 위법하여야 하며, 단순히 재량을 그르친 경우인 부당의 경우는 포함되지 않는다. 단, 행정소송법 제27조의 재량의 일탈·남용의 경우는 예외한다.

② 거부: 적극적인 개념인 부작위와 달리 소극적인 개념이며, 외관상 행정기관의 처분적 행정행위와 크게 다를 바가 없으므로 거부처분도 처분의 개념에 포함한다. 따라서 보통 '처분 등'이라 함은 처분과 거부를 포함하는 개념이다.

③ 공권력 행사나 그 거부에 준하는 행정작용: 공권력의 행사 또는 거부처분은 아니더라도 행정기관의 대외적 작용으로서 개인의 권익에 구체적 영향을 미치는 작용은 행정소송의 대상이 된다.

⑵ 처분의 개념

행정쟁송법상의 처분 개념이 실체법적 개념인 행정행위 개념과 동일한지에 관하여 일원설(실체법적 개념설)과 이원설(쟁송법적 개념설)이 있다. 전자는 행정행위와 처분이 동일한 개념이라는 견해이고 후자는 처분이 행정행위보다 넓은 개념이라는 견해이다. 일원설을 취하는 견해에서는 취소소송의 대상은 공정력을 가지는 법적 행위인 행정행위에 한하여 인정되어야 한다고 한다. 이원설을 취하는 견해는 취소소송의 대상인 처분 개념을 확대함으로써 권리구제를 확대할 필요가 있다고 주장한다.

대개 행정소송법상 처분 개념 중 '**행정기관이 행하는 구체적 사실에 관한 법집행행위로서의 공권력행사 또는 그 거부**'까지를 일원설이 취하는 처분 개념이라고 하고, '**그 밖에 그에 준하는 행정작용**'을 포함시키면 이원설이 취하는 처분 개념이 된다고 한다. 또 이원설에는 형식적 행정행위론과 쟁송법적 개념설로 구분된다고 하는 것이 보편적인 구분이기도 하다. 형식적 행정행위란 항고소송의 대상을 넓히기 위하여 행정행위가 아니라도 국민의 권익에 사실상 지배력을 미치는 행위(예컨대 계속적 권력적 사실행위 또는 국민기초생활수급자 지정과 같은 비권력적 공법행위[6] 등)를 말하는 것으로, 항고소송의 대상으로 하지 않는 경우 권리구제가 어려우므로 항고소송의 대상으로 하자는 견해이다.

그러나 형식적 행정행위론을 '그 밖에 그에 준하는 행정작용'으로 이해하는 경우, 내용적으로 개념 범위는 쟁송법적 처분개념과 동일하다고 할 수도 있지만, 형식적 행정행위론과 쟁송법적 처분 개념은 그 토양을 달리하는 것이다. '형식적'행정행위라는 말에서 알 수 있듯이 이것은 행정행위를 원칙으로 두는 개념이다. 즉 항고소송의 대상은 원칙적으로 행정행위이고 예외적으로 '권리구제를 이유로' 계속적 권력적 사실행위나 비권력적 공법행위 등을 항고소송의 대상으로 포함시키겠다는 것이기 때문이다. 다라서 형식적 행정행위론은 쟁송법상 개념설이 아니라 실체법상 개념설의 변형이라고 봄이 타당하다. 이것은 일본에서 생겨나는 개념으로 항고소송을 "행정행위"로 한정하려는 입자에서 항고소송의 대상을 확대, 즉 "행정행위"라는 개념 속에 묶으려는 의도에서 나온 개념이다. 일본에서 형식적 행정행위로 거론된 것은 주로 쓰레기 처분장과 같은 공공시설 설치행위이다(박균성, 2008; 710면).

▶처분성을 긍정한 판례

1. 토지대장, 건축물대장, 지적도 등의 지적공부에의 기재와 관련된 행정청의 행위: 종래 이러한 공증행위는 행정사무집행의 편의와 사실증명의 자료로 삼기 위한 것으로 이로 인하여 당해 토지에 대한 실체상의 권리관계에 어떤 변동을 가져오는 것이 아니므로 행정소송의 대상인 처분이 아니라고 했으나, 2004.4.22 대법원 판결(대판 2003두9015)로 처분성을 인정하는 것으로 판례가 변경되었다.

2. 지방의회의 의장선임의결: 지방의회의 의사를 결정·공표하여 그 당선자에게 의원으로서의 직무권한을 부여하는 행정처분의 일종이다.

3. 개별공시지가결정: 개별토지가격결정은 관계법령에 의한 종합토지세, 재산세 및 개발부담금 산정의 기준이 되어 국민의 권리나 의무 또는 법률상 이익에 직접적으로 관계되는 개별적·구체적인 법적 행위이므로 처분성 인정된다.

4. 노동조합규약의 변경보완시정명령: 조합규약의 내용이 노동조합법에 위반된다고 보아 구체적 사실에 관한 법집행으로서 같은 법 제16조 소정의 명령권을 발동하여 조합규약의 해당 조항을 지적된 법률조항에 위반되지 않도록 적절히 변경·보완할 것을 명하는 것은 노동행정

6) 물론 이 행위의 법적 성질에도 견해의 대립은 있다.

에 관한 행정관청의 의사를 조합에게 직접 표시한 법적 행위이므로 처분에 해당한다.

5. 귀속재산처리법에 의하여 귀속재산을 매각하는 것: 행정관청이 국유재산을 매각하는 것은 사법상의 매매계약이나 귀속재산처리법에 의하여 귀속재산을 매각하는 것은 행정처분이지 사법상의 매매가 아니다.

* 귀속재산이란 8 · 15해방 당시 일본이 우리나라에서 떠날 때 두고 간 각종 재산이 미군정법령으로 미군정에 귀속된 것을 말한다. 적산(敵産)이라고도 한다. 1876년 개항 이후 우리나라에 침입해온 일본은 오랜 식민지지배를 통해 각종 경제적 침탈을 자행하여 많은 재산을 축적했다. 그러나 8 · 15해방으로 일본은 그들이 직접 가져온 재산까지 포함한 대부분의 재산을 우리나라에 남겨두고 떠나갈 수밖에 없었다. 1945년 9월 미군정의 수립과 함께 국 · 공유재산은 물론 일본인 소유의 사유재산까지도 모두 미군정에 귀속되어 미군정은 통치기간(1945. 9~1948. 8)에 모든 재산에 대해 접수 · 관리 · 운영 · 처분 등의 권리를 행사하였다. 귀속재산은 ① 토지 · 건물의 부동산, ② 광산 · 기업체 · 상점 · 은행 및 기타 서비스 업체 등의 사업장, ③ 조합 · 협회 · 병원 · 학교 · 사찰 등의 공공기관, ④ 철도차량 · 선박 · 자동차 등의 운반기구, ⑤ 주식, 공 · 사채, 금 · 은 · 보석 등의 각종 동산류 등이었다. 미군정이 접수한 재산의 가치가 얼마나 되며, 당시 우리나라 경제에서 차지하는 비중이 어느 정도였는지는 정확하게 파악하기 어렵다. 다만 공업부문에서 일본인 소유의 귀속공장이 당시 남한 총 공장수의 85%에 달했다고 한다(조선은행 조사부). 이는 8 · 15해방 당시 남한경제에서 차지하는 귀속재산의 비중이 대단히 컸음을 나타낸다. 수많은 귀속재산 가운데 경제적으로 큰 의미를 갖는 것은 귀속농지와 귀속사업체였다.

6. 공유수면점용기간 연장신청에 대한 거부: 이 때 거부는 그 신청인에 대한 현재의 권리상태에 무슨 변동을 초래하는 것은 아니라 할지라도 그 거부행위 자체가 하나의 소극적 행정처분으로 그 처분이 위법하다면 행정소송의 대상이 될 수 있다.(대판 1982.2.23. 81누7)

** 복효적 행위에서 제3자의 원고적격: 행정처분의 상대방 아닌 제3자도 그 처분으로 인하여 법률상 보호되는 이익을 침해당한 경우에는 그 처분의 취소 또는 변경을 구하는 행정소송을 제기하여 그 당부의 판단을 받을 법률상 자격이 있다.(대판 1983.7.12. 83누59)

<기타 행정처분성이 인정된 예>

도시관리계획결정

감사원의 재심의 결정

지방의회의원의 징계의결

지방의회 의장에 대한 불신임의결

단수처분(* 단전요청은 처분 아님: 상수도사업소는 지방자치단체 부속기관이기 때문에 처분성 인정)

문화재에 대한 보호구역지정처분

두밀분교폐지조례

농지개량조합의 직원에 대한 징계처분(* 농지개량조합을 행정기관으로, 농지개량조합의 직원을 공무원으로 봄)

성업공사의 체납압류된 재산에 대한 공매처분

컴퓨터 등 자동기기에 의한 행정결정
주차금지 좌회전금지 등 교통표지
소속장관의 변상명령
행정청이 국가와의 계약위반자에 대한 입찰자격제한 조치
행정재산의 사용료 부과처분
개별공시지가의 결정
국유재산 무단점유자에 대한 변상금 부과처분
대한주택공사가 시행한 택지개발사업 및 이에 따른 이주대책에 관한 처분
지적공부 소관청의 지목변경신청 반려 행위

* 농지개량조합[農地改良組合]이란 수리시설의 유지 및 관리, 구획정리사업, 농지개량사업 등을 효과적으로 수행하기 위해 설립된 조합을 말한다. 1906년 4월 처음 설립되었을 때에는 '수리조합'이라고 불렸다. 이것은 토지개량조합으로, 다시 농지개량조합으로 개칭되었다. 이 조합은 1989년 이후 농수산부장관이 조합장을 직접 임명하기도 하였으나, 농촌근대화촉진법이 개정되면서 조합원의 투표로 선출하였다. 주로 관배수시설의 설치 · 유지관리 · 개보수사업, 농사개량 및 농기계화 시범사업의 추진, 경지정리사업 등의 업무를 수행했다. 그러나 방만한 운영과 각종 비리 사실이 불거져 나옴에 따라 1991년 농어촌진흥공사, 농지개량조합연합회와 더불어 농업기반공사로 통합되었다.

▸처분성을 부정한 사례(판례)

1. 대학입시기본계획 내의 내신성적산정지침: 국민의 구체적인 권리의무에 직접적인 변동을 초래케 하는 것이 아닌 일반적, 추상적인 법령 또는 내부적 내규 및 내부적 사업계획에 불과한 것이므로 처분이 아니다(대판 1983.4.26. 82누5280).

2. 정부투자기관에 대한 경제기획원장관(현재의 재정경제부장관)의 예산편성지침통보: 정부투자기관에 대한 경제기획원장관의 예산편성지침통보(정부투자기관관리기본법 제21조)는 정부투자기관의 경영합리화와 정부투자의 효율적 관리를 도모하기 위한 것으로서 그 투자기관에 대한 감독작용에 해당할 뿐 그 자체만으로는 직접적으로 국민의 권리 · 의무가 설정, 변경, 박탈되거나 그 범위가 확정되는 등 기존의 권리상태에 어떤 변동을 가져오는 것이 아니므로 이를 행정소송의 대상이 되는 행정처분이라고는 할 수 없다.(대판 1933.9.14. 93누9163)

3. 도시계획사업의 시행자가 그 사업에 필요한 토지를 협의취득하는 행위: 사경제주체로서 행하는 사법상의 법률행위이므로 처분이 아니다.

4. 육군병원의 입원기록 작성행위: 병원에서 환자를 치고, 관리하는 등 업무집행의 편의와 사실증명의 자료로 삼기 위하여 작성되는 것으로서 이로 인하여 바로 환자의 권리의무에 영향을 미치는 것은 아닌 사실행위에 불과하므로 처분이 아니다.

5. 진정에 대한 국가기관의 회신: 진정을 수리한 국가기관이 진정을 받아들여 구체적인 조치를 취할 것인지 여부는 국가기관의 자유재량에 속하고, 위 진정을 거부하는 "민원회신"이라는 제목의 통지를 하였다 하더라도 이로써 진정인의 권리의무나 법률관계에 하등의 영향을 미

치는 것이 아닌 사실행위이므로 처분이 아니다.

6. 청원에 대한 심사처리결과의 통지 유무: 6번과 같은 이유로 처분이 아니다.

7. 군의관의 신체등위판정: 병역법상 군의관의 신체등위판정행위는 행정청이라고 볼 수 없는 군의관이 하도록 하고 있으며, 그 자체만으로는 바로 병역법상의 권리의무가 정하여지는 것이 아니라 그에 따라 지방병무청장이 병역처분으로 함으로써 비로소 병역의무의 종류가 정하여지는 것이므로 항고소송의 대상이 되는 행정처분으로 보기 어렵다(대판 1993.8.27.93누3356).

8. 교통법규위반에 대한 벌점부과행위: 교통법규를 위반한 경우에 부과되는 벌점은 운전면허의 취소나 정지처분을 위한 기초자료에 불과하므로, 벌점부과행위 그 자체는 국민의 권리를 제한하거나 의무를 부과하는 행정처분으로 볼 수 없고, 따라서 행정소송의 대상이 되지 않는다(대판 1994.8.12. 94누2190).

9. 국세의 환부신청에 대한 거부결정: 원천징수의무자가 원천납세의무자로부터 원천징수대상이 아닌 소득에 대하여 세액을 징수·납부하였거나 징수하여야 할 세액을 초과하여 징수·납부하였다면, 국가는 원천징수의무자로부터 이를 납부 받는 순간 아무런 법률상의 원인 없이 보유하는 부당이득이 되고, 구 국세기본법(2000. 12. 29. 법률 제6303호로 개정되기 전의 것) 제51조 제1항, 제52조 등의 규정은 환급청구권이 확정된 국세환급금 및 가산금에 대한 내부적 사무처리절차로서 과세관청의 환급절차를 규정할 것일 뿐, 그 규정에 의한 국세환급금(가산금 포함) 결정에 의하여 비로소 환급청구권이 확정되는 것은 아니므로, 국세환급금 결정이나 이 결정을 구하는 신청에 대한 환급거부결정 등은 납세의무자가 갖는 환급청구권의 존부나 범위에 구체적이고 직접적인 영향을 미치는 처분이 아니어서 항고소송의 대상이 되는 처분이라고 볼 수 없으며(대법원 1989. 6. 15. 선고 88누6436 전원합의체 판결 참조), 한편 위와 같은 환급청구권은 원천납세의무자가 아닌 원천징수의무자에게 귀속되는 것이므로(대법원 1989. 11. 14. 선고 88누6412 판결 참조), 원천납세의무자가 한 그로부터 초과징수된 원천징수세액의 환급신청을 과세관청이 거부하더라도, 이는 항고소송의 대상이 되는 처분에 해당되지 아니한다.
* 환급금의 결정과 환급처분을 서로 다른 것임을 기억할 것.

<기타 행정처분성이 부인된 예>

고충심사결정
검사의 불기소처분
정년퇴직통보
당연퇴직의 인사명령
행정지도
교통경찰관의 교통사고조사서
자체완성적 사인의 공법행위로서 신고에 대한 수리거부(수리를 요하지 않는 신고)
위법건물 단속기관이 수도공급기관에 수도공급을 거부하도록 요청하는 행위(수도공급을 민영기업에 위탁한 경우)

아파트 분양지침, 심사청구에 대한 감사원의 결정 및 통지처분
한국전력공사 등 공법인이 자체규정에 의거하여 행한 입찰제한조치
한국조폐공사 직원에 대한 파면행위
부산교통공단이사장이 국가 또는 지방자치단체로부터 수탁한 사무를 수행함에 있어 부정당업자를 제재한 것은 처분이나 그 외의 경우에 부정당업자를 제재한 것은 행정처분이 아니다.
* 부정당업자란 공정한 경쟁이나 적정한 계약이행을 해칠 염려가 있거나 기타 입찰에 참가시키는 것이 부적합하다고 인정되어 일정기간 입찰참가자격이 제한된 자를 말한다.

구토지구획정리사업법 제 28조에 의한 조합의 조합원에 대한 경비부과징수권
농지조성비 및 전용부담금을 자진납부한 경우 농어촌진흥공사를 상대로 그 부과처분의 취소를 구할 수 없다.

⑶ 재결

취소소송의 대상은 원칙적으로 원처분이며(소위 '원처분주의'라고 한다) 재결은 재결 자체에 고유한 위법이 있은 경우에만 예외적으로만 취소소송의 대상이 된다.

2) 무효등확인소송의 대상

청구의 취지는 취소소송과 다르나, 그 대상은 취소소송과 마찬가지로 행정기관의 처분 및 재결이다.

돌발퀴즈 Q. 무효인 처분에 취소소송이 제기될 수 있는가?

A. 취소소송이 제기될 수 있으며 이 경우 제소요건은 취소소송에 관한 규정이 적용된다.

3) 부작위위법확인소송의 대상

여기서 '부작위'란 행정기관이 당사자의 신청에 의하여 상당기간 내에 일정한 처분을 해야 할 의무 있음에도 불구하고 이를 하지 아니하는 것을 말한다.

⑴ 당사자의 신청

신청의 권한이 법령에 명시된 경우, 법령 해석상 인정되는 경우이어야 한다.

⑵ 상당한 기관의 경과

상당한 기간이 경과했는지의 여부는 '사회통념상의 기준'을 적용한다.

(3) 처분을 하여야 할 법률상 의무의 존재

기속 행위인 경우는 물론이요, 재량 행위인 경우에도 재량의 0으로의 수축하는 경우 행정개입청구권이 발생하므로 이 소소의 대상이 된다.

(4) 처분의 부존재

처분이 존재하지 않아야 한다.

2. 당사자소송의 대상

공법상의 법률관계 즉 공법상의 권리·의무관계이다.

3. 민중소송과 기관소송의 대상

그 대상을 일률적으로 파악할 수 없으며, 당해 법률이 정하는 바에 따라 개별적으로 판단한다. 즉, 민중소송과 기관소송은 개괄주의가 적용되지 않고, 법률이 특별히 정한 경우에만 인정된다.

제 4 항 행정소송의 재판관할

1. 재판관할

1) 항고소송과 당사자소송

모두 제1심 관할법원은 지방법원급 행정법원에서 관할한다. 지방행정법원이 없는 경우에는 지방법원 본원 합의부에서 한다.

* 항고소송의 경우

① 원칙: 피고인 행정청의 소재지를 관할하는 행정법원

② 중앙행정기관의 장이 피고인 경우: 대법원소재지의 행정법원

③ 토지의 수용 기타 부동산 또는 특정의 장소에 관계되는 처분 등인 경우: 부동산 또는 장소의 소재지 관할 행정법원

④ 임의관할주의의 채택: 합의관할과 응소관할의 인정[7)]

⑤ 관할법원에의 이송: 소송의 전부 또는 일부가 그 관할에 속하지 않은 때와 원고의 고의나 중과실 없이 심급을 달리하는 법원에 잘못 제기된 경우 결정으로 관할법원에 이송

2) 민중소송이나 기관소송

민중소송이나 기관소송을 인정하는 법률은 그 재판관할에 관하여 특별규정을 두는 것이 보통이다(예 ; 지방자치법은 지방자치단체장이 지방의회에 대하여 제기하는 기관소송의 재판관할을 대법원으로 하고 있으며, 공직선거및선거부정방지법에서는 선거소송의 재판관할을 대법원 및 고등법원(기초자치단체 선거)으로 하고 있음).

2. 관련청구의 병합과 이송

(1) 관련청구의 이송

항고소송과 관련청구소송이 각각 다른 법원에 계속되어 있는 경우 관련청구소송이 계속된 법원은 당사자의 신청 또는 직권에 의하여 이를 항고소송이 제기된 법원에 이송할 수 있다.

(2) 관련청구의 병합

동일한 원고가 동일한 피고에 대하여 하나의 소송절차에서 수개의 청구를 하는 경우에 사실심의 변론종결시까지 관련청구소송을 병합하거나 피고외의 자를 상대로 한 관련청구소송을 취소소송이 계속된 법원에 병합하여 제기할 수 있다.

(3) 관련청구소송의 범위

① 당해 처분등과 관련되는 손해배상, 부당이득반환, 원상회복 등 청구소송

② 당해 처분등과 관련되는 취소소송

---

7) * 합의관할- 당사자의 합의에 의하여 정하여 지는 관할(민소26). 이는 법정관할과 다른 법원에서 소송을 하기로 한 당사자의 의사에서 발생하는 관할이기 때문에 뒤에 가서 문제가 일어나지 않도록 서면으로 하여야 한다(민소26②).

* 응소관할- 어떤 사건이 그 법원의 관할에 속하지 않음에도 불구하고 원고의 제소에 대하여 피고가 이의없이 응소함으로써 생기는 관할.

(4) 이송 · 병합의 효과

이송결정은 이송 받은 법원을 기속하며, 이송 받은 법원은 다시 다른 법원에 이송하지 못한다. 이송결정이 확정되면 당해 소송은 처음부터 이송받은 법원에 계속된 것으로 간주된다.

▸관련청구의 이송

예컨대 사인이 위법한 개발제한구역지정처분을 받았다고 하자. 이로 인해 그 사인은 재산권의 침해를 입게 되어 손해가 발생된다. 이의 구제를 위해 사인은 먼저 개발제한구역을 풀어달라고 하는 개발제한구역지정처분취소소송을 제기하게 하면서 아울러 그 동안 구역지정으로 인해 입은 손해를 전보받기 위하여 국가배상청구를 동시에 하게 된다.

그런데, 이 두 가지 청구는 '서로 실질적인 관련성을 갖는 청구' 즉, 관련청구가 된다. 그런데, 실제로 이 두 소송은 관할법원을 달리하는 경우가 대부분이다. 왜냐하면 항고소송의 재판관할은 피고인 행정청의 소재지의 행정법원인데 반해, 국가배상소송은 민사소송인 관계로 피고인 대한민국 또는 지방자치단체의 소재지 지방법원 민사재판부가 되기 때문이다. 이 경우 이 두 소송이 각각 다른 재판부에서 심리 · 재판 받는 것은 비효율적이며 당사자에게도 시간과 경비면에서 비효율적이므로 이 경우 국가배상청구를 취소소송이 제기된 법원에 이송시키게 되는데 이러한 제도를 '관련청구의 이송'이라고 한다.

▸관련청구의 병합

한편, 관련청구가 같은 법원에 동시에 수 개의 청구로 제기되는 경우가 있다. 예컨대, 위법한 개발제한구역지정처분에 대하여 구역 내의 다수의 사인들이 동일행정청을 상대로 개발제한구역지정처분취소소송을 제기하는 경우, 이 경우에도 비록 같은 법원에 청구가 계속(繫屬)되어 있으나 각각 다른 청구이므로 서로 다른 재판부에서 심리 · 재판하게 된다. 역시 관련청구 이송과 같은 문제가 있으므로 하나의 재판부에서 이 복수의 청구를 같이 심리 · 재판하는 것이 좋다. 이것이 바로 관련청구의 병합이다.

제5항 행정소송의 당사자 및 참가인

1. 원고적격

1) 항고소송의 원고적격

처분등의 취소·변경(효력의 유무나 존재여부, 부작위에 대한 위법의 확인)을 구할 법률상 이익이 있는 자

※ 관련조문 행정소송법 제12조 (원고적격) 취소소송은 처분등의 취소를 구할 법률상 이익이 있는 자가 제기할 수 있다. 처분등의 효과가 기간의 경과, 처분등의 집행 그 밖의 사유로 인하여 소멸된 뒤에도 그 처분등의 취소로 인하여 회복되는 법률상 이익이 있는 자의 경우에는 또한 같다.

▶ **최협의의 소익과 광의의 소익**

'소익'은 최협의로는 [법률상의 이익]을 협의로는 [법률상의 이익] + [원고적격]을 광의로는 [법률상의 이익] + [원고적격]+[대상적격=처분성]을 의미한다. 행정소송법 제12조 전단은 「원고적격」에 관하여, 후단은 「협의의 소익」에 관하여 규정하고 있다. 따라서 행정소송법 제12조는 대상적격(처분성)을 제외한 나머지 두 가지를 여기서 규정하고 있는 것이다.

(1) 원고적격 설정의 이유

원고적격이란 "누가 정당한 원고의 자격이 있는 가"를 가리는 것이다. 그런데, 이러한 원고적격을 넓게 인정하거나 제한을 두지 않으면, 이른바 민중소송화될 우려가 있다. 즉, 누구나 행정청의 처분에 대해 취소를 구할 수 있게 되어 소송의 폭주로 법원의 업무가 마비되어 버릴 것이기 때문이다. 따라서 합리적 제한 있는 원고적격의 설정이 필요하게 된다.

(2) "법률상 이익"의 개념

행정소송법은 '처분의 취소 또는 변경을 구할 법률상 이익이 있는 자'가 원고적격을 가진다고 규정하고 있다. 과거의 통설은 이 '법률상 이익'을 실체법상의 공권 개

념과 동일한 것으로 보았다(권리구제설). 즉, 공권을 침해당한 자가 공권을 보호하기 위하여 행정소송을 제기할 수 있으며, 단순히 반사적 이익을 가지는 자는 법으로 보호받지 못하며 따라서 행정소송을 제기할 수 없다.

'법률상 이익'의 의미에 관해서는 다음과 같은 학설이 있다.

① 권리구제설(과거의 통설·판례): 재판의 목적은 실체법상의 권리보호에 있으므로 동조의 '법률상이익'은 실체법상의 공권 내지 권리를 의미한다.

② 법적이익구제설(현재의 통설·판례): 권리를 침해당한 자 이외에 법률상 보호이익을 침해 당한 자도 원고적격 가진다. 법적이익구제설은 이른바 '법률상 보호이익'을 주장하는 학자들이 채택하는 견해로서, 종래의 공권뿐만 아니라 법률상 보호이익을 가진 자도 원고적격을 갖는다는 견해이다. 그런데 '법률상 보호이익'은 "종래의 공권도 아니나 그렇다고 반사적 이익도 아닌 것으로서, 법으로 보호할 필요가 있고 행정소송으로 구제할 필요성이 있는 이익"으로 설명되고 있다. 이렇게 개념이 애매하므로 권리구제설을 취하는 학자들로부터 법률상 보호이익은 종래의 공권개념에 포함시켜야 하며 '법으로 보호할 필요가 있는 이익'이란 결국은 공권을 의미하는 것 아니냐는 비판을 받는다. 아무튼 이 견해의 논지는 ㈎ 종래의 공권이론은 실정법의 엄격한 해석을 통해 실정법이 명문으로 권리로 인정하지 않은 것을 반사적 이익으로 평가한 데 반해, 비록 명문의 규정이 없더라도 '해석상' 법으로 보호할 필요가 있는 경우는 이를 법률상보호이익으로 포섭해야 하며 ㈏ 실제의 사례에서 종래 허가로 얻은 이익이나 공물의 보통사용은 반사적 이익만으로 판단되어 왔으나, 오늘날 국민권리구제의 확대 취지에서 이 중 어떤 경우에는 법률상 보호이익으로 평가해야 한다는 이론을 주장한다(* 판례: 목욕탕 거리제한- 반사적 이익, 주유소 거리제한 - 기존업자 보호의 측면도 있음을 고려하여 법률상 보호이익으로 판단한 바 있다).

③ 보호가치 있는 이익 구제설: 보호가치 있는 이익 구제설은 취소를 다투는 자가 그로 인하여 이익이 있는 한, 그것이 법률적 이익이든, 사실상 이익이든 묻지 않고 소송상 보호할 가치 있는 이익이면 소익요건을 충족한다고 본다. 이 견해에는

소송제도의 목적이 권리의 구제에 있지 않고 구체적 분쟁해결에 목적이 있다는 전제가 깔려 있다(즉, 분쟁을 해결할 필요가 있으면 소를 제기할 수 있다는 의미이다). 따라서 그 목적범위로 보아도 소익의 범위가 넓을 수밖에 없다.

④ 적법성 보장설: 적법성보장설은 행정소송은 민사소송과 달리 행정통제기능이 중요한 소송형태이므로 비록 원고가 주관적인 공권이 없더라도 객관적으로 '위법한 행정작용을 바로잡는 객관적인 필요성, 즉 "적법성 보장"의 필요성이 있다면 원고적격을 인정하자는 견해이다.

⑤ 정리: ①과 ②는 그래도 '법률상 이익'을 실체법적 이익으로 이해하는 입장이고, ③은 이를 쟁송법적 이익으로도 족하다고 보는 입장이다. ④를 택하는 경우 항고소송은 민중소송(객관소송)화 될 수 있다. 이와 같이 보면 위에서 아래로 점차 소익이 확대되는 것을 알 수 있다.

그러나 이것은 소익의 확대 문제로 볼 것이 아니라 행정소송제도의 목적 내지 본질을 서로 달리 이해하고 있는 입장의 차이라고 설명하는 견해(박윤흔: 929)가 지배적이다. 즉 ①과 ②는 전통적 입장으로서 행정소송의 본질은 권리(혹은 실체법적 이익)을 보호하는데 있다고 보는데 비해, ③은 소송제도의 목적을 행정의 법적합성을 바탕으로 한 구체적 분쟁해결의 절차로 보며, ④는 행정행위의 적법성 보장 또는 행정통제에 소송의 목적이 있다고 본다.

돌발퀴즈 Q. 다음 중 판례가 "법률상 이익"이 있다고 인정한 경우는?

① 환지처분 공고 후 환지예정지 지정처분의 취소를 구하는 경우

② 집회 일자가 지난 후 집회신고불수리처분의 취소를 구하는 경우

③ 영업정지기간이 경과한 후 영업정지처분의 취소를 구하는 경우(위반 횟수의 증가에 따른 가중처분이 없음을 전제로 함)

④ 대학입학불합격처분의 취소를 구하는 소송 계속 중에 당해 연도의 입학 시기가 지난 경우

A. ④

(3) 효력기간이 경과된 제재적 처분에 대한 행정소송(소위 '협의의 소익'의 문제)

예컨대 甲은 영업법상의 의무불이행으로 1개월의 영업정지처분을 받아 취소소송

을 제기하였다고 하자. 그런데 이 취소소송이 계속되는 중에 위 영업정지기간이 도과되었다면 법원은 어떤 판결을 내려야 할 것인가? 우선 이미 처분의 효력이 소멸된 경우에는 소의 이익이 인정되지 않는다. 그런데 문제는 처분의 효력은 소멸되었으나 당해 처분의 존재로 인하여 장래에 불리하게 취급되는 경우, 예컨대 위반횟수의 증가에 따라 **가중처분**되는 경우이다.

이 경우 소위 '협의의 소익'의 문제로 법률상 이익이 있다면 사안에 따라 청구인용 또는 기각판결을 내려야 할 것이며, 법률상 이익이 없다면 각하판결을 내려야 할 것이다.

종래 판례에서는 효력기간이 경과된 제재적 처분이지만 가중처분 규정이 있는 경우, 그 처분의 근거가 법규적인 것이냐 아니냐에 따라 구분하였다.[8] 즉 처분 기준의 근거가 법률이나 시행령에 있는 경우에는 당해 처분으로 인한 침해가 "법률상 이익"의 침해로 인정하였으나, 시행규칙에 있는 경우에는 "법률상 이익"의 침해가 아니라고 해왔다.[9] 이 때 시행규칙의 성격은 행정규칙이기 때문이라고 하였다. 즉 이 경우 행정청이 동 규칙에 따라 가중처분 하였더라도 법원은 동 규칙에 구속됨이 없이(법규성이 없으므로) 가중처분의 적법성을 심리·판단할 수 있으므로 가중처분에 대한 우려는 사실상의 이익에 지나지 않는다고 보았다(1995.10.17 대판 94누14148). 그러나 2006년 6월 대법원은 판례를 변경하여 행정규칙으로 제재적 처분기준을 정한 경우에도 보호할 "법률상 이익"이 있다고 하였다(2006.6.22. 선고 2003두1684판결). 즉 부령인 시행규칙 또는 지방자치단체의 규칙으로 정한 처분기준에 따라 제재적 행정처분을 받아 이를 가중 사유나 전제요건으로 삼아 장래 후행처분을 받을 우려가 현실적으로 존재하는 경우에는 선행처분을 받은 상대방은 비록 그 처

8) 판례는 제재적 처분기준이 시행규칙에 있는 경우 법규성을 부인하였다. 그러나 다수설은 이 경우에도 법규성을 인정하여 법률상 이익 침해라고 하였다.

9) 종래에는 이 경우 행정소송에서는 법률상이익이 없으나, 행정심판의 경우에는 이와 다르다고 설명하였다. 그것은 행정심판의 경우 위법 또는 부당한 처분을 그 심판대상으로 하는데 비해, 행정소송은 위법한 처분만을 그 대상으로 하기 때문이다. 행정규칙에 위반한 처분은 위법한 처분은 아닐지 몰라도 적어도 부당한 처분은 될 수 있기 때문에 이 경우에도 청구인 적격을 인정해야 할 것이라 보는 것이다. 그러나 행정소송의 경우는 다르다. 즉 가중처분 등 제재적 처분의 기준은 시행규칙에서 규정하는데, 종래 판례는 이것을 성질로 파악하여 업무처리규칙 즉 행정규칙으로 보므로 이에 근거한 처분으로 침해될 이익은 법률상 이익이 아니라고 보았다. 이 판결로서 이제는 행정심판이건 행정소송이건 시행규칙으로 제재적 처분의 기준을 정한 경우 이에 따른 침해는 모두 "법률상 이익"의 침해로 보게 되었다.

분에서 정한 제재기간이 경과하였더라도 그 처분의 취소소송을 통하여 그러한 불이익을 제기할 권리보호의 필요성이 충분히 인정된다고 할 것이므로 선행처분의 취소를 구할 법률상 이익이 있다고 보아야 한다고 판시하였다. 이 판결로서 종래 행정규칙으로 정한 제재적 처분기준에 대해서는 그것이 가중된 제재적 처분을 받을 우려가 있다고 해도 재재기간이 경과한 경우에는 제재처분을 구할 법률상 이익이 없다고 한 판례, 즉 대판 94누14148, 대판 87누944, 대판 92누3625, 대판 97누7790, 대판 2003두6443 판결 등에 대해서는 이 판결과 배치되는 범위에서 이를 변경하기로 하였다.

(4) 처분의 상대방과 제3자

원고가 될 수 있는 자에는 두 부류가 있다.

① 첫째는 처분의 상대방이 제기하는 경우이다. 예컨대, 공물의 특허사용인 공유수면매립면허를 얻은 자가 행정청의 위법한 매립면허철회처분에 대하여 특허로 인한 자신의 법률상이익(공권)을 지키기 위하여 취소소송을 제기하는 경우를 들 수 있다. 그러나, 공물의 사용에 있어서도 특허사용이 아닌, 보통사용의 경우 다수설은 반사적 이익으로 새긴다. 예컨대 매일 4번 국도로 출퇴근하는 운전자가 행정청의 위법한 도로폐쇄조치가 있다 하여 자신의 이익(반사적 이익)을 지키기 위해 취소소송을 제기할 수는 없을 것이다.

② 둘째는 처분과 관련하여 법률상이익을 침해받은 제3자가 제기하는 경우이다. 예컨대, 위법한 연탄공장설치허가로 인하여 재산상·신체상의 침해를 입은 인근 주민이 제기하는 경우(이른바 인인(隣人)소송), A에 대한 위법한 당선처분으로 인해 침해를 입은 후보자 B등이 당선에 대한 취소소송을 제기하는 경우(이른바 경원자(競願者)소송) 등이 그 예이다. 이 경우는 제3자의 범위가 불명확하므로 특히 '법률상 이익'의 해석에 주의를 요한다. 즉, 관련법규를 면밀히 조사하여 "법이 누구까지 보호할 의도를 가지고 있느냐"를 가려 그 범위 밖의 제3자는 제외시켜야 할 것이다.

▶ 제3자의 원고적격에 관한 판례

1. 인인 소송과 제3자 원고적격에 관한 판례

1) 인인소송에서 제3자의 원고적격을 긍정(肯定)한 판례

- LPG 자동차충전소 설치허가처분에 있어 인근 주민의 이익
- 공설화장장설치를 위한 도시계획시설 결정처분의 취소소송에서의 인근주민의 이익
- 속리산 용화집단시설지구의 개발을 위한 기본설계변경승인과 공원사업시행허가처분사건에 있어 환경영향평가대상지역 안의 신월하류지역 주민의 이익
- 원자로 시설부지 인근주민들의 부지 사전승인처분의 취소를 구할 이익

2) 인인소송에서 제3자의 원고적격을 부정(不正)한 판례

- 문화재의 지정이나 문화재 구역의 지정으로 문화재를 향유할 수 있는 지역주민이나 일반국민 또는 학술연구자의 이익
- 서울시립대 교수임용처분에서 부자격자에 대한 교수임용의 경우 학생들이 받는 이익
- 상수원보호구역변경처분에 있어 상수원에서 급수를 받고 있는 인근 주민의 이익
- 건축과정에서 인접주택소유자가 피해를 입은 경우에 건축물의 준공처분의 취소를 구할 인접주택소유자의 이익
- 환경영향평가대상지역 밖의 주민 등의 환경상 이익 또는 전원개발사업구역 밖의 주민 등의 재산상 이익의 침해를 이유로 전원개발사업 실시계획 승인처분의 취소를 구할 주민의 이익
- 횡단보도가 설치된 인근에서 영업활동을 하는 인근 지하상가상인들의 영업상의 이익

2. 경업자의 원고적격에 관한 판례

1) 경업자의 원고적격을 긍정(肯定)한 판례

- 거리제한 위반을 이유로 한 주유소 신규영업허가 취소소송에서 기존업자의 이익
- 선박운항사업 신규면허처분 취소소송에서 기존업자의 이익
- 자동차운수사업법상 신규 노선연장인가 취소소송에게 기존업자의 이익
- 자신의 영업허가지역 내로의 약종상 영업이전허가처분 취소소송에서 기존업자의 이익
- 채석허가 취소처분에 대해 채석업자로부터 지위를 양수받은 자가 그 취소처분을 다툴 이익

2) 경업자의 원고적격을 부정(不正)한 판례

- 거리제한 위반을 이유로 한 공중목욕장 신규 영업허가 취소소송에서 기존업자의 이익
- [석탄수급조정에 관한 임시조치법]상 신규허가처분에 대한 기존업자의 이익
- 양곡가공업 신규허가 처분에 대한 기존업자의 이익
- 장의자동차운송사업 구역 위반을 이유로 한 과징금부과처분에 대한 동종업자의 이익
- 약사에게 한약조제권을 인정해 주는 한약조재시험 합격처분의 취소소송에서 한의사의 영업상 이익
- 도로부지점용허가처분과 관련하여 도로부지에 무허가로 건축물을 축조 · 점유해 온 자의 이익
- 운전기사의 합승행위를 이유로 소속 운수회사에 과해진 과징금부과처분에 대한 당해 운전기사의 이익

3. 소비자단체, 환경단체 등의 원고적격
- 행정처분에 의해 지역주민 전체, 소비자 전체가 침해를 받게 되는 경우, 이 집단적 이익의 침해에 대해 환경단체, 소비자단체가 그 처분의 취소를 구할 원고적격이 인정되는가? 이들 단체에 대한 당사자적격을 인정해야 한다는 논의는 있으나, 외국과는 달리 아직 우리나라의 현행법이나 판례는 부인하고 있다.
4. 공원 내 골프연습장 설치허가에 대해 인근 주민의 취소소송을 제기할 원고적격을 갖는가? 공원을 이용하는 주민이 골프연습장 설치허가를 취소할 원고적격은 없다. 공원에서 쾌적함을 누리는 이익이 법적으로 보호받는 구체적인 이익은 아니라고 보기 때문이다. 그런데 일본에서는 보안림지정해제처분에 대해 지역주민에게 원고적격을 인정한 바 있다.

2) 당사자소송의 원고적격

원고는 공법상 법률관계에서 권리주체가 된다.

3) 민중소송 및 기관소송의 원고적격

당해 법률이 정하는 바에 따른다.

2. 피고적격

1) 항고소송의 피고적격

원칙적으로 처분을 한 행정기관이 되나, 공무원의 징계·면직 등에 대해서는 그 처분청이 대통령인 때에는 소속장관을 피고로 한다.

(1) 원칙

처분청이 피고가 된다(원처분청주의).

(2) 예외

실제로 처분을 한 기관이 피고가 된다(대리의 경우 대리의 법리에 따라 제외).

① 대통령이 처분청인 경우: 소속장관

② 권한의 위임·위탁의 경우: 수임·수탁청

③ 권한의 내부위임의 경우: 위임청(내부위임의 경우 처분은 위임청의 이름으로

하므로 항고소송의 피고도 위임청이 된다. 다만 내부위임의 경우에 위법한 것이기는 하지만 수임기관이 자신의 이름으로 처분을 하는 경우가 있는데 이 경우 항고소송의 대상은 실제로 처분을 한 행정청을 말하므로 수임기관이 피고가 된다)

④ 권한의 대리의 경우: 피대리청

⑤ 권한이 승계된 경우: 승계청

⑥ 처분청이 폐지된 경우: 그 처분 관한의 사무가 귀속되는 행정청

돌발퀴즈 Q. 공매처분에 대한 취소소송의 피고는 위임청인 세무서가 아니라 수임기관인 한국자산관리공사가 된다? (○,×)

A. ○

(3) 피고경정

피고경정이란 소송의 계속중에 피고로 지정된 자를 다른 자로 변경하는 것을 말한다. 피고를 경정하는 경우는 ㈎ 피고를 잘못 지정한 때(과실 여부 불문하며, 제소시를 기준으로 한다) ㈏ 처분권한의 승계 혹은 조직변경이 있는 때 ㈐ 소의 변경이 있는 때 등이다. 피고가 경정됨으로써 새 피고에 대해서는 처음부터 소를 제기한 것으로 보며, 종전 피고에 대해서는 소를 취하한 것으로 본다.

2) 당사자소송의 피고적격

당사자소송은 공법상의 법률관계에 관한 소송이므로 피고는 국가, 공공단체 등 공법상의 의무주체가 된다. 다만 국가를 당사자로 하는 소송에는 법무부장관이, 지방자치단체를 당사자로 하는 경우에는 당해 지방자치단체장이 대표하여 소송을 수행하게 된다.

3) 민중소송 및 기관소송의 피고적격

당해 법률이 정한 바에 따른다.

3. 행정소송의 참가

1) 의의

소송 계속 중 당사자이외의 제3자가 소송의 결과에 따라 자신의 법률상 이익에 영향을 받을 수 있는 경우, 제3자가 자기의 이익을 위해 소송절차에 참가하는 것을 소송참가라고 한다. 소송 참가는 특히 복효적 행정행위에서 특히 필요하다.

2) 제3자의 소송참가

전술한 바와 같이 처분에 대하여 '법률상 이익'을 가지는 자는 원고로서 취소소송을 제기할 수 있다. 그런데, 소송의 결과에 따라 권리 또는 이익의 침해를 받는 제3자가 있는 경우 당사자 또는 제3자의 신청 또는 직권에 의해 결정으로 제3자를 소송에 참가시킬 수 있다. 예컨대, 이웃인 A가 B에 대한 건축허가 취소소송을 제기하는 경우 B가 제3자로서 소송에 참가할 수 있으며, 특정노선의 여객자동차운송사업면허를 갑과 함께 신청하였다가 거부된 을이 갑에 대한 사업면허 취소소송을 제기하는 경우 갑이 제3자로서 소송에 참가할 수 있다. 이 제도는 복효적 행정행위에서 소송으로 권익을 침해당할 우려 있는 제3자를 소송에 관여시켜 **서로 모순되는 재판을 피하기 위한** 소송상의 수단이다. 또 취소소송의 효력이 제3자에게도 미치므로(법 제29조1항) 취소판결의 효력과 관련해서도 제3자를 보호하기 위한 제도이다. 이것 외에도 제3자 보호를 위한 제도로 재심신청제도가 있다.

(1) 제3자

소송의 결과에 따라 권리·이익의 침해를 받는 제3자를 말한다.

(2) 절차

당사자·제3자의 신청 또는 직권에 의해 결정으로 하며, 직권에 의해서 하는 경우 당사자 및 제3자의 의견청취를 거쳐야 한다.

(3) 효과

제3자의 지위는 공동소송인의 지위가 된다. 이것은 무효확인소송, 부작위위법확인소송에 준용된다. 신청에 대해 각하결정을 당하면 즉시항고할 수 있다.

(4) 제3자의 지위

여기서 제3자는 단순히 원고의 승소를 돕는 보조인 또는 보조참가인이 아니다. 그 자신도 **독립된 청구**를 피고에게 하는 것이다. 이 경우를 민사소송법(63조)은 **공동소송 또는 공동소송적 보조참가**라고 한다. 이러한 공동소송인은 피참가인인 원고와는 독립된 지위를 가지므로 **피참가인의 소송행위와 저촉되는 행위**도 할 수 있다(예컨대, 원고가 항소를 포기하더라도 독립적으로 항소를 제기할 수 있으며, 원고가 심리절차에서 피고에게 유리한 증언을 하더라도 참가인인 제3자에게는 원칙적으로 영향이 없다).

3) 행정청의 소송참가

행정청의 소송참가는 제3자의 소송참가와 비교하여 '소송참가'라는 점에서는 같지만 이외의 점에서는 상당히 다른 제도이다.

첫째 행정청의 소송참가는 피고인 행정청에 참가하는 것이다. 예컨대, 경기도지사의 개발제한구역지정처분에 대한 취소소송이 제기된 경우 처분청인 경기지사의 승소를 돕기 위하여 감독청인 국토해양부장관이 참가하는 것이다.

둘째, 참가하는 행정청은 **보조참가인의 지위**를 가진다. 보조참가인이란 "당사자 일방의 승소를 보조하기 위하여 참가하는 **당사자에 종속적인 지위를 가지는 자**"를 말하는데, 피고와 독립적인 지위를 가지지 않고 피고에 종속되는 위치에 있는 것이다(다시 말해, 단순히 돕기 위해 참여하는 우호적인 관계라는 것이다). 보조참가인은 공동소송인과 달리 당사자의 행위와 저촉되는 행위를 할 수 없다(즉 피고인 행정청이 항소를 포기하면 보조참가인은 독립적으로 항소를 제기할 수 없으며, 피고인 행정청이 자신에게 불리한 증거를 인용한 경우 참가행정청이 이를 번복할 수 없다).

돌발퀴즈 Q. 복효적 행정행위에 대한 설명과 거리가 먼 것은?

① 재심청구　　② 제3자 참가를 통한 집행정지신청

③ 직권취소 · 철회의 제한　　④ 사익과 사익의 조화강조

⑤ 행정심판법상의 참가제도

A. ② 집행정지신청은 당사자의 신청이나 직권으로만 할 수 있음

제6항 행정소송의 제기

1. 행정소송의 제기요건

1) 개설

① 정당한 원고적격을 가지는 자가 ② 피고적격을 가진 행정청을 상대로 ③ 행정소송사항인 처분을 대상으로 ④ 소정의 제소 기간 내에 ⑤ 절차와 형식을 갖추어 ⑥ 관할법원에 제기함을 요건으로 한다.

2) 행정심판과의 관계

(1) 행정심판의 임의절차화

행정심판 거치지 않고도 취소소송을 제기할 수 있다.

(2) 예외

개별 법률이 행정심판 재결 거치지 않으면 취소소송 제기할 수 없다고 규정할 때에는 행정심판전치주의가 적용된다.

(3) 취소소송 바로 제기하는 경우

다음과 같은 경우 행정심판전치주의가 적용되더라도 바로 취소소송을 제기할 수 있다.

① 행정심판 청구일로부터 60일 내에 재결 없는 경우
② 처분 집행, 절차 속행으로 생길 중대한 손해를 예방할 긴급한 필요가 있는 때
③ 행정심판기관(행정심판위원회)이 의결·재결하지 못할 사유가 있는 때
④ 기타 정당한 사유

3) 제소기간

당사자소송이나 무효등확인소송의 경우 제소기간의 제한이 없는 것이 원칙이다. 민중소송 및 기관소송은 법률에 정한다. 따라서 제소기간은 아래에서 보는 바와 같이 항고소송, 그 중에서도 취소소송에 대해서만 특히 문제 된다.

(1) 취소소송의 제소기간

취소소송은 처분 등이 있음을 안 날부터 90일(*불변기간) 이내에 제기하여야 한다. 여기서 '처분이 있음을 안 날'이란 당해 처분이 있었다는 사실을 '현실적으로 안 날'을 의미하며 알 수 있었던 날이 아니다. 다만 다른 법률에 당해 처분에 대한 행정심판의 재결을 거치지 아니하면 취소소송을 제기할 수 없다는 규정이 있는 경우 기타 행정심판청구를 할 수 있는 경우 또는 행정청이 행정심판청구를 할 수 있다고 잘못 알린 경우에 행정심판청구를 거친 때에는 재결서의 정본을 송달 받은 날로부터 기산한다.

이 기간은 불변기간이나 '당사자가 책임질 수 없는 사유'로 말미암아 그 기간을 지킬 수 없었던 경우에는 민사소송법 제173조제2항에 의거 그 사유가 없어진 날부터 2주 내에 소송행위를 추완할 수 있다(대판 2001.5.8. 2000두6916-배출부과금부과처분취소).

취소소송은 처분 등이 있은 날부터 1년(행정심판을 거치는 경우 재결이 있은 날부터 1년)을 경과하면 이를 제기하지 못한다. 여기서 '처분 등이 있은 날'이란 당해 처분등이 대외적으로 표시되어 효력을 발생한 날, 즉 처분의 효력발생일을 말한다. 다만, 정당한 사유(주로 복효적 행정행위의 제3자의 경우가 해당됨)가 있는 때에는 그러하지 아니하다(행정소송법 제20조).

*** 처분의 효력발생시기와 관련하여** ① 고시 또는 공고에 의해 행정처분을 하는 경우(공고문서에 의한 경우라고도 함: 불특정다수인에게 일률적으로 적용되는 경우)에는 고시 또는 공고가 있은 후 5일이 경과된 날로부터 처분의 효력이 발생하며, ② 특정인에 대한 행정처분을 주소불명 등의 이유로 송달할 수 없어 관보 등에 공고하는 경우에는 행정절차법 제14조 제4항, 제15조 제3항이 적용되어 공고일로부터 14일이 경고한 때 처분의 효력이 발생한다.

행정심판을 거친 경우에는 '재결서 정본을 송달받은 날(재결이 있음을 안날)로부터 90일이내, 재결이 있은 날로부터 1년 이내에 제기하여야 한다'

(2) 무효등확인소송의 제소기간

제소기간에 제한 없다. 처분이나 재결의 효력유무·존재여부 등의 확인을 목적으로 하므로, 기간의 경과로 당해 처분이나 재결의 효력 존재에 실체적 영향을 미칠 것이 없기 때문이다.

(3) 부작위위법확인소송의 제소기간

부작위가 성립된 것을 안 날로부터 90일 이내에 제기할 수 있는 것이 원칙이나, 이러한 시점이라는 것은 지극히 주관적이며, 객관적으로 분명하지 아니하므로 '당해 부작위가 성립하여 존속하고 있는 동안'에는 부작위 위법확인소송을 제기할 수 있다고 하겠다. 부작위상태가 종료되면 본 소송의 대상이 없어지기 때문이다.

2. 소의 병합

항고소송에는 그 성질상 그와 관련되는 실체적인 청구가 따로 있는 경우가 많기 때문에 항고소송에는 그 청구와 관련되는 손해배상, 부당이득반환, 원상회복 기타의 청구나 다른 취소소송을 병합할 수 있도록 하고 있다(행정소송법 §10).

3. 소의 변경(청구의 변경)

1) 의의

소의 변경이란 소송의 계속 중에 원고가 청구한 사항을 변경하는 것을 말한다.

2) 소의 종류의 변경

(1) 변경의 대상

모든 주관적 소송의 유형으로 서로 변경이 가능하다.

① 취소소송→ 당사자소송, 취소소송 외의 항고소송
② 무효등확인소송, 부작위위법확인소송→ 취소소송, 당사자소송
③ 당사자소송→ 항고소송

이때 기준이 되는 '소' 또는 '청구'의 개념은 항고소송의 종류에서 배운 그 '소송'을 말한다. 원칙적으로 소의 변경의 형태는 제한이 없다. 즉, 취소소송을 무효등확

인소송으로, 취소소송을 부작위위법확인소송으로, 항고소송을 당사자소송으로 등 모든 형태의 소의 종류를 상호간에 변경할 수 있다.

왜 소의 변경을 할까? 그 원인은 설명할 수 없을 정도로 다양하다. 예를 들어 무효의 하자가 있는 처분에 대해 취소소송을 제기한 경우, 잘못 제기된 소를 각하하는 것보다는 간편한 소의 변경을 통해 무효등확인소송으로 변경하는 것이 좋을 것이다. 또한 국토해양부장관의 개발제한구역지정처분에 대한 취소소송을 대한민국에 대한 국가배상청구로 바꾸는 경우도 있다.

(2) 요건

① 행정소송이 계속되고 있을 것

② 청구의 기초의 변경 없을 것(구청구와 신청구가 법적 · 사실적으로 동일한 기반 위에 있을 것)

③ 사실심 변론종결시까지 할 것

④ 원고의 신청에 의할 것 cf) 법원이 직권으로는 할 수 없다.

⑤ 새로이 피고가 될 자의 의견을 들어서 해야 한다.

(3) 효과

① 불복방법: 법원이 당사자 일방의 소 변경허가 결정을 하면 타방 당사자는 **즉시항고**를 통하여 불복할 수 있다. 그러나 소 변경 불허 결정에 대하여는 즉시항고할 수 없다.

② 새 피고: 처음부터 소를 제기한 것으로 본다.

③ 종전 피고: 소 취하로 간주한다. 즉, 신청구는 구소를 처음에 제기한 당시에 제기된 것으로 보며, 구소는 취하된 것으로 본다.

3) 처분변경으로 인한 소의 변경

(1) 의의

소제기 후, 행정청이 소송대상인 처분을 변경한 때 법원은 소의 변경을 허가할 수 있다.

(2) 요건

① 원고의 신청이 있을 것

② 처분변경 있음을 안 날로부터 60일 내에 신청할 것

(3) 효과

① 변경된 소는 구소를 처음에 제기한 때에 제기된 것으로 보며, 구소는 취하된 것으로 본다.

② 무효등확인소송에 준용한다. cf) 부작위위법확인소송은 원래 처분이 없는 경우이므로 준용되지 않는다.

③ 행정심판을 전치해야 하는 경우에도 행정심판 거칠 필요 없다(행정소송법 제22조 3항).

4. 소송제기의 효과

1) 절차법적으로는 청구에 대한 소송의 계속상태가 발생하여 중복제소가 금지되고, 소송참가의 기회가 발생하며, 관련청구의 이송이 인정되고, 집행정지결정을 할 수 있게 된다(행정소송법 제23조).

※ 집행정지; 집행부정지원칙이나 예외적으로 절차속행으로 회복하기 어려운 손해를 예방하기 위하여 '당사자의 신청 또는 직권'으로 집행정지결정을 할 수 있다. 다만 이러한 적극적 요건을 갖추었을지라도 공공복리에 중대한 영향을 미칠 수 있는 경우에는 허용되지 아니한다.

2) 실체법적으로는 제척기간의 준수 등의 효과가 발생한다(행정소송법 제20조).

제 7 항 가구제(假救濟)

1. 개설

가구제라 함은 본안판결이 있기까지 긴급적이고, 잠정적 권리구제수단을 말한다. 여기에는 집행지제도, 가처분제도 등이 거론된다.

□ 이렇게 생각해 봅시다.

법원의 본안판결이 나오기까지 상당한 시일이 걸리게 되고, 판결이 나오더라도 결국 소 잃고 외양간고치는 격이 되지 않도록 하기 위해서 법원에 대한 잠정적인조치를 구할 필요가 있다. 예를 들어 "판사님 본안판결이 나올 때까지는 너무 많은 시간이 걸릴 텐데 어차피 제가 승소할 것이 뻔하니, 철거명령을 정지시켜 주십시오"라고 하여 소극적으로 집행정지를 신청한다거나, "본안판결이 나기 이전이라도 체류허가를 해 주십시오"라고 적극적으로 가처분을 신청하여 잠정적으로 권리구제를 도모하는 방법이다.

그런데 위 집행정지제도의 경우에 집행을 정지하는 것이 옳은 지 집행을 정지하지 않고 본안판단이 나오기까지 기다리는 것이 옳은 지는 사법정책의 문제이다. 따라서 독일과 같은 나라는 집행정지를 원칙으로 하기도 하고, 우리나라는 집행부정지를 원칙으로 하기도 한다. 따라서 우리나라의 경우 특별히 신청하거나 법원이 직권으로 집행정지를 명해 주어야 한다. 또 행정소송에서 가처분을 인정할 것인가 하는 것도 학자들 간에 논란이 많은 문제이다.

1) 의의

항고소송이 제기가 되더라도 판결에 이르기까지는 많은 시일이 소요되므로, 당사자의 권리구제의 실효성을 위해 **잠정적으로 처분의 효력 등을 정지**시키거나(집행정지제도; 소극적 작용), **판결시까지의 임시의 조치**(가처분; 적극적 작용)를 할 필요가 있다. 이와 같이 행정소송이 제기된 경우에 본안판결의 실효성을 확보하기 위하여 다투어지고 있는 행정처분이나 공법상의 권리관계에 관하여 가정적인 임시의 효력관계나 지위를 정함으로써 본안판결이 확정될 때까지 잠정적으로 권리구제를 도모하는 제도를 가구제라 한다.

2) 필요성

행정소송은 사후적 구제제도이며, 행정소송의 대상인 처분등은 민사상의 법률행위와는 다른 특수한 효력(집행력, 공정력 등)이 인정되기 때문에 적절한 가구제가 인정되지 않을 경우 처분등이 집행되어 **회복할 수 없는 상태**가 되는 등 행정구제가 공동화(空洞化)될 수 있다.

2. 집행정지제도

1) 집행부정지원칙

☞ 예컨대, ① 음식점영업을 하는 A가 영업허가 철회처분을 받고, 그 처분이 위법·부당하다고 하여 영업허가철회처분에 대해 취소소송을 제기한다고 하자. 그런데, 취소소송의 판결이 있기까지 장시간이 걸리므로 그동안의 영업상 피해는 막심하게 될 것이다. 이런 경우 영업허가철회처분의 효력을 판결시까지(엄밀히는 판결의 확정시까지) 정지시켜 달라고 주장할 수 있다. ② 또 하자있는 강제출국명령을 받은 외국인근로자는 판결시까지 그 조치의 집행을 정지할 필요가 있고, ③ 대집행의 계고의 하자를 주장하는 자는 판결시까지 대집행절차를 정지할 필요가 있다.

이 경우 집행정지원칙을 취하느냐, 집행부정지원칙을 취하느냐는 국민의 권리보호와 행정의 신속·원활 중 어느 가치를 소중히 하느냐의 입법정책의 문제이다. 행정소송법은 후자의 가치를 존중하여 집행부정지원칙을 취하며, 다만 당사자의 신청이나, 법원의 직권에 의해 집행정지를 명할 수 있다.

2) 집행정지의 신청

(1) 개설

취소소송이 제기된 경우 처분 등의 집행 또는 절차의 속행 등으로 인하여 생길 회복하기 어려운 손해를 예방할 긴급한 필요가 있다고 인정할 때에는 예외적으로 집행정지를 할 수 있다.

※ 집행정지신청과 같은 가구제제도는 침해적 행정작용에만 인정되는 것이다.

(2) 범위

무효등확인소송에 준용되나, **부작위위법확인소송에는 인정되지 않는다.** 부작위의 경우 아무런 집행이 이루어지지 않고 있는 것이기 때문에 정지시킬 것도 없다.

(3) 성질

원고의 권리보전을 위하여 법원이 계쟁처분의 집행을 잠정적으로 정지하는 보전소송절차(사법작용설)이다.

(4) 요건

먼저 적극적 요건으로는 ① 본안 소송이 계속되고 ② 처분등이 존재하여야 하고 ③ 회복하기 어려운 손해의 예방이 필요하여야 하며 ④ 본안청구가 이유 없음이 명백하지 아니하여야 한다(판례). 다만 일부 견해는 ④는 요건으로 보지 않는다. 또 집행정지는 공공복리에 중대한 영향 미칠 우려가 있는 경우에는 허용되지 않는다(소극적 요건).

위 적극적 요건 중 '회복하기 어려운 손해'란 판결 시까지 기다릴 경우 원상회복이 안 되는 손해이므로 즉, 일반적으로는 금전으로 배상(보상)할 수 없는 손해를 말하나, 금전으로 보상 가능하더라도 처분을 받은 당사자가 참고 견디기 어려운 유·무형의 손해를 말한다. 일반적으로 영업정지취소를 구하는 영업자의 경우 승소판결을 받으면 영업상의 불이익에 대해 국가배상을 청구할 수 있을 것이므로 집행정지신청을 할 수 없다.

▶회복하기 어려운 손해가 아니라고 본 경우: 유흥접객영업허가철회처분의 경우(대법원결정 1991.3.2. 91두1) 기타: 대법원결정 1986.7.7. 86두11(위법한 건축물개축부분철거명령), 대법원결정 1995.3.30. 94두57(건설업면허취소처분), 대법원결정 1994.9.24. 94두42(자동차운송사업면허취소), 대법원결정 1971.1.28. 70두7(과세처분)

▶회복하기 어려운 손해라고 본 경우(현역병입영처분의 경우 대법원결정 1992.4.29. 92두7), 기타: 대법원결정 1995.6.7. 95두22(골재도소매영업사건), 대법원결정 1994.10.11. 94두35(토석채취허가취소처분사건), 대법원결정 1992.8.7. 92두30(교도소이감처분사건), 대법원결정 1992.4.29. 92누7(병역의무이중이행)

또 '본안청구가 이유 없음이 명백하지 아니할 것의 요건'에 관해서는 일부 견해는 집행정지는 임시적 절차이므로 본안에 관한 이유의 유무를 따질 필요가 없다고 하여 이를 요건으로 하지 아니하나, 최근 판례는 본안에서 승소할 가망이 없는데도 집행정지를 인정하는 것은 제도의 취지와 부합하지 아니한다고 하여 이를 요건으로 하고 있다.

(5) 한계

현행 행정소송법상 집행정지는 종전의 상태로 회복하는 것, 즉 원상회복에 그치며, 새로운 처분을 구하는 것이 아니므로, ① 아직 아무런 처분을 하지 않고 있는 경우나 ② 처분이 이미 소멸된 경우 ③ 또 행정청의 거부처분에 대해서는 회복시킬 대상이 없어 집행정지를 인정하기 어렵다.

※ 예컨대 인허가갱신신청거부처분의 경우에 집행정지가 가능한지 생각해 보자. 판례는 허가기간이 만료된 투전기업소에 대한 허가갱신신청을 거부한 처분에 대해 집행정지를 인정하지 아니하였는데, 그 이유는 갱신신청을 거부한 것 즉, 불허가처분의 효력을 정지하더라도, 이것은 취소판결과는 달리 거기에 그칠 뿐 새로운 처분을 내릴 의무를 부여하는 것은 아니기 때문에, 여전히 신청인은 불허가 상태로 존재하게 되고, 효력정지로 인해 실질적으로는 신청인에게 아무런 도움이 되지 못하게 되어, 불허가처분의 효력정지를 구할 법률상 이익이 없기 때문이다. 이와 같은 경우 집행정지신청은 각하(却下)판결을 받게 된다.

그러나 모든 거부처분에 대해서 집행정지신청이 실익이 없는 것은 아니다. 예컨대 외국인의 체류기간 갱신허가의 거부처분의 경우에는 효력이 정지된다 하더라도 외국인이 체류할 권리를 취득하는 것은 아니지만 체류기간이 경과하더라도 불법체류자로 당장에 추방되지는 않기 때문에 집행정지의 실익은 있다. 따라서 '거부처분에 대한 집행정지의 인정여부'에 대해서는 부정설을 취하기보다는 '예외적 긍정설'이 적당하다.

3) 절차

당사자신청 또는 직권에 의해 본안 계쟁법원이 행한다.

4) 내용

처분등의 효력이나 집행 또는 절차의 속행의 일부 또는 전부를 정지하는 것을 내용으로 한다. 처분의 효력정지는 처분의 집행 또는 절차속행의 정지로 목적을 달성할 수 있는 경우에는 허용되지 아니한다.

5) 효력

(1) 형성력

처분등의 효력정지의 경우 당해 처분이 없었던 것과 같은 상태를 실현한다.

⑵ 대인적 효력

당사자, 관계 행정청 그리고 제3자에게도 미친다.

⑶ 시간적 효력

집행정지결정의 '주문(主文)'에서 존속시기를 정하는 것이 원칙이다. 주문에서 정하지 않는 경우 '당해 청구에 대한 본안판결이 확정될 때'까지 집행이 정지된다.

8) 집행정지 결정의 취소

집행정지가 공공복리에 중대한 영향 미치거나 정지사유 없어진 때에는 집행정지의 결정을 취소한다.

9) 결정에의 불복

법원의 집행정지결정이 받아들여지지 아니한 경우 또는 그 취소결정에 대해 즉시항고를 할 수 있다. 이 경우 즉시항고는 결정의 집행을 정지하지 못한다.

3. 가처분의 문제

1) 문제의 의의

가처분이란 다툼이 있는 법률관계에 관하여 임시의 지위를 정함을 목적으로 하는 민사소송법상의 보전처분을 말한다. 예컨대, 행정청의 공기업 신임이사장 선임처분이 위법하다고 하여 공기업의 전임이사장이 소를 제기한 경우 판결시까지 "누가 임시로 이사장의 직무를 수행하느냐"의 문제가 발생한다. 이 경우 법원이 결정으로 임시의 조치를 할 수 있게(즉, 임시이사장을 선임하는 것 등) 하자는 것이 국민의 권리보호(위의 예에서는 전임이사장)를 위해 좋다고 본다. 그러나 판례는 집행부정지원칙의 취지를 여기에서도 관철시켜 위의 사례에서 행정청의 이사장선임처분이 계속 효력을 발생하므로 소송의 진행중의 이사장 직무는 신임이사장이 수행하게 된다.

2) 인정여부

적극설과 소극설 있으나 판례는 행정소송법상 명문규정 없고 집행부정지원칙 규정한 행정소송법 규정은 민소법상 가처분 규정에 대한 특별규정이므로 이를 준용할 수 없다는 입장이다.

제 8 항 행정소송의 심리

항고소송의 심리란 항고소송에 대하여 판결을 하기 위하여 그의 기초가 될 소송자료(사실과 증거)를 수집·정리하여 법원이 판결하게 될 심증을 쌓는 절차를 말한다.

1. 심리의 내용

1) 요건심리

소송요건을 갖춘 적법한 소인가의 여부에 대한 심리절차이다. 소송요건의 판단시기는 사실심 변론종결시이며, 소송요건을 갖추지 못하면 소각하 판결을 한다.

※소송의 요건으로는 ① 법원에 관한 사항(재판관할), ② 당사자에 관한 사항(피고적격, 원고적격-소의 이익) ③ 소송물에 관한 사항(소송의 대상-처분)이 있다.
원고적격이 없거나 처분성이 없다고 판단되는 경우 각하(却下)하여야 하나, 이것이 외형만으로 판단하기 어렵고 본안의 내용적 심리를 통하여 이루어지는 경우에는 기각(棄却)하게 된다.

2) 본안심리

소송요건을 갖춘 소에 대하여 그 소송상 청구를 인용할 것인지, 기각할 것인지에 대해 판단하는 심리하는 절차이다.

2. 심리의 범위

1) 불고불리(不告不理)의 원칙

소송제기 없이 신청의 범위를 넘어서 심리하지 못한다(처분권주의).

2) 재량행위의 심리

법원은 재량행위에 대해서도 재량의 일탈·남용이 있는 경우 이를 취소할 수 있다. 따라서 재량일탈이 없다고 인정되면 기각을 해야 하며, 자유재량행위라고 해서

각하해서는 아니된다.

3. 심리의 절차

1) 일반 절차

(1) 공개심리주의

공개 심리를 하므로 일반인의 방청이 가능하다.

(2) 구술심리주의

변론 및 증거조사를 구술로 한다. 행정심판을 구술심리 및 서면심리로 하는데 비해, 행정소송의 심리는 서면으로 행하지 않고, 구술의 소송행위로 진행한다.

(3) 변론주의

당사자주의, 증거의 수집・제출을 당사자의 책임으로 한다.

※ 변론주의란 소송자료의 수집・제출책임이 당사자에게 있는 심리주의를 말한다. 따라서 변론주의 하에서는 자기에게 유리한 사실을 주장하는 것도 당사자이며, 자기에게 유리한 증거를 제출하는 것도 모두 당사자의 책무이다. 반면, 직권탐지주의란 소송자료의 수집・제출책임이 법원에게 있는 심리주의이다. 직권탐지주의 하에서는 당사자가 주장하지 않는 사실을 법원이 주장할 수 있고, 법원이 스스로 증거를 수집할 수 있다.

민사소송은 사익의 실현 작용이므로 변론주의가 관철되나, 행정소송은 당사자의 사익뿐만 아니라 공익의 실현과 행정통제의 목적도 있으므로 법원의 개입을 예외적으로 허용하고 있다. 즉, 변론주의를 원칙으로 하면서 직권탐지주의도 예외적으로 가능하다(행정소송법 제26조 법원은 필요하다고 인정할 때에는 직권으로 증거조사를 할 수 있고, 당사자가 주장하지 아니한 사실에 대하여도 판단할 수 있다)

(4) 처분권주의

소송절차 개시 심판대상 및 절차의 종결을 당사자의 의사에 맡기는 것을 말한다. 소송법상 사적자치라고 할 수 있다. 변론주의와의 차이는 변론주의는 증거의 수집조사 책임을 당사자에게 주는 것이며, 처분권주의는 소송물에 대한 처분의 자유를 의미한다.

(5) 행정심판기록제출명령

법원은 당사자의 신청이 있는 경우 행정심판위원회에 대하여 지체 없이 행정심판에 관한 기록을 법원에 제출할 것을 명할 수 있다.

2) 특수한 심리절차

공익적 관점에서 변론주의에 대한 예외로 직권탐지주의 즉 법원은 당사자가 주장하지 아니한 사항도 직권으로 증거조사를 할 수 있고, 판단할 수 있도록 한다. 여기에는 당사자가 주장한 사실뿐만 아니라 주장하지 아니한 사실에 대해서도 직권으로 탐지하여 재판의 자료로 삼을 수 있다는 '적극적' 입장(직권탐지주의설)과 당사자의 주장사실에 대한 입증활동이 불충분하여 심증을 얻기 어려운 경우에만 직권으로 증거를 조사할 수 있다는 '소극적' 입장(변론주의보충설)이 있다.

변론주의보충설이 판례와 다수설의 입장이다. 그러나 현행 행정소송법이 변론주의를 기본원칙으로 하고 있어 직권탐지주의를 인정한다고 해도 변론주의가 완전히 배제되어 법원이 전적으로 수집책임을 지는 경우는 거의 없을 것이므로 양자 간의 실제적 차이는 거의 없다.

4. 주장책임과 입증책임

1) 주장책임

변론주의를 취하므로 주장하지 않으면 법률효과가 발생하지 않다.

2) 입증책임

(1) 원고책임설

행정행위에는 공정력이 있어 적법성이 추정되므로 그 영향으로 행정행위의 위법을 주장하는 자가 입증책임을 진다는 설이다.

(2) 일반원칙설

공정력은 입증책임에 영향이 없으며, 당사자의 지위는 대등한 것으로 행정소송에서도 민사소송의 일반원칙에 따라 입증책임을 배분한다는 견해이다.

※ 취소소송이 제기된 경우, 원고는 동 처분이 위법한 하자가 있다고 주장할 것이며, 피고

는 그렇지 않다고 주장하게 된다. 이 경우 법원은 양당사자의 주장에 대해 어느 일방의 주장이 옳다고 여기면 그에 따라 인용 또는 기각 결정을 하게 된다. 그러나 대부분의 경우 법관의 심증이 확신이 없게 되는 경우(즉, 양당사자의 주장 중 어느 것이 옳은지 모르는 경우)가 많고, 이 경우에는 입증책임을 누가 지느냐에 따라 판결을 하게 된다. 예컨대, 공무원에 대해 사기를 쳤다는 이유로 영업허가철회처분을 받은 경우 만일 원고가 입증책임이 있다면 원고는 '공무원이 사기를 당한 점에 대한 복수로, 그런 처분을 행했다.'라는 사실을 법관이 확신이 생기도록 입증하지 못하면 패소하게 되는 것이다.

그런데, 이러한 입증책임을 누가 지느냐의 입증책임분배의 문제에 대하여는 종래 국가의 권위와 공정력 등을 이유로 원고가 '무조건' 입증책임을 진다는 '원고책임설'도 있었으나 오늘날은 민사소송법상의 '입증책임분배원칙'인 '법률요건분류설(일반원칙설)'에 따르는 것이 다수설 및 판례의 태도이다.

① 취소소송: 위에서 설명한 바와 같다.

② 무효등확인소송: 이 경우 무효원인에 대한 입증은 피고가 진다는 다수설(무효의 하자가 크므로 피고가 진다는 뜻)과 원고가 책임을 진다는 판례(무효의 하자는 통상의 취소의 위법사유와 달리 극히 예외적인 경우이므로)가 대립한다.

③ 부작위위법확인소송: 처분에 대한 신청을 한 사실 및 원고에게 처분 신청권이 있음은 원고가 입증하여야 하며, 원고의 신청에도 불구하고 부작위한 것에 대하여 그 정당화 사유는 피고가 입증하여야 한다.

5. 위법판단의 기준시점

이것은 처분 등이 행해진 뒤 당해 처분 등의 근거가 된 법령의 개폐나 사실상태의 변동이 있는 경우, 법원은 어느 시점의 사실 및 법상태를 기준으로 처분의 위법성을 판단할 것인가의 문제이다. 여기에는 처분시설과 판결시설이 있다. 처분시설(통설·판례)은 처분시의 법령 및 사실을 기준으로 하는 것이고, 판결시설은 판결당시의 사실 및 법령을 기준으로 판단하는 것이다. 예컨대 부작위위법확인소송의 경우 애초에 처분이 없었으므로 판결시를 기준으로 하게 된다.

□ **이렇게 생각해 봅시다.**

예컨대, 행정청이 법령에 위반된 위법한 처분을 했다고 하자. 그런데, 항고소송의 진행중에 법령이 개정되어서 판결시에 보니 그 행정청의 처분은 법령에 적합한 처분이 되어 있다. 이 경우 법원은 처분시에는 위법했으니 취소인용판결을 해야 하는가? 아니면 판결시에는 적법하니 취소기각판결을 해야 하는가? 이것이 바로 위법판단의 기준시 논쟁이다.

처분시설은 원래 위법성이라는 것은 그 위법한 행위의 발동 순간에 결정되는 것으로 후에 그 위법성이 치유되는 것은 아니라는 위법성의 본질론과 법원이 판결시에 이르기까지의 법상태와 사실상태를 시시콜콜히 따져 행정청의 처분을 심사함은 행정청의 독자성을 해친다는 권력분립적 이유를 논거로 기준시를 처분시로 한다. 판결시설은 판결시에 적법성을 회복한 처분을 취소인용하는 것은 어차피 행정청이 동일한 처분을 반복할 경우 이제는 적법한 처분이 된다는 점에서 무익하다는 소송경제의 면을 고려한 이론이다.

다만, 부작위위법확인소송의 경우에는 원래 처분의 존재가 없는 경우이므로 '처분시'라는 개념은 의미가 없을 것이다. 다만 제소시로 할 것이냐, 판결시로 할 것이냐는 견해의 대립이 있다. 판결시를 기준으로 하는 것이 옳다고 생각된다. 왜냐하면 제소시로 하는 경우 제소당시에는 위법했으나 판단시에는 적법한 상태가 되었다면 제소시 위법했는지를 법원이 알기도 어려울 뿐더러, 그것이 입증된다 해도 이미 적법한 상태로 되어 있는 것을 위법하다고 판단하는 것은 맞지 않기 때문이다. 다만 부작위로 인한 손해가 발생했다면 손해배상의 문제는 있을 것이나 이것은 별도의 문제이다.

제 9 항 행정소송의 판결

1. 의의와 종류

1) 의의

법원이 변론을 거쳐 구체적 행정소송사건에 대한 법적 판단을 하는 행위를 판결이라 한다.

2) 종류

(1) 종국판결과 중간판결

'종국판결'은 당해 소송의 전부나 일부를 그 심급으로써 종료시키는 판결을 말하며, '중간판결'은 종국판결을 할 준비로서 소송진행 중에 생긴 개개의 쟁점을 해결하는 확인적 성격의 판결을 말한다.

(2) 소송판결과 본안판결

소송판결'이란 요건심리의 결과 소송요건이 흠결됨을 이유로 당해 소송을 부적법한 것으로 각하하는 소각하판결을 말한다. '본안판결'이란 소송에 의한 청구의 당부에 관한 판결을 말하는데, 본안심리의 결과 청구의 전부 또는 일부를 인용하거나 기각하는 것을 내용으로 하는 판결이다.

(3) 기각판결과 인용판결

기각판결은 원고의 청구가 이유 없다고 인정하여(즉, 위법하지 않다고 인정하여) 원고의 청구를 배척하고, 원처분을 지지하는 판결이다. 또 인용판결은 원고의 청구가 이유있다고 인정하여 그 청구의 전부 또는 일부를 받아들이는 판결이다.

(4) 사정판결

① 의의: 원고의 청구가 이유 있다고 인정하는 경우, 즉 행정청의 처분이 하자있음을 인정하는 경우에도 처분 등을 취소함이 현저히 공공복리에 적합하지 아니한 때 원고의 청구를 기각하는 판결이다.

※ 법원이 심리를 통해 원고의 청구가 이유 있고 피고의 처분이 위법하다고 인정을 하면, 당연히 취소인용판결을 해야 한다. 그러나 이 경우 취소판결을 하면 공공복리에 중대한 위협이 초래되는 경우가 있다. 예컨대, 댐 공사를 위해 토지수용처분을 한 경우 토지수용처분의 하자를 이유로 토지수용처분을 취소하게 되면 공사 중인 댐을 허물어야 하므로 이는 중대한 공공복리의 침해가 올 수 있다. 이렇듯 사정판결은 개인의 사익의 실현보다 공익을 더 중요시여기는 것으로 항고소송에 특유한 제도이다.[10)]

---

10) 사정판결의 예: ① 예를 들어 재개발을 하려면 해당지역 토지 및 건물 소유자 3분의 2 이상의 동의가 있어야 한다는 규정이 있는데, 행정기관에서 소유자 3분의 2 이상의 동의가 없었음에도 이를 간과하여 재개발사업을 인가하는 처분을 하였고 이미 재개발 사업이 상당히 시행되어 아파트도 짓고 있고 명시적으로 재개발에 동의하지는 않았지만 해당지역 토지 및 건물 소유자의 대다수가 기왕 시작된 재개발 사업의 계속을 바라고 있는 상황이라고 할 때 재개발에 동의하지 않았던 사람 중 한명이 재개발사업 인가처분 취소소송을 제기했다고 하면 원칙대로 한다면 청구기각판결을 내려 재개발 사업 인가처분을 취소하고 이미 진행된 재개발 사업을 없었던 것으로 해야겠지만 그렇게 한다면 이미 시행되었던 재개발 사업과 관련하여 형성된 많은 이해관계인들이 많은 손해를 보게 되므로 행정처분을 취소해달라는 원고의 청구를 인정하지 않는 판결이 바로 사정판결인 것이다(대판 1992.02.14 90누9032).

② 환지예정지지정처분취소·손해배상(대법원 1997. 11. 11. 선고 95누 4902,4919 판결) 당해 공업용지조성사업은 그 사업면적이 150,000㎡를 초과하고 있어 구 도시계획법(1991. 12. 14. 법률 제4427호로 개정되기 전의 것) 제86조 제1항 및 같은법시행령(1992. 7. 1. 대통령령 제13684호로 개정되기 전의 것) 제67조 제2호의 규정상 토지구획정리사업법상의 환지규정을 준용할 수 없는 사업이므로 그 사업시행자인 지방자치단체장이 위 환지 규정을 준용하여 행한 환지예정지지정처분

한편, 공공복리를 위해 사정판결을 하더라도 이로 인해 사익을 박탈당하는 원고를 보호할 필요가 있다. 그래서, 행정소송법은 주문(主文)에 처분이 위법함을 명시하고(이는 그 사인이 국가배상청구를 할 때 이용된다), 소송비용은 피고의 부담으로 하며, 손해배상과 제해시설 설치 등 부수의 구제방법을 재판부에서 마련한다.

② 요건: 원고의 청구가 '이유 있을 것'과 그것을 인용하는 것이 현저히 '공공복리에 적합하지 않는다고 인정될 것'을 요건으로 한다.

③ 주장 · 입증책임: 사정판결을 해야 되는 사유에 대한 주장과 입증책임은 행정청이 부담하며, 그 필요성은 '판결시'를 기준으로 한다.

④ 효과: 판결의 주문에서 처분이 위법임을 명시하여야 하며, 소송비용은 피고의 부담으로 한다.

⑤ 구제방법: 손해배상, 제해시설의 설치 기타 적당한 구제방법을 취소소송 계속된 법원에 병합하여 제기하도록 한다.

⑥ 적용범위: 취소소송에만 인정된다(*판례, 통설은 무효등확인송(다수설, 판례)[11], 부작위위법확인소송, 당사자소송, 객관적소송에는 사정판결을 인정하지 아니하고 취소소송에만 인정한다). 사정판결은 행정의 우월성을 전제로 하는 제도이므로 항고소송의 특징이다. 따라서 당사자소송이나 객관소송에는 인정되지 않는다.

⑦ 사정판결의 청구: 다수설에 따르면 당사자의 신청으로만 할 수 있다. 그러나 판례에서는 당사자의 신청뿐만 아니라 법원의 직권으로도 할 수 있다고 한다(대판 1995.7.28 95누4629, 대판 1992.2.14 90누9032).

※ 무효등확인소송, 부작위위법확인소송에 사정판결이 인정되지 않는 이유: 무효 등의 하자가 있는 경우에까지 사정판결을 함은 원고에게 너무 가혹하기 때문이고, 부작위처분은 기성의 효과가 없기 때문에 성질상 사정판결의 대상이 되지 않는 것이다.

및 환지예정지변경처분이 위법하지만, 만약 이를 취소할 경우 이미 환지예정지지정(변경)처분에 불복하지 않고 그 처분에 기하여 사실관계를 형성하여 온 사업지역 내 다수의 이해관계인들에 대한 환지예정지지정(변경)처분까지도 이를 변경하게 됨으로써 기존의 사실관계가 뒤집어지고 새로운 사실관계가 형성되는 혼란이 발생할 수 있게 되는 반면에 위 환지예정지지정(변경)처분을 취소하지 않고 유지함으로써 당해 회사에게 다소의 손해가 발생한다고 하더라도 이는 금전 등으로 전보될 수 있는 것이므로 당해 환지예정지지정처분을 취소하는 것은 현저히 공공복리에 적합하지 아니한 경우에 해당하여서 사정판결을 할 사유가 있다고 본 사례.

11) 무효등확인소송에 사정판결이 적용된다는 소수설도 있다.

2. 판결의 효력

• 불가변력(자박력) - 선고법원에 대한 효력
• 불가쟁력 - 소송당사자에 대한 효력
• 기판력 - 법원과 당사자에 대한 효력
• 형성력 - 제3자에 대한 효력
• 기속력 - 처분청 및 관계 행정기관에 대한 효력

1) 취소판결의 효력

(1) 불가변력(자박력: 自縛力)

판결이 일단 선고되면 선고법원 자신도 후에 이를 다시 취소·변경하지 못한다. 이를 불가변력, 혹은 법원 스스로를 구속한다고 하여 자박력이라 한다. 그러나 판결의 제목이나 내용에 오산(誤算), 오기(誤記) 등 명백한 오류가 있는 경우에는 법원은 직권 혹은 당사자의 신청에 의해 결정으로 정정할 수 있다(민소법 제211조 1항, 행소법 제8조 2항).

(2) 불가쟁력(형식적 확정력)

상소기간이 경과하거나 당사자가 상소를 포기하는 등의 사유로 취소소송의 판결을 더 이상 정식재판절차를 통해 다툴 수 없게 되는 효력을 불가쟁력이라고 한다. 불가쟁력은 당사자가 책임질 수 없는 사유로 인하여 상소기간이 경과하거나 상소의 추완이 인정되는 경우 및 재심이 인정되는 경우에는 배제된다.

(3) 기판력

청구에 대한 법원의 판단이 있게 되면, 이후 동일 사항이 문제된 경우에 당사자는 그에 반하는 주장을 하여 다투는 것이 허용되지 않으며(불가쟁력), 법원도 그와 모순되는 판단을 해서는 안된다(불가변력)는 효력을 말한다.

• 주관적 범위 → 소송당사자 및 이와 동일시할 수 있는 자(승계인 기타).
• 객관적 범위 → 판결주문 사항
• 시간적 범위 → 변론종결시 기준

가. 주관적 범위

소송당사자 및 이와 동일시할 수 있는 자(승계인 기타), 보조참가인: 행정소송에서는 보조참가는 공동소송적 보조참가이므로 본 소송의 판결의 효력(기판력)이 보조참가인에게도 미친다.

나. 객관적 범위

물적 범위는 소송물과 판결주문에 포함된 것에 한한다.

다. 시간적 범위

기판력이 어느 시점에서 확정된 사실 및 법률관계에 관하여 효력을 발생하는가에 관한 것이다. 이에 대해서는 판결을 내리는 데는 근거가 되는 자료의 제출시한이 사실심 변론 종결 시까지이므로 이 시점을 기준으로 한다.

돌발퀴즈 Q1. 국가배상과 관련하여 위법한 국가작용의 취소를 구하는 행정소송을 제기하여 패소한 경우 이것을 다시 민사소송으로 제기하면, 전소의 판결의 기판력이 후소인 민사소송에도 미치는가?

A. 국가배상에서의 위법개념을 어떻게 이해하느냐와 관련이 있다. 행위위법설을 택하는 경우에는 항고소송상의 위법개념과 동일하므로 기판력이 미치게 되고, 광의의 행위위법설을 택하는 경우에는 기판력이 일부 미치게 된다. 또 상대적위법성설이나 결과위법설을 취하는 경우에는 위법의 개념을 달리 이해하므로 기판력이 전혀 미치지 않게 된다. 현재 다수의 견해는 광의의 행위위법설이다.

Q2. 광의의행위위법설에 따를 때 국가배상에서의 위법성과 취소소송의 위법성의 범위의 크기는?

A. 국가배상의 위법성 〉 취소소송의 위법성

* 구성요건적 효력과의 구별

기판력은 소송에 참가한 당사자 및 그 승계인에게 미치는 판결의 효력을 의미하는데 비해 구성요건적 효력은 원래의 소송당사자 이외의 '다른 자'에게 미치는 효력을 말한다. 예컨대 법원이 취소소송으로 제기된 행정행위를 취소한 경우 다른 법원이나 행정기관은 당해 행정행위가 취소되었음을 판단의 기초로 삼아야 할 구속을 받게 되는 효력을 말한다.

(4) 형성력(제3자에 대한 구속력)

취소판결등 형성판결의 효력으로서 판결의 취지에 따라 법률관계의 발생·변경·소멸이 있게 된다. 예를 들어, 위법한 영업허가철회에 대해 취소판결이 있게 되면, 철회의 효력은 소멸하게 된다.

또 형성력은 제3자에게도 미치는데, 이것을 대세효(對世效)라고 한다. 예컨대 공매처분에 대한 취소판결이 확정되면 그 판결의 효력은 제3자인 압류물건을 소유한 자(경락인)에게도 미친다. 다만 제3자의 범위는 무제한 인정되는 것이 아니다. 예컨대 원고와 대립된 법적 지위에 있는 제3자는 여기에 포함되며, 공유의 이익을 갖는 제3자는 포함설(절대적 대세효설)과 불포함설(명시적 규정이 없어 제3자효를 인정할 수 없다는 견해, 당해 판결의 이해관계인만 제3자효가 미친다는 견해)이 있는데, 소송경제적 측면에서 보면 포함시키는 것이 적당하다.

(5) 기속력(행정기관에 대한 구속력)

가. 의의

당사자인 행정청과 그 밖의 관계행정청이 판결의 취지에 따라 행동할 의무를 발생시키는 효력으로 인용판결에만 인정된다.

나. 성질

기판력의 일종으로 보는 견해가 있으나 기판력과는 독립된 특수한 효력이라는 것이 다수설이다.

다. 내용

① 부작위 의무(반복금지효) - 취소판결 등이 있는 경우 관계행정청은 확정판결에 저촉되는 행위를 하지 못한다. 예컨대, 영업허가철회처분을 취소한 판결이 있은 직후에, 다시 동일한 사안에 대해 철회처분을 재차 발동한 경우는 부작위의무 위반이다.

② 적극적 처분의무 - 거부처분에 대한 취소판결, 부작위에 대한 부작위위법확인판결의 경우 관계행정청은 판결의 취지에 따라 원래의 신청에 대한 처분을 해야 하고, 절차상 하자를 이유로 취소판결을 한 경우 적법한 절차에 따른 처분을 해야 한다.

※ 이 경우는 거부처분과 부작위처분의 효과가 실제에 있어 약간 다르게 된다. 허가신청에 대해 불허가처분을 한 경우, 법원이 이 불허가처분을 취소하는 판결을 하면 판결의 취지는 "불허가처분은 위법하니 허가처분을 하라."는 것이므로 행정청은 허가처분을 해야 한다.

반면, 허가신청에 대한 부작위처분의 경우는 판결의 취지가 "부작위처분은 위법함을 확인하니, 작위처분을 하라."는 것이므로, 행정청은 허가든 불허가든 작위처분을 해야 한다. 만일 행정청이 불허가처분을 한다면 사인은 다시 이 불허가처분에 대한 취소판결을 구해야 할 것이다.

라. 범위

① 주관적 범위: 처분청과 관계행정청

② 객관적 범위: 주문 및 전제가 된 요건사실 관한 판단

예컨대, 법원이 피고의 불허가처분에 대한 취소판결을 한 경우 주문은 "피고의 원고에 대한 불허가처분을 취소한다."는 내용만 있다. 반면, 판결이유의 설시에서 법원은 동 판결주문의 결론에 이르기까지의 상세한 이유가 명시된다. 행정청은 **주문뿐만 아니라 동판결의 판결이유의 설시 부분**도 참조하여 기속력의 의무를 준수해야 한다.

(6) 집행력

집행력이란 판결로 명한 이행의무를 강제집행절차에 의해 실현할 수 있는 효력을 말한다. 일반의 취소판결은 형성판결이므로 행정청이 따로 이행의무를 지지 않는다. 단, 행정청이 부작위처분과 거부처분의 경우에 적극적 처분의무를 이행하지 않는 경우 제1심 수소법원은 당사자 신청에 의하여 결정으로서 상당한 기간 정하여 행정청이 그 기간 내에 이행하지 않는 때 그 지연기간에 따른 배상이나 즉시배상을 할 것을 명할 수 있다.

2) 무효등확인판결의 효력

무효등확인판결에는 취소판결의 제3자효와 기속력에 관한 규정이 적용된다.

3) 부작위위법확인판결의 효력

부작위위법확인 판결의 효력은 판결의 취지에 따라 행정청이 재처분 의무를 갖느냐 하는 점에 포인트가 있다. 그런데 부작위위법확인소송에서 인용판결의 기판력으로서의 재처분의무는 행정청의 응답의무인가 아니면 신청에 따른 특정한 내용의 처분의무인가에 관하여 견해가 대립하고 있다.

(1) 응답의무설(다수설, 판례)

부작위위법확인판결의 기속력으로서의 재처분의무는 행정청의 응답의무라고 하는 견해이다. 이 견해에 따르면 행정청은 신청의 대상이 기속행위인 경우에 거부처분을 하여도 판결의 기속력의 내용인 재처분의무를 이행한 것이 된다고 한다. 판례도 같은 입장이다(대판 1990.9.25. 89누4758).

(2) 재처분의무설

부작위위법확인소송 인용판결의 기속력의 내용으로서의 처분의무는 당초 신청된 처분을 뜻한다고 하는 견해이다. 행정소송법 제30조 제2항(... 처분을 행한 행정청은 판결의 취지에 따라 다시 이전의 판결에 따른 처분을 하여야 한다)이 부작위위법소송에 준용되며, 부작위위법확인판결의 기판력을 응답의무라고 이해한다면 처분청이 다시 거부처분을 할 수 있게 되고, 권리구제를 위해서는 그 거부처분에 대해 다시 취소소송을 제기할 수 있을 것이므로 비효율적으로 소송을 계속하게 되기 때문에 이를 방지하기 위해서는 부작위위법확인소송 인용판결에 실질적 기속력을 인정해야 한다는 것이다. 이런 취지에서 보다 실효성 있는 권리구제를 위해서는 의무이생소송을 도입해야 한다는 입법론을 제시한다.

4) 기각판결의 효력

기각판결에는 대세효가 인정되지 않고 당사자 사이에 상대적인 기판력만 발생한다. 그리고 처분이 위법하지 않아 기각판결이 난 경우 처분이 적법하다는 것에 기판력이 발생한다는 것이 통설과 판례의 입장이다.

제10항 제3자의 재심청구

1. 의의

판결에 의하여 권리 · 이익의 침해를 받은 제3자가 확정된 종국판결에 재심사유에 해당하는 하자가 있는 경우 판결을 한 법원에 대하여 그 판결의 취소와 사건의 재심사를 구하는 특별한 불복신청방법

※ 예컨대, 개발제한구역지정처분의 취소를 구하는 소송을 사인인 A가 제기하였는데, 소송수행의 미숙으로 인해 패소하게 되었다. 이 경우 구역 내의 또 다른 사인 B는 자신이 소송을 수행했더라면 승소할 수 있었을 것이라는 확신을 가지고 있다. 이제 소송이 A의 패소로 끝났으니 B가 동일한 소송을 제기하더라도 법원이 그 예단(豫斷)으로 인하여 패소할 위험이 크다. 이런 사태를 방지하기 위해 제3자의 소송참가제도가 있다. 문제는 제3자가 판결확정시까지 원고와 피고의 소송계속의 사실을 모르고 있어서 참가하지 못했다는 사실이다. 이 경우 제3자의 권리보호를 위하여 이미 확정된 판결을 다시 심리 · 재판하는 것, 즉 "엎어버리고 다시 하자."는 것이 바로 제3자의 재심청구 제도이다.

2. 재심 청구의 절차 등

1) 재심청구의 당사자

(1) 원고

판결에 의하여 권리·이익의 침해를 받은 제3자가 원고가 된다.

(2) 피고

확정판결에 나타난 원고와 피고가 공동피고가 된다.

2) 재심사유

귀책사유 없이 소송에 참가하지 못함으로써 공격방어방법을 제출하지 못한 때 재심을 청구할 수 있다.

3) 대상

확정된 종국판결이 대상이 된다.

4) 재심청구기간

확정판결 있음 안날부터 30일, 확정된 날부터 1년(*불변기간)

5) 적용범위

취소소송, 무효등확인소송, 부작위위법확인소송 모두

▸행정소송법 개정안의 주요내용

1. 소송대상의 확대('처분'→'행정행위 등')

행정소송의 대상이 되는 성질을 소위 '처분성'이라 한다. 현행법에서는 처분을 "구체적 사실에 관한 법집행행위로서의 권력적 단독행위인 공법행위"로 한정하여 권력적 법률행위만을 주된 대상으로 하고 있다. 따라서 사실적 공권력의 행사(권력적 사실행위)에 대해서는 그것이 계속성이 유지되는 한 처분성을 인정하기는 하지만, 권력적 사실행위 자체에 대한 처분성의 인정은 용이하지 않다. 또 법규명령 등 행정입법에 대해서는 구체적 사건성을 인정하기 어려워 처분성이 인정되지 않고 있다. 그러나 처분과 행정법규의 구분이 점차 어려워지고 있으며, 행정법규의 전문성, 심급의 이익 등을 고려할 때 이를 행정소송의 대상으로 포섭할 필요가 있다. 따라서 종래의 처분, 법규명령, 사실적 행위 등을 포괄하는 개념으로서 '행정행위 등'이라는 개념을 사용함으로써 이를 포괄하려고 한다.

2. 원고적격의 확대('법률상 이익'→'법적으로 정당한 이익')

현재 판례는 '법률상 이익'에 대해 당해 처분의 근거법규에 의해 보호되고 있는 직접적이고 구체적인 이익이라 하여 소송상 이익의 폭을 좁게 인정하고 있다. 그러나 '근거법규'에 의해 보호되는 이익 뿐만 아니라 '헌법상 기본권 및 여타의 법령에 의해 보호되는 이익'도 구제의 대상으로 할 필요가 있다. 따라서 이를 포괄하는 개념으로 '법적으로 정당한 이익'을 도입하려고 한다.

3. 새로운 소송유형의 신설

종래 법정항고소송에 속하지 않았던 소송중 무명항고소송의 형태로 인정되어야 한다고 제기되었던 것으로 '의무이행소송'과 '예방적 금지소송'이 있다. 이 둘에 대한 법정화시도가 바로 그것이다.

주지하듯이 의무이행소송은 행정청의 거부행위 또는 부작위에 대하여 행정행위를 하도록 하는 소송을 말하며, 예방적 금지소송에 대해서는, 현행법에서는 위법한 처분이 행해질 개연성이 높고 사후적 구제방법으로는 회복하기 어려운 손해가 발생할 것이 예상될 때 처분이 행해지기 전에 이를 금지하는 소송을 말한다.

4. 행정소송과 민사소송 간의 소의 변경제도 신설
민사소송을 제기해야 할지, 행정소송을 제기해야 할지 판단이 어려운 경우가 있고, 행정의 행위형식이 다양화되어감에 따라 그 어려움은 더 가중될 것이므로 양 소송 간에 소의 변경을 인정할 필요가 있다. 따라서 청구의 기초에 변경이 없는 한 민사소송에서 항고소송이나 당사자소송으로, 항고소송에서 민사소송으로 소를 변경할 수 있도록 하는 제도이다.

5. 가처분제도의 신설
현행법상 가구제제도로는 집행정지제도만 인정되는데 이것은 소극적인 현상유지적 기능만 가질 뿐, 판결이 확정될 때까지의 당사자의 지위에 대한 불안제거나 권익구제에는 미흡하였다. 따라서 처분 등이 위법하다는 상당한 의심이 있는 경우 본안 관할법원은 쟁송 대상에 대한 현상유지적 가처분과 당사자의 임시적 지위를 정하는 가처분을 할 수 있도록 허용하는 것이다. 다만 가처분은 집행정지제도에 의해 목적을 다할 수 없을 경우만 허용된다.

6. 자료제출요구 규정 신설
행정소송에서 중요한 자료는 행정기관이 보관하고 있어 법원이 소송 심리를 위해 필요한 자료를 습득할 수 없는 등 소송수행상 어려움이 있었다. 따라서 법원은 사건의 심리를 위해 필요하다고 인정하는 경우에 직권에 의한 결정으로 당사자 또는 관계행정청이 보관중인 관련 문서, 장부 기타 자료의 제출을 요구할 수 있고 당사자 또는 관계행정청은 법원으로부터 요구받은 자료를 지체없이 제출하도록 하는 규정을 신설한다.

제 3 절 행정심판

제 1 항 행정심판 개관

1. 의의

1) 개념

행정심판이란 위법·부당한 처분 기타 공권력의 행사·불행사 등으로 인하여 권익을 침해당한 자가 상급 행정기관에 대하여 시정을 구하는 사법적 행정작용을 말한다. 항고쟁송으로서 행정기관에 의해 심리·재결되는 행정심판은 일반법으로서 행정심판법에 의한 행정심판과 각 개별법에 의한 이의신청, 심사청구, 심판청구 등이 있다.

행정심판을 행정소송과 대립하는 개념으로 보아 '행정기관'에 의해 이루어지는 모든 행정불복절차를 행정심판이라고 하는 견해도 있고, 준사법적 절차가 보장되는 행정불복절차에 한정된다고 하는 견해도 있다. 따라서 후자의 견해에 따르면 처분청 스스로 행한 처분의 위법·부당 여부에 대해 판단하는 이의신청을 행정심판에 포함시키기 어렵다. 이 견해가 타당하다. 왜냐하면 전자의 견해에 따른다면 이의신청만을 거친 후에도 행정심판을 거친 것으로 보아야 하기 때문이다(행정심판전치주의가 적용되는 경우).

(1) 일반행정심판과 특별행정심판

행정심판법이 적용되는 행정심판을 일반행정심판이라고 하고, 특별한 규정이 있어 행정심판법이 적용되지 않는 경우를 특별행정심판이라고 한다. 일반 행정심판법이 적용되지 않은 것으로서 ① 특허심판 및 항고심판과 재심 ② 감사원법 제36조에 의한 변상판정에 대한 재심청구에 대한 감사원의 재심의 판정 ③ 해난심판법에 의한 해산심판원의 해난심판 ④ 국가배상심의회의 배상금 결정 ⑤ 징발보상금사정과 보상금재심 등은 특별행정심판의 예로서 넓은 의미에서 행정심판에 포함될 수 있다.

(2) 형식적 의미의 행정심판과 실질적 의미의 행정심판

형식적 의미의 행정심판이란 행정심판법의 적용을 받는 행정심판을 말하며, 실질적 의미의 행정심판이란 행정청이 일정한 공법적 결정을 함에 있어 거치는 준사법적 절차를 의미한다.

2) 구별개념

기타 행정심판과 구별되는 개념으로는 행정소송, 고충민원, 직권취소, 청원, 진정, 탄원, 건의, 질의 등이 있다. 예컨대 청원, 진정 등은 국가기관에 대하여 일정한 의사표현을 보장하기 위한 제도일 뿐 국민의 권리구제를 위한 쟁송제도가 아닌 점에서 차이가 있다. 그러나, 진정의 형식이라도 그 내용이 행정심판을 청구하는 내용이면 행정심판으로 처리하여야 한다. 판례[12]도 같은 입장이다.

---

12) 【판례】 비록 제목이 "진정서"로 되어 있고, 재결청의 표시, 심판청구의 취지 및 이유 처분을 한 행정청의 고지의 유무 및 그 내용 등 행정심판법 제19조제2항 소정의 사항들을 구분하여 기재하고 있지 아니하여 행정심판청구서로서의 형식을 다 갖추고 있다고 볼 수는 없으나, **피청구인인 처분청과 청구인의 이름 주소가 기재되어 있고,** 청구인의 기명이 되어 있으며, **문서의 기재내용**

2. 성질

행정심판의 결정내용인 '재결'은 판단작용(준사법적성질)과 국가기관의 행정의사 발현(행정행위)으로서의 성질을 모두 가진다.

3. 행정심판의 필요성

1) 자율적 행정통제

행정기관이 사법부의 개입 없이 스스로 판단함으로써 행정권의 자율성 보장으로서의 의미를 가진다. 대륙법계에서 행정심판이 발달한 이유 중 하나로 분류된다.

2) 행정청의 전문지식의 활용

법원은 전문적 기술적 문제처리에 부적합하기 때문에 1차적 단계에서 행정기관이 분쟁을 심판하도록 하는 것이다. 이에 따라 행정심판은 법원의 능력을 보충하는 역할을 하며, 이것은 영미법계에서 행정심판이 발달한 이유 중 하나로 분류된다.

3) 행정능률의 보장

법원에 의한 행정소송은 권익구제에 충실을 기할 수는 있으나, 소송 종료 시까지 불안정한 상태가 계속된다. 따라서 간이·신속한 행정심판을 인정하여 행정의 능률과 안정을 도모할 수 있다. 이것은 대륙법계에서 행정심판이 발달한 이유 중 하나로 분류된다.

4) 소송경제의 확보

사법절차는 법원·당사자·관계인에게 많은 비용과 시간을 요한다. 행정심판은 경비·시간 등 절감될 수 있다. 이것은 영미법계에서 행정심판이 발달한 이유 중 하나로 분류된다.

에 의하여 심판청구의 대상이 되는 행정처분의 내용과 심판청구의 취지 및 이유, 처분이 있은 것을 안 날을 알 수 있는 경우, 위문서에 기재되어 있지 않은 재결청, 처분을 한 행정청의 고지의 유무 등의 내용과 날인 등의 불비한 점은 보정이 가능하므로 위 문서를 행정처분에 대한 행정심판청구로 보는 것은 옳다(대판 2000.6. 9, 98 두2621, 동지 대판 1995. 9. 5, 91누16250).

4. 행정심판제도의 특색

1) 의무이행심판

행정심판에는 행정청의 거부처분이나 부작위에 대하여 적극적인 이행재결을 구하는 심판인 의무이행심판이 있다. 이것은 행정소송인 부작위위법확인소송과 함께 부작위쟁송이라 한다.

> ▸ 거부와 부작위의 차이
>
> '거부'는 적극적인 행정행위에 대한 '신청'이 있는데, 그 신청에 따르는 행정행위를 받아들이지 않는 것이고, '부작위'는 '작위의무'가 있는데 이행하지 아니하는 것을 의미한다. 거부처분은 부작위와는 달리 소극적이나마 외관상 일정한 행정행위가 있으므로 처분적 행정행위와 다를 바가 없으므로 처분과 같이 다룬다.

2) 재결청과 심리기관의 결합

종래에는 심판청구에 대한 심리는 행정심판위원회가 담당하고, 재결청은 행정심판위원회의 의결의 내용대로 재결하도록 하여 재결청과 심리기관이 분리되어 있었으나, 형식적 분리에 그친다는 지적이 많았다. 2008년 행정심판법 개정으로 재결청을 별도로 두지 않고, 행정심판위원회가 심리 · 재결을 하도록 하는 것으로 변경되었다.

3) 심리절차의 준사법화

행정심판은 청구인과 피청구인(처분청)을 대심구조화하여, 상호공격방어 및 증거제출하도록 하여 행정심판절차를 준사법화한다.

4) 불고불리 원칙

행정심판법은 재결범위에 관하여 불고불리의 원칙 및 불이익변경금지의 원칙을 명시하여 권리구제기능을 강조한다. 먼저 불고불리(不告不理)의 원칙이란 "법원은 원고가 심판을 청구한 때에만 심리를 개시할 수 있고 또한 심판을 청구한 사실에 대해서만 심리 · 판결한다는 원칙"을 말한다. 민사소송법상으로는 당사자처분주의를 기본원칙으로 하기 때문에 이 원칙이 당연히 적용되며 법원은 당사자가 신청하지 아니한 사항에 대해서는 판결하지 못하도록 되어 있다. 예컨대 국세기본법 제79조에서는 국세심판원장이 심판청구에 대한 결정을 함에 있어서 심판을 청구한 처분 이외의 처분에 대하여는 그 처분의 전부 또는 일부를 취소 또는 변경하거나 새로운 처분의 결정을 하지 못하도록 규정하고 있는데 이것이 바로 불고불리의 원칙이 적용된 예이다.

5) 불이익변경금지원칙

불이익변경금지원칙(principle of disadvantage change prohibition)이란 행정사건을 심판하는데 있어서 원처분보다 더 중한 재결을 내릴 수 없다는 원칙을 말한다. 예컨대 甲이 영업정지 10일의 행정처분을 받고 이에 불복하여 행정심판을 제기하였는데, 행정심판위원회의 심리결과 甲의 위반행위가 영업정지 10일이 아니라 영업정지 1월에 해당하는 행위라 해도 원래의 처분인 영업정지 10일보다 더 중한 처분을 내릴 것을 재결할 수는 없다는 원칙이다. 형사법에서 '중형 변경 금지의 원칙(형사상으로 상소 사건을 심판하는데 있어서 항소·상고가 피고인에 의하여 또는, 피고인을 위하여 제기된 사건에 관하여 원심판결보다 무거운 형(刑)을 선고하지 못한다는 원칙)과 유사한 것이다.

6) 고지제도

행정심판고지제도란 행정청이 행정처분을 함에 있어 행정심판의 청구기간 · 청구절차 등 필요사항을 고지할 의무를 지는 제도를 말한다. 행정심판법은 서면처분을 하는 행정청에 대하여 일반적으로 고지의무를 부과하고 있다. 이 고지제도는 행정심판에만 있고, 행정소송에는 없다.

제 2 항　행정심판의 종류

행정심판법이 규정하는 행정심판에는 취소심판, 무효등확인심판, 의무이행심판의 세 가지가 있다. 모두 항고쟁송에 속한다.

1. 취소심판

행정심판의 대표적인 유형으로 행정작용의 취소·변경을 구하는 행정심판이며, 주된 목적은 공정력 있는 행정행위효력의 취소·변경에 있다. 이것은 가장 전형적인 행정심판으로 예컨대, 영업정지처분취소청구심판, 건축불허가처분취소청구심판 등이 그것이다. 여기에는 청구기간의 제한, 집행부정지의 원칙, 사정재결 등이 적용된다.

취소심판의 인용재결이 있게 되면, 원처분은 처음부터 없는 상태로 된다. 예를 들어, 영업정지처분이 취소되면 별도의 처분청의 조치 없이도 영업정지처분이 없었던 것으로 되고,[13] 불허가처분이 취소되면 불허가처분이 없었던 것으로 된다(불허가처분이 없어졌던 것으로 된다고 해서 허가처분이 된다는 것이 아니고 허가도 불허가도 아닌 상태가 된다).

2. 무효등확인심판

처분의 효력 유무·존재여부에 관한 확인을 구하는 행정심판을 말한다. 무효인 행정행위는 별도의 행위를 기다릴 필요 없이 처음부터 당연히 무효이나, 그 외형이 존재하거나 존재하는 것으로 오인되어 행정기관이 이를 집행하거나 반대로 유효한 행정처분을 행정기관이 무효 또는 부존재인 것으로 주장할 수 있다. 이 경우 특정한 행정처분의 효력의 유무나 존재여부에 대해 공법적 판단을 해 줄 필요가 있다. '무효등확인'에는 유효확인심판·무효확인심판·실효확인심판·존재확인심판·부존재확인심판 등 처분의 효력유무 또는 존재여부에 관한 확인이 모두 포함된다.

※ 여기에는 취소심판의 경우와는 달리 심판청구기간 및 사정재결에 관한 규정이 적용되지 아니한다. 집행정지의 대상은 된다.

행정심판제기기간이 도과된 뒤(취소심판은 제기할 수 없게 되므로)에 주로 무효등확인심판으로 제기되는 사례가 많으며, 이 경우 청구인용이 되기 위해서는 취소사유로는

---

13) 【판례】 행정심판법 제32조제3항에 의하면 재결청은 취소심판의 청구가 이유 있다고 인정할 때에는 처분을 취소·변경하거나 처분청에게 취소·변경할 것을 명한다고 규정하고 있으므로, 행정심판 재결의 내용이 **처분청에게 처분의 취소를 명하는 것이 아니라 재결청이 스스로 처분을 취소하는 것일 때에는** 그 재결의 형성력에 의하여 당해 처분은 별도의 행정처분을 기다릴 것 없이 당연히 취소되어 소멸되는 것이다.(대법원 1998. 4. 24. 선고 97누17131)

부족하고 그 하자가 중대·명백한 경우에 한하여 무효로 인정된다. 또 무효확인을 구하는 행정심판에 있어서는 청구인에게 그 행정처분이 무효인 사유를 주장·입증할 책임이 있다(대판 1992. 3. 10, 91누6030).

3. 의무이행심판

'부작위'에 대한 의무이행심판은 심판청구기간의 제한이 없으며, 처분이 이루어진 것이 없으므로 집행정지의 대상이 아니다. '부작위'에 대한 심판인 경우 처분이 없었으므로 처분의 취소에 관한 재결인 사정재결이 개입할 여지도 없으나, '거부'에 대한 심판인 경우 사정재결이 적용된다.

행정기관의 위법·부당한 '거부처분'이나 '부작위'에 대해 그 법률상 의무 지워진 처분의 이행을 구하는 행정심판이다. *행정소송에서는 거부에 대해서는 취소소송을, 부작위에 대해서는 부작위위법확인소송을 하는데 이것과 다르다. 이점 때문에 행정심판(의무이행심판)과 행정소송(부작위위법확인소송)은 다른 점이 몇 가지 있다. 예컨대 ① 부작위위법확인소송에서는 사정판결이 인정되지 아니하나, 의무이행심판에서는 '거부'에 대한 것인 경우에는 사정재결이 인정된다는 점, ② '거부'에 대한 의무이행심판은 심판청구기간에 제한이 있다는 점, ③ 거부에 대한 구제로서는 행정소송에서는 '취소소송'으로 족하나, 행정심판에서는 '취소심판'으로는 충분하지 않고, '의무이행심판'을 해야 재처분을 받을 수 있다는 점 등이다.

취소심판의 경우는 잘못된 거부처분의 효력을 상실하게 하는 효과밖에 없으나, 의무이행심판으로 다투게 되면 적극적 행위를 재결할 수 있다는 실익이 있다. 따라서 거부처분에 불복할 때에는 취소심판보다는 의무이행심판이 더 효과적이다. 또 의무이행재결이 있어도 행정청이 지체 없이 재결의 취지에 따라 이전의 신청에 대한 처분을 하지 않으면 행정심판위원회는 당사자의 신청에 따라 기간을 정하여 서면으로 시정을 명하고 그 기간 내에 이행하지 아니하는 경우에는 직접 당해 처분을 할 수 있도록 하는 규정을 두어(제37조 제2항) 이행재결의 실효성을 확보하도록 하였다. 예컨대 행정정보공개 이행청구, 개인택시운송사업면허 이행청구 등이 의무이행심판청구의 예이다.

행정심판법과 달리 행정소송법은 의무이행소송을 인정하지 않고 대신 거부처분

취소소송 및 부작위위법확인소송만을 인정하고 있으므로 이점에 유의해야 한다.

의무이행재결이 형성재결(처분재결)인 경우에는 형성력이 발생하고, 이행재결(처분명령재결)인 경우에는 기속력이 발생한다. 예를 들어 처분청의 허가거부에 대해 재결청에 직접 허가를 해달라는 청구를 할 수도 있으며, 처분청에 허가를 해 줄 것을 명령해 달라고 청구할 수도 있다.

〈제소기간, 집행정지제도, 사정판결 등에 대한 각 쟁송별 비교〉

구분	행정소송	행정심판	비고
제소기간 (청구기간)	취소소송	취소심판, 의무이행심판('거부'에 대한 심판인 경우)	무효등확인소송과 무효등확인심판은 무효는 언제라도 주장할 수 있기 때문에, 부작위위법확인소송과 의무이행심판('부작위'에 대한 심판인 경우)은 '처분'이 존재하지 않기 때문에 제소기간의 제한이 없다.
집행정지	취소소송, 무효등확인소송 *거부에 대한 취소소송은 집행정지의 실익이 없다.(다만 예컨대 외국인의 체류기간 갱신허가의 거부처분의 경우에는 효력이 정지된다하더라도 외국인이 체류할 권리를 취득하는 것은 아니지만 체류기간이 경과하더라도 불법체류자로 당장에 추방되지는 않기 때문에 집행정지의 실익은 있다.)	취소심판, 무효등확인심판	부작위위법확인소송과 의무이행심판('부작위'에 대한 심판인 경우)은 '처분'이 존재하지 않기 때문에 집행을 정지할 것이 없으며, 의무이행심판('거부'에 대한 심판인 경우)과 거부에 대한 취소소송의 경우에는 집행을 정지하더라고 거부전상태 즉 신청상태로만 되돌아가므로 집행정지의 실익이 없다.
사정판결 (사정재결)	취소소송	취소심판, 의무이행심판('거부'에 대한 심판인 경우)	무효등확인소송과 무효등확인심판은 무효는 하자가 중대 명백하여 치유될 수 없으며, 부작위위법확인소송과 의무이행심판('부작위'에 대한 심판인 경우)은 '처분'이 존재하지 않기 때문에 사정판결(재결)을 논할 여지가 없다.

제3항 행정심판의 대상

1. 심판사항

행정심판법은 행정심판사항에 개괄주의를 취한다. 행정심판의 대상은 행정청의 위법·부당한 처분과 거부처분 및 부작위처분이다.

1) 처분

행정청이 구체적 사실에 관한 법집행 행위로서 하는 공권력의 행사 또는 그 거부 그밖에 이에 준하는 행정작용

(1) 행정행위

행정행위란 행정청이 구체적 사실에 대한 법집행으로서 하는 권력적 단독행위인 공법행위를 말한다. 따라서 공법상계약, 합동행위, 비권력적 사실행위 등은 제외된다.

(2) 권력적 사실행위

권력적 사실행위는 사인의 권리를 침해하는 내용인 경우에도 단기간에 목적을 달성하고 종료되는 것이 보통이므로 이것의 취소·변경을 구하는 행정심판을 제기할 수 없다는 것이 일반적인 견해이다. 하지만, '계속적 성질'을 가지는 권력적 사실행위는 행정심판의 대상이 되는 처분으로서 공권력 행사에 해당한다.

2) 거부처분·부작위

행정청의 위법·부당한 거부처분 또는 부작위에 대해서는 의무이행심판을 제기할 수 있다.

2. 제외사항

대통령의 처분과 부작위, 행정심판의 재결 등은 행정심판의 대상에서 제외된다.[14] 또, 행정상의 입법은 행정기관의 공권력의 작용이기는 하나, 구체적 사실에

14) 대통령의 처분등은 행정소송의 대상은 되며(피고 각부장관), 행정심판의 재결도 재결 자체에 고

관한 법집행 행위가 아니므로 행정심판의 대상이 되지 않는다.

제 4 항 행정심판의 당사자와 참가인

1. 행정심판의 당사자

행정심판법은 행정심판절차의 준사법화를 도모하기 위해 청구인과 피청구인이 대립하는 대심구조를 취한다.

1) 청구인

(1) 의의

심판청구의 대상인 처분 또는 부작위에 불복하여 취소·변경 등을 구하는 자를 말한다. 처분·부작위의 상대방뿐만 아니라 제3자라도(복효적 행정행위인 경우) 해당 행정심판을 청구할 법률상 이익이 있으면 청구인이 될 수 있다.

(2) 청구인적격

① 청구인적격의 범위

취소심판의 경우 처분의 취소 또는 변경을 구할 '법률상 이익'이 있는 자가 '청구인 적격'을 가진다. 이에 '법률상 이익'의 무엇인가에 관해서는 권리구제설, 법률상 보호이익설, 보호가치있는 이익구제설, 적법성보장설 등의 견해가 있다. 행정소송의 원고적격에 관한 학설과 같다. 이중 권리구제설과 법률상보호이익설은 청구인이 주장하는 이익이 실체법상 보호되고 있는 이익일 것임을 주장하는데 비해, 보호가치있는 이익구제설은 심판절차에서 보호할 가치가 있는 이익이면 법률상 이익으로 볼 수 있다는 견해이다. 또 적법성보장설은 이보다 더 넓게 객관적으로 '위법한 행정작용을 바로잡는 객관적인 필요성', 즉 "적법성 보장"의 필요성이 있다면 청구인적격을 인정할 수 있다는 견해이다.

② 취소로 인하여 회복될 법률상 이익이 있는 경우

또 처분의 효과가 소멸된 경우에도 그 처분의 취소로 인해 회복될 법률상 이익이

유한 위법이 있는 경우 행정소송의 대상이 된다.

있는 경우에는 행정심판을 제기할 수 있다. 소위 '협의의 소익'에 관한 문제이다. 예컨대 징계처분의 취소소송이 계속되던 중에 임기를 만료하였거나 정년에 도달함으로써 직접적인 소의 이익이 사라졌다 해도 재직 중의 봉급청구권과 같은 재산적 이익, 명예・신용의 회복 등 인격적 이익, 장차 구직에서의 불이익 등은 본 조항이 규정하는 "취소로 인하여 회복될 이익"에 해당한다.[15]

▶과오설, 비과오설

행정심판은 위법한 처분뿐만 아니라 부당한 처분에 대해서도 청구할 수 있는 것이므로 법률상 이익 뿐만 아니라 사실상의 이익 예컨대 반사적 이익을 향유하기 위해서도 청구될 수 있는 것이므로 행정심판의 청구인 적격은 '법률상이익'보다 넓은 개념이어야 한다고 하는 것이 입법과오설(소수설)이다. 이설에서는 일본과 독일의 입법례에서 행정소송에서는 원고적격으로 '법률상이익'개념을 채용하지만 전심인 행정심판에서는 아무런 규정을 두고 있지 않는다는 점을 논거로 제시한다. 이 견해는 법률상 이익의 침해=위법행위가 논리적으로 연결된다는 전제에 선다.

이에 비해 비과오설(다수설)에서는 ① '법률상 이익'은 침해의 대상의 문제이고 '위법・부당'은 침해의 형태의 문제로 양자는 논리필연적으로 연결되는 것이 아니어서 부당한 처분에 의해서도 법률상 이익이 침해될 수 있다. 즉 위법행위에 의해 법률상 이익이 침해되지 않을 수도 있고, 적법행위에 의해서도 법률상 이익이 침해될 수도 있다는 전제에 선다. ② 법률상이익 즉 청구인 적격은 '심판제기요건'의 문제 소위 入口의 문제이며, 위법, 부당은 '평가' 즉 '본안 판단'의 문제 즉 出口의 문제이므로 양자는 서로 논리필연적인 관계에 있지 않다고 한다(김남진: 594). ③ 위법성과 부당성의 구분은 모호하여 판단이 쉽지 않다. 예컨대 공무원에 대한 징계로서 감봉처분에 대한 취소심판이 제기된 경우 당해 비위사실에 대해 재량처분으로 감봉을 선택한 것이 위법하지는 않지만, 종전의 예 등을 고려할 때 견책이 적합한 징계수단이라고 판단된 경우를 생각해 보라. 이와 같이 '부당한 재량처분에 의해 당해 공무원은 봉급청구권이라는 법률상 이익이 침해될 수 있는 것이다.

(3) 지위승계

① 당연승계

다음의 경우에는 청구인의 지위는 당연 승계된다.

㉮ 청구인사망시: 상속인 기타 법령에 의해 권리・이익 승계한 자

15) 변재옥, 행정법, p. 634

㉯ 법인과 비법인사단·재단의 합병시: 합병후 존속하는 법인 또는 합병에 의해 설립되는 법인

㉰ 지위승계자가 서면으로 위원회에 신고

② 허가승계

권리·이익의 양수자가 청구인의 지위를 승계하기 위해서는 위원회의 허가가 필요하다.

2) 피청구인

심판청구를 제기 받은 상대방인 당사자로서 피청구인은 처분청 혹은 부작위를 한 행정청이 된다. 처분이나 부작위가 있은 후에 그에 관한 권한이 다른 행정청에 이전·승계된 때에는 그 권한을 양수하거나 승계한 행정청이 피청구인이 된다.

2. 행정심판의 참가인과 대리인

1) 참가인

행정심판결과에 이해관계가 있는 자는 신청 또는 행정심판위원회의 요구에 따라 행정심판에 참가할 수 있다. 예컨대 공장건축허가처분에 대하여 인근 주민들이 취소심판을 청구한 경우 공장주는 행정심판에 참가할 수 있다. 행정소송에서의 제3자 소송참가와 같다.

2) 대리인

심판청구의 당사자는 대리인을 선임하여 당해 심판청구에 관한 행위를 하게 할 수 있으며, 이 경우 대리인은 심판청구의 취하를 제외하고 본인을 위하여 심판청구에 관한 모든 행위를 할 수 있다. 대리인이 될 수 있는 자는 청구인의 배우자, 직계존비속 또는 형제자매, 청구인인 법인의 임직원 또는 직원, 변호사, 기타 행정심판위원회로부터 허가를 받은 자 등이다.

제5항 행정심판기관

종래 행정심판기관은 심리·의결기능을 하는 행정심판위원회와 형식적 재결기능을 하는 재결청으로 분리되어 있었으나, 2008년 행정심판법개정으로 행정심판위원회가 심리·의결과 재결기능을 모두 갖는 것으로 변경되었다. 따라서 행정심판위원회의 법적 성격도 종전에는 의결기관이었으나, 현재는 행정기관으로 변경되었다.

1. 행정심판위원회의 설치

행정청의 처분 또는 부작위에 대한 행정심판의 청구(이하 "심판청구"라 한다)를 심리·재결하기 위하여 아래 1)부터 3)까지의 것에 따르는 외에는 해당 행정청의 직근 상급행정기관 소속으로 행정심판위원회를 둔다(행정심판법 제5조).

1) 해당 행정청 소속 행정심판위원회가 행정심판기관이 되는 경우(즉 해당 행정청 자체 내에 행정심판위원회가 있다)

1. 대통령 직속기관의 장(예; 감사원행정심판위원회 등)
2. 국회사무총장·법원행정처장·헌법재판소사무처장 및 중앙선거관리위원회사무총장
3. 그 밖에 소관 감독행정기관이 없는 행정청

2) 「부패방지 및 국민권익위원회의 설치와 운영에 관한 법률」에 따른 국민권익위원회 소속 국무총리행정심판위원회가 행정심판기관이 되는 경우

1. 특별시장·광역시장·도지사·제주특별자치도지사(교육감을 포함한다)의 처분이나 부작위, 그 밖에 국무총리나 중앙행정기관이 직근 상급행정기관이나 소관 감독 행정기관에 해당하는 처분이나 부작위
2. 「정부조직법」 제3조 또는 다른 법률의 규정에 따라 설치된 국가특별지방행정기관(대통령령으로 정하는 중앙행정기관에 소속된 국가특별지방행정기관을 제외한다)의 처분 또는 부작위

3. 국무총리나 행정 각 부 장관의 처분 또는 부작위

3) 특별시장・광역시장・도지사・제주특별자치도지사 소속 행정심판위원회가 행정심판기관이 되는 경우

특별시장・광역시장・도지사・제주특별자치도지사에 소속된 각급 국가행정기관 또는 그 관할구역안에 있는 자치행정기관의 처분 또는 부작위

2. 행정심판위원회의 권한

1) 심리의결 및 증거조사권, 재결권

심판청구사건에 대해 심리의결, 증거조사 및 법적 판단을 할 수 있는 권한을 말한다. 의결은 과반수의 출석과 출석위원 과반수의 찬성으로 한다.

2) 집행정지결정권

행정심판법은 집행부정지를 원칙으로 하면서 예외적으로 일정한 경우 당사자의 신청이나 직권에 의해 집행정지결정을 할 수 있도록 규정하고 있다.

3. 행정심판위원회의 구성

1) 시・도행정심판위원회

위원장 1인을 포함한 15인 이내의 위원으로 구성한다. 행정심판위원회의 위원장은 해당 행정심판위원회가 소속된 행정청이 되며, 필요한 경우에는 소속공무원으로 하여금 그 직무를 대행하게 할 수 있다(행정심판법 제6조).

2) 국무총리행정심판위원회

국무총리행정심판위원회는 위원장 1인을 포함한 50인 이내의 위원으로 구성하되, 위원중 상임위원은 2인 이내로 한다. 국무총리행정심판위원회의 위원장은 국민권익위원회의 부위원장 중 1명이 되며, 필요한 경우에는 상임위원으로 하여금 그 직무를 대행하게 할 수 있다. 국무총리행정심판위원회의 회의는 위원장, 상임위원과 위원장이 매 회의마다 지정하는 위원을 포함하여 총 9인으로 구성하되, 행정심판법제

6조제4항 각호의 1에 해당하는 자(변호사, 부교수 이상의 법률학교수, 행정심판에 지식과 경험이 있는 4급 이상의 공무원)가 5인 이상 포함되어야 한다.

3) 위원회의 제척, 기피, 회피

제척(除斥)은 법정사유가 있는 경우에 위원의 직무집행을 배제하는 것, **기피**(忌避)는 당사자의 신청에 의해, **회피**(回避)는 위원 본인이 자발적으로 직무를 집행하지 않는 제도이다(행정심판법 제7조).

제 6 항 행정심판의 청구

1. 심판청구의 요건

청구인적격이 있는 자가 구체적인 처분이나 부작위를 대상으로 청구 기간 내에 소정의 형식을 갖추어 피청구인인 행정청이나 행정심판위원회에 심판청구서를 제출한다.

돌발퀴즈 Q. 행정심판의 청구는 서면으로 한다? (○,×)

A. ○(행정심판의 청구는 행정심판 청구서를 제출함으로써 한다.)

1) 청구인

당해 심판청구에 구체적 법률상이익이 있는 자라면 직접 처분의 상대방과 제3자도 포함된다.

2) 심판청구사항

구체적인 처분이나 부작위를 대상으로 제기해야 한다.

3) 심판청구기간

무효등확인심판, 부작위에 대한 의무이행심판은 성질상 청구기간에 제한이 없으므로, 심판청구기간의 제한을 받는 것은 취소심판과 거부처분에 대한 의무이행심판의 경우에만 있다.

(1) 원칙적 청구기간

행정심판의 청구는 처분이 있음을 안 날로부터 90일 이내(*불변기간), 처분이 있은 날로부터 180일 이내에 하여야 한다.

① '처분이 있음을 안 날'이란 '추상적으로 알 수 있었던 날' 혹은 '처분이 발령된 날'을 의미하는 것이 아니라 통지 · 공고 기타의 방법으로 처분이 있었음을 '현실적으로 안 날'을 의미한다. '사실행위'의 경우 고지절차가 없으므로, 그 행위가 있었고, 자기의 권익이 침해되었음을 인식한 날이 처분이 있음을 안 날이다.

② '처분이 있은 날'이란 처분이 고지에 의해 위부에 표시되고 그 효력이 발생한 날을 의미한다. 처분은 원칙적으로 도달하여야 효력이 발생한다. 불특정다수인을 대상으로 하는 공고문서에 의한 경우 도달한 것으로 간주되는 날(공고일 후 5일), 송달자의 주소를 알 수 없거나 송달이 불가능하여, 게시판, 공보, 관보, 일간신문 등에 공고한 경우 도달한 것으로 간주되는 날(공고일 후 2주, 외국으로 한 송달의 경우 2개월)에 효력을 발생한다.

(2) 예외적 청구기간

90일은 불변기간으로 '불가항력'외에 '정당한 사유'로 인한 연기를 인정하지 않는다. 그러나, 180일은 정당한 사유가 있는 경우에는 그러하지 아니하다.

① 90일의 경우 예외(불가항력)

천재 · 지변 · 전쟁 · 사변 그 밖의 불가항력으로 인하여 위 기간 내에 심판청구를 제기할 수 없는 경우 그 사유가 소멸한 날로부터 14일(국외에서 행정심판을 청구하는 경우에는 30일) 이내에 제기하면 된다.

② 180일의 경우 예외

'정당한 사유'가 있으면 180일 이후에도 가능하다. '정당한 사유'는 처분이 있은 날로부터 180일 이내에 심판청구를 하지 못한 객관적 사유를 말하며, 이에 대한 판단은 행정심판위원회가 결정한다. '정당한 사유'는 앞의 불가항력에 의한 사유보다는 넓은 개념이다.

(3) 복효적 행정행위에서 제3자의 심판청구기간

원칙적으로 제3자도 처분이 있음을 알았거나 알 수 있었다면 그로부터 90일 이내에 행정심판을 제기하여야 한다. 하지만 제3자에게도 처분이 있었음을 알려주는 통지제도가 없으므로, 대개 제3자는 그러한 처분이 있음을 알 수 없다. 따라서 제3자에게는 주로 '처분이 있는 날로부터 180일 이내'의 기간이 주로 적용될 것이다. 그러면 이 기간이 지나면 제3자는 심판청구가 불가능한가? 이에 대해 판례는 "제3자가 그 기간 내에 심판청구가 가능하였다는 특별한 사정이 없는 한, 기간을 지키지 못한 '정당한 사유'에 해당되어 처분이 있은 날로부터 180일이 경과된 뒤에도 심판청구를 제기할 수 있다"고 하고 있다(1992.7.28. 대판 91누12844).

(4) 특별법상의 심판청구기간

국세기본법 제61조, 제66조 8항, 제68조, 관세법 제121조 등 개별법에서 심판청구기간을 따로 정하고 있는 경우 그에 따른다. 이들 법에서는 제3자에 의해 청구가 제기될 여지가 없어 '처분이 있음을 안 날로부터 90일만 규정'하고 있다.

돌발퀴즈 Q1. 행정심판제기기간은 제척기간인가 소멸시효인가?

A. 중단사유가 없는 제척기간이다.

Q2. 행정심판제기기간을 계산할 때 초일을 산입하는가?

A. 기간계산의 원칙에 초일을 산입하지 않는다.

(5) 행정청이 착오로 심판청구기간을 장기로 잘못 고지한 경우와 고지하지 않은 경우

예컨대 처분이 있음을 안 날로부터 190일 이내에 행정심판을 청구할 수 있다고 잘못 고지한 경우에는 그 잘못된 기간 내에 청구하면 적법한 청구로 보며, 심판청구기간을 고지하지 않은 때는 처분이 있은 날로부터 180일 이내에 심판청구를 하면 된다.

4) 심판청구방식

심판청구는 일정 사항을 서면으로 하여야 하는 요식행위이다. 따라서 기재사항에 흠결이 있는 경우에는 기간을 정하여 보정하도록 명령하고, 그것이 보정할 수 없는 흠결인 경우 각하(却下)한다.

5) 심판청구절차

(1) 심판청구서를 피청구인인 처분청이나 행정심판위원회에 제출함으로써 행정심판이 개시된다. 처분청 경유주의는 1995년 행정심판법 개정으로 폐지되었다.

(2) 심판청구서를 받은 행정청은 '이유 있다'고 판단될 때에는 청구취지에 따른 처분이나 확인을 하고 지체 없이 행정심판위원회와 청구인에게 통지한다. 다만 '이유 없다'고 판단될 때는 처분청은 심판청구서에 답변서를 첨부하여 10일 이내에 행정심판위원회에 송부한다.

2. 심판청구의 변경과 취하

1) 심판청구의 변경

민사소송의 경우와 같이 청구의 기초에 변경이 없는 범위 내에서 청구의 취지나 이유를 변경할 수 있다. '청구의 기초에 변경이 없다'는 것은 청구인의 '법률상 이익'의 동일성이 유지되어야 한다는 것을 뜻한다.

(1) 청구취지나 청구이유의 변경

취소심판에서 무효등확인심판으로, 위법사유에서 부당사유로 청구취지나 청구이유를 변경할 수 있다.

(2) 처분변경으로 인한 청구변경

처분청이 처분을 변경한 경우에도 청구를 변경할 수 있다.

2) 심판청구의 취하

취하에 의해 심판청구는 소급하여 소멸한다. 재결이 있을 때까지 언제든지 피청구인의 동의 없이 서면으로 심판청구 취하할 수 있다. *민사소송에서는 소를 취하하기 위해서는 피고의 동의가 필요하므로 민사소송의 경우와는 다르다.

3. 심판청구의 효과

1) 행정심판위원회에 대한 효과

청구가 있으면 행정심판위원회는 심의·의결하고 재결할 의무를 진다.

2) 처분에 대한 효과

⑴ 집행부정지의 원칙

행정의 원활한 운영에 중점을 두어 심판의 청구는 당해 처분의 효력이나 그 집행 또는 절차의 속행에 영향을 미치지 아니한다.

⑵ 집행정지의 결정

집행부정지를 원칙으로 하면서도 일정한 요건아래 집행정지를 허용한다. 즉 처분이나 집행을 속행함으로써 '회복하기 어려운 손해'가 생길 우려 있을 때나 '공공복리를 위하여 필요한 때'에는 당사자의 신청 또는 직권에 의하여 집행정지를 인정한다. 위원회의 심리·결정을 기다려서는 회복하기 어려운 손해가 발생할 우려가 있다고 인정될 때에는 위원회의 위원장은 직권으로 심리·결정에 갈음하는 결정을 할 수 있다. 이 경우 위원장은 위원회에 그 사실을 보고하고 추인을 받아야 하며, 위원회의 추인을 받지 못한 때에는 위원장은 집행정지 또는 집행정지의 취소에 관한 결정을 취소하여야 한다.

제 7 항 행정심판의 심리

행정심판의 청구가 있으면 행정심판위원회가 개최되고, 행정심판위원회는 재결의 기초가 될 각종 사실 및 증거 등 자료를 수집하고 정리하는 절차를 밟게 되는 바 이 절차를 행정심판의 심리(審理)라고 한다.

1. 심리의 종류

1) 요건심리

형식적 심리 또는 본안전 심리(本案前 審理)라고도 하며, 청구기간의 준수, 청구인 적격의 여부 등 행정심판의 청구요건을 갖추었는지를 심리한다. 청구요건을 갖추지 못한 경우에는 각하(却下) 재결을 한다.

2) 본안심리

청구인의 청구가 '이유 있는지, 없는지'에 대한 실질적 내용을 심리한다. 청구가 이유 있는 경우 인용(認容) 재결을, 이유 없는 경우 기각(棄却) 재결을 한다.

2. 심리의 절차

1) 기본원칙

(1) 대심주의

대립되는 당사자의 공격·방어에 의해 심리를 진행시키는 제도로 쌍방에게 공격·방어를 할 수 있는 대등한 기회를 보장하는 제도이다.

(2) 처분권주의(싸움의 시작과 종결여부, 어디까지 다툴 것인지의 여부)

쟁송의 개시, 그 대상과 범위 및 종료에 대하여 당사자가 주도권을 가지고 이들에 대해 자유로이 결정할 수 있는 원칙을 말한다. 행정심판은 청구인의 심판청구에 의해 개시되고, 심판대상과 범위를 당사자가 결정하며(처분권주의), 청구인은 심판청구를 취하함으로써 심판절차를 종료할 수 있다.

(3) 직권주의(어떤 무기로 어떻게 싸울 것인지의 여부)

심리의 진행과 증거수집조사 등을 심리기관이 직권으로 하는 제도로 절차의 간이·신속, 권리구제와 아울러 행정운영의 적정화를 도모하는 공익적 측면이 있다. 직권주의는 변론주의(=당사자주의)에 반대하는 개념이다. 변론주의란 재판의 기초가 되는 소송자료의 수집·제출책임을 당사자에게 지우는 것을 의미한다. 직권주의는 행정쟁송이 권리구제기능 외에 행정통제 내지 행정운영의 적정화를 위한 기능도 있기 때문에 예외적으로 인정되는 심리방식이다. 따라서 행정심판과 행정소송에 모두 존재한다.

그러나 직권주의에 앞서 처분권주의를 취하고 있으므로 직권주의라 해도 당사자의 청구범위 내에서 진실한 사실 및 법률관계를 밝히는데 필요한 한도 내에서만 직권에 의한 심리나 조사가 가능하다.

2) 심리방식

(1) 구술심리 또는 서면심리

종전(1995.12.6 법률 제5000호로 행정심판법개정전)에는 서면심리주의를 원칙으로 하였다. 이것은 행정심판의 심리를 간이, 신속하게 하기 위한 측면과 행정심판이 갖는 내부 통제적 기능 등에 연유하는 것이었으나, 이것이 권리구제를 위해서는 적합하지 아니하였으므로 청구인에게 충분한 주장을 펼 수 있는 기회를 주기 위하여 "행정심판의 심리는 구술심리 또는 서면심리로 하며, 다만 구두심리를 신청한 경우는 서면심리만으로 해야 하는 경우를 제외하고는 구두심리를 하여야 한다"(행정심판법 제26조 제2항)고 규정하고 있다. 이것은 행정심판이 서면심리로는 부족한 경우에 직권으로 구술심리를 할 수 있게 함은 물론, 청구인에게도 주장이 필요한 경우 구술심리를 할 수 있도록 한 제도라 하겠다. 따라서 양자 어느 것이 원칙이라고 하기 어렵다(박윤흔: 854). 이에 대해 구술심리를 원칙으로 한 것이라는 견해(김남진: 697)도 있다.

돌발퀴즈 Q. 행정심판의 심리는 서면심리를 원칙으로 한다(○,×) (2004년 제48회 행정고시)

A. ×, 행정심판의 심리는 구술심리우선설과 서면심리우선설이 있다. 행정심판법 제26조 제2항은 "구술심리 또는 서면심리로 한다"라고 되어 있다)
cf) 행정심판의 청구는 서면으로 한다. (○)

(2) 비공개주의

여기에 대해서는 견해가 대립한다. 구술심리우선원칙에 따라 공개주의가 원칙이라고 보는 견해(김남진: 697)도 있으나, 전술한 바와 같이 구술심리가 우선되는 것은 아니며, 종래 서면심리주의를 원칙으로 하다가 권리구제적 측면에서 이를 보완하기 위하여 구술심리주의가 나온 것으로 볼 때 비공개주의를 원칙으로 보는 견해(박윤흔: 855)도 있다. 따라서 행정심판법이 공개주의인가 비공개주의인가를 명확히 밝히고 있지 않다고 해석하는 것이 좋다.

제 8 항 행정심판의 재결

1. 재결(裁決)의 의의

행정심판 청구사건에 대한 행정심판위원회의 종국적 판단인 의사표시를 재결이라 한다.

2. 재결의 성질

1) 확인행위

재결은 법률관계의 존재(存否)·정부(正否)에 관한 분쟁에 대하여 *행정심판위원회가 이를 판단·확인하는 행위이다.

2) 준사법적 행위

재결은 특정한 처분이나 부작위의 정부(正否)에 관한 판단작용으로 준사법적 행위이다.

3. 재결의 종류

1) 각하(却下)

각하는 심판청구의 제기 요건에 흠결이 있어 심리를 거절하는 재결이다.

2) 기각(棄却)

기각은 본안심리 결과 이유 없다고 인정하여 청구를 배척하여 원처분을 지지하는 재결이다. 기각에는 사정재결(事情裁決)이 있는데 이것은 본안심리 결과 청구의 이유가 있어 인용되어야 하나, 공공복리상의 이유로 기각하는 재결이다. 이 경우 '재결의 主文에 그 처분 또는 부작위가 위법 또는 부당함을 명시하여야 한다'(행정심판법 제33조 1항 후단). 이러한 예외적인 재결로 인하여 청구인이 입는 손해에 대해서는 *행정심판위원회는 손해배상 등 직접 구제방법을 강구하거나 처분청에 구제방법을 명령할 수 있다. 다만 위에서 '위법'은 국가배상의 전제가 되나, '부당'은 국가배상의 전제가 되지 않는다.

cf) * 행정심판에서의 사정재결(事情裁決)은 취소심판 및 의무이행심판에 대해서만 인정되고, 무효등확인심판에 대해서는 인정되지 아니하며, 피청구인인 '처분청의 주장이 없어도 직권'으로도 할 수 있다. **의무이행심판에서 사정재결이 인정되는 이유는 '거부'에 대해서 사정재결을 할 수 있기 때문이다. 이와 달리 부작위위법확인소송은 '거부'는 대상이 되지 않고 '부작위'만 대상이 되므로 사정재결을 할 수 없다.** 무효등확인소송에서는 무효인 사유까지 사정재결로서 기각하기는 어렵기 때문에 사정재결의 대상이 되지 못한다(다수설, 판례).

결국 행정소송에서의 사정판결(事情判決)은 '취소소송'에서만 인정된다. 또 '처분청의 주장 외에' 법원의 직권으로도 할 수 있는가에 대해서는 판례(判例)에서는 법원의 직권으로도 가능하다고 하나(대판 1995.7.28,95누4629), 다수설에서는 사정판결에서는 사정재결과는 달리 피고인 '처분청의 주장이 있어야' 가능하다고 한다.

□ 이렇게 생각해 봅시다.

▸부작위위법확인소송에서 사정판결을 인정하지 않는 이유

사정판결 제도는 처분에 의하여 적극적으로 형성된 법적 상태를 공익적 견지에서 유지시키려는 제도이므로 소극적인 '부작위'의 위법을 확인하는 것을 목적으로 하는 부작위위법확인소송에서는 사정판결을 인정하지 않는다. 그러면 같은 부작위에 관한 쟁송인 '의무이행심판'에서는 사정재결이 인정되는 이유는 무엇인가? 사정재결이 인정되는 의무이행심판도 '적극적인 처분이 선행되어야 하고', 그것을 유지시키려는 의도가 있어야 할 것이므로 '단순한 부작위'에 대한 것이 아니라, '거부처분'이 있어 이를 다투는 경우에 국한될 것이다.

무효등확인심판이나 소송에서는 무효인 행위를 유효하게 유지시키기는 어렵기 때문에 인정되지 아니하나, 무효와 취소사유의 구분이 불명확하고, 청구인이나 원고에게 유리한 경우도 있을 것이므로 이 경우에도 사정재결이나 사정판결을 인정해 주자는 견해도 있으나, 판례를 이를 부정하고 있다.

3) 인용(認容)

인용은 기각에 반대되는 재결로서 본안심리의 결과 심판청구에 이유가 있고, 원처분이나 부작위가 위법 또는 부당하다고 인정하여 청구의 취지를 받아들이는 재결이다. 여기에는 그 내용에 따라 취소·변경의 재결, 확인재결, 이행재결 등이 있다.

4. 재결의 범위

행정소송은 '위법'한 처분이나 부작위만을 대상으로 하나 행정심판은 위법뿐만 아니라 '부당'한 처분이나 부작위에 대해서도 제기할 수 있다. 따라서 행정기관의 자유재량에 속하는 부분에 대해서도 재결할 수 있다.

5. 재결기간

행정심판위원회나 처분청이 심판청구서를 받은 날로부터 60일 이내에 하여야 한다. 다만 부득이한 사정으로 재결할 수 없는 때는 1차에 한하여 30일을 넘지 않는 범위 내에서 연장할 수 있다.

6. 재결의 절차

행정심판위원회가 심리, 의결, 재결하고 재결서의 정본을 송달함으로써 효력이 발생한다. *참가인에게도 재결서 등본을 송달한다.

7. 재결의 효력

1) 기속력(행정기관에 대한 효력)

기속력은 당해 심판청구의 당사자 기타 관계인이 그 재결의 취지에 따르도록 구속하는 효력이다.

⑴ 재결로서 취소된 처분과 동일한 내용의 처분은 다시 하지 못한다.

⑵ 처분의 거부 내지 부작위에 대한 이행명령의 재결[16]이 있으면 이행하여야 하

16) 전술한 바와 같이 행정소송에서는 거부에 대해서는 취소소송을 통해 형성판결을 하고, 부작위에

고, 처분하지 않으면 행정심판위원회가 당해 처분을 할 수 있다.

2) 형성력

형성력은 기존의 법률관계에 변동을 가져오는 효력을 말한다.

(1) 처분을 취소하는 재결이 확정되면 취소된 처분의 효력은 '처분청의 별도의 행위를 기다릴 필요 없이' 처분시에 소급하여 소멸되고, 그로써 기존의 법률관계에 변동을 가져오는데, 이것이 재결이 가져오는 형성력의 효과이다.

(2) 형성력은 제3자에게도 미치므로 이를 '대세적 효력'이라 한다.

▶허가신청을 하여 거부된 경우 취소심판을 제기할 것인가, 의무이행심판을 제기할 것인가?

강릉시에 거주하는 A는 유흥주점을 경영하기로 하고 식품위생법에서 정한 요건을 갖추어 허가신청을 하였으나, 시장이 이를 거부하였다. 갑은 시장의 거부가 위법한 처분이라고 보아 행정심판을 제기하고자 한다. 이 때 행정심판의 형태는 취소심판과 의무이행심판중 어느 것이 더 적절한가?

행정소송의 경우 거부처분에 대해서 취소소송을 할 수 있다는 데는 이론이 없으나, 행정심판의 단계에서는 취소심판이 적절한가, 의무이행심판이 적절한가에 대해서는 의견이 대립된다. 즉 행정소송법 제30조 제2항에서는 "판결에 의하여 취소되는 처분이 당사자의 신청을 거부하는 것을 내용으로 하는 경우에는 그 처분을 행한 행정청은 판결의 취지에 따라 다시 이전의 신청에 대한 처분을 하여야 한다"고 하여 취소소송을 통해서는 판결의 취지에 따라 다시 처분을 받을 수 있다. 그런데 행정심판법의 취소심판에 관한 규정에서는 이런 규정을 두고 않고 있다. 이 경우에도 당연히 취소심판에도 취소소송의 취지가 인정된다는 견해도 있으나 확립된 학설도 판례도 아니다. 오히려 행정심판법에 이런 규정을 두고 있지 아니한 데에는 특별한 이유가 있다고 하여 이 규정의 적용에 반대하는 견해가 유력하다.

따라서 행정심판법은 행정청의 '재처분의무'를 의무이행심판의 인용재결에서만 인정하고 있으므로 처분이나 부작위에 대해 일정한 처분을 하도록 하는 심판의 형태는 '의무이행심판'이다.

참조: 행정소송법 제30조제2항, 행정심판법 제32조제5항

3) 불가변력

재결은 일반 행정행위와는 달리 쟁송절차에 의한 판단행위이므로 한번 재결한 이

대해서는 의무불이행의 위법을 확인하는 확인판결을 하게 된다.

상 *행정심판위원회라도 이를 취소·변경할 수 없는 성질을 가진다.

4) 불가쟁력

재결에 대해서 다시 심판청구를 제기하지 못하며, 출소기간이 경과하면 누구든지 그 효력을 다툴 수 없는 성질을 가진다.

5) 공정력

재결도 행정청의 행위로서 본질적으로는 행정행위의 일종이므로 다른 행정행위와 마찬가지로 공정력을 가진다.

8. 재결에 대한 불복

1) 재심판청구금지

행정심판법은 심판청구에 대한 재결 및 동일한 처분이나 부작위에 대해서는 다시 심판청구하지 못하도록 하여 행정심판의 단계를 단일화하고 있다. 종래 국세기본법에서는 심사청구(국세청장)와 심판청구(국세심판원장)의 2단계의 행정심판을 인정하고 있었으나, 현재는 심사청구와 심판청구 둘 중의 하나만 거치면 되는 것으로 바뀌었다. 다만 조세소송 전 조세심판 전치주의는 그대로 남아 있다(선택적 전치주의).

▸ **조세처분과 구제절차**

① 조세처분 → ② 이의신청(처분청) → ③ 심사청구(국세청) → ④ 심판청구(국세심판원) → ⑤ 조세소송

** ②는 임의적 절차이다. ③과 ④중 어느 하나는 반드시 거치도록 하고 있어 조세소송에서는 조세심판을 선택적 필요절차로 하고 있다. 따라서 짧게는 2단계, 길게는 3단계에 의해 구제를 받을 수 있다.

2) 재결에 대한 행정소송

'원처분중심주의'에 따라 행정심판의 재결에 불복하는 자는 원처분에 대하여 행정소송을 제기하는 것이 원칙이나, '재결 그 자체에 고유한 위법'이 있을 때에 한하여

직접 재결을 대상으로 하는 행정소송을 제기할 수 있다.

제9항 행정심판의 불복고지제도

1. 개설

1) 개념

불복고지제도란 행정청이 처분을 함에 있어 그 처분의 상대방에게 처분에 관하여 '행정심판'을 제기할 수 있는지의 여부, 제기하는 경우의 행정심판기관·심판청구절차·청구기간 등을 알려주도록 하는 제도이다.

※ 행정소송의 불복고지제도는 없다.

2) 인정이유

불복고지제도를 인정하는 이유는 '행정구제의 실질적 보장' 및 '처분의 신중성을 통한 행정의 적정화'를 도모하고자 하는데 있다.

3) 성질

여기서의 '고지'는 준법률행위적 행정행위가 아니라 '비권력적 사실행위'로 그 자체로는 '행정쟁송 대상이 되지 않는다.'

2. 종류

1) 직권에 의한 고지

행정청이 처분을 서면으로 하는 경우에는 그 상대방에게 처분에 관하여 행정심판을 제기할 수 있는지의 여부, 제기하는 경우의 심판청구절차 및 청구기간을 알려야 한다(행정심판법 제42조 1항).

(1) 고지의 대상은 '서면에 의한 처분'에서 한다. '구두에 의한 처분'의 경우 요청이 있는 경우에만 한다.

⑵ 고지의 내용은 ① 행정심판을 제기할 수 있는지의 여부 ② 심판을 제기할 경우의 심판청구절차 ③ 청구기간 등이다.

⑶ 고지의 시기는 '처분시'에 한다. 단, 하자의 치유 가능하다.

⑷ 고지의 방법은 '서면'으로 한다.

2) 청구에 의한 고지

행정청은 이해관계인으로부터 당해 처분이 행정심판의 대상이 되는 처분인지의 여부와 행정심판의 대상이 되는 경우에 *행정심판위원회 및 청구기간에 관하여 알려줄 것을 요구받은 때에는 지체 없이 이를 알려야 한다. 이 경우 서면으로 알려줄 것을 요구받은 때에는 서면으로 알려야 한다(행정심판법 제42조 2항).

⑴ 고지의 대상은 '모든 처분'이다.

⑵ 고지의 내용은 '직권에 의한 고지'와 동일하다. 즉 ① 행정심판을 제기할 수 있는지의 여부 ② 심판을 제기할 경우의 심판청구절차 ③ 청구기간 등을 고지한다.

⑶ 고지의 시기는 '요구받은 후 지체 없이' 한다.

⑷ 고지의 방법은 '서면으로' 한다.

⑸ 고지의 청구권자는 당해 '처분의 상대방'이 아니라 '처분에 대한 이해관계인'이다.

3. 불고지 또는 오고지의 효과

1) 불고지의 효과

⑴ 심판청구절차

처분을 하면서 행정심판에 대해 고지하지 아니하여, 심판청구서를 다른 행정기관에 제출한 때에는 지체 없이 정당한 권한 있는 기관에 송부하고 그 사실을 청구인에게 통지한다. 이 때 최초행정기관에 심판청구가 제기된 때 심판청구가 제기된 것으로 본다.

(2) 청구기간

처분이 있은 날로부터 180일 이내에 심판을 청구하면 된다.

2) 오고지의 효과

(1) **심판청구절차** 정당한 권한 있는 기관에 송부하고, 청구인에게 통지한다.

(2) **청구기간** 고지된 기간이 법정청구기간보다 길더라도 고지된 기간 내에 청구하면 적법하다.

제 4 절 행정상 민원처리제도

제 1 항 청 원

1. 의의와 성질

1) 의의

청원은 국민이 국가나 지방자치단체에 대하여 의견 또는 희망을 밝히고 시정을 구하는 것을 말한다. 청원의 헌법적 근거는 헌법 제26조 제1항("모든 국민은 법률이 정하는 바에 의하여 국가기관에 문서로 청원할 권리를 가진다")에 있으며, 법률적 근거로는 일반법으로서 청원법이 있고, 기타 국회법, 지방자치법 등에도 청원 관련 규정이 있다.

2) 청원권의 성질

청원권은 헌법상 청구권적 기본권이며 따라서 개인적 공권이다. 국가는 청원에 대해 심사할 의무를 지고, 아울러 청원을 받은 모든 관서는 이것을 성실, 공정, 신속히 심사처리하고, 그 결과를 청원인에게 통지하여야 한다.

2. 청원법의 내용

1) 청원의 주체와 청원기관

모든 국민은 청원권을 가진다. 여기서 국민에는 자연인뿐만 아니라 법인도 포함한다. 누구든지 청원하였다는 이유로 차별대우를 받거나 불이익을 강요당하지 아니한다(청원법 11조). 권리 기타 이익을 침해당한 경우에 한하지 않으므로, 침해당하지 아니한 경우에도 청원할 수 있다.

청원은 입법, 사법, 행정 기타 모든 국가기관과 지방자치단체 기타 공공단체에 대해서 할 수 있다.

2) 청원사항

청원은 피해의 구제, 공무원의 비위의 시정 또는 공무원에 대한 징계나 처벌의 요구, 법률·명령·규칙의 제정 또는 폐지, 공공의 제도 또는 시설의 운영, 기타 공공기관의 권한에 속하는 사항에 대해서 할 수 있으나(청원법 제4조), 다만 재판에 간섭하는 것, 국가의 원수를 모독하는 것 등은 청원할 수 없다. 따라서 공공기관의 권한에 속하는 것이라면 금지된 사항을 제외하고는 모두 할 수 있다고 보아도 좋다. 또한 청원은 어떤 행위를 하지 말 것을 요구하는 것 등 침해의 예방을 위해서도 할 수 있다.[17)]

3) 청원절차

청원기간에는 제한이 없다. 따라서 행정쟁송의 제소기간이 도과된 행위에 대해서도 청원할 수 있다. 청원은 반드시 문서로 하여야 한다. 청원인의 성명, 직업 및 주소 또는 거소를 기재하고 서명날인한 문서로 하여야 한다. 행정기관에 제출하는 청원서는 청원사항을 주관하는 관서에 제출하되 특정한 처분 또는 처분의 시정을 요구하는 청원서는 직접 그 관서에 제출하여야 한다(청원법 제7조). 국회나 지방의회에 청원하고자 하는 자는 국회의원이나 지방의원의 소개를 얻어 청원서를 제출하여야 한다(국회법 제123조, 지방자치법 제65조).

---

17) 홍정선, 행정법원론(상), p. 699.

4) 청원의 처리

청원을 받은 기관은 성실, 공정, 신속히 심사처리하고 그 결과를 청원인에게 통지하여야 한다. 통지의 형식에 대해서는 아무런 제한이 없다. 통지된 내용에 대해서도 아무런 법적 효과가 생기지 않는다(1990.5.25. 대판 90누1458 "청원에 대한 심사처리결과의 통지유무는 행정소송의 대상이 되는 행정처분이 아니다").

5) 청원의 제한

누구든지 동일 내용의 청원서를 동일기관에 2개 이상 또는 2개 기관 이상에 제출할 수 없다. 그리고 타인을 해할 목적으로 허위의 사실을 적시한 청원은 허용되지 않는다(청원법 제8조, 제10조).

제 2 항 옴부즈만(Ombusman) 제도

1) 옴부즈만의 의의

(1) 개념

옴부즈만제도란 위헌 내지 부정한 행정활동에 대하여 감시 · 감독함으로써 비사법적인 수단으로 국민을 보호하는 관직을 말한다. 옴부즈만은 이 제도의 발상지인 스웨덴말로 '대리자 또는 대표자'를 의미하며, 일반적으로 의회가 임명하는 것을 말한다. 이 제도는 현대 행정국가에 있어서 의회 및 사법부에 의한 행정통제기능이 약화되고 있으므로 행정책임을 보다 적극적으로 보장하기 위한 제도적 장치로 등장하였다.

(2) 역사

809년 스웨덴에서 시작되었다. 영미에서는 민정관, 호민관이라고 불렸으며, 의회에서 임명한 호민관이 국민의 불복신청을 수리 · 처리하며, 의회소속으로 의회에 보고의무는 있으나, 직무수행은 의회로부터도 독립성이 보장된다.

사법부 · 행정부에 대한 직접 취소, 변경, 감독권은 없으며, 행정소송보다 적은 비용과 시간으로 신속하고 충분한 통제효과를 달성하고자 하는 것이 목적이다.

2) 옴부즈만제도의 특성

입법부소속기관으로 입법부에 의해 임명되며, 입법부소속으로 입법부에 대해 업무보고를 한다. 독립성을 갖추고 있다. 즉 헌법기관으로 정치적으로 독립되고 공정한 조사기관이다. 구제의 신속성, 경제성 등의 장점이 있으나, 행정처분의 취소·변경권 없는 점(Watchdog without teeth)은 이 제도의 한계로 지적된다.

3) 유형

(1) 고전적 옴부즈만

위에 설명한 입법부소속 옴부즈만이다.

(2) 행정형 옴부즈만

행정기관인 옴부즈만이다. 예컨대 감사원, 국민고충처리위원회, 정부 합동민원실 등이 있다.

(3) 특별옴부즈만

소비자 옴부즈만, 공정거래 옴부즈만

제 3 항 국민고충처리제도와 감사원

우리나라는 옴부즈만제도를 가지고 있지 아니하다. 다만 기능면에서 유사한 국민고충처리제도가 있다.

1. 고충민원처리제도의 의의

고충민원이란 "행정기관의 위법·부당하거나 소극적인 행정행위(사실행위·부작위를 포함한다) 및 불합리한 행정제도로 인하여 국민의 권리를 침해하거나 국민에게 불편·부담을 주는 사항에 관한 민원을 의미한다. 또 고충민원처리제도는 이러한 국민의 고충사안을 국민과 행정기관 사이에서 중립적·독립적 기관인 고충처리기관이 간편·신속하게 조사·해결해 주는 제도를 말한다. 현재 고충처리기관으로는 '국민권익위원회'와 지방자치단체 및 그 소속 기관에 관한 고충민원의 처리와 행정제도의 개선 등을 위하여 각 지방자치단체에 두는 '시민고충처리위원회'가 있다. 위원회 또는 각 시민고충처리위원회는 상호 독립하여 업무를 수행하고, 상호 협의 또는 지원을 요청받은 경우 정당한 사유가 없는 한 이에 협조하여야 한다.

2. 권익위원회(국민권익위원회와 시민고충처리위원회)

1) 의의와 성질

권익위원회는 고충민원을 접수·상담하고 이를 신속하게 조사·처리하며, 행정기관의 민원사무처리상황을 감시함으로써 국민의 권리와 이익을 보호하기 위하여 설치된 기관이다. 이중 국민권익위원회는 국무총리의 소속하에 있고, 시민고충처리위원회는 지방자치단체장의 소속하에 있다. 고충민원의 접수에 의해 비로소 조사를 시작한다는 점에서 서구적 의회 옴부즈만제도와는 상당한 차이가 있으며, 행정형 옴부즈만제도 혹은 옴부즈만 유사제도라고도 한다. 2008년 2월 제정된 「부패방지 및 국민권익위원회의 설치와 운영에 관한 법률」 이전에는 국민고충처리위원회가 있었으나, 이 법률제정으로 국민고충처리위원회, 부패방지위원회, 국무총리행정심판위원회는 국민권익위원회로 통합되었다.

2) 관할과 기능

위원회는 법률이 정한 일정한 사항을 제외하고 행정기관의 민원사무집행에 관한 사항 및 당해 업무에 관한 직원의 행위를 관할하며, ① 고충민원에 대한 상담·조사 및 처리 ② 고충민원에 관한 조사의 결과 위법·부당한 처분에 대한 시정조치의 권고 ③ 고충민원에 대한 공정한 해결을 위하여 필요한 조치의 제시 및 합의 권고 또는 당사자의 신청이나 직권에 의한 조정 ④ 행정제도 및 운영의 개선에 관한 권고 또는 의견 표명 ⑤ 위원회의 권고사항에 관한 관계 행정기관의 조치결과의 통보 요구 ⑥ 고충민원의 조사·처리과정에서 관계 행정기관등의 직원이 고의 또는 중대한 과실로 위법·부당하게 업무를 처리한 사실을 발견한 경우 감사 의뢰 등의 기능을 한다(「부패방지 및 국민권익위원회의 설치와 운영에 관한 법률」 제39조에서 제54조까지).

4) 처리절차

위원회는 민원인에 의해 고충민원이 접수되면 조사를 시작한다. 조사의 결과에 대해 위원회는 처분 등이 위법·부당하다고 인정될 만한 상당한 이유가 있는 때에는 관계 행정기관의 장에게 적절한 시정조치를 권고할 수 있고, 경우에 따라서는 제도나 정책의 개선을 권고하거나 의견을 표명할 수 있다. 이에 대해 행정기관의 장은 정당한 사유가 있는 경우를 제외하고는 권고 또는 의견을 받은 날로부터 30일 이내에 그 처리결과를 위원회에 통보하여야 한다. 이에 대하여 위원회는 처리결과의 내용을 개인의 사생활을 침해하지 않는 방법으로 대외적으로 공표할 수 있다.

3. 감사원

감사원은 국가의 세입·세출의 결산 및 회계감사를 주된 임무로 하며, 또 그러나 직권 또는 심사청구에 의하여 각급 행정기관의 직무감찰을 한다. 감찰의 결과 흠 또는 행정상 모순이 발견된 때에는 관계기관에 대해 그 시정이나 개선을 요구할 수 있으며, 또 관계자의 문책요구 및 고발조치를 할 수 있다(감사원법 제32조에서 제35조, 제43조 등).

감사원은 직권조사권의 인정과 사후조치의 내용면에서 옴부즈만제도와 유사하지만 감사원이 행정부의 기관이고 그의 통제가 주로 사후적이라는 점에서 옴부즈만제도와 다르다.

4. 기타

우리나라의 민원처리제도는 이외에도 대통령비서실과 국무총리비서실에 민원상담비서를 두고 있으며, 각 지방자치단체에는 시민상담실을, 각 경찰관서에는 민원실을, 각 지방검찰청 및 지청에는 인권상담소를 두어 민원업무를 처리하고 있다.

Check

- ㅇ 행정소송의 종류에 관한 문제
- ㅇ 소송유형별 사정판결, 출소기한의 제한, 행정심판전치주의의 적용여부, 위법성 판단시기
- ㅇ 행정소송에서 피고적격
- ㅇ 행정소송의 제소기간
- ㅇ 행정소송에서 심리의 기본원
- ㅇ 사정판결
- ㅇ 판결의 효력
- ㅇ 의무이행소송
- ㅇ 법률상 이익의 의미
- ㅇ 형식적 행정행위
- ㅇ 행정행위와 처분개념의 구분
- ㅇ 취소소송과 무효확인소송의 관계
- ㅇ 행정소송에서 원고적격
- ㅇ 항고소송에서 제3자의 보호
- ㅇ 경원자소송, 경업자소송, 인인소송의 구분
- ㅇ 재심청구
- ㅇ 소송참가제도
- ㅇ 항고소송과 입증책임
- ㅇ 제재적 처분의 효력소멸과 소의 이익
- ㅇ 행정청의 거부처분에 대한 행정쟁송의 방법
- ㅇ 처분사유의 추가, 변경
- ㅇ 집행정지의 요건(회복할 수 없는 불이익, 원고의 청구가 이유 없음이 아닐 것)
- ㅇ 가처분
- ㅇ 부작위위법확인소송과 신청권

- ㅇ 형식적 당사자소송
- ㅇ 행정쟁송의 구별에 관한 문제(항고소송과 당사자소송의 구별)
- ㅇ 행정심판의 필요성에 관한 문제
- ㅇ 행정심판의 종류에 관한 문제
- ㅇ 행정심판의 대상에 관한 문제
- ㅇ 행정심판위원회(재결청의 폐지)
- ㅇ 행정심판청구기간
- ㅇ 집행정지의 결정에 관한 문제
- ㅇ 사정재결에 관한 문제
- ㅇ 청원의 주체와 청원기관
- ㅇ 청원처리결과 통지의 처분성
- ㅇ 옴부즈만제도의 특성과 한계
- ㅇ 권익위원회의 고충민원처리 절차와 권한

찾아보기

[ㄱ]

가구제 414
가산금 288
가산세 288
가처분 419
가치판단설 344
감사원규칙 121
강제력 155
강제집행의 근거 264
강학상의 영조물과 공물 326
개괄주의 33
개발이익의 환수 349
개방적 영조물관계 101
개인적 공권 86
개인적 공권 성립의 3요소 89
개인정보보호제도 238
객관적 소송 388
객관적 쟁송 371
거부 391
거부와 부작위의 차이 437
결과위법설 310
결정이유의 명시 224
결정재량 156
경계이론과 분리이론: 재산권의 내용규정과 수용규정 364
경영수행관계 101
경제계획 214
계획보장 65
계획재량 216
계획재량과 형량명령 215
고시 등 139
고의·과실로 인한 행위 308
고지제도 438
공·사법의 구별근거 74
공개대상정보 및 비공개대상 정보 234
공개심리주의 421
공고문서에 의한 공고 192
공공단체 80
공공역무이론 42
공공용물 325
공공의 영조물 324
공공조합 80
공권과 반사적 이익의 구별 87
공급거부 289
공급거부의 폐지 289
공동소송적 보조참가 409
공무수탁사인 82
공무원 305
공무원관계 101
공무원의 위법한 직무행위로 인한 손해배상 305
공법상 계약 245
공법상 계약과 법률우위원칙 247
공법상 계약과 행정계약 248
공법상 계약의 가능성과 자유성 247
공법상 계약의 유용성 246
공법상 대리 180
공법상 합동행위 250
공법상계약의 종류 247
공법상근무관계 102
공법상사단관계 102
공법상영조물관계 102
공법상의 부당이득 109
공법상의 사건 106
공법상의 사무관리 109
공법상의 용태 106
공법상특별감독관계 102
공사(公社)와 공단(公團)의 차이 81
공시지가에 의한 보상 349
공용물 326
공의무 93
공정력(公定力) 147
공정력과 입증책임 151
공제설 27
공증 181
공증의 처분성 183
공토법에 의한 보상액 결정 및 불복절차 359
'공포한 날'의 의미 69
공표 290
공표제도의 위헌성 291
과부사건 64
과세처분(국세)에 대한 불복 절차 273
과실의 객관화·정형화 경향 308
과오설 444
과징금 288
관련청구의 병합 398
관련청구의 이송 398
관리관계 76
관리행정 29

관습법 55
관허사업의 제한 292
광의의 행정절차 221
교시 242
구도시계획법 제21조에 대한 헌재의 헌법불합치결정 338
구성요건적 효력 149
구속적 계획 211
구술심리 454
구술심리주의 421
93 헌마 186 결정 34
국가권위설 150
국가배상법 제2조와 제5조의 경합 329
국가배상법 제6조 제1항상의 비용부담자 330
국가배상심의회 320
국가배상책임에 관한 견해와 선택적 청구 및 구상권과의 관계 319
국가보상 개념 301
국가적 공권 85
국고학설 43
국고행정 29
국무총리행정심판위원회 447
국민고충처리제도 465
국민권익위원회 466
국유재산과 공물 325
국토계획 214
군인 등에 대한 특례(국가배상법 제2조 제1항의 단서) 314
권력관계 76
권력분립설 35
권력분립제도 25
권력적 사실행위 442
권력적 행정조사 278
권력적행정 29
권리구제설 401
권리박탈 180
규범구체화규칙 134
규범대체형의 합의 255
규범집행형의 합의 255
규범해석규칙 135
근무규칙 138
급부유보설(사회유보설) 50
기각판결 425
기관소송 371, 389
기본관계 101
기속력(행정기관에 대한 구속력) 429
기속재량(법규재량) 156
기술성 46
기판력 427
기한부허가의 갱신 171
긴급명령 120
긴급재정경제명령 120

[ㄴ], [ㄷ]

내부결정 242
내부적 용태 106
단속규정 47
단순 지침적 계획 213
단순고권(單純高權)행정 29
단할인법(Hoffmann식) 315
당사자소송 386
당사자소송의 원고적격 406
당사자소송의 피고적격 407
당사자쟁송 371
대권행위설 36
대리 111
대물적 보상 346
대물적 허가 169
대심주의 453
대위책임설 316
대인적 보상 346
대인적 허가 169
대집행 266
대집행영장에 의한 통지 267
대집행의 계고 267
대집행의 실행 268
대통령령 118
독립명령 119
독자성설 61
독촉 271
동의 110

[ㅁ]

면제 172
명령권 103
명령적 행위 165
목적 위배설 344
목적론적 견해 194
목적수단 프로그램 216
무명항고소송 379
무하자재량행사청구권 91
무효·취소구별의 상대화이론 193
무효등확인소송 385
무효등확인심판 439
무효와 취소의 구별 193
무효와 취소의 구별 실익 194
무효원인인 하자와 취소원인인 하자의 구별기준 193
무효행위의 전환 199
민중관습법 55
민중소송 371, 389
민중소송 및 기관소송의 원고적격 406
민중소송 및 기관소송의 피고적격 407

[ㅂ]

반사적 이익 87
방침규정설 339

배상심의회에 의한 배상결정 신청제도 320
배상책임의 감경 또는 정형화 304
배상청구권시효소멸 316
배상청구권의 양도·압류금지 316
범의 285
법규개념의 확대 132
법규명령 116
법규명령의 성립요건 123
법규명령의 통제 125
법규명령의 효력 124
법규명령형식의 행정규칙 136
법규설 132
법규하명 166
법령보충규칙(행정규칙형식의 법규명령) 133
법령에 위반의 의미 310
법률관계의 개념 73
법률대위명령 116
법률대체적규칙 133
법률사실 105
법률상 보호이익 89
법률상 이익의 개념 400
법률요건 105
법률우위의 원칙 49
법률유보의 원칙 50
법률유보의 한계 52
법률의 법규창조력 49
법률종속명령 116
법률행위 105
법률효과의 일부배제 187
법실증주의의 법개념 99
법으로부터 자유로운 영역 52
법의 지배원리 44
법인의 범죄능력 285
법적 근거설 264
법적 안정성설 61
법적이익구제설 401
법치국가원리 41
법치주의의 한계 53
법치행정에서의 '법' 48
법치행정의 원리 48
변경 180
변론주의 421
보상규정 없는 공용침해 337
보상금증감소송의 변천 359
보상금증감청구소송 358
보상보호 63
보상액재결 357
보상입법부작위위헌설 340
보조참가인의 지위 409
보존공물 326
보충명령 119
보통법 44
보호가치 있는 이익 구제설 401
복심적 쟁송 372
본래적 의미의 신고(수리를 요하지 않는 신고) 226
본안심리 453
본안판결 425
부관 185
부관의 가능성 188
부관의 한계성 188
부담 186
부담적 행정 31
부당결부금지의 원칙 67
부령 118
부령과 총리령의 우열관계 119
부분인허 242
부작위와 거부처분과의 구별 384
부작위위법확인소송 384
부작위위법확인소송의 제소기간 412
부작위하명 167
불가변력 154
불가분조항과 보상 337
불가쟁력 153
불가쟁력과 불가변력의 관계 154
불고불리 원칙 420, 437
불고지 또는 오고지의 효과 461
불문법원 55
불법에서의 동등처우 65
불이익변경금지원칙 438
빌(Whyl) 판결 134
비공개주의 454
비공식적 행정작용 253
비공식적 행정작용의 유용성과 문제점 255
비공식적 행정작용의 종류 254
비공식적 행정작용의 효과 및 한계 256
비공식행정작용의 허용성 254
비과오설 444
비권력적 행정조사 278
비례원칙 65
비법규설 130
비상명령 116
비송사건 282
비재산적 법익 침해에 대한 손실보상 365

[ㅅ]

사법관계(국고관계) 77
사법부자제설 36
사실행위 105
사업인정 351
사적 효용설 344
사전절충 254
사전통지 224
사정판결 425

사회계획 214
사회국가원리설 61
사회보장법상의 회복청구권 334
사후부관(事後附款) 189
상당보상설 348
상당성의 원칙(협의의 비례원칙) 66
상대적 구별설 101
상호주의 305
상황구속성의 법리 344
새로운 의무이행 확보수단 261
새로운 의무이행확보수단 287
생활과 행정법의 적용 22
생활보상 346
서면심리 454
선결문제 152
선택재량 156
설권적행정행위설 351
설치 또는 관리상의 하자 327
성문법원 55
성문법주의 54
소송제기의 효과 414
소송판결 425
소수잔존자 보상(생활재건보상) 347
소의 변경(청구의 변경) 412
소의 병합 412
손실보상과 보상규정 337
손실보상액 결정 355
손실보상액결정에 대한 불복절차 356
손실보상의 대상 346
송달과 공고 192
수리 182
수리를 요하는 신고 227
수용유사적 침해이론 361
수용재결 357
수용적 침해이론 364
수익적 행정 31
수인한도설 344
수정설(Ule)의 견해 101
수형자판결 100
순수법학 75
순수이론적 견해 194
시·도행정심판위원회 447
시민고충처리위원회 466
시심적 쟁송 372
시효 108
신뢰보호 원칙 60
신의칙설 61
신청행위 110
실권 64
실질적 기준설 343
실질적 당사자소송 386
실질적 법치주의 49
실질적 의미의 행정 28
실질적 의미의 행정심판 435
실질적 확정력 154
실질적쟁송 372
심리의결 및 증거조사권, 재결권 447
심리절차의 준사법화 437
심판청구방식 451
심판청구의 변경 451
심판청구의 취하 451
심판청구의 효과 452
심판청구절차 451

[ㅇ]

압류 272
약식쟁송 372
양적 차이설 216
역무과실책임 302
열기주의 33
영업상 손실의 보상 347
영장불요설 275
영장필요설 275
영조물규칙 138
영조물법인 81
영조물의 설치·관리의 하자로 인한 손해배상 323
영조물의 하자와 제3자의 행위와의 경합 329
예규 139
예비결정 242
예선적특권설 150
옴부즈만(Ombus man) 제도 464
완전보상설 348
외부적 용태 106
요건심리 453
요건재량설 158
요건효과 프로그램 216
원고책임설 151
위법무과실 309
위법성과 과실의 일원화 309
위법판단의 기준시점 423
위법한 즉시강제에 대한 구제 277
위임명령 116
위임명령의 근거와 한계 122
위헌무효설 339
위험책임·무과실책임 302
유추적용설(간접적용설) 340
응답유보 255
응답의무설 431
의무이행소송 379
의무이행심판 437, 440
의사능력 111
이송·병합의 효과 399
이원적 법권론 136
이전료 보상 347
이행강제금 269
이행의 소 382
인가 176
인가와 기본행위 177
인공공물 326

인용판결 425
일반행정심판 435
일반행정작용 21
일응추정(一應推定)의 원리 309
일일명령 139
임의적 결정전치주의 320
입법예고 229
입증책임무관설 152
입헌군주정 99

[ㅈ]

자갈채취사건 363
자기책임설 317
자기확인설 150
자박력 427
자연공물 326
자유재량(공익재량) 156
자치법규 120
작위하명 166
재결 455
재결기간 457
재결에 대한 불복 459
재결의 범위 457
재결의 절차 457
재결의 효력 457
재결청과 심리기관의 결합 437
재량한계 162
재량권의 O으로의 수축 163
재량준칙 132
재량행위설 35
재량행위와 기속행위 구별의 필요성 156
재심판청구금지 459
재처분의무설 431
재판관할 388
쟁송취소와 직권취소 205
적법성 보장설 402
적합성의 원칙 66
전부유보설 50
전통적 의무이행 확보수단의 유형 260
절대적 구별설 100
절차상의 하자 있는 행정행위의 효력 230
정당한 보상 348
정보공개의 절차 236
정보공개의 정의 233
정보공개청구권자 234
정식쟁송 372
정지조건 186
제3자의 소송참가 408
제3자의 원고적격에 관한 판례 405
제3자의 재심청구 432
제정법 43
조건과 부담의 구별기준 187
조리 58
조세처분과 구제절차 459
조직과실 309
조직규칙 137
존속보호(현상보호) 63
종국판결 424
주거의 총체가치 보상 346
주관적 쟁송 370
주소 108
준법규설 136
준법률행위의 처분성 183
준법률행위적 행정행위 181
중간판결 424
중대명백설(通,判) 193
중앙선거관리위원회규칙 121
중요사항유보설(본질성설) 51
즉시강제 근거 265
지시 139
직권명령 119
직권에 의한 고지 460
직권주의 376, 453
직무 306
직무의 집행 308
직접강제 270
직접효력설 339
질적 차이설 216
집중효 218
집행명령 116
집행명령과 위임명령의 사례 117
집행명령의 근거와 한계 123
집행부정지원칙 147, 416
집행정지결정권 447
집행정지의 신청 416
집행정지제도 416
징계권 103

[ㅊ]

처분 391
처분 등 390
처분권 내재설 264
처분권주의 421, 453
처분변경으로 인한 소의 변경 413
처분성을 긍정한 판례 392
처분성을 부정한 사례 394
처분안 및 부관안의 사전제시 254
처분의 개념 391
처분의 상대방과 제3자 404
철회권 유보 187
철회권의 제한 207
철회권자 206
철회원인 207
청구에 의한 고지 461
청구인 443
청구인적격 443
청문 224
청산 272

청원 462
초일불산입의 원칙 107
초일산입 108
총리령 118
추상적과실론 309
취소권의 제한 205
취소권자 204
취소소송 383
취소소송의 제소기간 411
취소심판 439
취소원인인 하자의 치유 198
취소의 원인 204
취소의 효과 206
침해유보설 50

[ㅌ]

토지 · 물건의 조서작성 352
토지수용위원회의 재결 353
토지수용의 절차 355
통고처분 286
통지 182
통지행위 110
통치행위 32
통치행위의 한계 40
특별권력 103
특별명령법규설 135
특별신분관계 97
특별한 희생 335, 343
특별한 희생과 사회적 제약 343
특별한 희생에 대한 헌법재판소의 태도 345
특별행정법관계 97
특별행정심판 435
특별행정작용 22
특수한 개인적 공권 90
특허 173

[ㅍ]

판결의 효력 427
판단여지의 한계 162
판례법 42, 56
평등원칙 59
폐쇄적 영조물관계 101
프로이센 일반란트법 서장 제74조 362
피고경정 407
피고적격 388, 406
필요성의 원칙(최소침해성의 원칙) 66

[ㅎ]

하명 165
하명처분 166
하자의 일응추정의 원리 328
하자의 치유와 전환과의 관계 195
하자있는 부관과 행정행위의 효력 189
하자효과의 개별화이론 193
학문상특허 173
한시법 70
합동행위 110
합성행위 110
항고소송의 원고적격 400
항고소송의 피고적격 406
항고쟁송 371
해제조건 186
행위능력 111
행위위법설 310
행위재량과 판단여지 161
행위통제규칙 138
행정강제 262
행정개입청구권 91
행정객체 83
행정계획 210
행정구제기능 374
행정구제의 유형 298
행정구제의 의의 297
행정구제제도의 발전 298
행정권발급청구권 92
행정규칙 127
행정벌 280
행정벌과 집행벌 280
행정벌과 징계벌 280
행정벌과 형사벌 281
행정법상 전통적인 의무이행 확보수단 262
행정법의 법원 54
행정법의 법전화 54
행정사법 251
행정사법의 종류 251
행정상 강제징수 271
행정상 손실보상 334
행정상 손해배상과 손실보상과의 구별 301
행정상 손해배상과 손실보상의 접근경향 301
행정상 손해전보 300
행정상 실효성 확보수단 260
행정상의 강제집 265
행정상의 결과제거청구권 331
행정상의 손실보상의 요건 342
행정상의 손해배상 300
행정상의 즉시강제 273
행정상의 확약 63
행정선례법 56
행정소송 373
행정소송의 대상(개괄주의) 390
행정소송의 재판관할 397
행정소송의 참가 408
행정심판 434
행정심판과 행정소송의 비교

373
행정심판위원회 446
행정심판의 대상 442
행정심판의 불복고지제도 460
행정심판의 심리 452
행정심판의 임의절차화 410
행정심판의 재결 455
행정심판의 참가인과 대리인 445
행정심판의 필요성 436
행정심판전치주의 380
행정예고 229
행정유보 52
행정의 자기구속법리 59
행정의 자동결정과 재량행위 258
행정의 자동결정에 대한 법적 규율의 특수성 258
행정의 자동결정의 하자 258
행정의 자동화 작용 257
행정의 행위형식에 따른 규율 대상의 범위 144
행정쟁송 369
행정절차의 하자 230
행정정보공개제도 231
행정제도 42
행정조사 278
행정주체 80
행정주체와 행정기관의 구별 83
행정지도 229, 248
행정지도적 계획 213
행정질서벌 282
행정질서벌의 과형절차 287
행정청의 소송참가 409
행정통제기능 374
행정행위 142
행정행위의 성립요건 191
행정행위의 실효 208
행정행위의 철회 206
행정행위의 취소 204
행정행위의 하자 192
행정행위의 효력(특질) 146
행정행위의 효력발생 191
행정행위하자의 승계 199
행정행위하자의 치유 및 전환 198
행정형벌 282
행정형벌과 행정질서벌의 구별 284
행정형벌의 과형절차 286
허가 168
허가와 특허의 구별 174
협의의 행정절차 221
형량명령과 형량의 하자 217
형사벌에 대한 행정형벌의 특수성 284
형성의 소 382
형성적 행위 173
형식적 기준설 343
형식적 당사자소송 358, 387
형식적 법치주의 48
형식적 법치주의의 실질화 52
형식적 의미의 국고행정 (행정사법) 30
형식적 의미의 행정 28
형식적 의미의 행정심판 435
형식적 확정력 153
형식적쟁송 372
혼합적 허가 169
확약 241
확약의 요건·효력 244
확약의 허용성 243
확인 181
확인의 소 382
확인행위설 351
확정력(존속력) 153
환가처분 272
효과재량설 159
효력규정 47
효력발생시기 111
훈령 등 138
희생보상청구권 366, 367
희생유사보상청권 367

[저자 소개]

• 이호용

(현) 단국대학교 법과대학 부교수

한국보건사회연구원 주임연구원(1996-1996)
법무부 법무자문위원회 전문위원(상근직)(1996-2001)
서울시인력개발원 전임 교수(2001-2002)
청소년위원회 정책자문위원(2001)
국립강릉대학교 교수(2002-2007)
[인터넷법률], [경찰연구논집], [한양법학] 등 학술지 편집위원

행정고시 2차 시험위원(2006)
사법시험 2차 시험위원(2008)
국회사무처 8급 시험위원(2006, 2007, 2008)
중앙인사위원회 5급 승진, 7급, 9급 시험위원(2003-2008)
서울시 5급 승진, 7급, 9급 시험위원
인천시 5급 승진, 7급, 9급 시험위원
강원, 인천, 경기, 울산, 광주, 대전 등 지방행정직, 지방교육행정직, 소방직 등 시험위원
한국교육과정평가원 대입 모의수능 출제위원(2005 법과사회)

■ 주요연구분야

사회보장법 - 사회문제와 사회보장법 및 정책
의료보건법 - 공중위생과 의료보건에 관한 법과 정책
인터넷법 - 인터넷법제와 관련 정책
리스크관리법(경찰법) - 각종 사회적 리스크 대비를 위한 법과 정책
행정법

■ 연구업적

일반논문 [2008년 12월 31일] 사회보장에 관한 헌법재판소 판례의 분석과 평가
일반논문 [2008년 10월 31일] 행정형벌의 과태료 전환의 이유와 기준에 관한 연구
일반논문 [2008년 08월 31일] 국가행정측면에서의 보상체계와 예방접종사고보상의 법률관계
저서/역서 [2008년 03월 10일] 행정법(공저)
저서/역서 [2007년 07월] 사회보장행정법의 구조적 특성
일반논문 [2007년 05월] 사행행위영업의 사회적 영향과 합리적 규제의 법정책
저서/역서 [2007년 01월] 알기 쉽게 쓴 행정법의 기본이론
일반논문 [2007년 08월] 독립유공자의 예우에 관한 법정책적 문제점과 개선방안
일반논문 [2006년 06월] 경찰권발동에 관한 외관상 위험과 위험혐의의 법적 평가와 손실보상
일반논문 [2005년 12월] 재량하자의 체계론 연구
일반논문 [2005년 12월] 단순 성매매 규제의 법정책에 대한 새로운 접근
일반논문 [2005년 10월] 법적 제재의 경제학적 분석: 비판적 접근
일반논문 [2005년 07월] 경찰지방자치의 본질과 당위의 관점에서 본 경찰자치제 정부안에 대한 검토
일반논문 [2005년 02월] 경찰권 발동의 근거로서의 '위험'의 개념과 양태-독일 경찰법학의 논의상황을 참고하여-(공저)
일반논문 [2004년 05월] 풍속영업의 합리적 규제를 위한 법정책 연구
일반논문 [2003년 12월] 사회보장의 실현을 위한 공법학의 과제
일반논문 [2003년 07월] 조세등의 정책목적적 규제수단에 대한 법적 통제 서설
일반논문 [2003년 06월] 일본의 의료법과 의료시스템에 관한 연구
일반논문 [2003년 05월] 인터넷 전자상거래에 있어 컴퓨터서버의 과세에 대한 약간의 법적 고찰
일반논문 [2003년 02월] 미국의 규제이론에 의한 NRA의 분석과 행정과정에서의 유효성확인
일반논문 [2003년 01월] 의료광고의 규제완화가능성에 관한 법적 검토

행정법강의

2009년 3월 10일 초판발행
2010년 3월 5일 중판발행

저 자 이 호 용
발행인 유 성 렬
발행처 **청목출판사**
서울특별시 영등포구 신길동 233-96
전화 (02) 849-6157(代)·2820
FAX (02) 849-0817
등록 제318-1994-000090호

파본은 바꾸어 드립니다. 값 25,000원

http : //www.chongmok.co.kr

ISBN 978-89-5565-284-0